PHYSIOLOGIE

CATHOLIQUE ET PHILOSOPHIQUE

OUVRAGES DU MÊME AUTEUR

A LA MÊME LIBRAIRIE

ESSAI SUR LA THÉOLOGIE MORALE, considérée dans ses rapports avec la physiologie et la médecine. Ouvrage spécialement destiné au clergé. 5e édit., revue, corrigée et notablement augmentée. Un fort vol. in-12, 4 fr.

MOECHIALOGIE, ou Traité des péchés contre le 6e et le 9e commandement du Décalogue, et de toutes les questions matrimoniales qui s'y rattachent directement et indirectement; suivi d'un traité pratique d'embryologie sacrée. Ouvrage mis à la hauteur des sciences physiologiques, naturelles, médicales, et de la législation moderne. Ce livre est exclusivement destiné au clergé. Un fort vol. in-12. 4e édit., revue, corrigée et considérablement augmentée, 4 fr.

ÉTUDE DE LA MORT, ou initiation du prêtre à la connaissance pratique des maladies graves et mortelles, de tout ce qui, sous ce rapport, peut se rattacher directement ou indirectement à l'exercice du saint ministère. Ouvrage spécialement destiné aux ecclésiastiques qui ont charge d'âmes. Un fort vol. in-8º, 6 fr.

EXAMEN de la Question de l'opération césarienne posthume, ou du Baptême des enfants dont les mères meurent avant la parturition. Cette question est examinée aux points de vue légal, médical, moral et social. Opusc. in-8º, destiné aux prêtres et aux médecins, 1 fr. 25 c.

PENSÉES D'UN CROYANT CATHOLIQUE, ou Considérations philosophiques, morales et religieuses sur le matérialisme moderne et divers autres sujets, tels que l'âme des bêtes, la phrénologie, le suicide, le duel et le magnétisme animal. 3e édit., notablement augmentée. Un fort vol. in-8º, 6 fr.

THÉORIE BIBLIQUE de la Cosmogonie et de la Géologie, doctrine nouvelle fondée sur un principe unique et universel puisé dans la Bible. 2e édit., revue, corrigée et augmentée. Un vol. in-8º. Cet ouvrage est indispensable au clergé et aux séminaires, et particulièrement aux ecclésiastiques qui sont appelés aux conférences cantonales, 4 fr.

THÉRAPEUTIQUE APPLIQUÉE, ou Traitements spéciaux de la plupart des maladies chroniques. 4e édit., revue, corrigée et notablement augmentée. Un fort vol. in-8º, 6 fr.

PHYSIOLOGIE
CATHOLIQUE ET PHILOSOPHIQUE

POUR SERVIR D'INTRODUCTION

AUX ÉTUDES DE LA PHILOSOPHIE ET DE LA THÉOLOGIE MORALE

SUIVIE D'UN

TRAITÉ D'HYGIÈNE PHYSIQUE ET MORALE

OUVRAGE SPÉCIALEMENT DESTINÉ AU CLERGÉ ET AUX SÉMINAIRES

PAR

LE P. DEBREYNE

DOCTEUR DE LA FACULTÉ DE MÉDECINE DE PARIS
ANCIEN PROFESSEUR DE MÉDECINE PRATIQUE
PRÊTRE ET RELIGIEUX DE LA GRANDE-TRAPPE (ORNE)

CINQUIÈME ÉDITION

Revue, corrigée et augmentée d'une nouvelle théorie de la longévité
et d'un long chapitre sur les tables tournantes
et le magnétisme animal

Γνῶθι σεαυτόν
CONNAIS-TOI TOI-MÊME
(*Inscription du temple de Delphes.*)

PARIS
LIBRAIRIE POUSSIELGUE FRÈRES
RUE CASSETTE, 27
—
1872

AVANT-PROPOS

DE LA CINQUIÈME ÉDITION

S'il est vrai, comme il n'est pas permis d'en douter, que le physique de l'homme exerce sur son moral une haute et puissante influence, n'est-il pas incontestable par là même que la physiologie catholique, qui est essentiellement la science de l'homme physique, intellectuel, moral et social, est une des bases les plus solides de la philosophie, de la morale et de l'éducation ?

Et comme la physiologie est la science de la nature de l'homme, il s'ensuit que toute philosophie, toute morale et toute éducation qui ne seraient pas en harmonie avec les lois de l'organisme humain seraient en dehors des attributs de l'humanité, hors du vrai, et par conséquent ne sauraient constituer que des sciences trompeuses, vaines et illusoires.

Voulez-vous connaître avec certitude et apprécier avec justesse ce qu'on appelle, en matière de morale, les perturbations de l'entendement ou des opérations de l'âme, les entraves de la liberté, les aberrations et les dépravations de la volonté, le trouble des passions et les écarts des vices, ou le désordre moral qui trop souvent prend sa source dans le désordre physique, efforcez-vous d'acquérir une connaissance exacte des types primitifs et physiologiques de toute l'économie humaine, c'est-à-dire des fonctions intellectuelles, affectives, morales et physiques considérées à leur état d'intégrité et de pureté normales.

Étudiez l'homme physique, et vous connaîtrez l'homme moral. On n'a pas su profiter de la grande leçon donnée par Bossuet : « On a négligé l'étude de l'homme extérieur, et l'on n'a connu qu'incomplétement l'homme intérieur. »

L'influence du physique sur le moral est tellement prononcé, que l'on peut croire possible la solution du problème suivant : l'homme physique étant donné, déterminer l'étendue et la mesure de ses facultés intellectuelles, morales et affectives ; la nature de ses talents, son caractère, ses goûts, ses penchants, ses passions, et, jusqu'à un certain point, ses vertus et ses vices, c'est-à-dire leurs fortes et prochaines prédispositions. « La philosophie a eu tort, a dit Dupaty, de ne pas descendre plus avant dans l'homme physique ; c'est là que l'homme moral est caché ; l'homme extérieur n'est que la saillie de l'homme intérieur. »

C'est donc l'étude de l'homme extérieur qui nous fait pénétrer dans l'homme intérieur. La physiologie catholique, très-utile à tout homme instruit et lettré, est indispensable au clergé, aux confesseurs et aux directeurs des âmes ; c'est elle qui leur donne la clef du cœur humain, et qui les introduit dans le sanctuaire de la conscience ; c'est elle qui nous révèle l'homme tout entier, c'est-à-dire l'homme physique, intellectuel, moral et social. Ces principes sont vrais, incontestables, irréfutables, parce qu'ils ressortent de la nature même des choses, c'est-à-dire de la nature de l'homme.

Sans la physiologie, il est impossible d'arriver à la solution du fameux problème delphique : *Connais-toi toi-même*. C'est là véritablement le premier principe de toute philosophie et de toute morale ; ou plutôt, sans lui, il n'y a ni philosophie ni morale possibles.

Considérez donc l'homme dans son ensemble, étudiez les lois de l'organisme humain, et vos vues s'agrandiront, des lumières inconnues jailliront de cette étude nouvelle, et l'évolution successive des nouvelles idées étendra nécessairement le domaine de la philosophie et de l'éthique, et prêtera enfin à la théologie morale le plus sûr et le plus puissant appui.

Ce travail est divisé en quatre parties. La première comprend la vie de relation; elle contient de plus un long chapitre sur les *tables tournantes* et le *magnétisme*, que nous considérons comme deux formes, les formes modernes et scientifiques, de l'ancienne magie. Dans la deuxième partie, nous examinons la vie de nutrition. La troisième est consacrée à l'étude de la vie de génération. La quatrième enfin contient la doctrine des tempéraments, des idiosyncrasies et divers autres sujets qui s'y rattachent plus ou moins.

Tout l'ouvrage est terminé par un traité d'hygiène physique et morale éminemment pratique.

PROLÉGOMÈNES

La physiologie, dans son acception large et générale, est la science de la vie de tous les êtres organisés. Elle comprend donc l'anthropologie, la zoologie et la phytologie, c'est-à-dire la vie de l'homme, des animaux et des plantes. Dans le sens restreint comme nous la considérons ici, la physiologie n'a pour objet que l'étude de l'homme ou l'étude de sa vie intellectuelle, morale et matérielle; c'est la physiologie humaine ou la physiologie proprement dite.

La physiologie est donc la science de la vie de l'homme, c'est-à-dire de toutes les actions des organes et de toutes les fonctions des appareils organiques dont l'ensemble constitue la vie générale.

La connaissance pure et simple de l'organisation ou des organes eux-mêmes est l'objet spécial de l'anatomie. Toutes les pièces qui composent une machine quelconque, une horloge par exemple, représentent les organes du corps, tandis que le jeu de toutes ces pièces, ou des rouages et des ressorts, est l'image grossière des fonctions des organes ou des ressorts de la machine animale ou de l'économie vivante.

Mais comme le jeu mécanique est régi par certaines lois physiques, comme la pesanteur, l'élasticité, etc., de même aussi l'organisme humain, ou l'ensemble des fonctions de notre économie, est sous l'empire de certaines lois que les physiologistes appellent *propriétés vitales*. Ces propriétés vitales sont la *sensibilité* et la *contractilité*, qui se résument sous la formule abrégée de *force vitale* ou de *principe vital*. Voilà, selon les physiologistes modernes, la grande loi qui régit tout le règne animal.

Pour nous, nous croyons devoir établir sur ce point important une théorie un peu différente, que nous croyons plus rationnelle et plus propre à assurer le triomphe complet de la physiologie spiritualiste sur le matérialisme ou la théorie du néant.

Nous avançons donc que quatre grandes lois primordiales, indépendamment de l'action des fluides impondérables, régissent en ce monde tous les êtres créés. Ces quatre lois qui dominent toute la création terrestre sont : la force ou la puissance intelligente, la force vitale sensitive, la force vitale végétative, et la force attractive ou l'attraction et les autres lois physiques.

A cette dernière obéit toute la matière brute et inorganique.

Le règne végétal est sous l'empire immédiat de la force vitale végétative.

La force vitale sensitive anime tout le règne zoologique et préside à la vie de tous les animaux, hors l'homme.

Ces forces, comme causes secondes, donnent à la matière inerte et passive le mouvement et la vie. Or ce qui donne le mouvement et la vie est actif, et ce qui est actif n'a rien de commun avec ce qui est passif, comme la matière; donc ces forces vitales sont indépendantes de la matière, c'est-à-dire immatérielles.

Nous ne pouvons constater l'existence de ces forces vitales et attractives que par leurs effets ou leurs manifestations phénoménales. Leur mode d'action nous est inconnu. Ces forces, dans la rigueur philosophique, ne doivent être considérées que comme des lois secondaires émanées de la volonté de Dieu, ou comme des moyens d'action de la toute-puissance divine, plus accessibles et plus saisissables à la faiblesse de l'intelligence humaine.

Enfin apparaît radieux de splendeur et de lumière le roi de la création, l'être raisonnable, l'homme. Cette noble créature, faite à l'image de son divin auteur, est un être double, régi par la double puissance de l'âme, la faculté intelligente et la faculté sensitive. L'homme unit donc la vie intellectuelle à la vie matérielle. L'âme humaine, par sa faculté intelligente, régit le cerveau pour l'accomplissement des fonctions intellectuelles et morales; et, par sa faculté sensitive, elle préside à tout le reste du système nerveux, pour régler, par son action immédiate et prochaine, les opérations d'un ordre inférieur, comme les fonctions sensoriales, la sensibilité externe et générale, et la motilité; et, par son action éloignée, la sensibilité interne, élective, nutritive, l'irritabilité ou la contractilité de tissu, etc.

La faculté sensitive de l'âme agit souvent seule, indépendamment de la faculté intelligente, soit par son action prochaine et immédiate, par exemple lorsque l'homme éprouve des sensations, se meut, marche, boit, mange, en un mot, quand il fait physiquement tout ce que font les êtres privés d'intelligence, comme les idiots et les animaux; soit par son action éloignée sur les fonctions organiques internes, comme la digestion, la circulation, l'absorption, la nutrition, etc., qui s'exécutent en tout temps, même pendant le sommeil, alors que les facultés intellectuelles sont sans action. Mais aussi il arrive souvent que l'âme fait concourir à ses fins ses deux facultés à la fois, comme lorsque l'homme fait des actions qui nous révèlent quelque combinaison intellectuelle dont les êtres sans intelligence sont incapables : par exemple, dans l'action d'exprimer la pensée par l'écriture, ou d'exécuter un tableau historique, etc. Dans tous ces cas, il y a concours nécessaire des deux facultés de l'âme. Les membres sont mis en mouvement par l'ordre du principe spirituel, les organes servent l'intelligence, la faculté sensitive obéit à la faculté intelligente, ou la servante à la maîtresse. On voit par là que cette théorie n'est pas le *stahlisme*. Cette faculté sensitive de l'âme est représentée dans les animaux par la force vitale sensitive, que l'on appelle dans les écoles l'*âme des bêtes*.

Cette force vitale, par sa qualité senstive et sensoriale, gouverne le cerveau, et règle par lui tous les phénomènes de l'instinct des animaux ; et, par sa qualité purement sensitive, elle préside à la sensibilité générale et externe, et à la sensibilité interne, nutritive, à l'irritabilité, à la contractilité, etc. Nous croyons que, sans ces principes métaphysico-physiologiques, il est impossible d'expliquer philosophiquement et rationnellement, non-seulement l'homme, mais même les animaux. Si peut-être quelques médecins ou quelques physiologistes n'acceptent pas ces principes, il faudra se rappeler qu'un grand nombre de médecins et de physiologistes modernes sont matérialistes, ou du moins sensualistes, et que peut-être ceux qui se croient spiritualistes ne laissent pas de subir plus ou moins, et à leur insu, l'influence matérialiste du xviiie siècle (1). Pour mieux faire ressortir les applications

---

(1) ORDRE HIÉRARCHIQUE DE L'UNIVERSALITÉ DES ÊTRES TERRESTRES.

LE RÈGNE MINÉRALOGIQUE, qui croît (par juxtaposition inorganique). { Régi par *la force attractive* ou *l'attraction* et les fluides impondérables : c'est la matière brute et inorganique, prouvée par l'observation.

de ces diverses lois aux êtres respectifs qu'elles régissent, considérons un instant, ou du moins résumons

Le règne PHYTOLOGIQUE, qui croit et vit (par intus-susception organique).
: Régi par *la force vitale végétative* et les fluides impondérables : tous les végétaux, prouvés par l'observation.

Le règne ZOOLOGIQUE, qui croit, vit et sent.
: Régi par *la force vitale sensitive* et les fluides impondérables. Ce Règne renferme tous les êtres sensibles non intelligents, non libres, imperfectibles et incapables de suicide. Ce sont les animaux, prouvés par l'observation.
: Nota. La force vitale sensitive est ce qu'on appelle en philosophie *l'âme des bêtes*. Elle est immatérielle, capable de sensations et de recevoir des images. Elle est assujettie à la matière, et périt avec le corps auquel elle est unie, et pour lequel elle existe uniquement.

Le règne ANTHROPOLOGIQUE, qui croit, vit, sent et pense.
: Régi par la force intelligente ou par la double puissance de l'âme, la faculté intelligente et la faculté sensitive, et les fluides impondérables quant à la vie physique et matérielle. Ces êtres sont à la fois intelligents et sensibles, capables de sensations, d'idées intellectuelles, morales, abstraites, générales ; de pensée, de jugement, de mémoire, de réflexion ; libres et perfectibles ; capables de suicide : c'est l'âme raisonnable et immortelle ; c'est l'homme, dont l'âme intelligente et sensitive est prouvée par l'observation.

On peut, si l'on veut, prolonger cette échelle philosophique des êtres jusqu'à Dieu, et on trouvera immédiatement au-dessus de l'homme un autre ordre de créatures ou de substances intelligentes, incorporelles, ou immatérielles et immortelles : ce sont les anges, prouvés par la révélation divine. Ces sublimes intelligences possèdent la plénitude de la pensée créée et finie.

à leur état individuel et normal, le minéral, la plante, l'animal et l'homme. Ces êtres, à leur état naturel, sont chacun sous l'empire immédiat de leur loi ou de leur force respective. Le minéral obéit à l'attraction et aux autres lois physiques ; la plante, à la force vitale végétative ; l'animal, à la force vitale sensitive, et l'homme enfin, à la force intelligente, ou plutôt aux deux facultés de l'âme, la faculté intelligente et la faculté sensitive. Mais, au lieu de prendre l'homme adulte, normal ou physiologique, envisageons-le un moment dans l'état irraisonnable, et posons un idiot et un enfant de deux ou trois mois, auxquels, si l'on veut, on peut ajouter un animal, un chien par exemple. (Qu'on nous pardonne la singularité de l'assemblage, car nous ne prétendons nullement comparer la brute à l'homme même le plus dégradé.) L'idiot a perdu l'intelligence

Enfin on arrive à Dieu, le principe de tous les êtres, l'ÊTRE *nécessaire* de qui émane la pensée incréée et infinie, manifestée par la parole ou le Verbe éternel incarné.

Maintenant, si l'on nous demande de quel droit nous avons partagé en deux règnes la grande série d'êtres que tout le monde a toujours appelée le règne animal, nous demanderons aussi à notre tour de quel droit on a séparé les végétaux d'avec les animaux, puisque les végétaux sont plus rapprochés des animaux que ne le sont ceux-ci de l'homme, comme on le voit par les zoophytes? Cela est si vrai, qu'on a été obligé de créer un terme nouveau pour désigner l'être qui est à la fois animal et plante, c'est le mot *zoophyte*, qui signifie animal-plante. La distance qui sépare le singe de l'homme étant immense, il n'a pas fallu de nom nouveau qui exprimât l'homme-animal, et le mot *anthropo-zoote* n'existe pas, parce qu'il est impossible. Mais la raison essentielle, fondamentale, se tire d'un ordre supérieur. L'homme, fait à l'image de Dieu, possède seul une âme immortelle, l'intelligence, la raison, la liberté morale, et il ne règne sur toute la création et ne domine sur tout ce qui respire, que parce que, comme dit M. de Maistre, *il est semblable à Dieu*. Une distance immense, infinie, sépare donc l'animal de l'homme. Voilà la grande, la principale raison de notre nouvelle classification.

ou ne l'a jamais eue, l'enfant ne l'a pas encore, le chien ne l'aura jamais ; bref, tous les trois en sont privés.

Chez ces trois sujets la vie animale, matérielle, organique et sensitive s'accomplit dans toute sa plénitude : ils sont sensibles, ils ont des sensations et se portent physiquement très-bien, quoiqu'ils soient tous les trois sans vie intellectuelle. Maintenant, qui est-ce qui anime ces trois êtres ? Chez l'idiot et l'enfant c'est l'âme par sa faculté sensitive, ou bien la force vitale sensitive : nécessairement c'est un de ces deux principes immatériels. Si l'on affirme que c'est la force vitale sensitive seule, indépendamment de l'âme, il s'ensuivra qu'il y a deux principes immatériels ou deux âmes dans l'homme ; qu'il existe deux causes immatérielles pour produire un effet unique, auquel une seule suffit, et qu'enfin une de ces causes immatérielles, c'est-à-dire la force vitale sensitive, sera détruite à la mort du sujet. Tout cela est opposé à la sagesse du Créateur et répugne à la raison, parce qu'en philosophie on ne doit pas admettre le *plus* lorsque le *moins* suffit à l'explication des phénomènes. Il faut donc admettre nécessairement que l'âme, par sa faculté sensitive, anime et vivifie physiquement ces deux êtres humains. Quant au chien, comme il est absolument dans la même condition matérielle, organique et sensitive que les deux autres sujets, et qu'il est impossible qu'il ait une âme immortelle comme eux, il faut de toute nécessité qu'il soit animé par la force vitale sensitive, et c'est cette force vitale sensitive, comme nous l'avons déjà dit, qu'on appelle en philosophie l'*âme des bêtes*.

Nous ajouterons que tout être intelligent est sensible, mais que tout être sensible n'est pas nécessairement et actuellement intelligent, comme le prouvent les sujets dans l'espèce, lesquels, quoique non intelligents, sentent et éprouvent des sensations. Nous n'exceptons pas même l'enfant, qui certainement donne moins de signes d'intelligence qu'un chien médiocrement *instruit* (1).

Nous considérons dans l'homme trois ordres d'ap-

(1) Bien que cette nouvelle théorie des propriétés vitales nous paraisse rationnelle et propre à obtenir l'assentiment des philosophes spiritualistes, nous ne la croyons pourtant pas à l'abri de toute attaque. Et, en pareille matière, quelle doctrine peut absolument échapper aux coups de la critique ? Aussi un critique nous a reproché de rattacher toutes les propriétés vitales à l'âme humaine. C'est, en effet, sur ce solide fondement que s'appuie toute notre théorie, parce que, par ce principe immortel, intelligent et sensible (l'âme), on explique parfaitement toute l'économie des lois vitales de la physiologie, et l'on sert en même temps merveilleusement les intérêts du spiritualisme, c'est-à-dire de la philosophie chrétienne. Au reste il est impossible au philosophe et au physiologiste le plus sceptique de nier la double faculté de l'âme humaine. L'âme est intelligente et sensible ; c'est une vérité d'expérience et de pur sens commun ; nous dirions même que c'est une vérité de foi religieuse, si, à l'exemple de notre critique, lequel, quoique médecin, cite à l'appui de son opinion les paroles de l'Ecriture, nous voulions invoquer les vérités d'un autre ordre de choses, et dire que dans l'autre vie l'âme criminelle éprouvera la peine du *sens*, c'est-à-dire la peine sensible, par laquelle elle souffrira dans sa faculté sensitive ; et la peine du *dam*, c'est-à-dire la peine morale et intellectuelle, par laquelle elle sera affectée dans sa faculté intelligente.

On nous objectera peut-être encore, en faveur de la force vitale ou du principe vital en dehors de l'action ou de l'influence de l'âme, que l'on a observé quelquefois un certain mouvement de nutrition organique, manifesté par la pousse de la barbe après la mort. Mais nous ne voyons là qu'un faible reste de mouvement moléculaire, qui ne prouve pas plus la vie réelle que ne la prouve l'irritabilité ou la contractilité musculaire que l'on constate sur tous les cadavres par la puissance du galvanisme. Et d'ailleurs, dans ces cas fort rares où l'on a vu pousser les poils de la barbe, la mort était-elle bien réelle ? Mais, admettons cette réalité, on pourra peut-être soutenir encore que ce

pareils organiques et trois ordres de fonctions vitales qui en sont le résultat et la fin. Le premier ordre com-

phénomène n'est qu'un pur effet de l'imbibition cadavérique, de la porosité ou de l'attraction capillaire.

Après tout, si notre théorie n'est pas la traduction fidèle du fait réel, elle n'est toutefois pas absurde ; nul ne pourra prouver qu'elle est fausse ou impossible, et en attendant nous la gardons. Elle est au moins fondée sur l'unité, en ce sens qu'un seul principe immatériel à double faculté explique tous les phénomènes vitaux, tant physiques que moraux ; elle est de plus établie sur l'invincible certitude que tous ces phénomènes cessent indubitablement alors que ce principe immatériel et immortel, c'est-à-dire l'âme, se sépare du corps. Tout est donc, en dernière analyse, subordonné à l'âme ; tout, l'intelligence, les facultés, et même le principe ou la force vitale, puisque tout disparaît nécessairement avec elle ; et alors pourquoi ne pas faire tout dériver de l'âme ?

Pour conclusion, toute notre théorie se résume en ce mot célèbre de saint Augustin : « L'âme est la vie du corps, et Dieu est la vie de l'âme : *Vivit enim corpus meum de animâ meâ, et vivit anima mea de te.* »

Nous venions de terminer ces prolégomènes, quand nous avons eu connaissance du *Matérialisme phrénologique*, par M. Moreau, 1843. Nous y avons lu ces passages remarquables qui viennent parfaitement à l'appui de notre nouvelle théorie psychologique, dont les principes avaient déjà été publiés en 1839 dans les *Pensées d'un croyant catholique :* « La seule psychologie véritable, la psychologie du christianisme, procédant à l'instar de sa théologie, fait de l'âme le principe vital du corps, principe moteur et recteur, qui le remplit, le contient, le meut et le gouverne en tant qu'intelligence, en tant que verbe mental, occupant un siége distinct et suréminent, en tant que force vivante, tout entier répandu partout, et tout entier dans chaque partie : ainsi l'âme est au corps comme Dieu est à la création, sauf la distance incommensurable du fini à l'infini..... Quant à la réalité et à l'universalité de l'action de l'âme sur le corps, l'ancienne hypothèse, l'hypothèse de l'école professée par saint Thomas, et longtemps avant lui par saint Augustin et la plupart des Pères de l'Église, cette hypothèse, nullement contradictoire à la raison et au sens intime, nous semble en outre parfaitement d'accord avec la révélation qui nous représente l'esprit, l'agent spirituel, comme le principe de *la vivification générale* du corps déjà formé, *spiraculum vitæ*, et d'accord aussi avec le dogme de

prend les organes et les fonctions qui établissent les relations de l'homme avec tous les êtres environnants; le deuxième offre les organes et les fonctions qui ont pour objet la nutrition du corps, son accroissement, son maintien et la réparation de ses pertes; le troisième renferme les organes et les fonctions destinés à la reproduction de l'individu et à la conservation de l'espèce. L'ensemble des fonctions qui répondent à chacun de ces ordres constitue un mode d'être particulier qui porte le nom de *vie*. Ainsi le premier ordre compose la vie de relation; le deuxième, la vie de nutrition, et le troisième, la vie de génération. La vie de relation et de nutrition forme la vie de l'individu, et la vie de génération, celle de l'espèce.

Un coup d'œil sur le tableau suivant fera mieux comprendre ce que nous venons d'établir :

la résurrection de la chair, la doctrine chrétienne ne regardant pas la personne humaine comme complète en l'absence de l'une des deux substances qui la constituent. Or, comme nous voyons qu'au départ de l'hôte invisible le corps se décompose, ses fonctions cessent, ses liens se dissolvent, ses éléments se détachent et se dissipent, on est fort naturellement autorisé à conclure l'influence maîtresse et souveraine de celui des deux agents dont la fuite produit une telle ruine, quand surtout, au moment de la séparation, l'économie ne présente que des conditions de vie et de durée; et peut-on mieux conclure quand, à l'inverse, on voit dans un corps souffrant, exténué, presque détruit, la vie, pour ainsi dire, survivre au corps, et l'énergie spirituelle retenir dans l'unité les organes tendant de toute la puissance de leur faiblesse à une complète dissociation? Exemple assez fréquent chez les hommes de méditation et de prière, en qui l'esprit a su littéralement réduire le corps en servitude, et rétablir selon la loi primitive, entre l'un et l'autre, ces rapports d'autorité et de dépendance troublés, intervertis par le péché. » Bossuet regardait aussi l'âme comme le principe de la vivification générale de l'homme, comme on peut le voir dans son *Traité de la connaissance de Dieu et de soi-même*.

PREMIER ORDRE

Appareils et fonctions de la vie de relation

I. APPAREIL SENSITIF EXTERNE.
- 1° L'œil. — La vue.
- 2° L'oreille. — L'ouïe.
- 3° Le nez et les fosses nasales. — L'odorat.
- 4° La langue. — Le goût.
- 5° La peau et la main. — Le tact et le toucher.

L'entendement humain.

II. APPAREIL SENSITIF INTERNE. { Le cerveau ou l'encéphale.

Produits de l'opération de l'âme par l'intermédiaire du cerveau.

- La sensation ou la perception des physiologistes.
- L'idée.
- L'attention.
- La comparaison.
- Le jugement.
- La réflexion.
- L'imagination.
- La mémoire et la réminiscence.
- Le raisonnement.
- La volonté humaine.
- Les affections.
- Les passions.
- Le système phrénologique.
- La méthode phrénométrique.
- Le sommeil et la veille.
- Les songes et le somnambulisme naturel et artificiel ou magnétique.

Facultés intellectuelles et morales.

III. Appareil vocal. — Le larynx et ses dépendances. { La voix et la parole. { Voix { articulée ou parole. / modulée ou chantée. } Bégaiement. Grasseyement. Mutisme. Engastrimisme (ventriloquie).

IV. Appareil locomoteur.
- 1° La moelle épinière ou vertébrale sous la dépendance de l'encéphale.
- 2° Les os et leurs dépendances.
- 3° Les muscles et leurs dépendances.

{ Station.
Mouvements progressifs ou locomotion. { Marche. Course. Saut. Natation. Reptation. }
Mouvements des membres supérieurs. { Mouvements partiels. Gestes. }

DEUXIÈME ORDRE

Appareils et fonctions de la vie de nutrition, sous l'influence immédiate du système nerveux ganglionnaire.

I. Appareil digestif.
- 1° La bouche. — La mastication et l'insalivation.
- 2° Le pharynx. — La déglutition.
- 3° L'œsophage. — La descente du bol alimentaire.
- 4° L'estomac. — La trituration et la chymification, c'est-à-dire la digestion stomacale.
- 5° Les intestins grêles. — La chylification et l'absorption du chyle.
- 6° Les gros intestins. — La stercorification et la défécation.
- 7° Le péritoine et les épiploons. } L'exhalaison séreuse et la lubrification.

II. Appareil absorbant.
- 1° Les vaisseaux lymphatiques.
- 2° Canal thoracique.
- 3° Glandes ou ganglions lymphatiques.

{ L'absorption du chyle.
L'élaboration du chyle.

III. APPAREIL CIRCULATOIRE.	1° Le cœur. 2° Les artères. 3° Les veines.	La circulation du sang par toutes les parties du corps.
IV. APPAREIL RESPIRATOIRE.	Les poumons et leurs dépendances.	L'action des parois de la poitrine. L'action des poumons. L'oxygénation du sang. La calorification.
V. APPAREIL SÉCRÉTOIRE.	1° Les glandes lacrymales. — Les larmes. 2° Les glandes salivaires. — La salive. 3° Le foie. — La bile. 4° Le pancréas. — Le suc pancréatique. 5° Les reins. — L'urine. 6° Crypte muqueux. — La mucosité. 7° La rate, la glande thyroïde, le thymus, les capsules surrénales. — Usages inconnus. NOTA. — Ajoutez à ces organes sécrétoires la peau, les poumons, les membranes séreuses, etc., qui produisent les transpirations cutanée, respiratoire, séreuse, etc.	
VI. APPAREIL NUTRITIF. — Le système capillaire artériel. — La nutrition, l'accroissement et l'entretien du corps.		

TROISIÈME ORDRE

Appareils et fonctions de la vie de génération.

I. APPAREIL GÉNITAL DE L'HOMME.	1° Les testicules. — Le sperme. 2° Les cordons spermatiques. — Le transport de la liqueur spermatique. 3° Les vésicules séminales. — Les réservoirs du sperme. 4° Le pénis. — Le coït.	
II. APPAREIL GÉNITAL DE LA FEMME.	1° Les mamelles. — Le lait. 2° La vulve et le vagin. — Le coït. 3° L'utérus. — Le réceptacle du produit de la conception. 4° Les ovaires. — Ils forment et contiennent les germes ou les ovules.	

III. Union des deux sexes. { La génération. — La différence des sexes. — L'hermaphrodisme.
La conception. — Les différents systèmes sur la génération.
La gestation. — L'embryon. — Le fœtus, avec ses membranes et le placenta. — Le terme de la grossesse.
La parturition. — Les lochies. — Les monstruosités. — Les grossesses multiples. — La superfétation.
La lactation.

IV. Accroissement du fœtus. { L'enfance. — La dentition.
La puberté. — La menstruation.
L'adolescence.
La jeunesse.

V. Age viril. { Les tempéraments. { Sanguin.
Bilieux.
Lymphatique.
Mélancolique.
Nerveux.
Érotique.

Les idiosyncrasies.
L'innervation. — Les sympathies et les antipathies. — L'influence du physique sur le moral, et vice versa.

Les races humaines. { Arabe-européenne.
Mongole.
Nègre.
Hyperboréenne.
Américaine. } Toutes nécessairement sorties d'une seule et unique souche.

VI. Probabilités de la vie humaine et longévité.
VII. Décroissement de l'homme. { Age de retour. — Vieillesse. — Décrépitude
VIII. Mort.
IX. Putréfaction.

PHYSIOLOGIE

CATHOLIQUE ET PHILOSOPHIQUE

PREMIÈRE PARTIE

DE LA VIE DE RELATION

Fonctions sensoriales, ou sensations. — Entendement humain. Fonctions intellectuelles et morales. Passions. Psychologie ou idéologie physiologique. Système phrénologique. Méthode phrénométrique. — Fonctions vocales. La voix. La parole. — Fonctions motrices et locomotrices, etc.

CHAPITRE 1

DES FONCTIONS SENSORIALES OU DES SENS
C'EST-A-DIRE DES SENSATIONS

Réflexions préliminaires.

Dominateur du globe et des éléments, l'homme doit entretenir avec toute la nature les relations nécessaires à son existence et à son bien-être ; il est donc important qu'il apprécie ces rapports, afin qu'il recherche et attire les objets qu'il a intérêt de connaître, et qu'il fuie et repousse ceux qui lui nuisent.

Les sens sont des sentinelles avancées placées aux limites de l'existence, lesquelles, à l'aide de la correspondance active et presque incessante des nerfs, transmettent à la souveraine assise sur son trône tout ce qui se passe à l'étranger, c'est-à-dire dans le monde extérieur. Or cette souveraine, c'est l'âme ; son trône ou son palais, c'est le cerveau, qui est en même temps le centre de son gouvernement (1).

L'homme, comme tout le monde sait, est doué de cinq sens, qui sont : la vue, l'ouïe, l'odorat, le goût et le toucher. Ces sens externes lui sont communs avec les animaux, et ce n'est certes pas là l'apanage qui fait le plus ressortir la grandeur et la dignité de l'homme. Soit dit ici en passant contre les sensualistes : si toutes nos facultés et toutes nos idées nous viennent des sens ou sont le produit du fait unique de la sensation, comme le dit Condillac, les sauvages, les nègres, les idiots, et même les animaux, dont les sens sont souvent plus développés et plus parfaits que ceux de l'homme parfaitement civilisé, devraient être les mieux partagés sous le rapport du moral ou des facultés intellectuelles, et cependant on sait assez de quel côté est l'immense avantage.

(1) Que l'on ne pense pas que nous prétendions assigner à l'âme un siège matériel et anatomique. Voici à ce sujet ce que nous avons dit dans un autre ouvrage (*Pensées d'un croyant catholique*) : L'âme est un être simple, un esprit fait à l'image de Dieu. Il doit donc exister entre Dieu et l'âme humaine la même nature de rapport à l'égard des substances corporelles, c'est-à-dire que l'âme, selon la pensée de M. de la Luzerne, est présente à tout le corps, qu'elle anime de la même manière que Dieu est présent à tous les êtres.

Ainsi, d'après cela, si on voulait donner à l'âme un siège, le cerveau ou un autre organe quelconque, ou dire simplement que l'âme est dans le corps, nous pourrions vous objecter que l'âme n'est pas dans le corps, mais qu'au contraire le corps est dans l'âme comme tous les êtres sont en Dieu. L'Ecriture sainte, en effet, nous dit positivement que nous sommes et que nous nous mouvons en Dieu : *In ipso vivimus, movemur et sumus.* (Act. XVII, 28.) Nous ne voyons pas ce qu'on répondrait à cette objection. Que l'on cesse donc de vouloir faire des questions impropres et insolubles, et d'assigner un lieu, un siège à l'âme, à une substance spirituelle, qui, par sa nature, est incapable de localité à la manière des êtres matériels. Le lieu des esprits, dit Malebranche, c'est Dieu, et l'espace est le lieu des corps.

Mécanisme de la sensation.

La sensation est l'impression que l'âme reçoit des objets externes par les sens, ou plutôt c'est l'affection produite en notre âme à l'occasion de l'impression faite sur un de nos organes.

Pour qu'il y ait donc sensation, il faut : 1° qu'un agent extérieur quelconque exerce une action sur les organes des sens ; 2° que cette action ou impression soit transmise à un point du système cérébral par le moyen des nerfs ; 3° que cette impression soit perçue ou sentie à ce centre ou aboutissant général (1). Cette doctrine fondamentale est avouée de tous les physiologistes et de tous les idéologues, soit spiritualistes, soit matérialistes.

On admet donc universellement la coopération du cerveau pour la réalisation de la sensation : mais les uns prétendent que le cerveau est la seule cause productrice de

---

(1) Quel est le lieu où tous les nerfs coïncident et semblent se réunir, soit comme à leur origine commune, soit comme à leur aboutissant général, ou plutôt quel est l'endroit que l'on doit regarder comme le centre sensitif, tel que doivent se le représenter les physiologistes ?

Il est évident, d'après un grand nombre d'expériences physiologiques, d'observations médicales et de comparaisons zoologiques, qu'il est placé à la base de l'encéphale, laquelle nous offre la protubérance annulaire et la moelle allongée. Il paraît que les meilleurs naturalistes placent ce centre sensitif dans la protubérance annulaire, et que Gall l'établit dans la moelle allongée. Legallois prétend qu'il correspond précisément à la partie de cette moelle d'où naissent les nerfs pneumo-gastriques.

« Il est bien positif, dit M. Magendie, que les sensations n'ont pas leur siége dans les lobes cérébraux ou cérébelleux. » Ce qui est dire équivalemment que ce siége, pour parler le langage des physiologistes, est à la base du cerveau. (*Physiologie*, t. 1, p. 244, 1836.) Cependant, pour la vue, il résulte des expériences de MM. Rolando et Flourens que la vision est abolie par la soustraction des lobes cérébraux (les autres sens subsistant). Si le droit est enlevé, c'est l'œil gauche qui n'agit plus, et *vice versâ*. M. Magendie a vérifié ce fait un grand nombre de fois par ses propres expériences. La blessure de la couche optique produit le même effet chez les mammifères.

la sensation et même de la pensée ; les autres soutiennent que l'encéphale n'est, pour cette réalisation sensoriale ou intellectuelle, que le moyen opératoire de l'âme, son organe ou son instrument.

Suivant les partisans de la première opinion, ou les matérialistes, l'homme n'est qu'une masse organisée qui sent et pense, et la sensation et l'intelligence ne sont que le résultat matériel de l'organisme cérébral ou du cerveau. Les autres organes fournissent les éléments ou les matériaux de la sensation et de la pensée, en transmettant au système cérébral les impressions reçues des objets extérieurs ; le cerveau les perçoit, les convertit en sensations, qu'il élabore et digère pour en faire sortir la pensée par sécrétion, précisément comme les organes digestifs reçoivent les aliments, les digèrent, et en font le chyle et le sang. Ils appellent en conséquence le cerveau le *digesteur* spécial, l'organe sécréteur de la pensée, comme qui dirait le foie, l'organe sécréteur de la bile. « Ainsi, comme le fait observer M. de Bonald, ce qu'on a toujours appelé dans l'homme le moral n'est à leurs yeux que le physique observé sous un rapport particulier. » Dans cette hypothèse absurde « l'homme n'est l'être le plus intelligent que parce qu'il est le mieux organisé ; et s'il a plus d'intelligence que la brute, il n'est pas une intelligence d'une autre espèce. »

Dans la doctrine opposée, celle des spiritualistes, qui est évidemment la seule vraie, l'homme est double, c'est-à-dire composé de deux substances essentiellement différentes, quoique étroitement unies, la substance spirituelle et la substance organique et matérielle. Suivant cette doctrine ou l'expression de la vérité, dans toute sensation il y a application d'un stimulant quelconque à un organe des sens, et par conséquent impression, que le nerf reçoit et transmet au cerveau ; et ce mouvement du cerveau est suivi d'un sentiment de l'âme. Ainsi il y a : 1° action de l'objet extérieur sur l'organe du sens, du nerf sur le cerveau, et du cerveau sur l'âme. Voilà la sensation pure et simple. Mais l'âme ne pouvant sentir et demeurer oisive, il y a seconde action ou réaction de l'âme sur le cerveau, communication du mouvement reçu par le cerveau, au moyen du nerf, à l'organe qui fuit l'objet ou se dirige vers lui, et enfin communication de l'impression, non-seulement au système nerveux cérébro-spinal, mais encore indirectement au système nerveux ganglionnaire. Ainsi, dans le premier cas, il y a action du dehors en dedans : c'est l'âme passive; dans le second, il y a action du dedans en dehors : c'est l'âme active.

On voit d'après cela que ce qui fait essentiellement une sensation, c'est la modification de l'âme. De passive qu'elle était d'abord, elle devient active : elle connaît, discerne les sensations, les compare, les juge, et opère sur elles pour la production des idées sensibles.

§ I

De la vue

Avant d'exposer le mécanisme de la vision, disons quelques mots sur le *stimulus*, ou l'excitant naturel de l'œil, c'est-à-dire sur la lumière.

Ce fluide impondérable, suivant l'opinion d'un grand nombre de physiciens, est une modification du calorique.

D'après Newton, la lumière n'est qu'une émanation du soleil ou des étoiles fixes; mais il faut ajouter que cette opinion du grand physicien anglais, ou le système de l'émission, est aujourd'hui presque entièrement abandonné, et que la faculté des sciences de Paris enseigne « que le système de l'émission *n'est pas vrai ;* que les nouvelles expériences sur la diffraction de la lumière, inexplicables par le système de l'émission, s'expliquent très-facilement au moyen des ondulations ; que le système des ondulations est fondé sur des bases solides. » (Pouillet, *Éléments de physique expérimentale.*) Il paraît donc que, d'après des recherches récentes et des expériences exactes, la lumière a une existence indépendante du corps lumineux, et que celui-ci en est simplement le moteur ou l'excitateur.

Ce système a au moins cela de bon, c'est qu'il est parfaitement conforme au texte de la *Genèse*, qui nous présente la création de la lumière avant celle du soleil et des étoiles fixes.

La lumière parcourt environ trente-trois millions de lieues en huit minutes treize secondes, c'est-à-dire à peu près soixante-sept mille lieues par seconde. Cette vitesse est immense, prodigieuse ; on peut s'en faire une idée si l'on réfléchit qu'il faudrait plus de trente-deux ans à un boulet de canon pour franchir l'espace qui nous sépare du soleil. Mais cet espace n'est presque rien si on le compare à celui qui existe entre la terre et les étoiles fixes. Ce sont des distances effrayantes, qui dépassent toute mesure et toute limite.

L'*Univers*, dans son numéro du 3 novembre 1842, rapporte « que d'après la notice sur Herschell, publiée par M. Arago dans l'Annuaire de cette année (1842), on est enfin parvenu à mesurer la distance de la terre à une étoile. Cette découverte est due à M. Bessel, directeur de l'observatoire de Kœnigsberg. Après trois ans d'observations répétées sur trois petites étoiles de la constellation du Cygne, fort rapprochées l'une de l'autre, M. Bessel a trouvé que la parallaxe de ces étoiles était d'*un tiers de seconde.*

« Cet angle parallactique ayant pour base le rayon de

l'orbite terrestre (ou une base de trente-huit millions de lieues), il s'ensuit que la distance de la terre à ces étoiles du Cygne surpasse six cent mille fois l'intervalle de la terre au soleil; cette distance serait de *vingt-trois trillions* de lieues. La lumière, qui parcourt *soixante-dix-sept mille lieues* par seconde, mettrait donc dix ans à franchir cet intervalle. » Et nous ajoutons qu'il faudrait à un boulet de canon, pour arriver de ces étoiles du Cygne à la terre plus de vingt-deux millions d'années (22,303,030). L'imagination en est effrayée, accablée. *O abyssus! ó altitudo!*

D'un autre côté, descendez dans les profondeurs inscrutables du monde microscopique, vous découvrirez dans une gouttelette de liquide, dans la plus faible portion de matière, dans un atome presque, des myriades d'êtres organisés, des animalcules innombrables.

L'homme passe sur cette planète entre deux immensités, entre deux abîmes incommensurables, qui effraient et déconcertent sa faible et débile raison. Mais qu'il considère que ces merveilles inconcevables, dont il n'entrevoit qu'un point, sont les œuvres de Dieu, et rien désormais ne l'étonnera. Alors il s'écriera avec le prophète : *Quam magnificata sunt opera tua, Domine* (Ps. xci); il aspirera au moment où, dégagé de ses entraves charnelles, il pourra s'élancer par delà les soleils et les mondes sans nombre, pour contempler et admirer sans fin le ravissant spectacle des nouveaux cieux et d'une nouvelle terre : *Cœlos novos et novam terram.* (Petr.)

La lumière est appelée *directe* lorsqu'elle vient du corps lumineux à l'œil sans aucun obstacle; *réfléchie* quand elle est renvoyée à l'œil par un corps opaque; *réfractée* lorsque sa direction a subi un changement ou une déviation, en traversant des milieux transparents d'inégale densité. Il faut remarquer que cette réfraction ou cette déviation se rapproche toujours de la perpendiculaire, en raison de la convexité, de la densité et de la combustibilité du corps diaphane ou du milieu transparent. De plus, et tout égal d'ailleurs, un corps combustible est plus réfringent que les substances incombustibles : c'est ce qui a fait préjuger à Newton que le diamant et l'eau devaient être doués de la capacité de brûler; et, en effet, quoi de plus combustible que l'hydrogène qui forme la base ou du moins le principe générateur de l'eau? Un rayon de lumière, réfracté par le prisme de verre, se décompose en sept rayons, qui sont : le rouge, l'oranger, le jaune, le vert, le bleu, l'indigo et le violet. Ce sont les sept couleurs primitives. Leur assemblage, projeté sur un écran, forme ce qu'on appelle le *spectre solaire*. La couleur rouge est, de toutes, celle qui produit sur la rétine les plus fortes impressions : elle est la plus recherchée des sauvages, et excite quelquefois puissamment certains animaux. La couleur verte est, au contraire, la plus douce, la plus amie des yeux, et sur laquelle ils se reposent le plus longtemps et le plus volontiers ; aussi le vert est répandu avec profusion dans la nature : c'est la couleur de presque tout le règne végétal. Nous éprouvons la sensation du blanc lorsqu'un corps éclairé réfléchit tous les rayons simultanément; s'il n'en réfléchit que quelques-uns, l'objet soumis à la lumière est diversement coloré, suivant les rayons réfléchis; si tous les rayons sont absorbés, c'est-à-dire si aucun d'eux n'est réfléchi, il en résultera la sensation du noir, qui est la négation de toutes les couleurs (1).

(1) Voyez notre *Théorie biblique*, où nous avons émis une autre opinion sur la théorie de la lumière, en la considérant comme l'effet ou le résultat final de la parole de Dieu : *Fiat lux*, qui est la lumière essentielle, la lumière-cause et principe, la lumière-force ou la force lumineuse, agent unique et universel de l'univers dans lequel se résolvent et auquel sont abandonnés tous les fluides impondérables de la science : *Lex lux*. (Prov., VI, 23.)

Composition de l'œil.

L'œil, qui est l'organe de la vision, est un véritable instrument d'optique destiné à concentrer les rayons lumineux qui viennent des objets, et à en porter l'image sur la rétine.

Le globe oculaire est composé des parties suivantes : de membranes, comme la sclérotique, la cornée, la choroïde, la rétine, l'iris, etc.; de fluides, comme l'humeur aqueuse ou celle du corps vitré ; et enfin de corps d'une nature particulière, comme le cristallin et le cercle ciliaire. La membrane la plus extérieure, qui forme toute l'enveloppe de l'œil, est ce qu'on appelle la *sclérotique*, ou la *cornée opaque* : c'est ce qui forme le blanc de l'œil. La *cornée transparente*, ou simplement la *cornée*, est une membrane diaphane, circulaire, enchâssée à la partie antérieure de l'œil, à peu près comme un verre de montre. La *choroïde*, qui est noire en dedans et forme une véritable chambre obscure, revêt la face interne de la sclérotique. Un troisième corps membraneux tapisse l'intérieur de la choroïde : c'est la rétine, qui est l'épanouissement pulpeux du nerf optique et l'organe essentiel de la vision : c'est sur la rétine que vient se peindre l'image de l'objet présenté à l'œil. Le *cercle ciliaire* est une espèce d'anneau grisâtre situé entre la choroïde, l'iris et la sclérotique. L'*iris* est une espèce de cloison verticale placée derrière la cornée transparente et au milieu de l'humeur aqueuse. Elle sépare la chambre antérieure de la postérieure. Elle est diversement colorée suivant les individus, et détermine la couleur des yeux. Cette membrane est percée d'une ouverture centrale, qu'on appelle *pupille* ou *prunelle*, par laquelle la lumière entre dans l'œil; cette ouverture s'agrandit dans l'obscurité, et se rétrécit, au contraire, par l'éclat d'une vive et brusque lumière.

Quant aux parties renfermées dans la cavité de l'œil, on y remarque d'abord l'humeur aqueuse qui remplit les deux chambres; le cristallin, qui est un corps solide, transparent, ayant la forme d'une lentille convergente, et le corps ou l'humeur vitrée placée derrière le cristallin. C'est un liquide visqueux, transparent, qui ressemble à du verre fondu, et qui remplit la plus grande partie de l'intérieur de l'œil.

Mécanisme de la vision. — Nous entendons par *vision* la perception physiologique des objets produite par l'action de la lumière sur la rétine. Cette sensation constituera ce qu'on appelle la *vue*, si la perception est en quelque sorte psychologique, c'est-à-dire si l'on apprécie analytiquement et attentivement, à l'aide de la lumière, les qualités extérieures et visibles des objets.

Le globe oculaire, comme nous l'avons déjà dit, est un instrument d'optique, ou plutôt de dioptrique, destiné à recevoir la lumière, et à lui faire subir la réfraction nécessaire pour en réunir tous les rayons convergents sur un seul point de la rétine. C'est d'après la conformation de l'œil et des divers milieux plus ou moins réfringents qu'il renferme, que les physiciens ont créé la dioptrique et confectionné leurs divers instruments d'optique.

De tous les objets éclairés il part des pyramides lumineuses qui se portent à la cornée ou au miroir de l'œil. Les rayons divergents qui tombent en dehors de la cornée transparente, c'est-à-dire sur la sclérotique, sont perdus pour la vision. Tous ceux qui ont frappé la cornée pénètrent dans l'œil, se rapprochent de la perpendiculaire, et sont réfractés suivant le degré de densité et de convexité de la cornée; ils passent à travers l'humeur aqueuse de la chambre antérieure, et traversent la pupille, plus ou moins dilatée en raison du nombre et de l'intensité des rayons lumineux. Ceux-ci, entrés par la pupille, passent à travers l'humeur aqueuse de la chambre postérieure, et rencontrent le cristallin, qui les réfracte puissamment à raison de sa forme fortement convexe et de sa grande densité. Rapprochés en faisceau par la force réfringente de la lentille cristalline, ils traversent le corps vitré, et viennent tous se réunir sur un point unique de la rétine, l'organe spécial de la vision. Cette impression est transmise de la rétine au cerveau par le nerf optique, et du cerveau à l'âme, et dès lors la sensation est accomplie. Cette simple vision, ou cette vue purement passive, devient active si elle est dirigée par la volonté et l'attention, et alors on *voit* avec attention, on *regarde*.

Si les divers milieux qui composent l'œil sont trop réfringents, c'est-à-dire si la cornée et le cristallin sont trop convexes ou trop denses, ou si les humeurs sont également trop denses, les rayons lumineux, trop tôt rassemblés et rapprochés de la perpendiculaire, s'entrecroisent, divergent de nouveau, et tombent confusément épars sur la rétine. Dans ce cas, la vision est très-imparfaite et très-confuse; rien n'est perçu d'une manière nette et distincte. Cet état de viciation visuelle est ce qu'on appelle la *myopie*. On ne peut bien distinguer que les objets d'où partent les rayons lumineux très-divergents, c'est-à-dire des objets très-rapprochés des yeux et placés dans leur foyer. On remédie à cet excès de puissance réfringente en plaçant devant l'œil un milieu d'une puissance contraire, c'est-à-dire un verre concave, qui neutralise l'excès de convexité de la cornée et du cristallin, ou leur trop grande densité. L'état contraire constitue la *presbytie*, c'est-à-dire la vue des vieillards. On ne voit alors bien distinctement que les objets éloignés, ou qui fournissent des rayons très-convergents. Aussi la cornée et le cristallin sont ici moins convexes, et les humeurs moins abondantes; en un mot, on remarque une diminution notable de la puissance réfringente. On y supplée par un milieu puissamment réfringent ou des lunettes à verres convexes.

§ II

De l'ouïe.

Quelques mots sur le son. Le son n'est point, comme la lumière, un fluide impondérable existant par lui-même : c'est la sensation produite par la vibration des corps sonores élastiques. L'air est le véhicule ordinaire de ces vibrations, c'est-à-dire du son, qui ne peut être produit dans le vide. Si on place un timbre ou une sonnette sous le récipient de la machine pneumatique, on le verra bien battre et s'agiter, mais aucun son ne pourra être perçu, même par l'approche complète de l'oreille. L'air n'est pas le seul véhicule ou propagateur du son, les corps solides, liquides et gazeux le transmettent également. Tout le monde sait que le bruit léger que produit la percussion faite avec une tête d'épingle sur l'extrémité d'une longue poutre est parfaitement entendu à l'autre bout de la poutre; mais remarquez bien que cette transmission du son n'a pas lieu dans le sens transversal. M. Biot, à l'aide d'un assemblage de tuyaux de fonte qui avaient plus de neuf cent cinquante mètres de long, a constaté que la transmission du son était bien plus rapide dans le métal que dans l'air qui y était contenu. Un coup de marteau donné à l'origine du canal faisait entendre à l'autre bout deux sons : un qui arrivait de la paroi métallique, et l'autre transmis par l'air renfermé dans le tube. Le premier son était entendu deux secondes et demie plus tôt que celui dont l'air était le véhicule. Dans la même expérience, le même physicien entretenait sans peine une conversation à *voix basse* avec une personne qui avait l'oreille appliquée à l'autre bout du tuyau, c'est-à-dire à une distance de près d'un *quart de lieue*.

Il est encore un autre phénomène acoustique fort remarquable, produit par la réflexion des rayons sonores sur des surfaces elliptiques. Si dans une vaste salle dont la voûte est parfaitement elliptique, une personne placée dans un des foyers de l'ellipse prononce à voix basse quelques paroles, elles seront entendues très-distinctement par une autre qui se trouvera dans le second foyer de l'ellipse, quoique à une distance considérable. Ces deux personnes pourront s'entretenir ensemble, sans que nul autre puisse les entendre, même à une grande proximité.

La transmission du son, comme tout le monde sait, est infiniment moins rapide que celle de la lumière. Celle-ci, comme nous l'avons déjà dit plus haut, parcourt soixante-sept mille lieues par seconde, tandis que la vitesse du son n'est que de trois cent trente-sept mètres dans le même espace de temps. Aussi, dans les détonations des armes à feu, on voit toujours la lumière avant d'entendre le bruit de l'explosion. On connaît l'écho, qui n'est qu'un réfléchissement des rayons sonores rencontrant un obstacle, et faisant, comme la lumière, l'angle de réflexion égal à celui d'incidence.

Mécanisme de l'audition. — L'appareil auditif se compose de trois parties : la première, ou l'oreille externe, est le pavillon ou la conque, qui reçoit, rassemble et réfléchit les rayons sonores, et les fait converger par le conduit auditif, au fond duquel se trouve la membrane du tympan. La deuxième partie, ou l'oreille moyenne, est placée derrière cette membrane : c'est la caisse ou la cavité du tympan, qui renferme ce qu'on appelle les osselets de l'ouïe, ou plutôt de l'oreille : ce sont le marteau, l'enclume, l'os lenticulaire et l'étrier. Cette cavité communique avec l'air extérieur au moyen de la trompe d'Eustache, qui s'ouvre dans le pharynx ou la gorge ; c'est par là que l'air de la caisse se renouvelle. La membrane du tympan, ayant reçu les rayons sonores, les transmet à l'air contenu dans la caisse, ainsi qu'à la chaîne que forment les osselets. Enfin, la troisième partie de l'appareil auditif, ou l'oreille interne, comprend les trois canaux demi-circulaires, le limaçon et le vestibule, dont l'ensemble constitue ce qu'on appelle le labyrinthe. La caisse, qui a reçu les sons de l'oreille externe, les transmet à l'oreille interne par la chaîne des osselets, qui agit sur la membrane de la fenêtre ovale, et par l'air qui la remplit, et qui agit sur la membrane de la fenêtre ronde. (Ces deux fenêtres se trouvent sur la paroi interne du tympan.) Les rayons sonores viennent enfin frapper la pulpe du nerf acoustique, qui est l'organe spécial de l'audition ; ce nerf reçoit ces impressions, les transmet au cerveau, le cerveau à l'âme, et la sensation est accomplie : on *entend*, on perçoit les sons. Cette simple audition passive devient active, et prend le nom d'*auscultation*, si elle est dirigée par la volonté et l'attention : alors on entend avec attention, on *écoute*.

§ III

De l'odorat.

Odeurs, émanations, effluves, etc.

Les odeurs sont des émanations qui s'échappent de tous les corps volatilisables. Elles ont pour véhicule, excitateur et propagateur, l'air et le calorique. Ces produits gazéiformes, s'ils ne sont pas impondérables, sont, comme presque toutes les substances gazeuses, invisibles et intangibles. Leur ténuité, leur expansibilité et leur divisibilité sont extrêmes et insaisissables. Les physiciens donnent pour preuve de la divisibilité de la matière les émanations odorantes qui s'échappent des corps les plus volatils, comme par exemple du musc. On a calculé combien l'odeur excessivement pénétrante d'un seul grain de musc couvrirait de lieues carrées dans une seule année, et l'on a obtenu un chiffre prodigieux. La petite portion de musc, malgré le dégagement incessant de ses molécules ou atomes odorants, paraît, au bout d'un an, n'avoir rien perdu de son volume et de son poids. Une observation de Haller prouve la tenace persistance de certaines odeurs. Ce physiologiste célèbre dit avoir conservé pendant quarante ans des papiers qu'un seul grain d'ambre avait imprégnés, et, après un laps de temps aussi long, ils n'avaient rien perdu de leur odeur. Ce grand observateur a calculé que chaque pouce de leur surface avait été parfumé par $\frac{1}{2\,691\,064\,000}$ de grain d'ambre, puisque cette surface était évaluée à huit cents pieds. « Il y a un certain nombre de corps dont l'odeur se fait sentir à plusieurs pieds à la ronde : donc ces corps répandent des particules au moins dans tout cet espace; et, en supposant qu'il n'y ait qu'une seule de ces particules dans chaque quart de pouce cubique, ce qui est manifestement fort au-dessous de la vérité, puisqu'il est probable que de si rares émanations n'affecteraient point l'odorat, on trouvera qu'il y a dans une sphère de dix pieds de rayon, par exemple, 115,679,232 parties échappées de ce corps, sans que cependant il ait rien perdu de sa masse.

Mais un calcul fait par Keil, sur une expérience de Boyle, est encore plus étonnant. Il en résulte qu'une once d'assa-fœtida a perdu en une minute $\frac{1}{69\,120}$ de grain, ce qui donne pour chaque particule, en les supposant toutes à égale distance, dans une sphère de cinq pieds de rayon, le volume de $\frac{2}{10\,000\,000\,000\,000\,000}$ de pouce cube ; mais elles sont réellement plus serrées vers le centre, en suivant la raison inverse du carré de la distance ; ce qui fait que leur volume n'est plus que de $\frac{38}{1\,000\,000\,000\,000\,000\,000}$ de pouce cube. » (*Dict. des sciences médicales.*)

Il se dégage de tous les êtres organisés des odeurs ou des effluves spéciaux. C'est par là qu'on explique comment le chien suit la trace de son maître pendant plusieurs centaines de lieues ; qu'il démêle l'objet qu'il a touché au milieu de cent autres objets, tous imprégnés d'une odeur différente ; comment enfin, lancé contre un cerf dans un parc où sont enfermés plusieurs autres, il ne quitte jamais l'effluve de celui qu'il poursuit, malgré toutes les ruses de la bête fauve et le croisement des effluves des autres cerfs. On sait que l'odeur d'une curée ou d'un carnage attire les loups de plus d'une lieue ; ils sentent aussi de fort loin les animaux vivants, et on les voit, ainsi que les hyènes, accourir sur les champs de bataille pour déterrer les cadavres. Pline rapporte que des vautours arrivèrent de cent soixante-six lieues pour faire la curée des cadavres restés sur le champ de bataille de Pharsale. Les chasseurs savent très-bien que pour surprendre le sanglier il faut se mettre au-dessous du vent, afin que son odorat ne l'avertisse pas de leur approche. On rapporte qu'un singe, dans les déserts de l'Afrique, sentait les sources, et y conduisait son maître dévoré par la soif. On dit que les guides qui conduisent les voyageurs de Smyrne ou d'Alep à Babylone reconnaissent la distance où ils sont de cette dernière ville en flairant le sable du désert. On prétend que l'île de Ceylan se fait sentir de huit lieues en mer, et que l'odeur des côtes d'Espagne peut être perçue à plus de douze lieues de distance. Dans les Antilles, les nègres marrons distinguent, par la finesse de leur sens olfactif, la trace d'un blanc de celle d'un noir. On sait que certains noirs en poursuivent d'autres en se conduisant par le seul odorat. On cite des femmes qui ont reconnu la présence de certaines personnes, quoiqu'elles ne les eussent pas aperçues et qu'elles les crussent absentes. Une jeune dame douée d'une grande sensibilité par suite de chagrins cuisants et de différents accidents nerveux, conserva une exaltation olfactive tout à fait extraordinaire; toutes les odeurs quelconques lui étaient désagréables, et particulièrement les émanations humaines : elle ne pouvait supporter l'odeur de ses draps, lorsque son lit avait été fait par une autre que par elle. Au rapport du chevalier Digby, cité par Lecat, un jeune garçon élevé par ses parents dans un bois, où ils s'étaient retirés pour éviter les malheurs de la guerre, et qui n'y avait vécu que de racines, avait acquis une telle finesse d'odorat, qu'il distinguait par ce sens l'approche des ennemis, et qu'il en avertissait ses parents. Il fut cependant fait prisonnier, et, ayant changé son genre de vie sauvage, il perdit une partie de sa faculté olfactive; il en conserva pourtant encore assez pour pouvoir retrouver sa femme à la piste, comme font les chiens qui cherchent leurs maîtres. Le *Journal des savants*, année 1684, parle d'un religieux de Prague encore plus étonnant, puisque, par le seul odorat, il distinguait une fille ou une femme chaste de celles qui ne l'étaient pas. On connaît les faits de certains animaux qui reconnaissent et retrouvent les traces de leurs maîtres, leur maison, et distinguent au milieu de mille objets ceux qui leur appartiennent. Mais ce qui est plus étonnant encore, c'est de voir (d'après Gall), des chiens qu'on a transportés à une distance de quelques centaines de lieues, par mer ou dans des voitures fermées, revenir à la maison de leur maître. « Trois jeunes chats, dit M. le docteur Blaud, dans sa

Physiologie, transportés chez nous, la nuit, dans un sac, d'une campagne à trois lieues de distance, furent retrouvés le lendemain matin dans leur premier domicile. » De même des pigeons emportés dans un sac à des distances considérables, et lâchés ensuite, retournent droit à leur colombier. Certaines odeurs végétales fortes, comme on sait, peuvent devenir délétères et mortelles. On cite des personnes qu'on a trouvées mortes dans leur chambre pour y avoir gardé la nuit des fleurs fort odorantes, et notamment des fleurs de lis. On trouve aux Antilles et dans les contrées chaudes de l'Amérique du Sud un arbre redoutable, dont les émanations sont réputées mortelles ; c'est le terrible mancenilier (*hippomane mancinella*) : on regarde pour certain dans le pays que ceux qui s'endorment sous cet arbre ne se réveillent plus. Enfin, il croit dans nos jardins une plante vivace appelée fraxinelle (*dictamus albus*), dont l'atmosphère s'enflamme à l'approche d'une bougie ; ce phénomène très-curieux a lieu surtout le soir, vers le crépuscule ou au moment de l'aurore : la plante ne reçoit aucun dommage de cette conflagration subite. Autre particularité qu'il faut signaler : la vapeur d'éther étant très-expansible et très-inflammable, on doit prendre garde, quand on en verse la nuit quelques gouttes, de ne pas trop s'approcher d'une bougie : on a vu plusieurs fois l'omission de cette précaution suivie d'accidents plus ou moins fâcheux. L'éther est tellement volatil, que si, dans les chaleurs de l'été, on en répandait une petite fiole d'un troisième ou quatrième étage, il est probable que toute la liqueur serait à l'instant vaporisée dans l'air, sans qu'il en tombât une goutte à terre. On sait que, si l'on enveloppe exactement dans un morceau de papier une certaine quantité de camphre et, au bout de quelque temps on ne trouve plus rien dans le papier; tout le camphre s'est réduit en vapeur et dissipé dans l'atmosphère. En voilà assez sur les odeurs et la volatilité des corps. Nous parlerons ailleurs des miasmes, des moyens de les détruire et de se préserver de la contagion.

Mécanisme de l'olfaction. — L'organe de l'odorat réside dans les fosses nasales; c'est la membrane pituitaire, ou plutôt le réseau nerveux formé par la première paire de nerfs ou le nerf olfactif. Cette expansion nerveuse, qui entre dans la composition de la membrane nasale ou pituitaire, est donc l'organe spécial, essentiel de l'olfaction.

Les émanations ou les molécules odorantes apportées par l'air dans les fosses nasales produisent une impression sur la membrane pituitaire; cette impression est transmise au cerveau par les nerfs olfactifs, et du cerveau à l'âme, et dès lors la perception des odeurs ou la sensation olfactive est accomplie. Cette sensation, purement passive, comme la simple vision ou audition, devient active par l'application et la direction de la volonté; alors on ne perçoit plus simplement les odeurs, on les *flaire*. Plus il passe d'air par le nez, plus la sensation olfactive est forte. Aussi, quand les odeurs sont agréables, nous faisons des aspirations courtes et fréquentes, et en même temps nous fermons la bouche, afin que tout l'air que nous inspirons passe par le nez ou les fosses nasales. Au contraire, les odeurs nous déplaisent-elles, nous fermons le nez et nous ouvrons la bouche. D'après les expériences de Perrault, Lover et Chaussier, des chiens qui avaient refusé de manger des viandes en putréfaction n'ont plus montré aucune répugnance dès qu'on les a forcés à respirer par une ouverture pratiquée à la trachée-artère. Ils n'en sentaient plus l'odeur, puisque l'air ne passait plus par les fosses nasales. Enfin, l'odorat est pour les animaux, suivant l'expression de Buffon, un œil qui voit les corps, non-seulement où ils sont, mais encore où ils ont été...

§ IV

Du goût.

Des saveurs.

Le mot *saveur* n'est proprement que le résultat du goût ou la sensation particulière que nous éprouvons par l'application du corps sapide à l'organe de la gustation. Cependant on l'emploie aussi pour marquer la circonstance ou l'état particulier des corps qu'on peut regarder comme la raison et la condition de leur sapidité. En ce sens on peut dire que les saveurs ne sont que les molécules intégrantes des corps sapides mises en contact avec l'organe du goût ou la langue.

Les saveurs sont, comme les odeurs, très-nombreuses et très-variées. On peut en général les diviser en agréables ou en désagréables; mais on sent assez que cette distinction doit comporter de nombreuses exceptions que nous ne croyons pas devoir mentionner ici. Une saveur est agréable à l'un et déplaît à l'autre. Ce qui prouve l'extrême diversité des goûts, c'est que les anciens affectaient une prédilection spéciale pour l'*assa-fœtida*, qu'ils appelaient *théobroma*, c'est-à-dire *mets des dieux*; et que, par contre, les Européens, et notamment les Allemands, l'ont désigné sous le nom de *stercus diaboli*, *excrément du diable*, à cause sans doute de sa puanteur et de sa saveur insupportables. En Asie, et notamment en Perse, l'assa-fœtida jouit encore aujourd'hui de ses anciennes prérogatives. Notre sujet, nous le répétons, ne demande pas que nous entrions dans de plus amples détails relativement aux saveurs; c'est pourquoi nous passons outre pour dire deux mots sur l'organisation de la sensation gustative.

C'est la face supérieure de la langue qui est l'organe principal du goût, c'est-à-dire le lacis nerveux formé par le nerf lingual, qui est une branche de la cinquième paire. Ce sens paraît être, comme celui de l'odorat, une sorte de sentinelle placée à l'entrée de l'appareil digestif, et destinée à préjuger et à apprécier la qualité des substances alimentaires, et en même temps à nous engager, par le sentiment du plaisir physique, à pourvoir à notre alimentation, à manger, en un mot. Et, soit dit en passant, en vertu d'une grande et importante loi physiologique, une sensation de plaisir est toujours attachée à tous les actes importants de l'économie qui ont pour but la conservation de l'individu et de l'espèce, sans quoi les individus et les espèces animales seraient exposés à périr. Mais on sait assez combien les hommes abandonnés à leurs passions animales et brutales dérogent tous les jours à cette sainte loi, renversent l'ordre de la nature et prennent trop souvent le moyen pour la fin.

Les molécules des corps sapides, appliquées aux papilles de la langue ou aux dernières extrémités des nerfs linguaux ou gustatifs, produisent une impression physique. Cette impression est transmise par le nerf au cerveau, du cerveau à l'âme, et la sensation est accomplie. La saveur des substances sapides est perçue, on a *goûté*. Mais si à cette simple sensation physiologique on applique (comme pour les autres sens) l'action des diverses facultés de l'âme, comme la volonté et l'attention, la sensation-goût, de physique ou de physiologique qu'elle était, deviendra en quelque sorte psychologique; on goûtera avec discernement, c'est-à-dire qu'on dégustera : c'est le goût perfectionné, c'est la dégustation. Les dégustateurs de *profession* reconnaissent l'âge, le pays, le terroir et les qualités des vins, sans avoir besoin pour cela d'aucun autre indice. Les hydropotes distinguent aussi parfaitement l'eau qu'on leur présente; ils vous disent sans hésiter si elle est de puits, de rivière ou de fontaine, si elle est pesante ou légère, etc.

§ V

Du tact et du toucher.

Tous les corps, excepté la plupart des gaz et quelques fluides impondérables, peuvent être le *stimulus* ou l'excitant du sens du tact et du toucher. Ce sens, et ceux de la vue et de l'ouïe, sont les sens de l'intelligence, et surtout de la vie de relation, tandis que l'odorat et le goût sont préposés à la vie de nutrition. Que serait l'homme sans la vue, l'ouïe et le toucher? Il serait aveugle, sourd, muet, et sans presque aucune connaissance des objets extérieurs; à peine serait-il en état de marcher; il n'aurait presque aucune notion des corps et des distances, il n'aurait en partage que la vie nutritive : manger, boire, digérer, dormir, seraient sa noble destinée. Sa vie de relation serait à peu près anéantie, et sa vie intellectuelle et morale absolument nulle. Point de voix articulée, point de paroles, ni gestes, ni signes, ni écriture (qui, comme véhicule de la pensée, ne sont que des formes diverses de la parole), et par conséquent point d'idées, point d'intelligence, en un mot, nullité complète.

On confond ordinairement le tact avec le toucher. Le tact, selon nous, est la sensation brute, générale, passive, que produisent les agents extérieurs sur la surface du corps ou sur tout le système cutané, qui est proprement l'organe du tact. On acquiert par cette impression générale la notion des principales propriétés des corps, le sentiment de leur température, du froid, du chaud, de la douleur, du plaisir (1). Voilà la sensation pure et simple que nous appelons le *tact*. Quant au *toucher*, c'est le tact par excellence, le tact actif, fait avec volonté, attention et réflexion. Ce sens alors devient régulateur et rectificateur des autres sens, et surtout de celui de la vue; on l'appelle *sens géométrique*; la main seule en est l'organe spécial. Ce sens, au moyen de cet instrument admirable, transmet souvent à l'intelligence des résultats positifs, certains et mathématiques. Il est susceptible, par la culture, d'acquérir un degré de perfection et de finesse remarquable, comme on le remarque chez les aveugles. On a vu, en effet, des personnes totalement privées de la vue distinguer les couleurs au toucher. On parle d'un aveugle-né, du Gâtinais, qui était chimiste et musicien, et qui faisait lire son fils avec des caractères en relief; il jugeait fort bien des symétries, et appréciait, ajoute-t-on, fort exactement le poids des corps et la capacité des vaisseaux : il exécutait de petits ouvrages au tour et à l'aiguille, nivelait à l'équerre, et enfin montait et démontait des machines plus ou moins compliquées. On cite encore un célèbre aveugle, Saunderson, professeur de mathématiques à Cambridge; la petite vérole lui fit perdre la vue en si bas âge, qu'il n'avait pas plus de notion sur la lumière qu'un aveugle-né. Il inventa plusieurs machines qui contribuèrent puissamment à accroître ses connaissances, tant en arithmétique et en algèbre qu'en géométrie. Il

---

(1) Les corps denses et compactes comme les métaux, le marbre, etc., ne nous paraissent plus froids que les autres corps, tels que le bois, le charbon, etc., que parce qu'ils sont meilleurs conducteurs du calorique, et qu'à ce titre ils nous soutirent plus de chaleur, ou du moins nous l'enlèvent plus promptement que les autres corps moins denses. C'est par le même principe que les tissus laineux forment des vêtements plus chauds que ceux de lin et de coton. Une autre raison qui nous fait juger plus froids les métaux et le marbre, c'est que leurs surfaces lisses et polies multiplient les points de contact, c'est-à-dire qu'elles nous permettent de les toucher par un très-grand nombre de points à la fois.

reconnaissait les médailles fausses d'avec les vraies, etc. J'ai lu quelque part l'anecdote suivante : Un homme voyant deux aveugles *jouer aux cartes* sur un des boulevards de Paris, leur jeta une pièce de monnaie : aussitôt c'est à qui pourra attraper l'espèce sonnante; on se dispute, on se querelle, et le colloque s'anime et s'échauffe au point qu'un des deux aveugles reçoit de son adversaire un violent coup à la tête, et à l'instant même en voit clair, grâce sans doute à la forte commotion qui probablement a fait déplacer le cristallin devenu opaque (cataracte).

Voici un extrait abrégé de l'observation d'un jeune aveugle-né, auquel Cheselden fit l'opération de la cataracte; nous l'empruntons au *Dictionnaire des sciences médicales*, qui lui-même a pris cette histoire dans le troisième volume de l'*Histoire naturelle* de Buffon. « Ce jeune homme pouvait distinguer le jour de la nuit, comme tous ceux qui sont aveugles par cataracte; il distinguait même une forte lumière, le noir, le blanc et l'écarlate; mais il ne discernait point la forme des corps. On lui fit d'abord l'opération sur un seul œil; au moment où il commença à voir, tous les objets lui parurent appliqués contre ses yeux; les objets qui lui étaient les plus agréables, sans qu'il pût dire pourquoi, étaient ceux dont la forme était régulière; il ne reconnaissait point les couleurs qu'il avait distinguées à une forte lumière étant aveugle; il ne discernait aucun objet d'un autre, quelque différentes qu'en fussent les formes : lorsqu'on lui présentait les objets qu'il connaissait auparavant par le toucher, il les considérait avec attention pour les reconnaître une autre fois; mais bientôt il oubliait tout, ayant trop de choses à retenir. Il était fort surpris de ne pas trouver plus belles que les autres les personnes qu'il avait aimées le mieux. Il fut longtemps sans reconnaître que les tableaux représentaient des corps solides; il les regardait comme des plans diversement colorés : mais lorsqu'il fut détrompé, et qu'en y portant la main il ne trouva que des surfaces, il demanda si c'était la vue ou le toucher qui le trompait. Il était surpris qu'on pût faire tenir dans un petit espace la peinture d'un objet plus grand que cet espace ; par exemple un visage dans une miniature, cela lui paraissait impossible. D'abord il ne pouvait souffrir qu'une petite lumière, et voyait tous les objets fort gros; mais les premiers se rapetissaient à mesure qu'il en voyait de plus gros. Quoiqu'il sût que la chambre où il était devait être plus petite que la maison, il ne pouvait comprendre comment la maison paraissait plus grande que la chambre.

« Avant qu'on lui eût rendu la vue, il n'était pas fort empressé d'acquérir ce nouveau sens; il ne connaissait point ce qui lui manquait, et sentait même qu'il avait, à certains égards, des avantages sur les autres hommes. Mais à peine commença-t-il à voir distinctement, qu'il fut transporté de joie. »

Deux mots sur le mécanisme du tact et du toucher. La peau, comme nous l'avons déjà dit, est l'organe du tact et du toucher; elle est formée du derme, qui en fait presque toute l'épaisseur : c'est à sa surface que viennent se terminer les nerfs sensitifs. Or c'est cet épanouissement nerveux, ou les papilles auxquelles il donne naissance, qui sont l'organe immédiat et spécial du tact et du toucher. L'épiderme recouvre partout ce réseau nerveux et vasculeux (1).

L'impression que reçoit la surface cutanée des objets extérieurs est transmise par le nerf au cerveau, et de celui-ci à l'âme, qui se modifie, qui sent et perçoit cette impression, c'est-à-dire qu'elle la convertit en sensation.

---

(1) Les poils, les cheveux et les ongles ne sont que des produits épidermoïques.

C'est la sensation-tact. Pour le toucher, c'est l'organe lui-même, ou la main, composée de vingt-sept os, et armée de ses pulpes digitales, qui va s'appliquer aux corps extérieurs, pour en reconnaître et apprécier les qualités tactiles, physiques et géométriques.

Nous terminons ce paragraphe et tout ce chapitre par une réflexion qui s'applique à tous les sens ou à toutes les sensations.

Pour que la sensation puisse s'accomplir normalement, il faut que l'organe immédiat du sens, le nerf et le cerveau, soient actuellement et simultanément dans un état d'intégrité organique et fonctionnelle; c'est une condition nécessaire à la réalisation de toute sensation. Si, par exemple, la rétine est malade dans sa substance ou dans sa sensibilité (abolie ou très-exaltée), c'est en vain que la lumière excite l'organe spécial de la vue, le nerf optique ne transmet point l'impression au cerveau, et il n'y a point de vision. Si ce nerf lui-même est gravement affecté, il ne communiquera pas non plus à l'encéphale l'impression reçue par la rétine. Le cerveau lui-même est-il sous l'empire d'une affection organique, d'une surexcitation, d'un colapsus ou d'un affaissement excessif, l'impression qui lui est transmise par le nerf ne sera point perçue ou sentie par l'âme, et il n'y aura point de sensation. Il en est de même de tous les autres sens. Il faut ici ajouter que la section ou la ligature du nerf empêche l'accomplissement de toute sensation, parce que cette circonstance s'oppose à la transmission de l'impression reçue par l'organe sensitif, lequel par là ne peut plus communiquer avec le cerveau. Ainsi, par exemple, si un nerf est coupé ou fortement serré par une ligature, on ne sentira point l'impression faite aux parties auxquelles ce nerf se distribue, et il n'y aura ni tact ni toucher. Touchez ou pincez même un homme plongé dans un profond sommeil ou frappé de léthargie, il ne sentira rien ; de même, un savant ou un mathématicien, tout absorbé dans une méditation profonde ou dans la solution d'un problème difficile, sera plus ou moins insensible aux stimulations externes, parce que, dans tous ces cas, le cerveau, engourdi ou surexcité, reçoit bien l'impression que lui transmet le nerf, mais ne la communique pas à l'âme, seule substance active, seul être capable de percevoir et de sentir, c'est-à-dire de convertir l'impression en sensation.

CHAPITRE II

ENTENDEMENT HUMAIN

FONCTIONS INTELLECTUELLES ET MORALES, PASSIONS
PSYCHOLOGIE OU IDÉOLOGIE PHYSIOLOGIQUE
SYSTÈME PHRÉNOLOGIQUE, MÉTHODE PHRÉNOMÉTRIQUE, ETC.

Réflexions préliminaires sur le système nerveux.

Le système nerveux est le principal instrument de la vie matérielle, intellectuelle et morale. Sans nerfs, point de sensibilité, point de contractilité, point de propriétés vitales ; en un mot, point de vie animale ou matérielle, intellectuelle et morale, mais une existence purement végétative.

On divise le système nerveux en appareil cérébro-spinal et en appareil ganglionnaire ou viscéral.

1° L'appareil nerveux cérébro-spinal se compose de

l'encéphale, c'est-à-dire de toutes les parties que renferme la boîte crânienne. Ces parties sont le *cerveau* proprement dit, qui occupe presque tout le crâne : il est divisé en deux hémisphères ; la seconde partie est le *cervelet*, beaucoup moins considérable : il est placé dans la partie postérieure du cerveau ; la troisième est connue sous le nom de *protubérance cérébrale*, située à la base du crâne ; la quatrième enfin est ce qu'on appelle *la moelle épinière* ou *vertébrale*, qui est logée dans le canal rachidien ou vertébral, et s'étend depuis la protubérance vertébrale jusqu'aux premières vertèbres des lombes.

Du cerveau et de la moelle épinière partent quarante-deux paires de nerfs. Ces nerfs, d'une part, sous la forme de cordons blancs, transmettent à l'âme, par l'intermédiaire du cerveau, les impressions faites sur nos organes par les agents extérieurs ; et, de l'autre, ils apportent au système musculaire les déterminations ou les ordres de l'âme. La masse cérébrale est enveloppée par trois membranes qu'on appelle méninges, qui sont : la dure-mère, l'arachnoïde et la pie-mère.

Voilà une faible idée du système cérébral. Mais assistez à une autopsie cadavérique, ou du moins contemplez avec les yeux de l'esprit ces restes imposants de l'homme, ces magnifiques ruines du palais de l'âme ; considérez avec respect et admiration cet ancien sanctuaire, cette demeure terrestre d'une intelligence venue du ciel et faite à l'image et à la ressemblance de Dieu, et vous vous écrierez avec le saint homme Job : *Gloria soli Deo, qui facit magna et inscrutabilia.* Voilà le cerveau, « cet organe-roi, comme dit poétiquement M. le docteur Réveillé-Parise, où résident la conscience de l'être, l'homme-intelligence, le moi ; vase mille fois plus faible que l'argile, et qui recèle pourtant le trésor de la pensée !... Quoi ! c'est dans cette pulpe blanchâtre, mollasse, putrescible, combinaison d'un instant, que se trouvent l'empire et l'asile de la raison, l'atelier où s'amasse, s'élabore le savoir humain, et où se forment d'immortelles conceptions! C'est dans l'espace compris entre l'apophyse *crista-galli* et la crête occipitale interne, c'est-à-dire dans l'espace étroit de quelques pouces, que sont les idées de Dieu, d'infini, d'éternité! En effet, le cerveau, véritable *siliqua mentis immortalis*, comme dit Van-Helmont, forme l'indispensable condition de l'intelligence; *habitacle* de l'âme, en lui seul se trouve l'évidente manifestation de l'être immortel dans l'être périssable; sublime preuve du néant et de la grandeur de l'homme. »

2° L'appareil nerveux ganglionnaire ou viscéral a son siége dans les viscères et son centre à l'épigastre; il n'occupe que l'intérieur du tronc : c'est un ensemble de petits centres nerveux qui communiquent entre eux par un grand nombre de filets. Ces innombrables filets donnent naissance à divers lacis nerveux appelés *plexus*, et forment le nerf grand-sympathique ou trisplanchnique, ainsi nommé parce qu'il se distribue aux viscères des trois cavités splanchniques. L'appareil nerveux ganglionnaire communique par de nombreuses anastomoses avec le système nerveux cérébro-spinal. C'est le système ganglionnaire qui préside à la vie de nutrition, et, sous la dépendance du cerveau, il est l'instrument des affections, des perversions affectives ou des passions.

§ I

Fonctions intellectuelles.

Un très-grand nombre de philosophes ou de métaphysiciens, entre autres Bossuet, n'attribuent à l'âme que deux facultés ou puissances actives, savoir : l'entendement et la volonté. D'autres, avec presque toute l'école, en admettent trois : l'entendement, la mémoire et la volonté. Quelques-uns enfin, à ces trois facultés assez généralement admises en ajoutent une quatrième, qui est la sensibilité. Mais cette dernière, suivant nous, n'étant que passive, ne doit pas être élevée au rang de faculté ; c'est une pure capacité ou un état passif. Le mot faculté implique ici une idée de liberté ; il vient de *facere ultro*. Un illustre métaphysicien, Laromiguière, ne reconnaît pour facultés que l'attention, la comparaison et le raisonnement. (Voyez l'extrait analytique de la doctrine philosophique de Laromiguière, que nous avons publié dans les *Pensées d'un croyant catholique*.) On voit, d'après cela, que ces divisions sont assez arbitraires, et qu'elles rentrent les unes dans les autres.

L'entendement comprend toutes les fonctions intellectuelles, et a pour objet la connaissance de la vérité. Cette faculté active comprend l'idée, la comparaison, la réflexion, la méditation, le jugement, le raisonnement. La volonté a pour objet les opérations, les affections ou les fonctions morales, et s'attache à la recherche du bien, à la fuite du mal. A cette faculté morale se rapportent l'amour, la haine, le désir, la cruauté, etc. En résumé, l'objet positif et final de l'entendement, c'est la vérité ; l'objet positif et final de la volonté, c'est le bien moral.

Nous ne répèterons pas ici ce que nous avons déjà dit sur les sensations ; nous ajouterons seulement que presque tous les physiologistes modernes sont, psychologiquement parlant, matérialistes ou du moins sensualistes. Nous ne signalerons ici que la *Physiologie* de Richerand, parce qu'elle est entre les mains de presque tous les médecins et de tous les élèves des écoles de médecine de France. Il est donc bon qu'on sache que cette physiologie, fort bonne d'ailleurs en tant que simple physiologie matérielle, est vicieuse sous le point de vue philosophique, c'est-à-dire qu'elle est essentiellement et radicalement entachée de sensualisme et même de matérialisme. En voici quelques passages extraits textuellement de la deuxième édition, revue, corrigée et augmentée par M. Bérard aîné.

« Le cerveau, comme l'a dit très-bien (c'est-à-dire très-mal) Cabanis, agit sur les impressions que les nerfs lui transmettent, comme l'estomac sur les aliments que l'œsophage y verse ; il les digère à sa manière : ébranlé par le mouvement qui lui est communiqué, il réagit, et de cette réaction naît la *sensation perceptive* ou la perception. Dès ce moment l'impression devient une idée ; elle entre comme élément dans la pensée, et peut se prêter aux diverses combinaisons que les phénomènes de l'entendement exigent. » (T. II, p. 406.)

Ailleurs l'auteur ajoute : « Il y a dans le cerveau des parties qui peuvent entrer en action et faire naître des idées auxquelles les sens demeurent étrangers ; telles sont les notions du juste et de l'injuste, telle est la faculté de porter des jugements généraux. » (T. II, p. 409.) Plus loin, on dit : « Tous les phénomènes de l'entendement dérivent de la sensibilité physique. » (T. II, p. 412.) Ailleurs encore : « L'entendement se mesure par le nombre et la perfection des organes des sens. » (P. 419).....
« Une idée n'est autre chose qu'une sensation transformée ou reçue par l'action de l'organe cérébral (1). » (P. 422.)

Voilà de la psychologie purement physiologique et ma-

---

(1) Il est juste de dire que, si Richerand s'est appuyé sur la doctrine idéologique de Cabanis, il était loin de penser et d'être matérialiste comme Cabanis, Georget et Broussais ; il croyait à la spiritualité et à l'immortalité de l'âme. Au reste, Dieu lui a accordé une fin édifiante et chrétienne.

térielle ; les mots d'*âme* et d'*esprit* n'y sont pas seulement prononcés, n'y paraissent absolument pour rien. Il est pourtant certain que dans l'entendement humain il y a quelque chose de plus que l'impression, la sensation et l'action cérébrale. Et qu'on ne dise pas que les physiologistes ne considèrent que les phénomènes matériels et accessibles aux sens ; je répondrais que c'est là précisément leur tort, parce que l'objet de la physiologie humaine est la connaissance de l'homme normal, et non de la vie de l'idiot ou du singe. Or la vie de l'homme normal et physiologique étant à la fois matérielle et intellectuelle, il est certain que de l'action cérébrale seule il ne peut résulter aucun phénomène, aucun acte intellectuel : il faudrait pour cela que la matière pût donner ce qu'elle n'a pas, et créer l'intelligence et la pensée, ce qui est absurde.

Nous ne devons point parler ici de la doctrine philosophique, et surtout de la psychologie de nos philosophes modernes. Une pareille élucubration serait trop en dehors de notre sujet, et l'objet ou la matière trop opposée à nos principes. Tout le monde sait que depuis environ une quarantaine d'années l'éclectisme, qui s'est qualifié philosophie du xix° siècle, prétend tenir le sceptre de la philosophie française. Selon le sens grammatical, l'éclectisme est une doctrine philosophique qui adopte les meilleures opinions de chaque système, sans se déclarer nettement pour aucun ; mais les tendances, ou plutôt l'esprit panthéistique et anti catholique de l'éclectisme moderne, lui a fait perdre cette acception, et le fait prendre constamment en mauvaise part et dans un sens hétérodoxe. Cette nouvelle philosophie porte tous les jours ses fruits. Voici sur ce point le sentiment et les paroles d'un écrivain qui ne peut être suspect à personne, de M. de Cormenin : « L'école éclectique gouverne la jeunesse, dont elle abuse les généreux instincts, dont elle embrouille la vive et pure intelligence. Elle n'a engendré que des esprits faux, que des cœurs sans foi, sans flamme et sans amour pour la patrie; des cœurs que les grands sentiments n'ont jamais remués, que la soif des plaisirs égoïstes dévore, que le *spleen* du doute tue, des cœurs éteints et mourants. »

Les doctrines éclectiques conduisent nécessairement au panthéisme, ou plutôt l'éclectisme n'est au fond que le panthéisme déguisé. Or cette bizarre conception, cette incroyable et monstrueuse aberration de l'esprit humain, n'est en réalité autre chose que la doctrine et le culte de l'orgueil et de toutes les passions qu'il engendre. Voilà la définition morale du panthéisme; sa définition logique, c'est, en dernière analyse, le matérialisme et même l'athéisme, c'est-à-dire, la négation de toutes les vérités morales et sociales.

Le panthéisme est une vieille et extravagante erreur des philosophes païens, que les sophistes modernes cherchent à rajeunir par un dernier effort de leur génie décrépit et mourant. C'est donc, selon nos écrivains incrédules, une substance unique dont l'homme et le monde ne sont que les attributs ou plutôt les parties émanantes et intégrantes; ou autrement : Dieu est tout, et tout est Dieu; Dieu est le grand tout, le monde, l'univers. Toutes les créatures émanent de Dieu, font partie de son être, de sa substance, et conséquemment sont toutes divines; leurs tendances sont essentiellement bonnes et nécessaires, car elles sont la manifestation nécessaire de l'être nécessaire : donc, toutes les créatures ont une existence nécessaire et éternelle, et par conséquent sont douées de toutes les perfections : proposition qui est tout en dehors des limites du sens commun, et contre le témoignage et l'expérience du genre humain.

De tout ce qui précède il résulte que, si tout est Dieu, les hommes sont impeccables; toutes leurs actions sont divines, et partant nécessairement bonnes et saintes. Dès lors il n'y aura plus de crimes sur la terre ; il ne faudra plus de religion, plus de morale, plus de lois, plus de civilisation, plus de gouvernement, plus de société ; et au bout de tout cela, qu'aurons-nous ? Nous aurons des choses admirables et inénarrables, et bien au-dessus de l'âge d'or des poëtes ; nous aurons la belle et virginale nature de Rousseau ! Les hommes ne seront plus des *animaux dépravés* ; ils seront régénérés et perfectionnés par leurs nouveaux maîtres, messieurs les panthéistes, si toutefois ceux-là leur en laissent le temps, et qu'ils ne se tournent pas contre leurs *régénérateurs*, pour les traiter avec toute l'aménité et la douceur de mœurs des habitants des forêts de l'Amérique ou de l'Océanie.

Deux mots résument toute la morale du panthéisme : Faites tout ce que vous voudrez ; tout est bien nécessairement.

Revenons et passons à l'exposition abrégée des plus nobles fonctions de l'intelligence.

§ II

De l'idée, de l'attention, de la comparaison, du jugement, etc.

L'âme, ayant éprouvé la sensation, concentre son activité sur cette sensation ou cette perception, et applique toute son attention sur ce *senti* ou ce *perçu*. Elle l'apprécie et l'élève, par ces diverses opérations, à l'état d'*idée sensible*, c'est-à-dire qu'elle acquiert la connaissance exacte de l'agent extérieur qui a fait impression sur les sens. L'idée est donc l'image ou le signe de l'objet présent à l'esprit. *Imago vel repræsentatio objecti in mente existens*, comme dit l'école, ou plutôt, pour nous, l'idée est tout simplement la notion ou la connaissance d'une chose quelconque.

Quand une chose ne tombe pas sous les sens, on la conçoit sans image, et cette perception est une idée intellectuelle. Faisons observer en passant qu'en général les physiologistes, après et d'après Condillac, affirment dogmatiquement que les idées ne sont que des sensations transformées; comme si ce qui n'a pas de forme pouvait changer de forme.

L'attention est l'action de l'âme par laquelle elle remarque, distingue une sensation à l'exclusion des autres. C'est donc une perception ou une sensation qui domine et éclipse toutes les autres.

La comparaison n'est que l'attention appliquée à deux objets à la fois. Cette opération est le prodrome ou l'élément du jugement.

Le jugement lui-même n'est que le rapport aperçu et apprécié entre deux objets ou deux idées distinctes.

La réflexion est une attention qui se continue, et qui revient sur les idées ou les objets perçus, pour faire de nouvelles comparaisons et saisir des rapports nouveaux.

L'imagination est une faculté par laquelle on se représente, on imagine, on invente, on crée des choses qui n'existent que dans l'esprit.

La mémoire est la faculté de conserver ou de se rappeler les idées. La mémoire humaine, comme dit Buffon, est la trace de nos idées. Elle émane de la puissance de réfléchir ou de l'âme; elle est le souvenir de toutes les idées intellectuelles, morales et sensibles. Les animaux ne peuvent avoir une mémoire de cette nature, parce qu'ils n'ont pas d'idées proprement dites. L'espèce de mémoire qu'ils montrent donc n'est que le renouvellement de leurs sensations ou plutôt des ébranlements du sens intérieur; c'est la *réminiscence*. C'est aussi la mémoire des idiots, qui n'ont plus d'idées.

Le raisonnement est un composé de trois propositions, dont la dernière est renfermée dans les deux premières.

Ici nous arrivons aux limites de la philosophie ou du moins de la logique; le flambeau de la science physiologique pâlit; il ne jette presque plus aucune lumière. Quittons donc ces régions trop métaphysiques, et rapprochons-nous davantage du domaine de l'observation physiologique. Nous n'avons dû qu'indiquer ici ces données ou ces résultats, plus véritablement psychologiques que physiologiques.

Mais aussi, d'un autre côté, que nous apprend la physiologie sur l'impénétrable mystère de l'entendement humain ? peu de chose, ou presque rien d'absolument certain. Ce qu'il y a d'incontestable au point de vue physiologique, c'est que les fonctions du système nerveux sont encore fort peu et fort mal connues, et qu'on ne sait presque rien de positif sur celles du cerveau. Cuvier va même jusqu'à dire qu'on est très-éloigné de pouvoir assigner quelque rapport certain entre ce viscère et les fonctions purement physiques ou organiques.

§ III

Volonté humaine.

Affections et Passions.

Les affections sont des sentiments actifs ou passifs de l'âme non encore portés à l'état de *passion*. Nous présenterons ici un court extrait de notre théorie nouvelle sur les passions; il est tiré de notre *Essai sur la théologie morale* : nous y renvoyons le lecteur pour le détail.

Nous appelons passion toute affection ou toute impulsion instinctive, organique, et toute émotion ou excitation morale que la perversion de la volonté entraîne au delà des limites physiologiques, c'est-à-dire des besoins de la nature ou du sentiment du bien moral.

La passion fait sortir l'âme de son état ordinaire, naturel et physiologique, et la met dans un état de malaise et de souffrance : de là le mot *pathos*, *pathema*, d'où dérivent *pati*, *passio*, *animi pathemata*.

D'après la définition que nous venons de formuler, tous les appétits naturels ou les instincts viscéraux (1), comme le sentiment de la faim, de la soif, du besoin de la reproduction, etc., qui sont le cri de l'organisme nécessaire à la conservation de l'individu et de l'espèce, ne sont et ne peuvent être eux seuls de véritables passions ; ce sont plutôt les principes ou les éléments des passions : de même que les impressions morales, comme la crainte, la tristesse, le chagrin, tant qu'elles ne sont que des affections purement passives et involontaires, sont également de simples éléments de passions. Ce sont ces émotions dépressives que les Grecs appelaient *pathemata*, et que les Latins ont désignées sous le nom d'*affectus* (parce qu'en effet elles *affectent*, c'est-à-dire produisent une impression pénible et douloureuse), tandis qu'au contraire la haine, la vengeance, etc., sont de véritables passions, parce qu'ici il y a intervention active de l'intelligence et surtout de la volonté.

(1) Toutes ces impulsions ou excitations viscérales ont pour *substratum* (*siége* des physiologistes) les viscères, ou plutôt le système nerveux ganglionnaire. De là est venue l'expression métaphorique de *cœur*, comme source et siége de toutes les passions. Le cœur *anatomique*, qui n'est qu'un muscle creux et une espèce de machine hydraulique qui pousse le sang dans toutes les parties du corps, n'est proprement le siége ni la source d'aucune passion ni d'aucune affection : ce que l'on attribue au cœur se passe dans les ganglions et les *plexus* nerveux qui environnent ce viscère, et non dans sa propre substance musculaire. Il n'est mis en mouvement que d'une manière secondaire et sympathique.

Ces sensations internes et instinctives, inhérentes à l'animalité et déterminées par les lois de l'organisme, plus les impressions morales puisées dans le milieu social ou produites par une impulsion étrangère et extérieure, n'arrivent à l'état de *passion* que lorsque, sortant des bornes légitimes que la nature et la raison leur ont prescrites, elles provoquent une réaction intellectuelle, s'unissent à l'élément psychique ou moral, ou, en d'autres termes, excitent le désir qui à son tour entraîne et asservit la volonté. Dès lors elles prennent le nom d'affections déréglées ou de passions, qui sont les vraies maladies de l'âme, d'autant plus difficiles à guérir, que l'âme abusée croit y trouver son bonheur. Ainsi donc, les appétits ne supposent que des déterminations instinctives, tandis que les passions entraînent l'idée d'un travail intellectuel. D'après cela, les animaux, qui sont privés de l'intelligence et n'ont que le pur instinct, ne peuvent avoir que des appétits qui diffèrent autant des passions que l'instinct de l'intelligence.

La volonté, subjuguée et vaincue, réagit vicieusement sur la raison, la fausse, l'étourdit et l'aveugle. On peut dire que la passion est comme un nuage qui se place entre l'entendement et la vérité. Dans cette éclipse de la raison, l'intelligence, obscurcie et fascinée par le charme des passions, ne voit plus que les phases des vices et des plaisirs déréglés : peu à peu le désordre moral étend son empire et arrive enfin à ses dernières limites. Voilà, selon nous, le vrai mode de génération des passions humaines.

Nous avons cru devoir exposer en peu de mots cette marche progressive des passions, parce que la plupart des philosophes, des métaphysiciens ou des psychologistes, sans excepter même le grand Bossuet, ont confondu les passions ou les affections déréglées de l'âme avec les simples affections, les penchants, les besoins ou les appétits viscéraux, qui ne sont autre chose que l'action naturelle ou l'appel nécessaire de nos organes. Satisfaire donc à ce besoin selon le vœu de la nature et le dictamen de la raison, c'est faire, dans l'ordre providentiel, une action naturelle et nécessaire à notre conservation : boire et manger, par exemple, dans la mesure du vrai besoin, n'est point faire un acte d'intempérance, et ce n'est certes point là satisfaire une passion, mais remplir une fonction réclamée par la voix impérieuse de la nature ; de même l'estime et l'amour bien ordonnés de soi-même, qui nous empêchent de faire des actions basses, avilissantes, scandaleuses, déshonorantes (*curam habe de bono nomine*), ne sont point véritablement la passion de l'orgueil ; et ainsi des autres.

C'est dans ce sens qu'il faut entendre ce que disent les philosophes, que personne ne peut être sans passion dans cette vallée de misères et de larmes. Sans doute l'homme rencontre à chaque pas, sur la route difficile de la vie et surtout dans la plaine aride de son cœur, des bêtes féroces, des lions rugissants, c'est-à-dire des penchants terrestres et charnels, qui l'excitent et le poussent au vice, à la volupté, à des plaisirs criminels, à l'orgueil, à l'intempérance, à la haine, etc. Ce sont là des propensions qu'il doit s'efforcer de combattre et d'étouffer à leur naissance : ce sont des lionceaux qu'il faut écraser contre la pierre, *allide parvulos ad petram*. Voilà des affections qu'éprouvent tous les hommes ; ce sont les tristes apanages de l'humanité déchue, et c'est en ce sens que l'on peut dire qu'une parfaite *ataraxie* est impossible ici-bas.

Nourrissons nos âmes, comme dit Platon, de la céleste ambroisie des dieux, de cette sérénité d'esprit qui nous élève, par l'essor de la contemplation, dans la région pure de la paix, où ne viennent point nous tyranniser des passions furieuses, semblables à des monstres et à des animaux en proie à toute leur férocité.

Voici comment s'exprime sur les passions un grand physiologiste, Richerand :

« Nos besoins, nos appétits, nos goûts, nos passions sont du domaine de l'instinct ; ils dérivent comme lui de notre organisation : retranchez un organe, vous diminuez la somme des besoins, vous privez d'un appétit l'animal que vous mutilez ; c'est ce que produit la castration sur un animal ou sur l'homme qui l'ont subie de bonne heure. S'il était possible de rendre un carnivore capable de digérer les végétaux, vous changeriez ses goûts et ses mœurs. Avec l'âge naissent et meurent en nous certaines organes ; en même temps, et dans la même mesure, se montrent, se développent et s'éteignent certaines passions : affaiblissez par des saignées copieuses et multipliées ce guerrier intrépide qui brave la mort dans vingt batailles, vous en faites un homme faible et pusillanime. Vainement son crâne vous offre-t-il alors la bosse sous laquelle il a plu au docteur Gall de loger la bravoure...

« On ne doit pas considérer le cerveau comme le siége primitif des passions, ainsi que le fait le plus grand nombre. De tous les sentiments de l'homme, le plus durable, le plus saint, le plus passionné, le moins susceptible d'être altéré par tous les préjugés de l'état social, l'amour maternel, n'est sûrement pas le résultat de quelque combinaison intellectuelle, de quelque action cérébrale : c'est dans les *entrailles* qu'il prend sa source ; il vient de là, et les plus grands efforts de l'imagination ne peuvent y conduire celles qui n'ont pas joui du bonheur d'être mères.

« Toute passion naît du désir, et suppose l'exaltation plus ou moins grande des facultés intellectuelles. Les nuances que peuvent offrir les passions sont infinies ; on pourrait les ranger toutes d'après une échelle systématique, dont le sang-froid occuperait la partie inférieure, et la fureur maniaque le degré le plus élevé. Il est aussi impossible de concevoir un homme sans passions (1) qu'un homme sans désirs ; néanmoins on nomme passionnés ceux dont la volonté s'élève avec force vers le même objet vivement souhaité. Dans le délire des passions, nous portons à chaque instant, et sans nous en apercevoir, des jugements faux dont l'exagération est le caractère. Un homme vivement effrayé rit lorsqu'il est revenu de l'objet de sa terreur. Voyez cet amant chez lequel la passion s'est éteinte; revenu des charmes qui longtemps le captivèrent, toutes les perfections dont l'objet de son amour lui semblait comblé se sont évanouies; le prestige enchanteur est dissipé; peu s'en faut qu'il ne croie que cet objet n'est plus le même, tandis que lui seul a changé : semblables à ces maniaques qui, revenus à la raison, s'étonnent des extravagances qu'ils ont commises pendant leur délire, et peuvent à peine ajouter foi à ce qu'on leur en raconte. L'homme ambitieux se nourrit des illusions de la richesse ou de la puissance. Celui qui hait voit des crimes dans les fautes les plus légères de l'objet de sa haine, et s'en exagère les moindres défauts. »

§ IV

Du système phrénologique.

Ce que l'on appelle aujourd'hui phrénologie, autrefois crâniologie, organologie ou crânioscopie, n'est autre chose que le système de Gall, par lequel on prétend connaître, à l'inspection des bosses, des saillies ou des dépressions du crâne, les diverses facultés ou aptitudes de l'homme avec ses penchants et ses passions; ou, si l'on

(1) Il fallait dire affections.

veut, c'est la *doctrine* de la pluralité des organes cérébraux et de la localisation des facultés intellectuelles et morales.

Nous n'entrerons pas dans de longs détails relativement à toutes ces prétendues protubérances crâniennes ou organes cérébraux; car la crânioscopie, de l'aveu même des phrénologistes, étant devenue insuffisante, on a adopté la méthode de la cérébroscopie, ou l'étude des circonvolutions cérébrales. Mais, dans l'état actuel de la science, les phrénologistes ne paraissent pas plus croire à la cérébroscopie qu'à la crânioscopie. Il ne s'agira donc ici directement ni de l'une ni de l'autre.

Nous nous bornerons à quelques réflexions contre la doctrine de la pluralité des organes, ou de la localisation des fonctions intellectuelles et morales, car toute la phrénologie est là. Sans pluralité organique et sans localisation, il n'y a point de phrénologie.

Posons quelques principes. Dieu est présent à tous les êtres, soit spirituels, soit matériels. Dans ces derniers, sa présence s'étend à toutes leurs parties. L'âme humaine, qui est esprit comme Dieu et faite à l'image de Dieu, est présente de la même manière à tout le corps qu'elle anime, et, d'une manière spéciale, au cerveau et à toutes ses parties. (Nous n'entendons ici, par cerveau, que ses deux hémisphères, qui seuls constituent l'organe de l'intelligence, comme nous le verrons plus loin.) Elle agit sur cet organe et sur toutes ses parties par son intelligence et sa volonté, comme elle agit sur tout le corps par sa faculté sensitive, ou la force vitale et la sensibilité des physiologistes.

L'âme ne pouvant agir que d'après sa nature, qui est l'unité et la simplicité, il s'ensuit que le principe d'action est un et simple; que l'activité est une et non multiple, identique et non diverse; enfin qu'elle est simple, inétendue, indivisible, immatérielle et spirituelle: donc la pluralité des organes et la localisation des fonctions intellectuelles et morales, c'est-à-dire des activités admises par les phrénologistes, sont une hypothèse purement gratuite et inutile, que l'observation et les faits démentent, et que la raison et le bon sens réprouvent. Cette pluralité n'existe que pour les opérations sensitives ou les sensations qui nous sont communes avec les animaux, et de là la pluralité des sens, comme de la vue, de l'ouïe, etc. Ainsi, chez l'homme, qui seul possède l'intelligence et le libre arbitre, ou qui, en d'autres termes, est seul capable d'idées intellectuelles et morales, il n'y a ni organes multiples ni localisation, par conséquent, des fonctions intellectuelles et morales.

Voici ce qui vient à l'appui de ces principes : toutes les fois qu'on se livre avec excès aux travaux intellectuels quels qu'ils soient, attention, réflexion, méditation, contention d'esprit, en un mot, tous les genres d'application à quoi que ce soit, on en éprouve constamment, vers le milieu du front, un sentiment de gêne, de pesanteur, d'embarras, de tension, ou plutôt de douleur véritable, et qui devient même quelquefois très-vive. Voilà un fait universellement constaté et admis. Pourquoi donc toujours cette douleur à la région frontale et point ailleurs, point à l'occiput ni au vertex? Pourquoi le mathématicien livré au travail d'esprit excessif ne souffre-t-il pas derrière l'angle externe de l'œil, où se trouve, selon Gall, l'organe du calcul et des mathématiques? Pourquoi le poëte, emporté trop loin par sa verve impétueuse, ne souffre-t-il pas au-dessus des tempes, où correspond l'organe prétendu de la poésie, et ainsi des autres? Pourquoi, suivant cette loi générale que tout organe que l'on exerce trop devient plus ou moins douloureux, le mathématicien et le poëte rapportent-ils cette fatigue ou cette douleur directement au front, comme les autres hommes, tandis qu'elle devrait se faire sentir à la région de leurs organes respectifs?

Voilà des faits constants, qui prouvent d'abord invinciblement que le cerveau est l'organe de l'intelligence, et que, de plus, cet instrument de la pensée concourt à l'accomplissement des fonctions intellectuelles d'une manière générale, absolue et intégrale, c'est-à-dire qu'il agit en masse sous l'influence immédiate de l'âme. Voilà donc à la fois prouvées, et l'existence du cerveau comme organe de la pensée, et l'unité organique pour les fonctions intellectuelles et morales.

Maintenant, quant aux passions, ont-elles leur siége dans le cerveau, et ce siége est-il multiple? Suivant l'opinion de Bichat, de Cabanis, de Virey et de Broussais lui-même, avant qu'il fût phrénologiste, et enfin, dit Gall, de la presque totalité des médecins, les affections et les passions ont leur siége dans les organes de la vie interne, dans les viscères, ou plutôt dans le système nerveux ganglionnaire.

Si ces organes des passions existaient dans l'encéphale, il faudrait que leurs fonctions respectives nous en révélassent la présence de la même manière que les fonctions intellectuelles nous prouvent l'existence du cerveau. De plus, dit Virey, si les passions naissent dans le cerveau, comment, par exemple, une grande crainte ôterait-elle toute force au cerveau, le paralyserait en quelque sorte jusqu'à faire tomber en syncope? Il faut donc qu'elles viennent d'une autre source. Il existe, à la vérité, une liaison étroite entre le système nerveux ganglionnaire et le système nerveux cérébro-spinal ou le cerveau; et même ce dernier est ordinairement la cause occasionnelle des passions, en ce sens qu'il donne la connaissance de leur objet, c'est-à-dire que l'intelligence et la volonté sont nécessaires à la génération des passions. (Voyez p. 51 et 52.) Une autre preuve que les passions existent indépendamment du cerveau, c'est qu'on les observe, au rapport de Virey, chez les animaux sans cerveau, comme les zoophytes, les vers, etc., qui ressentent la crainte, l'amour, etc. (1).

On ne peut donc pas dire que les passions résident proprement dans le cerveau, car rien n'y prouve l'existence de leurs organes; on n'y en découvre pas même l'existence collective en vertu de la condition d'unité organique; car, si cela était, ces passions, exagérées et portées au dernier excès, devraient douloureusement affecter au moins la partie postérieure de la tête ou du cerveau, où Gall place la plupart de leurs organes, comme les travaux excessifs de l'esprit nous font réellement souffrir à la partie antérieure du cerveau. Or on sait que les choses ne se passent pas ainsi. Donc il n'y a pas de pluralité d'organes

(1) On nous objectera peut-être l'opinion de Gall et de quelques autres physiologistes, qui prétendent que le cervelet est le siége de l'amour physique, pour en conclure que les autres affections ou passions ont également leur siège dans le cerveau.

Mais il faut se rappeler que le cervelet a été considéré tour à tour comme l'organe de la musique, de la mémoire, de la sensibilité, et les plus célèbres physiologistes de nos jours lui ont attribué la station, les mouvements, ou plutôt les mouvements de progression ou de locomotion. C'est particulièrement M. Flourens, secrétaire perpétuel de l'Académie des sciences, qui a prouvé expérimentalement que le cervelet est l'organe spécial des mouvements de locomotion, comme nous le verrons plus bas. Cette multiplicité d'opinions prouve que jusqu'à présent les fonctions du cervelet avaient été assez mal connues. D'un autre côté, il faut faire observer qu'il est des animaux privés de cervelet, comme les reptiles et les poissons, et qui cependant sentent, se meuvent et se reproduisent.

Au surplus, tous les peuples, de temps immémorial, ont regardé le cerveau comme l'organe de l'intelligence, tandis que les affections et les passions ont été départies au *cœur*, c'est-à-dire au système nerveux ganglionnaire; car le mot *cœur*, comme nous l'avons déjà dit, n'est ici qu'une expression purement métaphorique. Cette unanimité de sentiments, cet accord universel, n'est-ce pas le *sens commun*? Et ce sens commun, que j'appellerais presque instinctif et naturel, peut-il tromper dans les choses inhérentes et essentielles à la nature de l'homme intellectuel et moral? (Voir la note de la p. 51 et 52.)

pour les passions et les affections, et rien même n'en prouve évidemment l'unité organique dans le cerveau. Tout cela nous porte naturellement à tirer cette conclusion négative contre le système phrénologique : provisoirement, et jusqu'à ce qu'elles soient mieux prouvées, nous rejetons l'organologie, nous rejetons la crânioscopie, nous rejetons la cérébroscopie, nous rejetons, en un mot, la phrénologie. Nous admettons seulement l'innéité des facultés, des aptitudes et des penchants, et c'est ce qui a été reconnu dans tous les temps, comme le talent naturel du calcul, des mathématiques, de la poésie, etc.; mais aucun signe crânioscopique ne peut nous faire connaître, à *priori*, ces aptitudes et ces facultés. Ajoutons, d'après la *Revue médicale*, « que les docteurs crânioscopes ne sont nullement d'accord sur le nombre des organes : où l'un en découvre trente-quatre, l'autre en compte soixante-dix, un troisième plus de cent, et tous s'accusent d'avoir un jugement faux, un crâne étroit, un encéphale défectueux. Et puis, comment le *moi*, cet être un, indivisible, inétendu, point convergent de toutes les facultés, qui fait partie essentielle de tout acte mental, logique, peut-il exister avec cette pluralité indéfinie des organes? Il y a ici la plus notoire contradiction, disons mieux, la plus formelle absurdité. Faut-il donc le redire? On ne peut diviser le *moi*, qui n'est que lui, qui est lui, ni plus ni moins, et dire en le divisant : Voilà qui vit pour tel organe, voici qui vit pour tel autre; la personnalité ne se prête pas à être ainsi fractionnée : il faut la nier, ou la reconnaître dans sa complète intégrité. L'unité matérielle, l'unité organique en particulier, est un composé, une agrégation de parties; mais l'unité spirituelle n'est rien de semblable, elle est l'unité tout simplement. » (*Revue médicale*, juin 1838.)

Cependant acceptons pour un moment la phrénologie,

et admettons la pluralité des organes que l'unité du moi détruit et tue si évidemment (1), il n'en sera pas moins vrai que ces divers organes cérébraux subiront nécessairement la condition de passivité commune à tous les instruments matériels. Cependant la phrénologie, comme nous le verrons plus bas, proclame que ces organes sont indépendants et ont une *activité propre*, d'où découlent nécessairement et immédiatement toutes les fonctions intellectuelles et morales de l'homme, et d'où découle aussi en même temps l'odieux système du matérialisme.

L'homme est une intelligence, ou, si l'on veut, une activité servie par un organisme, ou, comme dit M. le docteur Cérise, « une activité qui se manifeste à l'aide d'instruments charnels. La source de cette activité ne saurait être dans ces instruments eux-mêmes, qui ne se meuvent jamais spontanément, qui ont besoin d'être excités pour être mus, dont le caractère est une passivité

---

(1) Gall affirme « que la liberté morale ne saurait exister qu'avec la pluralité des organes ». (*Sur la Physiologie du cerveau*, tome Ier, p. 307.)

Si la liberté morale dépend de la pluralité des organes, on finira par en conclure peut-être que les animaux chez qui, selon Gall, on trouve la même condition organique, sont, aussi bien que l'homme, doués du libre arbitre ou de la liberté morale.

« A l'instant où l'on préconise le libre arbitre, dit Gall, l'homme ne « se trouve-t-il pas sur les bords glissants de l'abîme? On dit, et je dis « aussi que l'homme abuse de sa liberté; mais quel motif a l'homme d'en « abuser si rien ne le meut dans son intérieur et ne l'excite à des actions « illégales? » (*Physiologie du cerveau*, tome Ier, p. 253.)

« Dans le système phrénologique, dit M. le docteur Cérise, l'homme est une passivité; il ne se meut qu'en vertu de quelques-unes de ses impulsions organiques; il est une multiplicité, car s'il y a en lui hésitation ou lutte, ce n'est pas lui qui lutte ou qui hésite, c'est un ou plusieurs organes qui l'impulsionnent avec énergie; quant à lui, il n'existe pas, c'est une abstraction qui doit faire sourire les phrénologistes. La volonté humaine est un mot vide de sens; car, d'après ce système, il ne doit pas y avoir dans l'homme une volonté réelle, libre, pas plus que dans un moulin à vent, dans une montre, dans un navire qui fend la mer au gré des vents et des vagues ; pas plus que dans un animal dont la condition est d'obéir aux excitations de son organisme. » (*Exposé et examen critique du système phrénologique*, p. 9.)

absolue. Cette affirmation est rigoureusement vraie, psychologiquement et physiologiquement.

« La phrénologie proclame, au contraire, que l'activité des organes est la source de toutes les déterminations et de toutes les opérations morales et intellectuelles de l'homme. De plus, elle proclame que ces organes étant multiples, divers et indépendants, ayant une activité propre, toutes les manifestations humaines sont la conséquence de ces activités diverses. Ainsi l'activité de l'homme, qui est une et identique, serait au contraire une succession d'activités diverses, contradictoires, tour à tour en réveil et en repos, dominantes ou dominées. Ce principe, qui affirme la diversité des forces impulsives et qui nie l'unité d'impulsion, est la base sur laquelle reposent la méthode et la coordination des phrénologistes. C'est dans ce principe que nous prenons, incontestable et flagrante, la solution matérialiste dont nous avons parlé et qui préside au système. » (Ouvrage déjà cité, page 5.)

« Toutes les nobles facultés de l'homme dépendent donc, selon les phrénologistes, de la spontanéité et de l'activité organiques. Ils répondent à ceux qui les accusent de matérialisme que les organes cérébraux sont les instruments indispensables de l'âme. Mais lorsque, dans le système de la prédestination organique, l'on considère l'âme comme n'ayant aucune puissance par elle-même, comme n'ayant pas la faculté d'impulsionner *à priori* ses instruments et de leur imprimer son activité, on la réduit à un rôle misérable ; on n'en fait plus qu'une formule sans réalité ; ou bien elle ne sera plus qu'un mot vide de sens, un préjugé ou un mensonge. » (Même ouvrage, p. 43.)

Les phrénologistes confondent donc l'activité humaine avec la passivité organique. C'est à l'aide de cette confusion qu'ils prétendent qu'on peut être indifféremment spiritualiste ou matérialiste, tout en restant phrénologiste : c'est-à-dire que l'on peut affirmer qu'une même chose est à la fois simple et composée; qu'une substance spirituelle est matérielle, active et passive; que le *oui* est synonyme du *non*, etc.

Selon l'auteur de l'article sens, du *Grand Dictionnaire des sciences médicales* (le docteur Montfalcon), les mots *âme* et *intelligence* n'ont aucun sens dans le livre de Gall. « Le cerveau, dit ce dernier, est *la source de toute perception*, le siége de tout instinct, de tout penchant, de toute force morale et intellectuelle. » (Sur *les Fonctions du cerveau et sur celles de chacune de ses parties*, 1er vol., p. 25.) Et ailleurs (même ouvrage, t. V. p. 440), il ajoute : « Il est la source de toutes les idées et de tous les sentiments. » Les affirmations suivantes doivent nous suffire pour justifier les accusations de tendance au fatalisme portées contre le système phrénologique : « L'homme, en tant qu'il est animal (selon le système de Gall, l'homme est la continuation de la chaîne animale), serait-il un être isolé de la nature vivante? serait-il gouverné par des lois organiques opposées à celles qui président aux *facultés* du chien, du cheval et du singe? » (Même vol., p. 48.) Aussi Gall assimile les *facultés* des bêtes à celles de l'homme; il va même jusqu'à dire que les animaux *font des abstractions*. (Voyez même vol., p. 56.) C'est donner gratuitement bien de l'esprit à des bêtes. Il ajoute, à la page suivante, que *très-souvent leurs actions dénotent un sentiment de morale, du juste et de l'injuste*, etc. Voilà de plus des êtres sans libre arbitre et sans devoirs devenus capables de moralité, et par conséquent capables de mérite et de démérite; c'est un progrès. « Les qualités et les talents particulièrement distingués (c'est-à-dire propres à l'homme) sont dus à la même origine. C'est toujours un développement très-favorable d'un organe, une énergie inaccoutumée de ces fonctions qui produit le penchant à la bienveillance (*le sens moral*, de Gall), les idées et les sentiments religieux, etc. » (Même vol., p. 264.)

A la page 283, il affirme que « l'homme est pourvu d'organes intérieurs pour la morale et la religion, et pour connaître et honorer un Être éternel et indépendant. » Plus bas nous prouverons que l'organe de la religion n'existait que dans la tête de Gall, sans que pour cela ce patriarche de la phrénologie en ait été plus religieux qu'un autre.

D'après Spurzheim, le plus sincèrement religieux et le plus spiritualiste d'entre les docteurs phrénologistes, et pour cela le plus souvent persiflé par ses frères, comme dit M. Cérise ; selon Spurzheim, dis-je, « l'éducation ne crée rien ; toute son influence se borne à cultiver les facultés et à diriger leurs actions. » Donc, si l'organe du sens moral n'est pas développé, ou s'il reste inactif, l'éducation ou l'enseignement moral est inutile ; ou, si un homme devient vicieux ou criminel, c'est l'organisme seul qu'il faut en accuser.

On peut dire que le fatalisme est la morale des phrénologistes ; c'est au moins la conclusion que M. Cérise déduit rigoureusement de leur doctrine. La base de leur système de pénalité, c'est l'indulgence mutuelle déduite de la tolérance, qui, selon la phrénologie, est le premier précepte de la morale.

« Les phrénologistes se bornent à parler de l'empire fatal de certaines organisations, et à reproduire tous les lieux communs auxquels les avocats ont habitué les juges depuis quelques années, et qu'ils ne cessent d'invoquer en faveur de ces misérables bandits qui professent ou qui pratiquent la doctrine de l'assassinat : braves gens, qui réservent toute leur piété pour les voleurs et les meurtriers, et qui sont sans pitié pour les victimes et pour la société ! les phrénologistes accuseront tout, excepté le coupable, tout, excepté l'éducation qu'il aura reçue ; car l'éducation, selon eux, *ne crée rien*, et elle est impuissante à arrêter les tendances fatales de l'organisme.

« Or nous prétendons, nous, que l'éducation crée le sentiment de la lutte du bien et du mal, celui du devoir, celui de la lutte contre les impulsions animales ; et, si nous avions à nous plaindre des arrêts de la justice, ce serait parce que, hors du catéchisme, l'homme ne reçoit aujourd'hui de la société aucune éducation sociale, commune et égale pour tous .... : cet appel à l'indulgence, qui tient à ce que le système n'admet aucun principe de certitude morale, nous paraît renfermer une singulière contradiction ; il semble, en effet, que c'est demander à la justice d'avoir égard, dans les applications, au caractère humain d'un être dont on fait une machine dans la théorie.

« Supposons, s'il le faut, que cette indulgence, réclamée avec tant de bienveillance pour les criminels, ne soit pas la négation de toute éducation sociale et de toute certitude morale ; supposons que le législateur n'ait pas prévu le cas où elle peut être légitime, à quoi servira l'intervention du système dans les arrêts de la justice ? Les phrénologistes oseront-ils, au milieu des débats solennels qui précèdent le jugement, ou dans les recherches minutieuses qui précèdent les débats, oseront-ils venir montrer sur le crâne de l'accusé le signe fatal qui prononce son acquittement ou sa condamnation ? Oseront-ils porter à la fois dans le sanctuaire de la justice, et les principes qui nient la liberté humaine, et les jongleries crânioscopiques qui expriment si dignement ces principes ?... Franchement nous les croyons trop honnêtes gens ou trop habiles pour oser mentir à ce point. » (Même ouvrage, pages 125, 130, 131.) Voici les paroles d'un célèbre phrénologiste, M. le docteur Bailly (de Blois) : « Jamais la phrénologie ne devra entrer dans la législation comme moyen d'absolution ou de condamnation : les juges qui réclameraient un tel secours, les médecins qui consentiraient à le donner, ne comprendraient ni les uns ni les autres leur véritable mission. »

Voilà pour la morale et l'éducation. Disons encore un mot de la religion comme l'entendent les docteurs phrénologistes, et encore d'après M. Cérise.

Qu'est-ce que la religion, selon Gall? Elle est un mode d'action plus ou moins énergique de l'organe de la théosophie, aidé de l'organe du merveilleux, et probablement aussi de celui de l'esprit de métaphysique. Qu'est-ce que la religion, selon Spurzheim? Elle est un mode d'action plus ou moins énergique de l'organe de la vénération (organe de la théosophie, de Gall) assisté des organes des sens, de la causalité, de l'idéalité, du merveilleux, aidé quelquefois de ceux de la bienveillance, du devoir, etc. Écoutez maintenant Broussais : L'abstraction religion est un code formulé par des hommes injustes et avides, qui exploitent à leur profit *le sentiment de vénération*, dont la nature nous a dotés pour d'autres fins ; d'hommes qui se concertent pour empêcher le développement des organes *du jugement et de la causalité*; d'hommes qui s'opposent à l'acquisition des faits, dans le but de donner la prépondérance à *l'organe du merveilleux*. (Voyez le discours prononcé à la séance annuelle de la Société phrénologique de Paris, 22 août 1835, et reproduit dans le numéro d'octobre du journal de cette Société, p. 401.)

« Maintenant, dit M. Cérise, si nous avions à répondre à cette question : Qu'est-ce que la phrénologie? nous dirions que la phrénologie est un système psychologique qui nie virtuellement et réellement toutes les vérités en vertu desquelles l'homme se distingue des animaux ; que ce système est hostile à la morale ; qu'il est contraire à toutes les données générales de la physiologie ; que par conséquent il est mauvais et faux ; qu'il est à la fois une immoralité et une erreur ; et que travailler à le combattre, à l'anéantir, est à la fois une œuvre de foi et une œuvre de science. » (P. 12.)

Encore un mot sur la religion phrénologique. Gall remarque avec beaucoup de raison « que l'homme, toujours et partout, éprouve le besoin d'avoir recours à un Dieu et de lui rendre hommage... La croyance en Dieu est aussi ancienne que l'esprit humain. » (*Sur les Fonctions du cerveau*, etc., t. V, p. 398 et 399.)

Tout le monde sait que Gall admet un organe pour la religion, qu'il appelle l'organe de la *théosophie*. Or il faut, dans ce cas, que tous les hommes sans exception soient doués de cet organe de la religion, puisque tous doivent rendre hommage à Dieu ou être religieux. Il faut de plus que cet organe déploie tôt ou tard son activité aussi indépendamment et aussi infailliblement que les organes de la reproduction ou de la propagation physique, et c'est ce qui est contraire à l'observation. On n'a trouvé aucun sentiment religieux ni moral chez les sourds-muets de naissance, ainsi que chez les enfants privés de bonne heure de tout commerce avec la société. « Le petit nombre d'êtres humains trouvés dans les forêts hors de tout commerce avec les hommes, dès qu'ils ont pu parler, interrogés sur leur premier état, n'ont pu rien apprendre de Dieu, de l'âme, d'une autre vie. » (M. de Bonald.) Tous ces individus, quoique nécessairement doués, selon Gall, de l'organe de la religion, n'ont pu avoir cependant, en vertu de leur seul organisme, aucune idée, aucun sentiment religieux ni moral, et néanmoins, à l'aide de l'éducation intellectuelle et morale, de la parole ou des signes, expressions et véhicules de la pensée, on est parvenu à donner à ces individus vraiment sauvages une instruction religieuse et morale : et cela doit être nécessairement à l'égard de tous les êtres humains, pourvu qu'ils soient dans leur état normal, c'est-à-dire capables de raison. Rien n'empêche donc, d'après ces faits incontestables, de conclure que l'éducation et la parole déposent elles seules, dans l'intelligence de l'homme, toutes les vérités religieuses et morales (*fides ex auditu*); que les organes de la religion ne sont pas nécessaires, et que par conséquent ils n'existent pas, puisque tout se fait et s'explique sans eux. Cet organe de la religion est donc une pure création de l'imagination de Gall, une chose hypothétique, un être de raison, en un mot, une chimère. Mais admettons-en l'existence pour un moment, et accordons que l'éducation excite, réveille l'activité des organes de la théosophie : que pourra faire l'enseignement moral aux individus chez qui l'organe religieux est fort peu développé ou manque même peut-être tout à fait? Ils seront donc condamnés par leur destination organique, et malgré la meilleure éducation religieuse, à n'avoir toute leur vie presque ni moralité ni religion, puisque, suivant le système phrénologique, la moralité et la religion dépendent essentiellement de l'organisme. Cependant l'expérience prouve que ces individus si mal organisés et si peu religieux sont capables de recevoir les impressions religieuses : il y a plus, ils peuvent même devenir subitement des hommes pleins de vertu et de religion. Comment les phrénologistes expliqueront-ils le changement plus ou moins prompt, et même subit, qu'on observe quelquefois dans l'état moral de l'homme? Combien ne voit-on pas dans l'histoire des personnages qui, d'abord adonnés à tous les vices, esclaves de toutes les passions, sont devenus en fort peu de temps, ou pour ainsi dire subitement, des hommes doux, modestes, tempérants, chastes, désintéressés, charitables, offrant enfin toutes les vertus opposées aux passions violentes qui les tyrannisaient depuis si longtemps? On citerait des milliers de faits. On connaît les conversions si inopinées et si promptes de saint Paul, de saint Augustin, et de tant d'autres beaux génies de l'antiquité, qui avaient été nourris et élevés dans les vices et les passions du paganisme, tels que saint Clément d'Alexandrie, saint Cyprien, Lactance, etc. etc. Que penser de la conversion subite d'une peuplade sauvage à la parole d'un missionnaire catholique, ou d'une soudaine apostasie d'un lâche transfuge de la vérité? Une conversion si prompte de toutes les passions en des vertus contraires, ou une métamorphose inverse, est-elle l'effet subit d'une révolution organologique ou d'un changement soudain des organes cérébraux? Que les phrénologistes nous expliquent ces mystères et ces merveilles. Comme il serait absurde d'alléguer un changement organique subit, ils diront peut-être que c'est un effet ou une modification du système nerveux, opérée par une cause morale extraordinaire et d'une grande puissance, ou le résultat de la manifestation subite de l'activité prépondérante d'organes restés jusqu'alors sans action extérieure; ou enfin que c'est un état morbide anormal, une sorte de vésanie ou d'aberration de l'esprit humain : en un mot, que c'est une espèce de maladie. Il est facile de voir que ces suppositions gratuites et ces explications, au fond, n'expliquent et ne prouvent rien; on peut toujours nier sans preuve ce qui est affirmé sans preuve. Mais admettons-les, et disons avec vérité : heureuse maladie, heureuse folie, qui épure et fortifie la raison humaine, rend les hommes meilleurs, les perfectionne, et leur donne toutes les vertus religieuses, morales et sociales ! Mais ce n'est pas là le fait de la phrénologie.

Je ne me propose pas, je le répète, de discuter ici sérieusement la doctrine des phrénologistes comme sujet de science; l'opinion publique, et surtout la haute raison de tous les vrais philosophes, psychologistes, moralistes, physiologistes, etc., s'élève contre ce système d'erreurs, le condamne et le réprouve généralement. On sait, en effet, que la crânioscopie reçoit tous les jours de nouveaux et nombreux démentis. Entre mille faits que l'on pourrait citer, je n'en rapporterai que deux ou trois des plus connus, de Fieschi, de Lacenaire et d'Avril.

Les principaux traits de Fieschi ont été : absence de l'organe de la destructivité et de celui de la ruse, et développement de l'organe de *bonté*. Chez Lacenaire (1), absence complète de l'organe du vol, présence de l'organe de la *bienveillance* et de la *théosophie* (disposition religieuse), cette dernière surtout fort visible; la fermeté, située entre les deux organes de la *justice* (sentiment du juste et du devoir, conscience morale); tout cela est fort apparent. Chez Avril, les penchants sanguinaires, ceux du vol et de la ruse, sont inappréciables; en revanche, ceux de la bonté, de la théosophie, de la justice, sont d'une dimension peu commune et dominent tous les autres. Voilà de ces faits importuns qui semblent venir tout exprès pour dérouter les phrénologistes. Cela pourtant n'empêchera pas la phrénologie de les enchâsser dans son sys-

---

(1) « Lacenaire était un voleur de profession; il a déclaré avoir parti-
« cipé à sept assassinats suivi de vols; il professe l'athéisme et en géné-
« ral la phylosophie du marquis de Sades, qu'il met en pratique. Il affirme
« qu'il n'éprouve ni regret ni remords, et qu'il recommencerait sa car-
« rière de meurtres et de rapines si on brisait ses fers. Libre de choisir
« une vie selon son goût, il choisirait celle d'assassin et de brigand ; car
« il est misanthrope par système; et d'ailleurs ce qu'on appelle le crime
« sied mieux à un homme de sa trempe que cette hypocrisie qu'on appelle
« vertu. Il s'enorgueillit de ses vices et de ses forfaits. Il prétend que
« *tuer sans remords* est sur cette terre le souverain bien, si vainement
« cherché par les philosophes... » (*Revue médicale*, cah. de mars 1836.)

tème *crániomancien*, tant elle est souple et élastique; et puis il y a tant de nuances dans les bosses! Tout cela justifie admirablement la prophétie phrénologique de Broussais, qui s'est écrié que l'ère glorieuse approchait où la philosophie et la morale seraient fondées sur la phrénologie : pauvre homme !!! (Voyez, pour plus de détails, la *Revue médicale*, 1836, mars; et la *Gazette médicale de Paris*, 1836.)

Nous terminerons par une citation de la *Gazette médicale*, et une autre d'un de nos plus célèbres physiologistes, M. Magendie, suivie d'une lettre anti phrénologique.

« La phrénologie ne nous a jamais paru digne d'une discussion sérieuse : comme système psychologique, c'est une conception contradictoire; comme théorie anatomico-physiologique, c'est une hypothèse complétement dénuée de preuves..... Il est notamment remarquable qu'aucun des zoologistes français de ce siècle qui ont si profondément étudié l'organisation des êtres vivants et la haute physiologie, ne s'en soit occupé. Cuvier n'en a jamais parlé qu'avec dédain. MM. Blainville, Geoffroy-Saint-Hilaire, Serres, Flourens, Dumeril, Dutrochet, tous les physiologistes enfin dont le nom est connu en Europe, y sont restés étrangers. En Angleterre il en est de même; sauf M. G. Combes, homme d'esprit et de talent, qui est dans ce pays le champion officiel de la phrénologie, comme M. Broussais en France, on ne trouverait personne à citer. En Allemagne, berceau de l'organologie, cette prétendue science n'est guère connue que de nom. » (Extrait de la *Gazette médicale de Paris*, 1836.)

Voici les paroles de M. Magendie :

« Les *cránologues* (quelques lignes plus haut, il appelle la phrénologie une *pseudo-science*), à la tête desquels est le docteur Gall, n'aspirent à rien moins qu'à déterminer les capacités intellectuelles par la conformation des crânes, et surtout par les saillies locales qui s'y remarquent. Un grand mathématicien offre certaine élévation au coin de l'orbite; c'est là, n'en doutez pas, qu'est l'organe du calcul. Un artiste célèbre a telle bosse au front, c'est là qu'est le siége de son talent. Mais, répondra-t-on, avez-vous examiné beaucoup de têtes d'hommes qui n'ont pas ces capacités? Êtes-vous sûr que vous n'en rencontreriez pas avec les mêmes saillies, les mêmes bosses? N'importe, dit le crânologue, si la bosse s'y trouve, le talent existe, seulement *il n'est pas développé.* En un mot, voilà un grand géomètre, un grand musicien qui n'ont pas votre bosse! N'importe, répond le sectaire, croyez!

« Mais quand il y aurait toujours, reprend le sceptique, cette conformation réunie avec telle aptitude, il faudrait encore prouver que ce n'est point une simple coïncidence, et que le talent d'un homme tient réellement à la forme du crâne. Croyez, vous dis-je, reprend le phrénologue; et les esprits qui accueillent avec empressement le vague et le merveilleux croient, et ils ont raison; car ils s'amusent, et la vérité ne leur inspirerait que de l'ennui. » (*Physiologie* de Magendie, t. 1er, p. 247, 1836.)

— Lettre à Surzheim sur une déformation monstrueuse du crâne, sans altération des facultés intellectuelles et morales. Cette lettre nous paraît porter à la doctrine de Gall un coup dont elle se relèvera difficilement : écrite avec décence et modération, elle n'en est pas moins forte en raisonnements et en déductions logiques.

« Il est de principe en philosophie, dit l'auteur, qu'un seul fait bien avéré, bien prouvé, suffit pour infirmer le système le plus fortement établi, quand il est en contradiction avec ce système; » or le cas de monstruosité cité dans cette lettre dépose avec une singulière évidence contre les points fondamentaux de l'organologie de Gall.

Après avoir établi la solidarité qui existe nécessairement entre la crânioscopie et l'organologie, l'auteur donne la description minutieuse de la tête d'une jeune Indienne, tête dont le développement est d'environ un tiers plus considérable que celui d'un crâne ordinaire, mais d'ailleurs si étrangement déformée qu'il est impossible d'en avoir une idée exacte, si on n'a sous les yeux le modèle que M. Souty a présenté à l'Académie. « Je ne sais, dit l'auteur, à quel résultat on arriverait en interprétant les signes fournis par cette tête d'après les règles phrénologiques; mais ce qu'il y a de certain, c'est que tous les crânioscopes s'accorderaient à prononcer qu'il y avait, dans cette infortunée fille, folie, idiotisme, penchants anormaux, monomanies diverses. Tous diraient unanimement qu'elle doit être rangée dans la classe de ces malheureux crétins du Valais, ces rebuts de l'espèce humaine, réduits à la condition morale des brutes, etc. etc. Ils raisonneraient très-conséquemment à leurs principes; et tous cependant se tromperaient complétement, comme le prouve l'histoire de cette jeune Indienne. M. le docteur Souty a observé le sujet pendant plusieurs mois; employée aux travaux du ménage, elle s'en acquittait fort bien, et l'on n'a jamais remarqué chez elle moins d'intelligence que chez ses compagnes, ni des goûts particuliers, ni le moindre acte de folie, etc. » L'auteur de la lettre termine en prouvant à Spurzheim que ce fait est en contradiction directe avec tous ses principes; car il démontre, suivant lui, l'une ou l'autre de ces deux propositions :

« 1° Ou que l'intégrité des facultés morales et intellectuelles peut exister avec un cerveau monstrueux;

« 2° Ou que le crâne peut être monstrueux sans que le cerveau participe à sa déformation. » (*Revue médicale.*)

Le *Bulletin général de thérapeutique* (mars 1843) rapporte l'observation d'un homme chez lequel on a trouvé un squirrhe considérable occupant le lobe antérieur droit du cerveau et une partie du lobe antérieur gauche, sans paralysie des membres, sans embarras de la parole et *sans aucun trouble de l'intelligence*. C'était un vieillard d'un caractère jovial, goguenard, beau parleur, et d'une excessive lubricité.

« En présence de ce fait, s'écrie le rédacteur, que deviennent tant de belles théories physiologiques? Ce n'est point ici le lieu d'entrer dans cette discussion; cette observation parle d'ailleurs assez d'elle-même : instinct génital exagéré, rien au cervelet, aucune paralysie des membres, aucun embarras de la parole, aucune faculté abolie, et destruction à peu près complète de l'un des lobes antérieurs du cerveau, l'autre à moitié détruit. »

Au sujet du cervelet, considéré comme le siége ou l'organe de l'amour physique, ou de la passion libidineuse, dont il est fait mention ici, Richerand rapporte le fait d'une jeune fille, morte à l'hôpital Saint-Antoine de Paris, qui n'avait pas de cervelet, et qui cependant se livrait avec fureur à la masturbation.

§ V

Examen critique du système phrénologique d'après M. Flourens.

En 1839, nous avions avancé, dans les *Pensées d'un croyant catholique*, « que la phrénologie conduisait droit au matérialisme si ce n'était déjà une doctrine toute matérialiste, » et on nous en fit des reproches. Aujourd'hui peut-être on nous accuse de n'avoir pas été assez explicite et assez positif dans nos affirmations contre la phrénologie, quand on saura comment un célèbre physiologiste, le secrétaire perpétuel de l'Académie des sciences, M. Flourens, avec presque tous les savants, traite la science mensongère de Gall et de Spurzheim.

Ce que nous venons d'écrire sur la phrénologie est en grande partie extrait du travail que nous avons fait en 1839, c'est-à-dire bien avant que nous ayons pu avoir connaissance du livre remarquable de M. Flourens. On peut dire que cet illustre physiologiste a porté le coup décisif, le coup de mort à la doctrine de Gall. Nous allons donc extraire quelques passages de l'*Analyse critique des doctrines physiologiques*, par M. Flourens (1842), que nous entremêlerons de quelques courtes réflexions (1).

Voici le point de départ de tout le système de Gall : « Comme il faut admettre, dit-il, cinq sens extérieurs différents, puisque les fonctions sont essentiellement dif-

(1) Depuis la publication du puissant écrit de M. Flourens, un vigoureux champion est encore descendu dans l'arène. M. Lélut, médecin de la Salpêtrière, vient de publier un livre dont le but est de prouver la vérité des paroles suivantes : « Ce serait non-seulement discuter, mais abattre ce système que de démontrer deux choses : la première, c'est qu'à l'envisager du point de vue purement organologique, il n'est pas possible; la seconde, c'est qu'en lui accordant par hypothèse cette sorte de possibilité, il ne repose sur aucune des espèces de preuves dont Gall prétend l'appuyer. »
Après avoir démontré l'impossibilité de l'organologie phrénologique, M. Lélut cherche à prouver que tous les faits rapportés par Gall sont faux ou controuvés. Et, en effet, que peut-on conclure des démonstrations faites sur des bustes *idéalisés* par les artistes, c'est-à-dire faits suivant leur caprice ou leur fantaisie? Tels sont les bustes d'Homère, de Socrate, de Platon, etc. A la page 122, M. Lélut tire la conclusion suivante de l'examen des faits qui servent de base au système de Gall. « Les faits quelque peu valables allégués par lui (Gall), avec tant de parcimonie, sont faux ou annihilés par un nombre beaucoup plus considérable de faits d'un caractère opposé. »
Enfin M. Lélut, dans un chapitre puisé tout entier dans les *Annales de la phrénologie*, nous rapporte que le célèbre philologue Champollion n'avait pas l'organe de la philologie; que le prodigieux calculateur Vitto-Mangiamele, qui, à l'âge de dix ans, donne la solution des problèmes les plus difficiles de l'arithmétique et de l'algèbre, n'a cependant pas l'organe du calcul; que Raphaël enfin était privé de l'organe du coloris, etc. (*Note de la seconde édition.*)

férentes..., de même il faut enfin se résoudre à reconnaître les diverses facultés et les divers penchants comme des forces morales et intellectuelles essentiellement différentes, et affectées également à des appareils organiques particuliers et indépendants les uns des autres. » (T. IV, p. 9.)

« Qui oserait dire, ajoute-t-il, que la vue, l'ouïe, le goût, l'odorat et le tact sont de simples modifications de facultés? Qui oserait les faire dériver d'une seule et même source, d'un seul et même organe? De même les vingt-sept facultés ou qualités que je reconnais comme forces fondamentales ou primitives ne peuvent être regardées comme de simples modifications d'une faculté quelconque. » Sans doute elles ne peuvent être regardées comme des modifications d'une faculté quelconque; mais elles doivent être regardées comme des modifications de l'âme, laquelle certes est bien différente d'une faculté quelconque. Ce rapprochement spécieux et captieux a séduit bien des personnes et même quelques savants.

Voici comment M. Flourens renverse ce sophisme : « Gall, dit-il, voit les fonctions des sens constituer des fonctions distinctes, et il veut que les facultés de l'âme soient également distinctes; il voit chaque sens particulier avoir un organe à part, et il veut que chaque faculté de l'âme ait un organe propre; en un mot, il voit l'homme extérieur, et il fait l'homme intérieur à l'image de l'homme extérieur.

« D'une part, il donne aux facultés toute l'indépendance des sens, et de l'autre il donne aux sens toutes les attributions des facultés... Or il ne conclut de l'indépendance des sens extérieurs à l'indépendance des facultés de l'âme que parce qu'il confond, pour le sens même, l'impression et la perception, et, comme il suppose plusieurs principes pour les perceptions, il suppose plusieurs principes pour les facultés. » C'est sur cette subtile confusion de l'impression, qui est diverse et multiple, avec la perception, qui est une et simple, que repose toute la doctrine de Gall : détruisez ce fondement ruineux, et soudain s'écroule tout l'édifice phrénologique ou crânioscopique.

Ailleurs M. Flourens s'exprime ainsi : « Lorsque, dans sa *Physiologie*, Gall substitue les facultés à l'intelligence, il définit ces facultés, il les définit des *intelligences individuelles*; d'où vient donc que, dans son anatomie, lorsqu'il substitue au cerveau les organes du cerveau, il ne définit pas ces organes ? » Par la raison toute simple, c'est qu'il n'existent réellement pas : et s'ils n'existent pas, il n'y a pas de localisation, point de pluralité de facultés, et par conséquent point de phrénologie. Et voici ce qui prouve cette absence d'organes cérébraux ou de pluralité organique. « La possibilité de la solution qui nous occupe suppose, dit Gall, que les organes de l'âme sont situés à la surface du cerveau. » (T. III, p. 2.) Et en effet, reprend M. Flourens, s'ils n'étaient pas situés à la surface du cerveau, comment le crâne pourrait-il en porter l'empreinte? et que deviendrait la crânioscopie? La crânioscopie n'a rien à craindre; Gall y a pourvu. Tous les *organes du cerveau* sont placés à la surface du cerveau, et Gall ajoute : Ceci explique le rapport ou la correspondance qui existe entre la crâniologie et la doctrine des fonctions du cerveau (*Physiologie cérébrale*), but unique de mes recherches. (T. III, p. 4.)

« Mais enfin, dit M. Flourens, les prétendus *organes du cerveau* sont-ils situés réellement à la *surface du cerveau*, comme le veut Gall? En termes positifs, la surface du cerveau est-elle la seule partie active de cet organe? Voici une expérience de physiologie qui fait voir combien

Gall se trompe : on peut enlever à un animal, soit par devant, soit par derrière, soit par côté, soit par en haut, une portion assez étendue de son cerveau, sans qu'il perde aucune de ses facultés. Ce n'est donc pas à la surface du cerveau que se trouvent les organes du cerveau. » On trouve dans les annales de la chirurgie une foule de faits de lésions traumatiques très-graves du cerveau, même avec perte de substance, où l'intelligence n'a subi aucune altération.

Autres observations anatomiques qui prouvent la non-existence des organes du cerveau : « Le crâne, continue M. Flourens, ne représente les *circonvolutions du cerveau* que par sa face interne; il ne les représente plus par sa face externe. Et pour les *fibres*, pour les *faisceaux de fibres*, il ne les représente pas même par sa face interne; car les fibres sont recouvertes par une couche de matière grise, et les *faisceaux des fibres* sont placés dans l'intérieur de la masse nerveuse. Gall sait tout cela, et il n'en inscrit pas moins ses *vingt-sept facultés* sur les crânes. Tant de confiance étonne. On ne connaît rien de la structure intime du cerveau, et l'on ose y tracer des circonscriptions, des cercles, de limites! La face externe du crâne ne représente pas la surface du cerveau, on le sait, et l'on écrit sur cette face vingt-sept noms; chacun de ces noms est inscrit dans un petit cercle, et chaque petit cercle répond à une faculté précise! Et il se trouve des gens qui, sous ces noms inscrits par Gall, s'imaginent qu'il y a autre chose que des noms! » Que répondront à cela messieurs les phrénologistes? Cet argument anatomique demeurera éternellement sans réponse.

« Toutes les facultés intellectuelles, dit Gall, sont douées de la faculté perceptive d'attention, de souvenir, de mémoire, de jugement, d'imagination. » (T. IV, p. 328.) Il suit de là que chaque faculté est une intelligence à part, une entité individuelle qui ne relève que d'elle seule. Voilà donc le moi, ou l'âme, divisée en autant d'intelligences indépendantes qu'il y a de prétendus organes cérébraux ; Gall ne le dissimule pas, il l'exprime clairement : « Il y a, dit-il, autant de différentes espèces d'intellect ou d'entendement qu'il y a de facultés distinctes....; toute faculté particulière est intellect ou intelligence...; *chaque intelligence individuelle* a son organe propre. » (*Ibid.*, p. 339 et 341.) Le voilà donc pris en flagrante erreur, et quelle erreur !!!

Enfin, M. Flourens, tout en démontrant expérimentalement que les hémisphères cérébraux sont seuls l'organe de l'intelligence, nous fournit encore la preuve la plus complète de l'unité du *moi*. Voici le résultat de ces savantes et magnifiques expériences.

« Si l'on enlève le cervelet à un animal, il ne perd que ses mouvements de locomotion ;

« Si l'on enlève ses tubercules quadrijumeaux, il ne perd que la vue ;

« Si l'on détruit sa moelle allongée, il perd ses mouvements de respiration et par la suite la vie ;

« Aucune de ces parties, le cervelet, les tubercules quadrijumeaux, la moelle allongée, n'est donc l'organe de l'intelligence.

« Le cerveau proprement dit seul l'est. Si l'on enlève sur un animal le cerveau proprement dit ou les hémisphères, il perd aussitôt l'intelligence, et ne perd que l'intelligence...

« Ce n'est donc pas l'encéphale pris en masse qui se développe en raison de l'intelligence, ce sont les seuls hémisphères. Les mammifères sont les animaux qui ont le plus d'intelligence ; ils ont, toute proportion gardée, les hémisphères les plus volumineux : les oiseaux sont les animaux qui ont le plus de force de mouvement ; ils ont, toute proportion gardée, le cervelet le plus grand : les reptiles sont les animaux les plus lents, les plus apathiques ; ils ont le cervelet le plus petit...

« Le cerveau pris en masse, l'encéphale est donc un organe multiple, et cet organe multiple se compose de quatre organes particuliers : le cervelet, siége du principe qui règle le mouvement de locomotion ; les tubercules quadrijumeaux, siége du principe qui anime le sens de la vue ; la moelle allongée, siége du principe qui détermine les mouvements de respiration ; le cerveau proprement dit, siége et siége exclusif de l'intelligence. » Toutes les fois qu'il s'agit des animaux, il faut entendre par *intelligence* leur instinct, qui, chez eux, représente l'intelligence humaine ou en est l'image. Ce que dit ici M. Flourens des seuls hémisphères cérébraux est confirmé par l'état où se trouvent les enfants acéphales, c'est-à-dire des enfants qui naissent sans cerveau proprement dit. Nous avons eu occasion de voir vivant un enfant privé de cerveau, c'est-à-dire des deux hémisphères. De nouvelles expériences du grand physiologiste prouvent que les hémisphères tout *entiers* ne sont pas nécessairement l'organe de l'intelligence. « On peut retrancher, dit M. Flourens, soit par devant, soit par derrière, soit par en haut, soit par côté, une certaine étendue des hémisphères cérébraux, sans que l'intelligence soit perdue. Une portion assez restreinte de ces hémisphères suffit donc à l'exercice de l'intelligence.

« D'un autre côté, à mesure que ce retranchement s'opère, l'intelligence s'affaiblit et s'éteint graduellement, et, passé certaines limites, elle est tout à fait éteinte. Les hémisphères cérébraux concourent donc par leur ensemble à l'exercice plein et entier de l'intelligence.

« Enfin, dès qu'une sensation est perdue, toutes le sont ; dès qu'une faculté disparaît, toutes disparaissent.

« *Il n'y a donc pas de siège divers pour les diverses facultés, ni pour les diverses sensations. La faculté de sentir, de juger, de vouloir une chose, réside dans le même lieu que celle d'en sentir, d'en juger, d'en vouloir une autre, et conséquemment cette faculté, essentiellement une, réside essentiellement dans un seul organe.*

« *L'INTELLIGENCE EST DONC UNE.* »

Citons maintenant quelques passages relatifs aux facultés affectives. On ne peut douter, dit Gall, que l'espèce humaine ne soit douée d'un organe au moyen duquel elle reconnaît et admire l'auteur de l'univers. (T. IV, p. 271.) Mais, ajoute-t-il (p. 252), le climat et d'autres circonstances peuvent entraver le développement de la partie cérébrale au moyen de laquelle le Créateur a voulu se révéler au genre humain.

« Comment! s'écrie M. Flourens, si je n'ai pas un petit organe particulier (si je ne l'ai pas, car il peut manquer), je ne sentirais pas qu'il y a un Dieu? Eh! comment puis-je être une intelligence qui se sente sans sentir Dieu? Je ne sens pas plus fortement que je suis, que je ne sens que Dieu est.... Gall, ajoute M. Flourens, renverse la philosophie ordinaire, et, chose qu'il faut bien finir par faire remarquer, sa philosophie, qu'il croit si neuve, n'est à la lettre que ce renversement même... Gall renverse la philosophie ordinaire, et puis il veut que les conséquences de la philosophie ordinaire subsistent. Il supprime le moi, et il veut qu'il y ait une morale. Il ne fait de l'idée de Dieu qu'une idée relative et conditionnelle, et il veut qu'il puisse y avoir une religion. » Rien n'étonne un phrénologiste. « Imaginons, dit Gall, une femme dans laquelle l'amour de la progéniture soit peu développé ; si malheureusement L'ORGANE DU MEURTRE est développé en elle, faudra-t-il s'étonner... (T. III, p. 155.) Ces derniers faits nous montrent, ajoute-t-il, que ce *penchant* détestable (au meurtre) a sa source dans l'organisation (1). » Voilà le fatalisme tout pur, l'empire de la nécessité ; dès lors plus de liberté, plus d'imputabilité, plus de criminalité, et par conséquent plus de morale et plus de société.

Voici enfin un échantillon de la certitude avec laquelle se font les localisations phrénologiques. « Gall, dit M. Flourens, place *l'amour de la progéniture* dans les lobes posté-

---

(1) « Nous avons vu, dit M. Cérise, p. 70, les phrénologistes déclarer que l'organe de la bienveillance, si développé chez le mouton et le chevreuil, qui lui doivent la douceur qui les caractérise, devient chez l'homme l'organe de la charité chrétienne. » — « Cet organe, dit Spurzheim (*Observations sur la Phrénologie*, p. 191), produit la bonté... On peut le vérifier sur des espèces entières d'animaux et sur les individus de la même espèce. Le chevreuil est doux, le chamois farouche et méchant ; le premier animal offre une saillie à l'endroit du crâne où l'autre offre un enfoncement... Chez les animaux, cet organe se borne à une douceur passive ; mais chez l'homme il produit la bonté, la complaisance, la miséricorde, l'équité, la piété, l'humanité, la bénignité, la bienveillance, l'hospitalité, la bienfaisance, l'amour du prochain, en un mot, la charité chrétienne. »

Dans le but apparemment d'empêcher que cette bonne qualité, dans une chétive pécore, n'allât trop loin, ne sortît des limites de l'animalité et ne revêtît peut-être, dans une *organisation heureuse*, la forme d'une *vertu humaine*, il se trouve, je ne sais comment, car tout se compense dans la nature, il se trouve, dis-je, que le mouton offre, à côté de l'organe de la connaissance de Dieu, la bosse sanguinaire du meurtre ou de la destructivité. Comment ! le mouton carnassier et féroce comme le loup et le tigre ! Pourquoi pas, si son organisation le veut ainsi ? Qui sait si quelque cause accidentelle, comme l'état de captivité ou de domesticité, ou une autre cause quelconque inconnue, ne s'est pas toujours opposée à la prédestination organique d'un animal qu'on avait cru si doux jusqu'à présent ? Néanmoins, comme le mouton prend assez difficilement les mœurs et les habitudes du tigre, il a fallu sous ce rapport changer la destination de son organisme.

L'aréopage phrénologique a donc décrété que l'organe du meurtre, chez les animaux herbivores, serait désormais destiné à présider aux mouvements nécessaires à l'alimentation et à la conservation de l'individu. Et, en effet, manger et dévorer de l'herbe, c'est véritablement détruire, comme l'a dit si ingénieusement le professeur Broussais. Ainsi l'organe qui fait que le loup mange le mouton fait également que le mouton mange l'herbe. C'est parfaitement trouvé. (Voyez la *Revue médicale*, mai 1836. *Discussion sur la phrénologie*, séance de l'Académie royale de médecine.)

rieurs du cerveau. L'amour de la progéniture, surtout l'amour maternel, se trouve partout dans les animaux supérieurs ; il se trouve dans les mammifères, dans les oiseaux : les lobes postérieurs du cerveau se trouvent donc aussi partout dans ces animaux ; point du tout, les lobes postérieurs manquent à la plupart des mammifères, ils manquent à tous les oiseaux. » Ne vous attendez pas à trouver ici des précisions rigoureuses et mathématiques et des inductions logiques et sévères ; les phrénologistes ne se piquent pas de ces sortes de qualités. Voici encore, pour terminer, quelques passages extraits du *Matérialisme phrénologique*, par M. Moreau.

« Erreur psychologique, erreur morale, le système de Gall est nécessairement, au même degré, erreur scientifique ; car la vérité est une et ne saurait être divisée contre elle-même...

« A Dieu ne plaise que jamais erreur de conscience soit vérité de science ! La science forte et grave s'accorde avec la morale et la vraie philosophie pour accabler les théories de Gall. C'est l'empirisme incrédule poussé à ses dernières limites, qui arrive à cet inconcevable système, que dis-je ? à ce roman licencieux, décousu et débridé ! Gall était grand anatomiste, et Gall s'est égaré sciemment. Jaloux de faire sa cour à l'esprit d'irréligion qui dominait alors, il a voulu prêter aux préjugés à la mode l'appui d'une science illusoire ; cette science fausse et coupable, il l'a imaginée pour soutenir une fausse et coupable philosophie.

« ... Gall croit que la conscience (la conscience qui est l'âme même qui se juge) n'est que la modification d'un sens particulier, du sens de la bienveillance. (T. IV, p. 210.)

« ... L'homme n'est plus une force, il n'est qu'un résultat ; l'homme n'est plus une cause, il n'est qu'un effet ;

l'homme n'est plus une intelligence, il n'est qu'une mécanique dont les ressorts expriment des pensées et des intincts aussi fatalement que l'horloge marque les heures; il n'a pas plus que l'horloge la volonté des mouvements qu'il produit, l'intelligence de l'idée qu'il énonce; à peine serait-il possible de lui accorder quelque sentiment vague des phénomènes qui se passent en lui. Eh quoi! Gall et ses disciples seraient-ils assez aveugles pour ne pas voir que la multiplicité des intelligences est la confusion de l'intelligence; que la multiplicité des personnes est la négation de la personne, et qu'en un mot, s'il y a autant d'intelligences et de personnes qu'il y a d'organes et de facultés, il n'y a plus ni intelligence ni personne?

« Non, l'erreur n'est pas aveugle à ce point. C'est la volonté qui plonge dans les ténèbres; on se fait la nuit que l'on aime. On n'entreprend pas sur l'homme sans entreprendre sur Dieu; on n'entreprend pas sur la liberté humaine sans entreprendre sur la Providence; on n'entreprend pas sur l'unité, sur le moi humain, sans entreprendre sur l'unité, sur la Personne divine...

« Gall sait assurément ce qu'il veut, et il va où il veut...

« La phrénologie dissèque et nie. Elle supprime le moi, la liberté, la vie! Que reste-t-il? un cerveau mort, un cadavre; le scalpel est toute sa philosophie! »

Notre conclusion finale à nous, c'est que la phrénologie, considérée comme principe et comme science, n'est qu'un système de déception et de mystification, à peu près comme le mesmérisme ou comme le magnétisme animal, la mégalanthropogénésie et l'homœopathie, et que, dans ses conséquences et son application, cette science menteuse est une œuvre fataliste, anti chrétienne et anti-sociale.

§ VI

Méthode phrénométrique

C'est tout simplement la théorie de l'angle facial de Camper. Elle consiste à faire partir du front au menton une ligne verticale qui tombe perpendiculairement sur une autre ligne horizontale tracée dans la direction de la base du crâne. La première ligne, ou la verticale, d'après Camper, s'appelle *faciale* ; la seconde, ou horizontale, *mentonnière*.

Cela fait, plus le front sera saillant ou proéminent en avant, plus l'angle formé par la rencontre de la ligne verticale et de l'horizontale sera ouvert. Dans une tête d'Européen bien conformée, cet angle sera de 80 à 90 degrés, c'est-à-dire presque droit (1).

Lorsque la ligne faciale est parfaitement verticale, et l'angle, par conséquent, absolument droit, la tête est la plus régulière possible, et annonce une haute et puissante intelligence ; c'est l'état le plus voisin de la perfection ou de ce qu'on appelle le beau idéal.

Si la ligne faciale s'incline en arrière, elle formera avec l'horizontale un angle plus ou moins aigu et saillant en avant ; et plus cette inclinaison augmentera, plus aussi le sinus de l'angle diminuera. Aussi on voit cette ligne faciale s'incliner en arrière à mesure qu'on passe de l'Européen au nègre, du nègre à l'orang-outang, et de celui-ci aux autres singes, aux quadrupèdes, aux oiseaux, aux reptiles et aux poissons à tête aplatie, chez lesquels elle devient presque parallèle à la ligne horizontale ; et alors l'angle

---

(1) Chez le nègre, l'angle facial est de 70 degrés, et de 58 dans l'orang-outang (Camper).

facial disparaît presque absolument. Ainsi, plus l'angle facial devient aigu, moins il existe d'intelligence dans l'homme, et moins aussi il y a d'instinct dans l'animal.

Au contraire, plus la ligne faciale s'incline en avant, plus l'angle facial s'ouvre, s'agrandit au point même de devenir plus ou moins obtus; de là aussi un air imposant de grandeur et de majesté, un front très-large, fortement proéminent, indiquant une vaste masse encéphalique, et révélant magnifiquement la plénitude de l'intelligence. C'est ainsi que les artistes grecs nous ont dépeint la tête de Jupiter, le maître des dieux, ainsi que celles, toute proportion gardée, de Minerve et d'Apollon.

Il est certains animaux stupides, comme le hibou, la chouette, le veau, le bœuf, etc., qui offrent un angle facial assez ouvert, ou un profil assez peu oblique; mais alors il est probable que la grosseur apparente de leur crâne est bien supérieure à sa capacité réelle, c'est-à-dire que leur os frontal est gonflé et rendu saillant en avant par de vastes sinus qui le remplissent plus ou moins. Ces sinuosités considérables et irrégulières ne s'observent que chez les animaux.

Voilà, selon nous, à quoi doit se réduire toute la science phrénologique. Nous pensons que cette méthode très-simple est aussi la plus vraie et la seule rationnellement admissible; d'ailleurs elle a déjà reçu, et depuis longtemps, la sanction de l'expérience et l'assentiment des siècles. De tout temps, en effet, on a jugé de l'intelligence de l'homme par l'élévation, la proéminence et la largeur du front; et si l'on rencontre quelquefois des idiots et d'autres êtres imbéciles avec un angle facial très-ouvert, à quatre-vingt-dix degrés, par exemple, ou même davantage, alors ordinairement le crâne, ou du moins le front, offre une conformation vicieuse ou très-irrégulière. Ce dernier pourra bien être fort saillant en avant, mais il sera étroit sur les côtés ou sans élévation. Cette réflexion s'applique également à certains individus hydrocéphaliques.

§ VII.

Sommeil et veille. — Songes ou rêves. Somnambulisme naturel et artificiel ou magnétique.

Le *sommeil* normal ou physiologique est la suspension de la vie de relation, c'est-à-dire des fonctions sensoriales, intellectuelles, morales, vocales, motrices et locomotrices, ou du mouvement volontaire. Si, comme on dit vulgairement, le sommeil est l'image de la mort, il n'en est que l'image bien imparfaite, puisque les fonctions de la vie de nutrition subsistent et s'exercent, au moins quelques-unes, dans toute leur plénitude. Encore une fois, si le sommeil est l'image de la mort, c'est bien moins par sa forme extérieure que par la manière dont il suspend la vie externe. Or ce mode est insaisissable, et l'instant précis où l'on s'endort ne peut être constaté avec certitude. Il en est peut-être de même de l'instant précis de la mort naturelle ou de la mort pour ainsi dire *normale* ou *physiologique* : dans ce cas on meurt peu à peu, comme on s'endort, sans avoir probablement la conscience du moment précis de son trépas, de même qu'on ne perçoit pas l'instant précis où l'on entre en plein sommeil, et où l'on perd le sentiment de son existence.

Tout à l'heure nous disions que les fonctions de la vie de nutrition s'exerçaient librement pendant le sommeil; nous devons ajouter que pendant ce moment de repos de la vie externe plusieurs actes fort importants arrivent à leur dernière élaboration, ou plutôt à leur résultat ou but final, comme par exemple l'absorption et surtout la nutrition. Tout le monde sait que l'absorption ou plutôt l'inhalation cutanée et pulmonaire est plus active pendant le sommeil que pendant la veille. C'est pourquoi il est fort dangereux de coucher dans une atmosphère insalubre. « On sait, dit Richerand, que les effluves marécageux qui rendent si malsaine la campagne de Rome occasionnent presque infailliblement des fièvres intermittentes lorsqu'on y passe la nuit, tandis que les voyageurs qui qui la traversent sans s'y arrêter n'en ressentent aucune atteinte. »

Enfin, pour déterminer le peu que nous avons à dire sur le sommeil, *somnus*, nous dirons qu'il diffère du *sopor*, du *coma*, de la *léthargie* et du *carus*, qui sont quatre degrés différents du sommeil morbide ou maladif. Le premier, le *sopor*, est un sommeil accablant, pesant et lourd, dont le réveil est difficile. Le *coma* est un sommeil profond dont le réveil est plus difficile encore. La *léthargie* est un sommeil très-profond et excessivement prolongé; il n'est accompagné d'aucune lésion ou perturbation fonctionnelle. On peut le définir avec Vanswiéten : *somnus pathologicus, naturali simillimus cæteroquin, solá diuturnitate, morbosus dici potest*. On a vu des personnes excédées de fatigue dormir pendant vingt-quatre, trente-six, quarante-huit heures et bien au delà encore. Félix Plater rapporte qu'un homme dormit trois jours et trois nuits sans s'éveiller. Salmuth raconte qu'une fille, après avoir dansé pendant deux jours, dormit quatre jours et quatre nuits sans interruption. Un homme mélancolique dormit profondément pendant huit jours, sans que sa santé subît la moindre altération (Klein). Au rapport de Vanswiéten, un individu dormit pendant un mois sans que rien pût l'éveiller; il retomba deux ans après dans sa léthargie et y resta près de quatre mois. Dans les mémoires de l'Académie des sciences pour l'année 1713, on trouve un fait d'un sommeil léthargique de quatre mois observé à l'Hôtel-Dieu de Rouen. Le *carus* enfin est le dernier degré du coma; c'est un état de complète insensibilité qu'aucune stimulation ne peut interrompre.

La *veille*, comme on sait, est l'état opposé au sommeil; il ne faut pas la confondre avec l'insomnie ou veille forcée.

L'état de veille est donc l'exercice libre et volontaire des sens et de tous les mouvements. Nous considèrerons ailleurs le sommeil et la veille sous le point de vue hygiénique.

Les *songes* ou les *rêves* sont des illusions de l'esprit, ou un assemblage confus, une combinaison d'idées souvent incohérentes, décousues et disparates, ou d'images bizarres, fantasques, ridicules, ou terribles et effrayantes; ou enfin c'est le souvenir des sensations externes, ou diverses hallucinations et perceptions erronées que la raison, suspendue et enchaînée, ne peut ni dissiper ni corriger. On sait que dans le sommeil et dans les songes on n'a point l'idée du temps ni de sa mesure, parce que dans cet état on est privé de toute sensation extérieure et réelle; on est le jouet d'une suite désordonnée d'illusions et d'hallucinations. Or, sans modifications changeantes du moi ou de l'âme, on ne peut connaître ni mesurer le temps, parce que le temps n'est autre chose, dans l'ordre physique, que la succession des mouvements ou le changement des créatures matérielles; et, dans l'ordre intellectuel, la succession des idées et des pensées. Les rêves peuvent être oppressifs et pénibles, et produire une espèce de cauchemar ou d'incube; alors on éprouve un malaise et une anxiété inexprimables. Cette position est d'autant plus accablante qu'on se trouve dans une totale impuissance d'agir et de se soustraire au danger, et qu'on est comme retenu et enchaîné par une force irrésistible ; cette circonstance occasionne une angoisse indéfinissable, dont le sentiment est souvent assez fort pour déterminer le réveil.

Ls *somnambulisme naturel* est caractérisé par la suspension de l'action des sens externes, la conservation de l'exercice de la parole, du mouvement et de la locomotion. D'après cela, les somnambules ne voient réellement pas (ou très-rarement), quoiqu'ils puissent avoir les yeux ouverts; car, s'ils voyaient, ils communiqueraient avec le monde extérieur, se réveilleraient aussitôt, ou plutôt ils ne seraient pas véritablement somnambules. S'ils paraissent montrer beaucoup d'adresse et d'agilité dans leurs courses nocturnes sur les toits, c'est précisément encore parce qu'ils ne voient pas. L'ignorance du danger leur donne une assurance qui les préserve des accidents, lesquels ne manqueraient pas d'arriver s'ils venaient à s'éveiller ; ils verraient le danger, bientôt leurs idées seraient troublées, et ils tomberaient infailliblement. Aussi tout le monde sait qu'il est dangereux de réveiller un somnambule qui s'est mis dans une position périlleuse.

Au reste il est certain que, malgré leur adresse apparente, ils tombent souvent des toits, ou se jettent par les fenêtres de leur appartement et se tuent.

Quel est maintenant le somnambulisme qu'on appelle *lucide?* C'est celui dans lequel l'homme, par une concentration et une exaltation des facultés intellectuelles ou des aptitudes instinctives, fait des choses dont il est absolument incapable dans l'état de veille ou dans sa condition normale et physiologique. Ainsi l'on résout, comme tout le monde le sait, les problèmes les plus difficiles et insolubles dans l'état de veille; on compose des pièces de vers, on prononce des discours qui étonnent par la justesse et l'élévation des pensées ; on parle des langues qu'on avait oubliées, ou dont on n'avait plus aucun usage. Voilà le somnambulisme que nous appelons lucide. En voici un célèbre exemple : « Un séminariste que son archevêque allait voir dormir, avec le dessein de recueillir sur sa situation des détails aussi exacts qu'intéressants, se levait assez ordinairement au commencement ou au milieu de son premier somme; il faisait avec aplomb, avec sécurité, la plupart des choses que l'habitude lui avait rendues familières et dont l'idée s'offrait à son esprit pendant ses rêves : ainsi le plus souvent il se levait, prenait du papier, composait, écrivait des sermons, et relisait ensuite à haute voix tout ce qu'il avait écrit; quelquefois même il apportait dans ses opérations un détail d'exécution dont on s'assura par des faits irrécusables, et qui ne peut être compris ou même regardé comme croyable que par les personnes qui ont eu l'occasion de réfléchir sur la force et l'étendue de l'association dans l'homme, pour les phénomènes qui se rapportent directement au mouvement et à la sensibilité.

« Ainsi, ayant écrit un jour dans un de ses sermons : *ce divin enfant*, il crut, en relisant, devoir substituer le mot *adorable* à *divin*; mais trouvant ensuite que *ce* ne pouvait pas aller avec *adorable*, il ajouta avec beaucoup d'adresse un *t*, de façon qu'on pouvait lire *cet adorable enfant*.

« Du reste on s'assura plusieurs fois, en lui couvrant les yeux, que toutes ces opérations s'exécutaient spontanément, sans le secours de la vision.

« Le même somnambule, sur lequel on réunit un grand nombre d'observations, croit un jour, dans un de ses rêves et pendant une nuit très-froide, se promener au bord d'une rivière et y voir tomber un enfant qui se noyait. La rigueur du froid ne l'empêche pas d'aller le secourir; il se jette aussitôt sur son lit, dans l'attitude d'un homme qui nage, il en imite tous les mouvements, et, après s'être fatigué quelque temps à cet exercice, il sent au coin de son lit un paquet de sa couverture, croit que c'est l'enfant, le prend avec une main et se sert de l'autre pour revenir en nageant au bord de la prétendue rivière; il y pose son paquet et sort en frissonnant et en claquant des dents, comme si, en effet, il sortait d'une rivière glacée; il dit aux assistants qu'il gèle et qu'il va mourir de froid, que tout son sang est glacé; il demande un verre d'eau-de-vie pour se réchauffer : on lui donne de l'eau qui se trouvait dans la chambre; il en goûte, reconnaît la tromperie, et demande encore plus vivement de l'eau-de-vie, exposant la grandeur du péril où il se trouve ; on lui apporte un verre de liqueur : il le prend et dit en ressentir beaucoup de soulagement. Cependant il ne s'éveille point, se couche et continue de dormir plus tranquillement. » (*Encyclopédie méthodique*, in-4°. T. XXXI, article *Somnambule*, p. 394. Citation du *Dictionnaire des sciences médicales*.)

Le somnambulisme magnétique ou artificiel ne diffère pas, quant au fond, du somnambulisme naturel; ils sont l'un et l'autre une véritable névrose ou une espèce d'état pathologique passager. Dans tous les deux il y a oubli total de tout ce qui s'est passé pendant l'accès. Le somnambulisme magnétique est le résultat de certains rapports ou modes de communication plus ou moins propres à remuer, à exciter, ou même quelquefois à bouleverser le système nerveux chez des personnes très-sensibles et très-irritables. On conçoit, en effet, l'immense perturbation que doivent causer, dans ce cas, une attitude imposante ou un extérieur mystérieux et magique, un visage grave et composé, un regard fixe et dominateur, en un mot, tout l'ensemble des gestes, des attouchements et des paroles les plus capables de séduire par une fascination prestigieuse une imagination mobile, faible ou malade. On peut ajouter que souvent l'assoupissement déterminé par ces fascinations magnétiques est comme un véritable coma, ou comme un sommeil causé par l'opium, c'est-à-dire une véritable congestion cérébrale qui simule le sommeil naturel.

Dans les premières séances ordinairement on n'obtient que des effets insignifiants, comme pesanteur de tête, pandiculations, bâillements, somnolence, etc. Le lendemain, la répétition des mêmes actes, vers le même temps, rappelle très-facilement la même série d'effets et de sensations, et au bout de quelques jours l'habitude se trouve établie. Le sujet soumis à l'expérimentation magnétique peut éprouver de légères convulsions ; il s'endort d'un sommeil plus ou moins profond, se réveille difficilement par les excitations externes, ce que l'on explique facilement par l'espèce de *raptus* sensitif ou la concentration interne de la sensibilité générale. Cet état, dit magnétique, est, comme dans le somnambulisme naturel, compatible avec l'exercice des organes de la voix, du mouvement et de la locomotion, et il n'y a de différence réelle entre ces deux somnambulismes que les erreurs propres à l'état magnétique. Or ces erreurs, ce sont tout le merveilleux, c'est-à-dire tout ce qui est en dehors des lois connues de la physique, de la physiologie et de la pathologie, comme la communication des pensées sans aucune espèce de signe ; la prévision, la prophétisation, la divination, la connaissance intuitive ou la vue des pensées intimes des personnes absentes, etc. etc. Tous ces prétendus phénomènes magnétiques doivent, suivant nous, jusqu'à nouvel ordre, être généralement attribués à l'artifice humain, c'est-à-dire à la jonglerie, à la collusion et au compérage. Voyez notre *Traité de magnétisme animal*, dans les *Pensées d'un croyant catholique*. Voici le jugement qu'a porté sur ce travail la *Revue médicale* en septembre 1841, d'après la première édition, qui a paru en 1839 : « Cet examen « physiologique, philosophique et moral du magnétisme,

« est sans contredit le meilleur ouvrage qui ait encore été
« fait sur cette matière. Je n'admets pas toutes les opi-
« nions de l'auteur sur les phénomènes dits magnétiques;
« mais, avec lui, je me fais un devoir de proclamer bien
« haut tout le danger moral qui peut résulter des prati-
« ques du magnétisme. » On voit par là que ce journal,
quoique purement médical, pense absolument comme
nous sur le danger moral du magnétisme.

Il paraîtrait cependant que peut-être le dernier mot de
la science et de la théologie ne serait pas encore dit sur le
principe et la nature de certains faits extraordinaires attribués au magnétisme, auquel naturellement doit se rattacher le chapitre des *tables tournantes et frappantes*, qui ont
tant occupé les esprits et presque fait tourner toutes les
têtes en 1853. Ce sont probablement les *tables devineresses*
et les *prestiges circulatoires* dont, dès le deuxième siècle
déjà, le grave Tertullien parlait dans son Apologétique:
præstigiis circulatoriis... mensæque divinare consueverunt.

A tout cela que répond la science officielle? Rien. Voici
cependant ce que M. Arago hasarde timidement dans
l'Annuaire du bureau des longitudes pour l'année 1853,
au sujet du magnétisme: « Le physicien, le médecin, le
simple curieux qui se livrent aujourd'hui à des expériences
du somnambulisme pénètrent dans un *monde nouveau*. »

Quoi qu'il en soit, il est certain pour nous que, si certains faits merveilleux que l'on attribue au magnétisme et
aux tables tournantes et frappantes ont été réellement bien
constatés, il faut les attribuer à l'intervention d'une intelligence différente de l'intelligence humaine, c'est-à-
dire que des phénomènes dont la production et la manifestation montrent évidemment de l'intelligence ne sauraient s'expliquer par la puissance d'aucun fluide. Car
tout fluide, quelque subtil et puissant qu'il soit, ne cesse
pas d'être matière, et la matière, sous quelque forme

qu'elle soit, ne peut être intelligente. Il faut donc nécessairement attribuer ces phénomènes à des intelligences surhumaines, à des intelligences servies, non par des organes, mais par des fluides. Ces intelligences, quelles qu'elles soient, se serviraient donc de fluides matériels et invisibles pour agir sur la matière visible ou sur l'homme. Voilà ce que nous avons écrit en 1854. Voici maintenant ce que nous avons dit depuis cette époque.

CHAPITRE III

TABLES TOURNANTES ET PARLANTES ET MAGNÉTISME ANIMAL

APPRÉCIATION PHILOSOPHIQUE, THÉOLOGIQUE ET MORALE DES TABLES TOURNANTES ET PARLANTES. — EXPOSITION PRATIQUE DU MAGNÉTISME, OU L'ON INTERPRÈTE LES DERNIÈRES RÈGLES DE ROME SUR CETTE GRAVE QUESTION.

> *Præstigiis circulatoriis... mensæque divinare consueverunt.*
> On a pris l'habitude de faire parler et prophétiser les tables par le prestige des chaines et des cercles formés autour d'elles.
> (*Tertul. Apol.*)
> *Divini viderunt mendacium, et somniatores locuti sunt frustrà.*
> Les devins n'ont rendu que de faux oracles, et les *somnambules* que des réponses vaines.
> (*Zach.* x, 2.)

DEUX MOTS D'AVANT-PROPOS

Cet écrit sur les tables tournantes et le magnétisme a été soumis à l'examen du Saint-Office de Rome.

Comme les questions des *tables tournantes* et du magnétisme, qui sont corrélatives et presque identiques, sont redevenues des sujets recrudescents, vu les faits extraordinaires du fameux M. Hume, qui viennent de surprendre et de jeter dans la stupéfaction la curieuse et savante Athènes moderne, nous avons cru qu'il était à propos de formuler enfin définitivement, sur ces étranges matières, notre opinion philosophique, théologique et morale.

Bien qu'en Europe (je ne parle pas de l'Amérique) le système d'erreurs et de fascinations diaboliques des tables tournantes semble assoupie pour le moment, il ne manquera pas de se réveiller dans notre néfaste et malheureuse époque d'anarchie presque universelle (1). Et, en effet, les idées impies et révolutionnaires sont nécessaires au développement de l'esprit d'erreur et d'anarchie, qui règnera encore, selon nous, d'une manière extraordinairement funeste et désolante jusqu'en 1882, c'est-à-dire tant que durera encore le règne de l'*islamisme*, qui, suivant la prophétie de Daniel, finira en 1882. (Voyez le développement de cette pensée dans notre brochure intitulée *Salut de la France*.)

§ I

Le fait des tables tournantes, a dit le célèbre Père Ventura, est *le plus grand événement de ce siècle*. Rien, selon nous, n'est plus vrai que cette parole du grand publiciste napolitain. L'illustre père Lacordaire l'appelle *un demi-jour effrayant sur le monde invisible*.

---

(1) Cette frénésie, dit M. de Mirville, de générale et publique qu'elle était dans les premières années, est devenue privée, secrète, mystique, grâce à de folles dénégations de la science infiniment moins guérissable qu'auparavant.

Nous croyons que Dieu a permis cette irruption des esprits dans le monde matériel pour confondre le matérialisme de notre malheureux temps, et pour apprendre aux savants et aux incrédules qu'il y a autre chose que la matière; qu'il y a un monde invisible, le monde des esprits ou des substances immatérielles. Si l'existence du démon est prouvée, comme elle l'a été invinciblement par le fait des tables tournantes et parlantes, toute l'économie de la religion est également prouvée par là même. Et en effet, si les démons et les âmes des morts peuvent se mettre en communication avec les vivants, ils existent donc; il y a donc un autre monde, le monde des esprits; une autre vie, la vie future (1)!

Ce guéridon léger, dit M. de Mirville, qui frappe et qui parle sous les doigts et même à l'ordre mental d'un enfant, tranche à lui seul plus de questions religieuses, historiques, scientifiques et surtout médicales que toutes les dissertations et controverses académiques n'en ont tranché depuis mille ans.

Ce qui nous a fait croire aux phénomènes merveilleux des tables tournantes, ce sont d'abord les hautes et graves paroles des Pères Ventura et Lacordaire; ce sont ensuite

---

(1) « Au moment de cette invasion de 1853, dit M. de Mirville, si légèrement acceptée, nous avions osé prononcer le mot de *catastrophes menaçantes*. Le monde était en paix pourtant; mais, l'histoire nous montrant ces mêmes symptômes à toutes les époques désastreuses, nous pressentions les tristes effets d'une loi que nous retrouvions dernièrement ainsi formulée dans Gœrres (t. V, p. 356) : *Ces apparitions mystérieuses ont toujours accompagné l'appesantissement du bras de Dieu sur la terre*. Hélas ! la loi n'était pas *rapportée*. » On se souvient que la croix de Migné a précédé de peu de temps la révolution de juillet 1830. Et depuis dix ans seulement, que de graves événements se sont montrés en Europe et en Amérique, c'est-à-dire depuis l'invasion de l'épidémie des *tables tournantes et parlantes !*

Quand enfin comprendra-t-on le sens de cette funeste invasion et de ces nouveaux *signes*, les plus redoutables de tous ceux qui puissent effrayer le monde!

les faits nombreux qui nous ont été rapportés par des témoins les plus éclairés et les plus dignes de foi ; ce sont des milliers de faits publiés de tous côtés, et surtout ceux qu'a apportés M. de Mirville, dans ses ouvrages très-catholiques et très-orthodoxes sur *les esprits* ; faits, enfin, qui ont pour auteurs et témoins les personnages de la plus haute autorité, des savants, des membres de l'Institut, des académiciens, des professeurs de facultés, des doyens de facultés de médecine, des ecclésiastiques du plus grand mérite, des plus graves et des plus savants; des grands vicaires, et entre autres un docteur à la fois en médecine, en droit et en théologie.

Enfin, une haute autorité, mais d'un genre tout différent, a pleinement confirmé notre sentiment sur la question des tables tournantes et parlantes : c'est celui d'un homme qu'on croit généralement avoir eu des lumières surnaturelles sur une foule de choses de l'ordre moral, je veux parler du saint curé d'Ars, M. Viannay. « Il voyait, dit son biographe, M. Chantrel, dans les singulières manifestations qui ont fait tant de bruit dans ces dernières années à l'occasion des esprits frappeurs, des tables tournantes, etc., une nouvelle puissance donnée aux esprits infernaux, et il reconnaissait la sagesse de l'Église, qui interdit à ses enfants des recherches téméraires, dont le démon ne profite que trop souvent pour troubler et séduire les âmes. »

Ce qui n'a pas peu contribué à nous faire croire aux tables tournantes, c'est l'insuffisance, pour ne pas dire le caractère ridicule, des explications des savants, des physiciens, des médecins et des académiciens, par lesquelles ils ont prétendu nous révéler la nature de ces phénomènes extraordinaires sur lesquels toute leur science n'avait ni prise ni action. C'est l'observation qu'avaient déjà faite avant nous quelques savants physiologistes et psychologues. On ne peut résister à la force de tous ces témoignages réunis sans ébranler en même temps la base du témoignage humain, et par conséquent tous les principes de la certitude historique. On en sent assez les conséquences.

Il y a longtemps qu'on l'a dit, rien n'est nouveau sous le soleil : *nihil sub sole novum.* (Eccle.,I, 10.) Ceci ne s'entend que dans l'ordre moral. Déjà, dès le IIe siècle, Tertullien s'exprimait ainsi : « S'il est donné à des magiciens de faire apparaître des fantômes, d'évoquer les âmes des morts, de forcer la bouche des enfants à rendre des oracles; si ces charlatans imitent un grand nombre de miracles qui semblent dus aux cercles et aux chaînes que des personnes forment entre elles; s'ils envoient des songes, s'ils conjurent, s'ils ont à leurs ordres des esprits messagers et des démons, par la vertu desquels les chèvres et les tables (*per quos et capræ et mensæ divinare consueverunt*) qui prophétisent sont un fait vulgaire, avec quel redoublement de zèle ces esprits puissants ne s'efforcent-ils pas de faire pour leur propre compte ce qu'ils font au service d'autrui! » (Tertullien, *Apol.*, chap. XXIII. Extrait des *Mœurs et Pratiques des démons,* par M. Gougenot des Mousseaux.)

Oui, ce guéridon léger a tranché bien des questions, et entre autres il a tranché la grande question du magnétisme. C'est lui qui nous a fait croire à l'intervention du démon dans le magnétisme; c'est lui qui nous a fait voir que les tables tournantes et le magnétisme sont deux formes diverses de la science et de l'enfer, de la philosophie de Satan et de ses satellites; ou même, si l'on veut, il a prouvé que les tables tournantes et le magnétisme ne sont que deux formes nouvelles, les formes modernes et scientifiques de l'ancienne magie.

On peut dire que les tables tournantes et le magnétisme sont les sacrements du démon. Les meubles domestiques (tables, guéridons, etc.) en sont la matière; le langage mystérieux et la volonté, la forme; et les *médiums*, ou les personnes qui se prêtent à ces mystères de ténèbres, les ministres secondaires et subalternes; et le ministre principal, le diable en personne, ni plus ni moins. Il en est de même à proportion pour le magnétisme : la matière, ce sont des tresses de cheveux ou tout autre objet, ou même le somnambule ou le sujet magnétique même ; la forme, c'étaient les passes autrefois, et aujourd'hui, le plus souvent, ce sont l'ordre mental et la volonté; le ministre, c'est le magnétiseur; et le reste comme pour les tables tournantes.

On observe que les opérations des tables tournantes, ainsi que celles du magnétisme, ne réussissent pas toujours, ni chez toute espèce de personnes, et qu'elles manquent totalement dans beaucoup de circonstances. Cela prouve précisément qu'en toutes ces opérations fallacieuses et prestigieuses il n'existe point de fluide, ni physique, ni animal, ni électro-nerveux. Un vrai fluide physique, comme le fluide électrique, par exemple, agit constamment et sur tout le monde, même sur les animaux. Et à propos des animaux, pourquoi le fluide magnétique ou électro-nerveux n'agit-il pas sur eux, au moins sur les mammifères, qui sont doués d'un système nerveux tout comme l'homme? On ne magnétise pas les animaux ; car quel intérêt le démon pourrait-il y avoir? Il y a plus : le fluide magnétique ou électro-nerveux n'agit pas non plus sur les aliénés et les petits enfants, et probablement à peu près pour la même raison.

Voici un passage terrible de la *Magie dévoilée*, par M. le baron Dupotet, qui montre jusqu'où peuvent aller la pratique de la magie moderne et les horribles et perfides mystères du magnétisme animal. On lit donc dans les *Mœurs et Pratiques des démons* ce qui suit. C'est M. Dupotet qui parle :

« Lorsque je trace avec de la craie ou du charbon cette figure (miroir magique)..., un *feu,* une *lumière* s'y trouve d'abord fixé. Bientôt il attire à lui l'être qui s'en approche, le détient, le fascine. C'est inutilement qu'il essaiera de franchir ce cercle : une puissance magique lui ordonne de rester. Il succombe au bout de quelques instants en poussant des sanglots... La cause n'est plus en moi; elle est dans *ce tracé tout cabalistique;* en vain vous emploierez la violence...

« C'est un jeu pour les magnétiseurs, M. Dupotet le dit, et nous le savons, de faire que le magnétisé voie un spectateur à tête d'ours ou de chien. — Je prends un verre d'eau, ajoute le maître, et ce liquide devient, à ma volonté, de l'eau-de-vie ou bien une médecine qui produit les effets positifs que ces agents produisent. *On peut de la sorte empoisonner;* il faut qu'on le sache. Et tous ces phénomènes est-il besoin que celui sur lequel on les opère soit endormi? Nullement. Il est éveillé, il a sa raison, *mais il ne peut résister...* Il est facile encore de donner naissance à des passions coupables. Les philtres? Oh! ma foi, la belle chose. Il n'en est plus besoin, non. *Et ne croyez pas que l'homme fort ait une garantie dans sa force...* Un magnétiste, *fût-il ignorant,* prend un objet, et dit : Je veux que telle personne, à telle heure, éprouve et ressente tel effet. Eh bien! ce même objet produit, à l'heure dite, la crise demandée... Une ligne que vous tracez avec de la craie ou du charbon captive un homme et lui cause d'affreuses visions, des crises horribles ; elle le tord ; elle le torture ; il faut vite effacer la ligne, ou bien *l'homme meurt.* Cette ligne, ce signe, ce sacrement magique le tue.

« Le maître lui-même qui a tracé les lignes magnétique est quelquefois saisi par elles, et bouleversé par elles comme par l'ouragan. Des signes sont faits, un acte de la volonté s'opère, une invocation ou une évocation sort de la pensée de telle personne, et cette personne elle-même, ou telle autre encore, *parlent couramment des langues qu'elles n'ont jamais apprises* (1). » Cette dernière circonstance est, comme on sait, suivant tous les théologiens, un des principaux caractères de la possession démoniaque. Voilà où en est arrivé le magnétisme. Ainsi, nous le répétons, les tables tournantes et le magnétisme ne sont que deux formes diverses de l'ancienne magie, si sévèrement réprouvée et anathématisée dans l'Écriture.

Quant aux faits extraordinaires du fameux M. Hume, qui naguère ont jeté tout Paris dans la stupéfaction, nous ne pouvons ni ne devons les examiner, pas plus que ceux qui sont consignés dans les ouvrages de M. de Mirville et autres. Nous devons nous borner à en dire seulement deux mots, que nous emprunterons à un journal catholique.

« Hier soir, je me trouvais chez un très-grand personnage, M. X. La réunion était composée d'une vingtaine de personnes, parmi lesquelles plusieurs dames, et on ne s'attendait nullement à voir M. Hume, lorsque, sur les dix heures environ, un monsieur fut introduit et présenté aussitôt par le maître de la maison, comme étant le célèbre évocateur des esprits frappeurs, si fort à la mode en ce moment.

« Après quelques paroles prononcées en excellent français, M. Hume, se plaçant contre la cheminée, dit qu'il se mettait à la disposition de l'honorable assemblée, et que tout ce qu'on voudrait bien lui demander de possible, il tâcherait de l'exécuter. Aussitôt une dame le pria de faire tourner la table qui se trouvait au milieu du salon. Je m'attendais à des passes, à un contact plus ou moins prolongé de M. Hume avec la table; il n'en fut rien:

(1) « Plus de doute, dit M. Dupotet, plus d'incertitude, la magie est retrouvée. »

M. Hume, accoudé à la cheminée, ne bougea pas de place; seulement il sembla se concentrer en lui-même, comme pour rassembler sa puissance nerveuse; sa figure se contracta légèrement, et enfin, après une demi-minute employée à cette sorte d'évocation, il étendit la main dans la direction de la table, qui se mit aussitôt à tourner lentement, puis plus vite, enfin tellement rapidement, qu'elle semblait une véritable toupie. On invita M. Hume à arrêter la table; et il l'arrêta aussitôt.

« Après cela ce furent des pendules des deux salons, dont M. Hume fit marcher et arrêter les aiguilles à volonté, seulement en étendant la main. Puis toutes les sonnettes furent subitement agitées; et une dame ayant demandé si l'on pouvait bien lui faire venir un livre qu'elle désigna et qui se trouvait dans une bibliothèque placée à l'autre bout de la pièce, la porte vitrée de la bibliothèque s'ouvrit tout à coup avec bruit, et le livre, comme jeté par une main invisible, vint tomber sur les genoux de la personne qui l'avait demandé. Après ce tour, ou plutôt ce prodige, qui causa une vive impression, M. Hume fit jouer à un piano plusieurs airs qui furent indiqués. Puis des mouchoirs furent arrachés des mains de quelques messieurs qui avaient défié l'évocateur.

« Enfin, on demanda à M. Hume d'agir selon ses propres inspirations, pour donner une preuve frappante de l'intervention des esprits, qu'il prétend faire obéir. La demande était à peine formée, que j'éprouvai pendant quelques secondes une sensation indéfinissable, sensation partagée, du reste, par toutes les personnes présentes : il nous sembla que le plancher fuyait sous nos pieds, ou plutôt que nous étions suspendus en l'air; puis soudain toutes les bougies qui se trouvaient dans l'appartement s'éteignirent. On entendit les meubles se remuer avec bruit, les portes s'ouvrir et se fermer avec fracas; puis on vit les bougies se rallumer subitement ; mais il n'y avait plus de M. Hume... Les scènes qui viennent de se passer furent l'objet de toutes les conversations chez M. X.; mais elles avaient trop impressionné pour que chacun pût conserver sa gaieté et sa liberté d'esprit : aussi la soirée s'est-elle terminée de bonne heure. » (Gault, extrait de l'*Encyclopédie populaire*, journal catholique, 11 avril 1857.)

Que penser maintenant de ces choses et de beaucoup d'autres non moins merveilleuses encore? On dira sans doute que ce sont des *hallucinations*. Fort bien! cela est bientôt dit, plutôt que prouvé. Mais faites attention que les hallucinations collectives et générales sont physiologiquement impossibles. Toute hallucination est individuelle et solitaire, et jamais générale et collective. Une hallucination générale et collective, c'est-à-dire commune à plusieurs individus en même temps et sur le même objet et toutes ses circonstances, est impossible et contraire aux lois physiologiques. Il n'est pas plus possible que plusieurs personnes aient vu toutes en même temps un objet absent et fantastique, qu'il n'est possible que plusieurs individus aient tous éprouvé le même rêve au même instant et jusque dans ses moindres circonstances. Tout cela répugne à la raison et au bon sens : l'opinion commode des hallucinations collectives est une théorie aussi fausse que dangereuse, inventée par l'incrédulité moderne, qu'elle accrédite et popularise dans un but satanique facile à deviner. Et la croix de Migné, est-ce aussi une hallucination collective : cinq à six mille individus ont vu une croix en l'air? Un seul homme, un incrédule, ne l'a point vue. Aussi, à cause de cela, il s'est converti; il a été très-conséquent et très-logique. Voici un autre fait faussement attribué aux hallucinations collectives et générales :

« Le premier bataillon du régiment de Latour-d'Auvergne, dont j'étais chirurgien-major, dit M. le docteur

Laurent, se trouvant en garnison à Palmi, en Calabre, reçut l'ordre de partir à minuit de cette résidence, pour se rendre en toute diligence à Tropea, afin de s'opposer au débarquement d'une flottille ennemie qui menaçait ces parages. C'était au mois de juin; la troupe avait à parcourir près de quarante milles du pays; elle partit à minuit, et n'arriva à sa destination que vers sept heures du soir, ne s'étant reposée que peu de temps, et ayant souffert considérablement de l'ardeur du soleil. Le soldat trouva en arrivant la soupe faite et son logement préparé. Comme le bataillon était venu du point le plus éloigé et arrivé le dernier, on lui assigna la plus mauvaise caserne, et huit cents hommes furent placés dans un local qui, dans les temps ordinaires, n'en aurait logé que la moitié. Ils furent entassés par terre sur de la paille, sans couvertures, et par conséquent ne purent se déshabiller. C'était une vieille abbaye abandonnée. Les habitants nous prévinrent que le bataillon ne pourrait conserver ce logement, parce que toutes les nuits il y revenait des esprits, et que déjà d'autres régiments en avaient fait le malheureux essai. Nous ne fîmes que rire de leur crédulité. Mais quelle fut notre surprise d'entendre, à minuit, des cris épouvantables retentir en même temps dans tous les coins de la caserne, et de voir tous les soldats se précipiter dehors et fuir épouvantés! Je les interrogeai sur le sujet de leur terreur, et tous me répondirent que le diable habitait dans l'abbaye; qu'ils l'avaient vu entrer par une ouverture de la porte de leur chambre, sous la forme d'un très-gros chien à longs poils noirs qui s'était élancé sur eux, leur avait passé sur la poitrine avec la rapidité de l'éclair, et avait disparu par le côté opposé à celui par lequel il s'était introduit. Nous nous moquâmes de leur terreur panique, et nous cherchâmes à leur prouver que ce phénomène dépendait d'une cause toute naturelle, et n'était que l'effet de leur imagination trompée. Nous ne pûmes ni les persuader ni les faire rentrer dans la caserne. Ils passèrent le reste de la nuit dispersés sur le bord de la mer et dans tous les coins de la ville. Le lendemain j'interrogeai de nouveau les sous-officiers et les plus vieux soldats. Ils m'assurèrent qu'ils étaient inaccessibles à toute espèce de crainte, qu'ils ne croyaient ni aux esprits ni aux revenants, et me parurent persuadés que la scène de la caserne n'était pas un effet de l'imagination, mais bien la réalité ; qu'ils n'étaient pas encore endormis lorsque le chien s'était introduit, qu'ils l'avaient bien vu, et qu'ils avaient manqué en être étouffés au moment où il leur avait sauté sur la poitrine. Nous séjournâmes tout le jour à Tropea, et, la ville étant pleine de troupes, nous fûmes forcés de conserver le même logement ; mais nous ne pûmes y faire coucher les soldats qu'en leur promettant d'y passer la nuit avec eux. Je m'y rendis, en effet, à onze heures et demie du soir avec le chef de bataillon : les officiers s'étaient, par curiosité, dispersés dans chaque chambre; nous ne pensions guère voir se renouveler la scène de la veille : les soldats, rassurés par la présence de leurs officiers, qui veillaient, s'étaient livrés au sommeil, lorsque, vers une heure du matin, et dans toutes les chambres à la fois, les mêmes cris de la veille se renouvelèrent, et les hommes qui avaient vu le chien leur sauter de nouveau sur la poitrine, craignant d'en être étouffés, sortirent de la caserne pour n'y plus rentrer. Nous étions debout, bien éveillés, et aux aguets, pour bien observer ce qui arriverait ; et, comme on le pense, nous ne vîmes rien paraître (comme l'incrédule de Migné, p. 87).

« La flottille ennemie ayant repris le large, nous retournâmes le lendemain à Palmi. Nous avons depuis cet événement parcouru le royaume de Naples dans tous les sens et dans toutes les saisons ; nos soldats ont souvent été entassés de la même manière, et jamais ce phénomène ne s'est reproduit. Nous pensons que la marche forcée qu'ils avaient été obligés de faire pendant une journée très-chaude, en fatiguant les instruments de la respiration, les avait affaiblis, et les avait disposés à éprouver cet éphialte qu'ont dû déterminer la position gênée dans laquelle ils étaient obligés de se tenir couchés tout habillés, la raréfaction de l'air, et peut-être son mélange avec quelque gaz nuisible. » (*Dict. des sciences médicales*, t. XXIV.)

Nous pensons, nous, que ces explications au fond n'expliquent rien, ni physiologiquement, ni éthiologiquement, ni pathologiquement.

Quelle était donc la cause de ces phénomènes extraordinaires? Ce n'était ni la fatigue du voyage ni la chaleur du jour, puisque le lendemain, après une journée entière de repos et une soirée de fraîcheur sur le bord de la mer, le même phénomène s'est exactement reproduit comme la nuit précédente. Ce n'était point le cauchemar du sommeil, puisque les sous-officiers et les plus vieux soldats avaient déclaré n'être pas encore endormis lorsque le monstre avait commencé à paraître, et que tous l'avaient vu sous la même forme. Enfin, ce n'était pas un effet exceptionnel dû à toutes ces circonstances réunies, puisque les habitants avaient eu soin de prévenir le bataillon que ces phénomènes se reproduisaient toutes les nuits, et que déjà plusieurs régiments en avaient fait la malheureuse expérience. C'est un singulier cauchemar qui a lieu toutes les nuits et qui se fait sentir sous la même forme et au même instant à un grand nombre d'individus à la fois, jusqu'à huit cents hommes endormis ou non et répartis dans bien des chambres différentes.

Enfin un dernier fait fort remarquable qui, en grande partie, a déterminé l'entrée au Japon de saint François Xavier, peut aussi trouver ici sa place.

Des marchands portugais étant abordés au port de la ville capitale d'un des royaumes du Japon furent logés par l'ordre du roi dans une maison déserte, qu'on croyait infestée de malins esprits. L'opinion populaire n'était pas mal fondée, et les Portugais s'aperçurent bientôt que leur logement était incommode. Ils entendaient la nuit un horrible tintamarre; ils se sentaient tirer de leurs lits et frapper durant leur sommeil, sans voir néanmoins personne. Une nuit, s'étant éveillés aux cris d'un de leurs valets, et ayant couru avec leurs armes vers l'endroit d'où venait le bruit, ils trouvèrent le valet étendu par terre et tremblant de peur. On lui demanda ce qu'il avait eu à crier et pourquoi il tremblait si fort. Il répondit qu'il avait vu un spectre effroyable, tel que les peintres représentent les démons. Comme ce n'était pas un esprit faible ni un menteur que ce valet, les Portugais ne doutèrent pas de la cause du vacarme qui se faisait régulièrement toutes les nuits. Pour y remédier, ils semèrent de croix toute la maison, et depuis ils n'entendirent plus rien. Les Japonais furent très-surpris quand ils surent comment la maison était devenue tranquille. (Le P. Bouhours, *Vie de saint François Xavier*.) Ce sera sans doute encore une hallucination, d'après nos esprits rationalistes et incrédules. Mais notez qu'ici encore il y a sensation ou effet collectif. Tous se sont senti tirer de leurs lits et rudement frapper par des bras invisibles.

Nous nous bornerons à ce court exposé de principes généraux. Nous aurions pu, comme tant d'autres, rapporter une masse énorme de faits, mais nous n'aurions rien appris au lecteur qu'il n'eût déjà appris par l'opinion publique et par le courant des idées et des faits répandus dans toute l'Europe. Tel n'était pas notre dessein. Nous nous sommes donc borné à formuler quelques principes généraux pour établir sur cette base un point de doctrine philosophique et théologique sur *les tables tournantes et parlantes*. Voilà toute la pensée de ce petit mémoire.

P. S. Nous effraierions nos lecteurs, dit M. de Mirville, si nous dressions le compte exact des victimes, ou si nous prononcions seulement tous les noms célèbres qui ont payé de leur raison, *et même de leur vie*, la simple pose de leurs doigts sur une table fatidique.

Dès la fin de l'année 1853, un journal médical de Zurich exprimait son étonnement de compter dans l'hôpital de la ville, sur un chiffre de deux cents aliénés, plus de cinquante victimes des tables tournantes et parlantes.

A Genève, à Munich, à Bruxelles, mêmes révélations, et, comme preuve de la persévérance de l'atteinte, nous lisons dans la *Revue médicale* de Paris que « la société de médecine de Gand, dans le dernier relevé de ses aliénés, a compté, sur deux cent cinquante-cinq fous, cinquante-quatre victimes des *esprits frappeurs*. »

Parmi les causes, dit le *Messager de la Semaine* (27 juillet 1861), qui font progresser les cas de folie avec une si effrayante rapidité, il y a tout d'abord les expériences du magnétisme, les évocations, les tables tournantes... J'en vois des exemples déplorables et trop fréquents. Fuyez donc, croyez-moi, fuyez comme le plus sérieux des dangers, la frivole satisfaction d'une curiosité que j'oserai qualifier d'impie, sans croire me servir d'une expression trop forte. Vous pouvez vous y trouver tout à coup en présence de *faits étranges* auxquels on ne résisterait pas.

Il est notoire, dit le Père Ventura, que tous les cas de folie développés dernièrement au milieu de ces pratiques des tables tournantes sont dus à l'enthousiasme irréfléchi succédant à une incroyance absolue.

Je crois que le devoir de l'honnête homme qui a étudié les phénomènes des tables tournantes est de dissuader les autres de s'en occuper, en prêchant d'exemple et en ne s'en occupant plus soi-même. (De Saulcy, *membre de l'Institut.*)

§ II

Magnétisme.

Les maîtres de la science magnétique, MM. Dupotet et Foissac, s'accordent à nous représenter le magnétisme comme remontant à la plus haute antiquité, et nous prouvent, sans le vouloir, qu'il est l'œuvre du démon. Voici leurs paroles : « Nous rechercherons le magnétisme dans l'antiquité, et nous en retrouverons de nombreuses traces dans les auteurs anciens et modernes, et dans les traditions populaires de tous les pays : les oracles, la Pythie sur son trépied, les sibylles, les possédés, les visions, les prédictions, les magiciens, les sortiléges, les sorts, les charmes, offrent des indices assez évidents pour quelqu'un qui examine sans prévention. (*Cours du magnétisme animal*, 1re leçon.)

M. Foissac ajoute encore quelques traits à ce tableau : « Les somnambules, dit-il, ont été désignés tour à tour par les noms d'onéiropoles, de pythies, de sibylles, de devins, de prophètes, de voyants, d'inspirés, de fées, de sorciers, d'extatiques, de convulsionnaires, etc. Cet état singulier avait frappé d'étonnement et d'admiration les plus grands hommes de l'antiquité. La plupart, ne pouvant l'expliquer par les forces naturelles qui leur étaient inconnues, l'attribuèrent à la bienfaisance des dieux : Isis, Osiris, Sérapis, Apollon, Vulcain, Jupiter, Esculape, etc. Les saints Pères et même des savants modernes, parmi lesquels je citerai Dehaen (célèbre médecin de Vienne en Autriche), entraînés par l'esprit de leur siècle et les pré-

jugés populaires, n'y virent que l'*action du démon.* »
(*Rapports et discussions*, etc.)

M. l'abbé Vincot, missionnaire de la province de Sy-Tchuen, à l'est du Thibet, dans une lettre envoyée en France, marque ce qui suit : « Ici le *magnétisme animal* est connu depuis bien des siècles... Il en est de même des *tables tournantes*; ces tables savent même écrire, soit avec une plume, soit avec un crayon, qu'on attache perpendiculairement à l'un de leurs pieds. Je penserais donc que toutes ces sorcelleries ont passé d'Orient en Europe. »

Il est aujourd'hui évident pour les hommes les moins clairvoyants, mais de bonne foi, que les saints Pères et les savants modernes, avec le célèbre médecin Dehaen, sont demeurés dans le vrai.

« Il y a, dit le Père Ventura, pour le Saint-Siége, un magnétisme défendu et coupable; et il y en a un autre qui peut être tout à fait innocent et permis. Tant qu'on n'a recours au magnétisme que comme à une cause naturelle, et qu'on ne lui demande que des effets purement naturels, c'est un remède comme un autre. Mais lorsqu'on en fait usage dans des conditions dont la morale a à rougir, et qu'on le prend comme un moyen d'obtenir des phénomènes hors de l'ordre naturel, il n'est pas douteux que c'est un maléfice, s'il n'est pas de l'escroquerie ou de la fraude. Nous croyons que dans l'affaire du magnétisme, selon les différentes manières d'en faire usage, il peut y avoir de la *science* et de l'*imposture* ou même de l'*impiété*; et nous sommes certain que la science elle-même et l'expérience ne tarderont pas à prouver aux plus aveugles que cette manière d'apprécier le magnétisme est la vérité. » (*Les Femmes de l'Évangile,* Homélies. 1854.)

Suivant le Père Ventura, le Saint-Siége admet donc un magnétisme purement naturel, innocent et permis. Mais ce magnétisme naturel, innocent et permis, à quels caractères le reconnaîtra-t-on? Le Père Ventura ne le dit pas. On pourra se demander peut-être : Où finit ici le naturel, et où commence le surnaturel? où est la ligne de démarcation? Est-on bien sûr de n'aller pas plus loin qu'il ne faut? Est-ce bien possible dans la pratique? Plus loin nous tâcherons de jeter quelque jour nouveau sur ces questions difficiles, afin qu'on ne s'embarque pas sans boussole sur une mer inconnue, sans savoir où l'on abordera, ou même si l'on abordera quelque part, car le naufrage sera très-facile. Dans ce commerce perfide avec les esprits de malice et de ténèbres, on fait avec le démon une espèce de pacte tacite et implicite, ou du moins on s'expose prochainement à ce grave danger; on se rend donc plus ou moins accessible aux ruses de l'ennemi, et on s'enlace peu à peu dans ses liens funestes, et le plus souvent sans s'en douter le moins du monde. Le démon, suivant son astuce ordinaire, mêle adroitement le vrai avec le faux, le naturel avec le surnaturel, et, à l'aide de cette confusion, il trompe les personnes imprudentes et légères. On commence par les jeux et les amusements, comme avec les tables tournantes, et l'on finira peut-être par les pleurs et de funestes et terribles déceptions.

Avant d'aller plus loin, il est bon de faire observer qu'autrefois le magnétisme paraissait plus naturel et plus innocent, alors qu'on ne magnétisait que par les simples passes. Mais aujourd'hui, les passes ayant été jugées une voie trop longue et inutile, ce mode de magnétisation est généralement abandonné et remplacé par celui de l'*ordre mental* et de la *ferme volonté*. Cet ordre mental peut se faire même à plusieurs lieues de distance.

Voici un passage d'une consultation adressée à Rome par le chancelier de l'évêché de Lausanne et de Genève, où la circonstance de l'ordre mental à longue distance est clairement exprimée. On y trouvera encore d'autres détails non moins merveilleux.

« Persona *magnetisata,* quæ plerùmque sexûs est feminei, in eum statum soporis ingreditur dictum *somnambulismum magneticum,* tam altè ut nec maximus fragor ad ejus aures nec ferri ignisve ulla vehementia illam suscitare valeant. A solo *magnetisatore,* cui consensum suum dedit (consensus enim est necessarius), ad illud extasis genus adducitur, sive variis palpationibus, gesticulationibusve, quando ille adest, sive *simplici mandato eodemque interno, cum vel pluribus leucis distat.*

« Tunc vivâ voce seu *mentaliter* de suo absentiumque penitùs ignotorum sibi morbo interrogata, hæc persona evidenter indocta illico medicos scientiâ longè superat, res anatomicas accuratissimè enuntiat, morborum internorum in humano corpore qui cognitu definituque peritis difficillimi sunt, causam, sedem, naturam indigitat; eorumdem progressus, variationes, complicationes evolvit, idque propriis terminis; sæpè etiam dictorum morborum diuturnitatem exactè prænuntiat, remediaque simplissima et efficacissina præcipit.

« Si adest persona de quâ *magnetisata* mulier consulitur, relationem inter utramque per contactum instituit magnetisator. Cùm verò abest, cincinnus ex ejus cæsarie eam supplet, ac sufficit; hoc enim cincinno tantùm ad palmam *magnetisatæ* admoto, confestim declarare quid sit (quin aspiciat oculis) cujus sint capilli, ubinam versetur nunc persona ad quam pertinent, quid rerum agat, circaque ejus morbum omnia supradicta documenta ministrare haud aliter atque si medicorum more, corpus ipsa introspiceret.

« Postremò *magnetisata* non oculis cernit, ipsis velatis, quidquid erit, illud legit legendi nescia, seu librum, seu manuscriptum, vel apertum, vel clausum suo capiti vel ventri impositum. Etiam ex hâc regione ejus verba egredi videntur. Hoc autem statu educta ved ad *jussum etiam internum magnetisantis*, vel quasi sponte suâ, ipso temporis puncto à se prænuntiato, nihil omninò de rebus in paroxysmo peractis sibi conscire videtur, quantumvis ille duraverit. Quænam ab ipsâ petita fuerint, quæ verò responderit, quæ pertulerit; hæc omnia nullam in ejus intellectu ideam, nec minimum in memoriâ vestigium reliquerunt. »

A cette consultation comme à toutes les autres, la sacrée Pénitencerie a répondu : *Usum magnetismi prout exponitur, non licere*. (Die 1 julii 1841.)

L'auteur du *Magnétisme et du Somnambulisme devant les corps savants, la cour de Rome et les théologiens*, M. l'abbé J.-B. L. affirme aussi avoir magnétisé à plusieurs lieues de distance (p. 232).

« Il suffit, dit M. Rostan, de dire à la personne magnétisée : « Endormez-vous, je veux que vous dormiez. » Et aussitôt elle s'endort sans pouvoir se soustraire à cet ordre. Souvent même il suffit d'en avoir la volonté sans la manifester. » Le même auteur dit encore : « Le magnétiseur peut paralyser à sa volonté toutes les parties du corps; changer, pour le magnétisé, les liquides; faire pour lui que l'eau soit du vin ou toute autre liqueur, ce qu'ils appellent changement de substance. » Ailleurs encore : « Les effets extraordinaires qu'on qualifie de prodiges et de miracles... sont la vue sans le secours des yeux, la vue par l'épigastre, le bout des doigts, l'occiput, le front, etc.; la prévision, la prophétisation, la divination, la communication des pensées sans aucune espèce de signes, la connaissance intuitive ou la vue des pensées intimes des personnes absentes; la faculté de lire dans la pensée du magnétiseur ou des personnes en rapport, de saisir leurs caractères, les facultés les plus intimes de leur organisation individuelle; la détermination de la nature, du siége, du traitement de diverses maladies, par des individus qui n'ont point étudié la médecine, etc. etc. » (*Dict. de médecine.* Art. Magnétisme.)

Mais, dira-t-on peut-être, il n'est pas nécessaire d'obtenir, pour le but qu'on se propose, qui est de guérir et de soulager son semblable, tout cet ensemble de phénomènes merveilleux; il nous suffit du somnambulisme magnétique pur et simple sans lucidité. C'est fort bien. Mais il faut savoir que cet état prodromique du magnétisme complet et lucide, bien qu'il paraisse naturel à l'extérieur, ne l'est pourtant pas dans son principe et dans sa cause, qui est un ordre mental ou un acte de la volonté du magnétiseur. Et, en effet, qui pourra regarder comme purement naturel ou physiologique un somnambulisme qui résiste à tous les moyens d'excitation, et qui est produit par un ordre mental ou un *simple acte de la volonté du magnétiseur et à plusieurs lieues de distance?*

Mais s'ensuit-il de là que l'état magnétique ou somnambulique produit par de simples passes soit toujours licite? Nous ne le pensons pas. L'esprit de ténèbres et d'erreur, ou le démon, a fait commencer par les *passes* pour mieux tromper les hommes. Ce n'était qu'un leurre pour faire croire qu'il ne s'agissait que d'un simple fluide animal ou électro-nerveux et purement physique ou matériel. Nous le répétons, il nous paraît difficile d'admettre qu'un tel sommeil magnétique, même produit par les simples passes, mais si profond qu'il résiste à tous les moyens d'excitation, et que le magnétiseur peut ordinairement seul faire cesser, soit un phénomène purement naturel. On sait qu'on fait cesser facilement le somnambulisme naturel, non magnétique, c'est-à-dire celui de ceux qui se lèvent la nuit, montent sur les toits, etc. D'ailleurs les simples passes pourront produire, tout aussi bien que l'ordre mental et la volonté, tous les phénomènes merveilleux qui offrent le caractère de la *surnaturalité diabolique*, comme on l'a vu autrefois quand on n'employait que les simples passes.

Dangers physiques du magnétisme.

« L'état magnétique, dit M. l'abbé Frère, ancien supérieur du petit séminaire de Saint-Nicolas-de-Chardonnet de Paris, est un état contre nature ; l'homme perd l'advertance, l'usage des sens, de sa raison, de sa liberté. Il n'agit plus par lui-même ; il est sous l'influence absolue d'un autre, soumis à ses desseins, qui peuvent être pervers et criminels, ou tout au moins inconsidérés et funestes, à cause du danger qui accompagne la magnétisation.

« A cette perte du moral se joint l'altération du physique ; très-souvent les nerfs sont agités, et il en résulte des accès de convulsions, de fureur même, suivis de lassitude et d'un appesantissement général. On remarque que de jeunes femmes sont mortes peu de temps après avoir servi de sujets aux magnétiseurs. Nous savons qu'une jeune demoiselle de dix-neuf ans, après neuf mois d'exercices, a vomi le sang et a été réduite à une santé délabrée. »

M. le docteur Rostan déclare que le magnétisme est aussi dangereux pour la morale publique qu'il peut être dangereux pour la santé, et que le gouvernement devrait en interdire l'exercice avec sévérité et ne le permettre qu'à des gens qui offrissent toutes les garanties désirables. Ces garanties même aujourd'hui sont une chimère, un être de raison, une pure déception.

Ailleurs encore, M. le professeur Rostan s'exprime ainsi sur le danger du magnétisme : « Je l'ai vu produire des malaises généraux, des douleurs vives, des céphalalgies opiniâtres, des cardialgies violentes, des paralysies passagères, mais fort incommodes et fort douloureuses, un ébranlement général qui prédispose à toutes les névroses, une fatigue excessive, une grande faiblesse, une maigreur extrême, la suffocation, l'asphyxie, et je ne doute pas que la mort n'en pût être le résultat, si l'on s'avisait de paralyser les muscles de la respiration. L'aliénation mentale, la mélancolie, en ont été fréquemment la suite. »

M. Bertrand nous dit « que rien n'est si commun que de voir les malades éprouver les accidents les plus fâcheux par suite des idées qu'ils ont eues en somnambulisme. »

M. le docteur Dupau nous apprend « que le résultat trop ordinaire des pratiques du magnétisme animal est de développer les maladies nerveuses et de les faire naître chez les personnes qui n'y étaient que peu disposées. »

M. Magendie cite des faits de personnes mortes sous l'influence du magnétisme.

Dangers moraux du magnétisme.

Voici les paroles de Mgr l'évêque de Moulins dans son mandement pour le jubilé de 1836, au sujet du magnétisme : « Nous nous élevons contre ces ténébreuses inventions, ces mystérieuses découvertes de prétendus savants modernes, adeptes du matérialisme et corrupteurs de la morale, si bien accueillis à l'époque où se préparait notre malheureuse révolution et dont on cherche à renouveler le scandale. Nous signalerons particulièrement cette science funeste du magnétisme animal, dont la seule dénomination caractérise si bien l'immoralité de ceux qui la professent, la pratiquent et s'efforcent de la propager, science perturbatrice dont l'effet est de mettre le désordre dans toutes les facultés physiques et morales des hommes. »

Dangers dans les procédés. Voici d'abord, d'après M. Rostan, professeur à la faculté de médecine de Paris, un résumé des principales qualités que doit posséder le magnétiseur : « Il faut que le magnétiseur n'ait rien de repoussant, qu'il soit bien portant, dans la force de l'âge ou dans l'âge mûr, qu'il soit grave, affectueux; qu'il soit supérieur, s'il est possible, à la magnétisée... et exerce sur elle un ascendant quelconque. » Ailleurs le même auteur ajoute : « Parmi les personnes qui exercent le magnétisme, celles qui sont vives, enthousiastes, réussissent mieux. »

Quant aux sujets magnétiques, les meilleurs, dit-on, pour obtenir de grands effets, sont de jeunes filles très-nerveuses, sensibles, impressionnables, et surtout hystériques, c'est-à-dire plus ou moins ardentes, passionnées et érotomanes.

Voici en abrégé les postures et les attitudes du magnétiseur et de la magnétisée : Ils sont assis en face l'un de l'autre, se touchant par les pieds, les genoux, surtout par les mains et même par les yeux, c'est-à-dire par un long et continuel échange de regards. Après ces préliminaires *affectueux*, viennent différents autres attouchements à la tête, aux épaules, aux bras, que l'on prolonge jusqu'aux pieds, quelquefois à l'épigastre, etc. Il n'est certes pas nécessaire d'être grand moraliste et d'avoir une profonde connaissance du cœur humain pour juger de l'effet que ces mystérieuses manœuvres pourront produire chez une jeune fille impressionnable et toute palpitante, tremblante de trouble et d'émotion, et peut-être même sur le grave et stoïque magnétiseur, *qui n'offre rien de repoussant, qui se porte bien et qui est dans la force de l'âge*, c'est-à-dire qui est jeune, beau et plein de santé. Et que sera-ce donc si la magnétisée est une hystérique, comme cela arrive souvent? Car les filles hystériques sont les meilleurs sujets et les plus capables de grands effets magnétiques, et pour cause.

Dangers dans les phénomènes ou accidents nerveux. — Ce second état n'étant que le prodrome ou l'avant-coureur du troisième, ou du somnambulisme magnétique, nous ne nous y arrêtons pas. Il nous suffira de dire par anticipation que c'est déjà, selon nous, une sorte d'immoralité que de provoquer ces divers accidents, cette grande perturbation nerveuse, ces mouvements convulsifs, ces spasmes hystériques; et surtout, nous le répétons, il y a immoralité à faire évanouir une jeune personne et à la priver de sa liberté morale.

Dangers dans le somnambulisme magnétique. — Voici, sous le rapport de la morale publique, le sentiment d'un savant physiologiste, M. le docteur Dupau : « On ne peut douter que le magnétiseur n'exerce une très-grande influence morale sur la personne somnambule. Sa volonté est en quelque sorte endormie, et elle ne résiste pas aux ordres de celui qui l'a magnétisée. » Ne peut-on pas alors connaître le secret des familles, pénétrer dans les intérêts les plus chers et les plus sacrés, etc.? Bien plus, il naît de ces rapports intimes, de cet échange de regards animés par les sentiments les plus doux, de ces impressions étranges et agréables, de cet état tout nouveau dans lequel tombent les somnambules; il naît un attachement entier et absolu pour le magnétiseur. La reconnaissance portée jusqu'à l'enthousiasme de la passion, exalte ainsi tous les sentiments affectueux. Vous jugez maintenant de ce qui doit arriver si la somnambule est une jeune femme et que le magnétiseur ait les qualités pour plaire. M. Rostan dit « qu'elle le suivrait comme un chien suit son maître. » Sans adopter à la lettre cette comparaison ridicule, je conclus avec ce médecin que le magnétisme animal compromet la santé des individus, la morale publique et la sûreté des familles. (*Lettres physiologiques et morales sur le magnétisme.*) Le même auteur, à la page 245, nous apprend « que M. Récamier a rapporté plusieurs cas de grossesse survenus par suite du magnétisme animal, et que M. Magendie a cité des faits de personnes mortes sous l'influence de cet art. »

Mais afin que l'on ne dise pas que nous parlons sous l'impression d'une forte prévention, et que nous exagérons les dangers attachés à la pratique du magnétisme, par un bon motif ou le désir de prévenir des désordres possibles ou même probables, nous allons rapporter, non les innombrables anathèmes que les moralistes et les savants ont lancés contre le magnétisme, mais le haut enseignement que formule nettement sur ce point M. Rostan lui-même, qui est sans contredit le plus savant défenseur du magnétisme animal. Voici ses paroles solennelles et sacramentelles : « La personne magnétisée est dans la dépendance absolue du magnétiseur, elle n'a en général de volonté que la sienne; bien plus, quand même elle voudrait s'opposer à son magnétiseur, celui-ci peut, quand il lui plaît, lui enlever la faculté d'agir, la faculté de parler même. C'est, avons-nous dit, un des phénomènes qu'on produit avec le plus de facilité. Quelles conséquences terribles ne peut pas avoir cette toute-puissance? Quelle femme, quelle fille sera sûre de sortir sans atteinte des mains du magnétiseur, qui aura agi avec d'autant plus de sécurité que le souvenir de ce qui s'est passé est au réveil entièrement effacé? Le magnétisme, il faut le dire hautement, compromet au plus haut degré l'honneur des familles, et, sous ce rapport, il doit être signalé aux gouvernements. Mais supposons un moment que le magnétiseur, qui est ordinairement jeune ou adulte et doué d'une bonne santé, résiste à la facilité d'abuser de sa somnambule; que sa vertu le fasse triompher de l'attrait du tête-à-tête et de l'impunité ; que, honteux de sa lâcheté, il rejette avec horreur toute idée criminelle, ce qui est beaucoup exiger de l'humanité, combien d'autres dangers n'existe-t-il pas encore !

« Un magnétiseur ne peut-il pas ravir des secrets importants et les faire servir à son avantage ? Ne sait-on pas que le bonheur des familles est souvent attaché au secret de certaines circonstances ? Dans l'une on cache son origine, dans l'autre sa fortune ; dans celle-ci la maladie d'un de ses membres, dans celle-là un projet ambitieux, etc. La découverte de quelqu'un de ces secrets ne peut-elle pas faire le malheur d'une famille entière ? Ce n'est pas tout encore. On a formellement nié l'influence des sexes ; on a eu tort : cette influence est très-puissante. La somnambule contracte pour son magnétiseur une reconnaissance, un attachement sans bornes. De là à une passion véritable le chemin n'est pas long. Je crois que si la violence est facile, la séduction, moins odieuse, l'est bien davantage encore. Comment voulez-vous résister à des attouchements réitérés, à des regards tendres, à une cohabitation journalière, à des témoignages d'intérêt d'une part, et de reconnaissance de l'autre ? Cela n'est pas possible. L'intimité s'établit...; on ne peut en prévoir les suites.

« Je ne prétends pas que cela arrive souvent ainsi ; je sais très-bien qu'on peut magnétiser impunément des femmes qui ne sont ni jeunes ni jolies, avec lesquelles et pour lesquelles il n'y a rien à craindre. Je dirai même que cela a lieu dans la plupart des cas ; mais je veux seulement dire que c'est une occasion de corruption pour les mœurs, et qu'il est des gens qui doivent succomber à la tentation. Ainsi le magnétisme peut être dangereux pour la santé, il est aussi dangereux pour la morale publique. Pour obvier à de pareils inconvénients, le gouvernement devrait en interdire l'exercice avec sévérité, et ne le permettre qu'à des gens qui offrent toutes les garanties désirables. » (*Dictionnaire de médecine*. Art. MAGNÉTISME, p. 58, et *Cours d'hygiène*, p. 245.)

Voici le passage d'une note sur le magnétisme par M. l'abbé comte de Robiano : « Quoique méprisé des sociétés savantes de l'Europe et généralement repoussé par les personnes vertueuses, le magnétisme animal continue, en promettant des merveilles, à se faire des partisans. Le voyant privé du suffrage des hommes éclairés, on recherche en sa faveur celui de la multitude. On voudrait, à force de persévérance ou d'obstination, le populariser; et pour y parvenir on en dissimule les funestes effets. L'attrait de la nouveauté et l'ignorance des dangers empêchent communément que les progrès du magnétisme animal ne s'arrêtent. Parmi les personnes qui commencent à le pratiquer et celles qui se font ou veulent se faire magnétiser, il en est qui sont de bonne foi et sans défiance. Faute de connaître les tristes résultats que l'expérience apprend, elles favorisent le progrès du mal. En effet, il est constant et formellement avoué que le magnétisme animal excite et fomente habituellement des passions désordonnées, provoque à la licence des mœurs, déprave les consciences. Les membres de l'Académie de médecine qui, sous le règne de Louis XVI, observèrent les phénomènes du magnétisme animal, en parlaient ainsi, ajoutant spécialement dans leur rapport que le traitement magnétique ne peut être que dangereux pour les mœurs. » — « Nous-même aussi (ajoute un autre auteur cité par M. Robiano) pouvons dire qu'il est à notre connaissance qu'en Allemagne et en France le libertinage somnambulique a été un des puissants secrets de l'enfer pour démoraliser les hommes; et remarquez bien que l'immoralité dont nous parlons n'est pas un accident fortuit, non plus qu'un accident passager. Inhérente au somnambulisme, elle en souille presque toutes les victimes, elle y excite de condamnables émotions, elle y allume des passions honteuses. »

Voici enfin un passage très-remarquable sur les dangers moraux de la pratique du magnétisme, par M. le docteur Ferrand de Missol, ancien collaborateur distingué de la *Revue médicale*, un de nos anciens amis et prêtre aujourd'hui :

« ..... Je suppose, comme au reste cela a presque toujours lieu, que c'est une femme qui est magnétisée, et que c'est un homme qui magnétise. Le premier effet que produit le magnétisme, alors même que le rapport s'établit sans aucun contact, que les passes se font à distance et que la femme a les yeux fermés, c'est un sentiment plein de volupté. En effet, l'imagination concentrée sur ce qui va se produire dans le corps, attentive au moindre mouvement, au plus léger mouvement organique, perçoit mille sensations inconnues, non parce qu'elles naissent du magnétisme, mais de l'attention qu'on apporte pour la première fois peut-être à des mouvements qui existaient sans qu'on en eût le sentiment. Ces sensations, d'autant plus délicieuses qu'elles sont neuves, impressionnent vivement la personne qui les éprouve, excitent son imagination, que la seule pensée du magnétisme avait déjà grandement exaltée, et la rendent de plus en plus sensible au moindre petit mouvement vital, comme on l'observe chez certains hypocondriaques. Mais comme c'est un homme qui magnétise, et que l'imagination de la femme suit sa présence avec toute cette exaltation de sensibilité qui est survenue en elle, de toutes les parties de son corps celle qui est le plus fortement impressionnée, c'est le système utérin. Des mouvements confus d'abord, bientôt plus déterminés, croissent dans ces organes ; des sentiments de vague sensualité dans leur principe, ensuite de sensualité vive, se produisent. Si la femme est pure, un tel état l'agite et la fatigue; si elle n'est pas pure, cet état réveille des désirs parfois violents, et qui se traduisent au dehors par des mouvements érotiques.

« S'il en est ainsi quand les passes se font à distance et qu'on n'emploie pas l'action du regard, dont l'influence est si grande qu'on a pu dire le *venin du regard*, que sera-ce quand le magnétiseur tient entre ses mains les mains de la femme qu'il magnétise? quand il passe et repasse ses doigts sur tout son corps? quand il presse ses genoux contre ses genoux, ses pieds contre ses pieds; quand son regard presse, pour ainsi dire, son regard, se confond avec lui; quand ses mains se reposent sur son estomac ou embrassent sa taille comme dans un cercle; quand il applique sa bouche sur le centre de la région épigastrique (nous l'avons vu), et qu'il y fait des insufflations? Faisons abstraction du magnétisme, examinons tous les moyens en eux-mêmes, apprécions-en l'influence directe, et nous verrons qu'il n'en est pas un seul, de ces moyens si légèrement employés dans le magnétisme, qui ne soit très-grave, et, j'ose le dire, moralement dangereux; car chacun d'eux tend à établir un rapport intime entre l'homme qui magnétise et la femme qui est magnétisée; chacun d'eux ajoute à ce penchant qui pousse l'homme vers la femme et la femme vers l'homme; chacun d'eux impressionne profondément leur sensualité, et tous ensemble font naître entre le magnétiseur et la magnétisée une telle communauté d'impressions, de mouvements, de désirs, de sentiments et de pensées, que la volonté de la femme est réellement anéantie, absorbée par celle de l'homme, et que celui-ci la possède pleinement dans son cœur, qu'il modifie à son gré, dans ses sens, qu'il excite sa volonté, etc.

« Nous demanderez-vous maintenant si le magnétisme

est dangereux ? Ses effets ne le disent-ils pas assez? Ses effets ne devaient-ils pas être tels?..... Un fait constant, c'est l'excitation du système utérin. Or n'est-ce pas une chose assez grave pour s'interdire absolument des moyens qui les provoquent? » (*Extrait de la* Revue médicale, juillet 1843.)

Voici les paroles de M. l'abbé Frère, par lesquelles il termine sa brochure sur le magnétisme : « Nous voyons dans les mêmes magnétiseurs les abus dans lesquels on peut tomber lorsqu'on n'est pas éclairé par la foi. Nous voyons dans les phénomènes magnétiques l'ancien artifice du démon pour détourner les hommes du culte du vrai Dieu. Enfin nous apprécions par là même la nécessité où sont les dépositaires de la science divine et de l'autorité de Jésus-Christ d'instruire assidûment les peuples dont ils sont chargés, afin de dissiper l'erreur et de les préserver d'être abusés par la vaine science des hommes. Et de même que la verge d'Aaron, changée en esprit, dévora les verges des magiciens, changées aussi en serpent; de même que dans le passé la vérité de Moïse dévora le mensonge des Égyptiens, et que dans l'avenir la vérité de Jésus-Christ détruira l'erreur de l'Antechrist : de même aussi, dans les temps présents, la vérité de la doctrine catholique dissipera les songes du magnétisme animal. » *Divini viderunt mendacium, et somniatores locuti sunt frustra* : « Les devins n'ont rendu que de faux oracles, et les *somnambules* que des réponses vaines. » (*Zach.* x, 2.)

En présence de tous ces maux physiques et moraux on ose proposer la pratique du magnétisme comme un moyen de guérison, comme une branche de la thérapeutique. Ce qu'il y a de certain pour nous, c'est que les pratiques du magnétisme animal ne sont généralement que des médications vaines, illusoires, impuissantes ; et quand par hasard elles guérissent ou modifient favorablement quelques symptômes nerveux, ce n'est qu'en agissant puissamment sur l'imagination des malades névropathiques; et si, je le répète, elles ont réellement guéri quelquefois certaines maladies plus sérieuses, cela n'a été que par une subtile et imperceptible, sinon ostensible intervention du démon.

Voici ce que nous avons répondu en 1846 à une lettre qui nous fut adressée par un directeur de grand séminaire, relativement à l'ouvrage de M. l'abbé J.-B. L., *Le Magnétisme et le Somnambulisme devant les corps savants, la cour de Rome et les théologiens.*

Monsieur l'Abbé,

Comme vous me demandez ce que je pense de la valeur morale et scientifique du livre de M. l'abbé J.-B. L. intitulé *Le Magnétisme et le Somnambulisme devant les corps savants, la cour de Rome et les théologiens*, je vous réponds que je n'ai ni le temps, ni le courage, ni la volonté d'en faire aucune espèce d'analyse.

D'ailleurs, je dois vous dire avant tout que cet ouvrage ne m'inspire point assez de confiance pour que je m'en occupe sérieusement. Et, en effet, l'auteur cite des textes qu'on ne trouve point à la source indiquée. Par exemple, il fait dire à saint Augustin, page 424, *qu'il y a des gens qui peuvent guérir diverses plaies par le regard, par le tact, par le souffle (solo tactu, afflatu, oculo). C'est que leur nature,* ajoute-t-il (saint Augustin), *est différente de celle des autres (cæteris dispares).* (De Civitate Dei, lib. XIV, cap. XXIV.)

Il n'y a d'exact et de vrai dans ce texte que deux mots, *cæteris dispares,* ce qui prouve qu'il n'y a point d'erreur de chiffre, soit du livre, soit du chapitre. Tout le reste

n'existe pas dans les diverses éditions que j'ai examinées.
M. l'abbé Maupied, qui a rendu compte du livre de
M. J.-B. L. dans les *Annales de la philosophie chrétienne*
(juillet 1844, p. 42), et qui en fait un pompeux éloge,
avoue néanmoins aussi qu'il n'a pu trouver le texte de
saint Augustin.

Mais admettons pour un instant que saint Augustin ait
réellement dit ces étrangetés ; nous dirons, nous : Ou la
guérison des plaies a été opérée subitement par le regard
ou le souffle, et alors il n'existe plus de moyens de distinguer
ces guérisons subites des guérisons miraculeuses, et par
là même elles seront regardées comme de vrais miracles ;
ou ces guérisons n'ont eu lieu que d'une manière lente et
successive, c'est-à-dire avec le temps et naturellement,
car le temps et le repos sont ordinairement le meilleur
remède pour guérir les plaies, même les plus rebelles. Et
à ce sujet nous établissons et soutenons comme principe
certain et inattaquable que, par les lois de l'organisme
de l'économie animale, une régénération subite des chairs
dans une plaie est manifestement et physiologiquement
impossible (j'entends ici des plaies et des ulcères avec
perte de substance ; car une simple incision sans perte de
substance peut guérir dans les vingt-quatre heures, vu qu'ici
il n'y a rien à réparer), parce que la nutrition ou l'assimilation ne peut être, dans l'ordre naturel, que lente et successive, comme la digestion elle-même. S'il pouvait en être
autrement, il s'ensuivrait que la nutrition donnerait beaucoup plus qu'elle n'a reçu, c'est-à-dire qu'elle donnerait
ce qu'elle n'a pas. Donc une régénération subite des organes détruits ou notablement altérés dans leur texture est
un fait contre les lois de la nature animale, ou une déroga-
tion à l'organisme de l'économie ; donc c'est un fait qui
relève de l'ordre surnaturel, c'est-à-dire un vrai miracle.

Ainsi donc, s'il était possible que saint Augustin eût

avancé ce que M. J.-B. L. lui fait dire, il aurait avancé une erreur manifeste, et cette preuve aurait trop prouvé pour le magnétisme.

M. l'abbé J.-B. L. invoque aussi en faveur de la puissance magnétique les *miracles* de Vespasien et d'Apollonius de Thyane. « Alors, dit-il, Vespasien fait au milieu de la multitude ce que demandaient les malades, et aussitôt la main paralysée reprend son usage ordinaire, et l'aveugle reçoit la lumière. » (P. 453.) Or ce qu'avait demandé l'aveugle c'était que Vespasien lui mouillât de sa salive les joues et les yeux. Quant au paralytique, il avait prié Vespasien de le toucher seulement de son pied. Sans doute, dit l'auteur, Vespasien ignorait qu'il eût la vertu magnétique.

« Mais, reprend M. J.-B. L., la cure la plus merveilleuse fut celle d'une jeune fille qu'on conduisait à la sépulture, et qu'Apollonius rappela à la vie ; c'était au moment même où elle allait se marier et que les fêtes de l'hymen venaient d'être changées en funérailles. Apollonius fait arrêter le convoi, touche la jeune fille, se penche sur elle, comme s'il lui disait quelque chose, et la jeune fille revient à elle, se lève, parle, et retourne guérie à la maison paternelle.

« On ne peut supposer ici une scène concertée, car cette jeune personne appartenait à une famille riche, et ses parents voulurent, par reconnaissance, donner à Apollonius quinze mille drachmes, qu'il refusa. Cette guérison eut lieu publiquement, au milieu du cortège et du peuple. Apollonius se contenta de toucher la malade, et sans doute de diriger son souffle sur sa tête, ce qui fit croire qu'il lui parlait tout bas.

« Il est superflu de dire que nous ne croyons pas que cette fille était véritablement morte, mais qu'elle était tombée en léthargie ou en asphyxie, ce qui devait nécessairement compléter l'illusion. » (P. 459.)

Nous doutons fort que les magnétiseurs de nos jours, sans même excepter M. J.-B. L., puissent faire de pareils tours de force, et soient aussi hardis qu'Apollonius, pour aller faire lever tout à coup un mort qu'on porte en terre, en le touchant, en soufflant sur sa tête ou en lui parlant tout bas; car enfin Apollonius devait croire que cette fille était véritablement morte, puisqu'on assure que ce n'était point une scène concertée.

Voit-on aujourd'hui beaucoup de magnétiseurs qui rendent subitement la vue aux aveugles et le mouvement aux paralytiques, non dans l'ombre, mais comme Vespasien, au milieu de la multitude, *a sæculo non est auditum!* Que ces messieurs daignent donc nous faire ces petits miracles magnétiques, et nous croirons en eux, *excluso tamen omni dolo, sivé humano, sivé diabolico.* Car, enfin, quelques-uns du moins d'entre eux doivent avoir la vertu magnétique comme Vespasien et au même degré que Vespasien, avec cet avantage sur lui qu'ils ne l'ignorent pas comme lui. Encore une fois, qu'ils rendent subitement la vue aux aveugles en mouillant leurs yeux de leur salive, et qu'ils guérissent subitement aussi les paralytiques en daignant les toucher seulement du bout de leur pied, comme Vespasien; qu'ils fassent, de plus, comme Apollonius, revenir à pied quelque nouvel habitant du Père-Lachaise ou du Mont-Parnasse (et toujours sauf tout dol), et sur-le-champ nous nous convertissons au magnétisme, et nous acceptons les principes et la doctrine des magnétiseurs, sans restriction et sans réserve. Mais s'ils n'opèrent pas ces guérisons comme Vespasien et Apollonius, et qu'ils exploitent tout simplement à leur profit l'influence morale, qu'ils se retirent et rentrent dans l'ombre pour céder la place aux médecins, qui feront la médecine morale d'une manière plus convenable, plus régulière, plus consciencieuse, plus décente, plus morale et plus digne.

En admettant sérieusement les faits merveilleux dont on vient de parler, nous dirons : Ou ces guérisons sont naturelles, ou elles sont surnaturelles. Si elles sont naturelles, comment les distinguera-t-on de celles qui sont surnaturelles? Le mode opératoire ou la forme extérieure et l'instantanéité de la guérison sont, dans les deux cas, absolument identiques. Si la puissance humaine peut aller jusque-là, il n'y a plus de moyen de reconnaître les vrais miracles, plus de *criterium* par conséquent, même pour l'autorité que l'auteur invoque dans l'espèce; on est donc forcé de conclure que la puissance humaine ou magnétique ne peut opérer ces prodiges. Autrement l'ordre naturel pourrait être fatalement confondu avec l'ordre surnaturel, ce qu'on ne saurait admettre; et les incrédules se croiraient en droit de nier tous les miracles. C'est la conséquence inévitable de ces dangereuses théories magnétiques.

Maintenant, si ces guérisons sont surnaturelles et véritablement miraculeuses, au nom de qui et à quelle occasion ont-elles été opérées? Ce sont des païens qui ont fait ces miracles; or ces païens, au moins Apollonius, étaient des philosophes, c'est-à-dire des hommes qui établissent et professent des opinions humaines, et qui se donnent une mission ou de doctrine ou de religion complétement en dehors du christianisme. Et comme ils appuient leur doctrine et leur mission sur des miracles, il s'ensuivra que les miracles pourront autoriser et accréditer de fausses doctrines, et que par conséquent ils ne suffiront plus désormais pour prouver une doctrine ou une mission véritablement divine. Donc, il faut conclure que ces guérisons n'étaient pas surnaturelles et divines, c'est-à-dire de vrais miracles. Qu'étaient-elles donc? Le résultat nécessaire de l'artifice humain ou de l'artifice diabolique. Si l'artifice était humain, il ne prouve rien; s'il était diabolique, il prouve trop.

Enfin, monsieur l'abbé, comment voulez-vous que je croie à la science magnétique de M. J.-B. L., quand je le vois affirmer avec un admirable sang-froid qu'il magnétise à plusieurs lieues de distance? Voici sur quoi il fonde son étrange assertion : Il magnétisait habituellement *chaque jour* une dame *très-chrétienne*; c'est son expression. Cette personne n'offrait d'autre phénomène que le *somnambulisme*, c'est-à-dire qu'elle faisait tous les jours régulièrement sa petite sieste magnétique. Rien de plus naturel. Un jour M. J.-B. L. fait un voyage à quelques lieues de Paris, et ne voulant pas laisser ce jour-là sa somnambule sans la magnétiser, il lui dit de se placer à midi dans un fauteuil comme à l'ordinaire, et de s'abstenir de toute occupation. Ce qui fut dit fut fait. De son côté, l'habile magnétiseur *se représenta*, comme il dit, *la personne comme présente, et s'occupa d'elle, mais doucement, pour prévenir tout accident.* Ce sont ses propres paroles. Enfin il continue ainsi : « Quand je jugeai qu'il fallait terminer (la magnétisation), je voulus que l'état somnambulique, s'il y avait somnambulisme toutefois (doute de précaution qui n'est pas inutile à l'affaire), cessât *selon l'ordinaire*... Je regardai à ma montre, il était une heure. » (P. 232.) Bref, la dame magnétisée à long et à large courant avait dormi ce jour-là comme à l'ordinaire, et s'était réveillée à une heure. Voilà tout.

Je laisse, monsieur l'abbé, à votre sagacité l'appréciation de la valeur de ces miracles magnétiques, et la conclusion de cette trop longue lettre. Agréez, etc.

Quelques mots sur un autre livre de M.l'abbé J.-B. L., intitulé *Défense théologique du magnétisme humain, ou le magnétisme est-il superstition, magie? Est-il condamné à Rome? Les magnétiseurs et les somnambules sont-ils en sûreté de conscience? Peuvent-ils être admis à la participation des sacrements?* etc. (1846.)

Voici notre réponse de 1847 à cet opuscule :

« En admettant la réalité d'une modification favorable de l'économie ou de l'état du système nerveux d'un malade quelconque opérée au moyen du fluide *électro-nerveux* ou *électro-magnétique* mis en jeu par la magnétisation ou la somnambulisation magnétique, ou peut-être également déterminé par l'influence morale ou par un pouvoir de domination en quelque sorte prestigieux, nous ne verrions dans toutes ces opérations considérées en elles-mêmes rien d'illicite ou d'immoral. Ce ne serait là qu'une sorte de thérapeutique ou une simple médication morale. Mais les conditions posées par M. J.-B. L., nous ne pourrions les accepter comme suffisantes à la moralité de l'opération. L'auteur propose, à la vérité, qu'un homme magnétisera un homme, qu'une femme magnétisera une personne de son sexe ; il demande même l'intervention d'une tierce personne ou d'un témoin. Sans doute cela est bon et louable en soi et dans la pratique ordinaire. Mais l'identité du sexe seule, selon nous, ne donne pas une garantie de moralité suffisante : il faut y joindre l'identité de l'âge, c'est-à-dire qu'il faudrait toujours choisir pour somnambules ou sujets d'expérimentations magnétiques des personnes âgées au moins de trente à quarante ans, et jamais de jeunes gens, de l'un ou de l'autre sexe, comme de quinze à vingt ans. Or c'est ce qu'on ne fait pas : les somnambules sont presque toujours de jeunes filles, ou plus rarement de jeunes garçons. Qu'on se rappelle donc, ou qu'on l'apprenne si on l'ignore, que souvent il y a presque autant de danger moral à magnétiser de jeunes garçons que de jeunes filles, et que l'âge est souvent presque aussi dangereux que le sexe lui-même. Tous les confesseurs et directeurs de conscience expérimentés apprécieront convenablement la valeur morale de cette observation.

« Dans un chapitre au moins fort singulier (c'est le xviie, p. 219), l'auteur dit qu'un somnambule peut recevoir l'absolution des fautes graves qu'il aurait commises dans l'état de somnambulisme magnétique, soit qu'il se souvienne ou non de ce qui s'y est passé. Dans cet état, ajoute-t-il, l'individu conserve *sa liberté ; son advertance*, etc. (p. 221); de plus, il marche, boit, mange, parle, converse familièrement (p. 196). Mais alors on se demande en quoi cet état de somnambulisme magnétique différera de l'état de veille ordinaire et physiologique, surtout dans le cas où le somnambule conserve à son réveil le souvenir de ce qu'il a dit et fait pendant son état magnétique? Et, comme nous l'avons vu plus haut, M. J.-B. L. nous assure que cet état peut exister. »

Nous pourrions faire encore quelques autres remarques sur cette dernière brochure, mais cela nous conduirait trop loin et nous ferait empiéter sur le domaine du merveilleux, et c'est précisément ce que nous voulons éviter. Nous l'avons dit au commencement de cet article, nous ne pouvons admettre la réalité intrinsèque et positive des faits extra-physiologiques dont fourmillent les ouvrages de M. J.-B. L. Qu'on n'oublie pas que cette note a été écrite en 1847, et que le surnaturel et le merveilleux ont marché depuis.

Maintenant passons à l'exposition de documents plus graves, plus récents et de la plus haute autorité; écoutons la grande voix de Rome :

Supremæ sacræ Romanæ universalis Inquisitionis Encyclica ad omnes Episcopos, adversus magnetismi abusus.

Feria IV, die 30 julii 1856.

In Congregatione Generali S. R. et Universalis Inquisitionis habita in Conventu S. M. Supra Minervam, Eminentissimi ac Reverendissimi DD. Cardinales in tota republica Christiana adversus hæreticam pravitatem generales inquisitores, mature perpensis iis, quæ circa *magnetismi* experimenta a viris fide dignis undequaque relata sunt, decreverunt edi præsentes litteras encyclicas ad omnes Episcopos ad magnetismi abusus compescendos.

Etenim compertum est novum quoddam superstitionis genus invehi ex phænomenis magneticis, quibus haud scientiis physicis enucleandis, ut par esset, sed decipiendis ac seducendis hominibus student neoterici plures, rati posse occulta, remota, ac futura detegi magnetismi arte, vel præstigio, præsertim ope muliercularum, quæ unice à magnetizatoris nutu pendent.

Nonnullæ jam hac de re a S. Sede datæ sunt responsiones ad peculiares casus, quibus reprobantur tanquam illicita illa experimenta, quæ ad finem non naturalem, non honestum, non debitis mediis adhibitis assequendum, ordinantur; unde in similibus casibus decretum est Feria IV, 21 Aprilis 1841, *Usum magnetismi, prout exponitur, non licere*. Similiter quosdam libros, ejusmodi errores pervicaciter disseminantes, prohibendos censuit S. Congregatio. Verum quia præter particulares casus de usu magnetismi generatim agendum erat, hinc per modum regulæ sic statutum fuit Feria IV, 28 Julii 1847. — *Remoto omni errore, sortilegio, explicita aut implicita dæmonis invocatione, usus magnetismi, nempe merus actus adhibendi media physica aliunde licita, non est moraliter vetitum, dummodo non tendat ad finem illicitum, aut quomodolibet pravum. Applicatio autem principiorum et mediorum pure physicorum ad res et effectus vere supernaturales, ut physice explicentur, non est nisi deceptio omnino illicita, et hæreticalis.* —

Quamquam generali hoc decreto satis explicetur licitudo, aut illicitudo in usu, aut abusu magnetismi, tamen adeo crevit hominum malitia, ut, neglecto licito studio scientiæ, potius curiosa sectantes magna cum animarum jactura, ipsiusque civilis societatis detrimento, ariolandi divinandique principium quoddam se nactos glorientur. Hinc *somnambulismi*, et *claræ intuitionis*, uti vocant, præstigiis mulierculæ illæ gesticulationibus non semper verecundis abreptæ, se invisibilia quæque conspicere effutiunt, ac de ipsa religione sermones instituere, animas mortuorum evocare, responsa accipere, ignota ac longinqua detegere, aliaque id genus superstitiosa exercere ausu temerario præsumunt, magnum quæstum sibi, ac dominis suis divinando certo consecuturæ. In hisce omnibus quacumque demum utantur arte, vel illusione, cum ordinantur media physica ad effectus non naturales, reperitur deceptio omnino illicita, et hæreticalis, et scandalum contra honestatem morum.

Igitur ad tantum nefas, et religioni et civili societati infestissimum, efficaciter cohibendum, excitari quam maxime debet pastoralis sollicitudo, vigilantia ac zelus Episcoporum omnium. Quapropter, quantum divina adjutrice gratia poterunt locorum Ordinarii, qua paternæ charitatis monitis, qua severis objurgationibus, qua demum juris remediis adhibitis, prout attentis locorum, personarum, temporumque adjunctis, expedire in Domino judicaverint, omnem impendant operam ad hujusmodi magnetismi abusus reprimendos et avellendos, ut dominicus grex defendatur ab inimico homine, depositum fidei sartum tectumque custodiatur, et fideles sibi crediti a morum corruptione præserventur.

Datum Romæ in Cancellaria S. Officii, apud Vaticanum, die 4 Augusti 1856.

V. Card. Macchi.

Il résulte donc de la règle établie par le saint Office que l'emploi de moyens physiques, c'est-à-dire de moyens extérieurs, saisissables et appréciables par les sens, n'est pas *moralement* défendu, ou autrement qu'il est permis. Mais qu'entend-on ici par moyens physiques? Évidemment ce ne peut être que l'emploi des *passes magnétiques*, c'est-à-dire l'opération par laquelle le magnétiseur touche les membres ou le corps du sujet soumis à la magnétisation; on passe tout simplement les mains, à plusieurs reprises, le long des membres ou du tronc, à la distance de quelques centimètres. Tout cela, assurément, ce sont des moyens purement physiques, très-licites en soi, en y ajoutant toutefois les conditions posées par le saint Office.

Mais malheureusement la science magnétique n'en est pas restée là ; car généralement elle n'emploie plus les passes, comme nous l'avons déjà dit ; elle n'emploie ordinairement que *l'ordre mental* avec la *ferme volonté*, qui ne sont plus les moyens physiques permis par le saint Office. Il faut noter ici que Rome ne dit point moyens naturels, mais *moyens physiques, media physica ;* les termes ont été choisis et pesés ; car un ordre mental et la volonté ne sont pas des moyens physiques, c'est-à-dire extérieurs, saisissables et appréciables par les sens; ce sont des choses morales de l'ordre naturel, et, à ce titre, elles sont exclues de la règle du saint Office, parce que l'ordre mental et la volonté produisent, même à plusieurs lieues de distance, des phénomènes surnaturels, comme, par exemple, le somnambulisme magnétique lucide ou merveilleux, c'est-à-dire des phénomènes qui offrent le caractère de la *surnaturalité diabolique*.

Ainsi donc, qu'on ait recours à l'ordre mental et à la volonté, ou qu'on emploie les passes, les effets pourront être identiques et offrir le caractère de la *surnaturalité diabolique*, comme on l'a vu autrefois, quand on n'employait que les passes magnétiques toutes seules.

Si plus haut nous avons paru condamner la magnétisation opérée par les moyens physiques ou les passes magnétiques, c'est parce que nous pensions que des moyens purement physiques pouvant produire un état de somnambulisme magnétique tellement profond, qu'il résiste à tous les moyens d'excitation et que le magnétiseur peut seul ordinairement faire cesser, et que, d'ailleurs, ces mêmes moyens physiques seuls pouvant produire également des phénomènes qui offrent le caractère de la *surnaturalité diabolique*, nous pensions, disons-nous, qu'un tel état ne semble pas assez naturel pour pouvoir être produit licitement. Tous les auteurs s'accordent à dire que les moyens physiques seuls ou les passes suffisent pour opérer la magnétisation. Voici comment s'exprime un des plus célèbres, M. le docteur Rostan, professeur à la Faculté de médecine de Paris : « On a décrit de plusieurs manières les procédés de magnétisation ; chaque magnétiseur a la sienne propre. Il suffit aux uns d'imposer la main sur le front de la personne qu'on magnétise, immédiatement ou à une légère distance ; d'autres posent la main sur l'épigastre, quelques-uns sur les épaules. Ordinairement après quelques séances il n'est plus nécessaire d'imposer les mains; il suffit de dire à la personne magnétisée : « Endormez-vous, je veux que vous dormiez. » Et aussitôt elle s'endort sans pouvoir se soustraire à cet ordre. Souvent même il suffit d'en avoir la volonté sans la manifester. Il m'est souvent arrivé de vouloir endormir quelqu'un ; aussitôt des tiraillements, des pendiculations et autres symptômes précurseurs du sommeil se manifestaient : *Que me faites-vous ? Je vous en prie, ne m'endormez pas ; vous m'endormez, je ne veux pas être endormie.* Mais on n'arrive que graduellement à une influence aussi grande. » (*Dict. de médecine*, t. XIII, Art. MAGNÉTISME.)

Pourquoi aujourd'hui cette recrudescence, ces embarras et ces inquiétudes parmi les catholiques, comme l'a si bien constaté l'encyclique ci-dessus rapportée? C'est uniquement parce qu'on a mal appliqué la règle donnée en 1847 par le saint Office. C'est pourquoi Rome a été obligée de la rappeler en 1856, afin qu'on l'étudiât mieux et avec plus de fruit, et d'y ajouter une lettre encyclique à tous les évêques.

Enfin nous pensons que le sens de la décision du saint Office en date du 28 juillet 1847 est que, dans la magnétisation par des moyens purement physiques, on doit se borner à produire autant que possible le somnambulisme magnétique purement et simplement, c'est-à-dire le sommeil magnétique dans le but de soulager quelques malades névropathiques, comme les médecins donnent l'opium pour produire le sommeil physiologique, le sommeil ordinaire, sans vouloir aller jusqu'à la lucidité du merveilleux, sans quoi on produirait des effets qui ne seraient plus du tout en rapport et en proportion avec leur cause; en un mot, on tomberait dans la vaine observance et dans la superstition. Les causes physiques ne doivent, dans l'espèce, produire que des effets physiques. Ce qui vient à l'appui de cette opinion, c'est 1º ce que dit la lettre encyclique elle-même quand elle déclare qu'un nouveau genre de superstition a surgi des phénomènes magnétiques : *Novum quoddam genus superstitionis invehi ex phænomenis magneticis*; 2º c'est la consultation sur le magnétisme rapportée à la p. 113. Cet exposé général a été condamné *in globo* par le saint Office, sans même en excepter les moyens physiques comme les *palpationes* et *gesticulationes*, parce que le saint Office n'a considéré ledit exposé ou consultation que comme un cas particulier.

L'intention du saint Office est donc, quand il permet aujourd'hui l'emploi des moyens physiques, qu'on ne leur demande que des effets purement physiques, comme le sommeil magnétique, et rien de plus. Ce qui certes est déjà beaucoup : *cum ordinantur media physica ad effectus non naturales, reperitur deceptio omnino illicita et hæreticalis,* comme le dit très-bien la susdite encyclique.

Conclusion générale de tout ce chapitre.

Nous croyons pouvoir conclure, 1° que les *tables tournantes* et *le magnétisme* sont deux nouvelles formes, les formes modernes et scientifiques de l'ancienne magie si sévèrement défendue dans l'Écriture; 2° que les tables tournantes et le magnétisme sont une invention satanique; 3° qu'en conséquence les confesseurs, dans le tribunal de la pénitence, doivent en défendre la pratique à tous leurs pénitents. C'est du moins notre opinion, excepté pourtant dans les cas qui se trouvent compris dans la décision romaine ci-dessus interprétée.

Nous ne parlerons pas ici d'une nouvelle secte qui vient de surgir et qui gagne tous les jours du terrain comme une gangrène, suivant l'expression de saint Paul. J'ai nommé le *spiritisme. Sermo corum ut cancer serpit.* (II Tim. xii, 17.)

Nec inveniatur in te qui... ariolos sciscitetur, et observet somnia atque auguria, non sit maleficus nec inscrutator, nec qui pythones consulat nec divinos, aut quærat à mortuis veritatem. Omnia enim hæc abominatur Dominus, *et propter istiusmodi scelera delebit eos in introitu tuo.* (Deuteron. xviii, 10, 11, 12.)

CHAPITRE IV

FONCTIONS VOCALES

§ 1

De la voix.

Le larynx est l'organe de la voix, comme la langue, aidée des lèvres, est l'organe de la voix articulée ou de la parole. Le larynx est une espèce de boîte cartilagineuse située à la partie supérieure et antérieure du cou, entre la base de la langue et la trachée-artère. Il est composé de cinq pièces, savoir : 1° le cartilage *thyroïde* ou *scutiforme* (en forme de bouclier); il forme la partie supérieure et antérieure du larynx, et produit la saillie appelée vulgairement *pomme d'Adam*; 2° le cartilage *cricoïde* ou *annulaire*, espèce d'anneau qui occupe la partie inférieure du larynx; 3° les deux cartilages, *aryténoïdes* (en forme d'entonnoir), qui sont situés à la partie postérieure et supérieure de cet organe; 4° l'*épiglotte*, comparée à une feuille de pourpier, qui est placée au-dessus de la *glotte* et ferme l'ouverture du larynx au moment de la déglutition, afin que le bol alimentaire n'y pénètre pas; hors ce moment l'épiglotte est toujours levée pour donner passage à l'air qui va aux poumons ou qui en revient. Dans l'intérieur du larynx et à sa partie supérieure, on remarque une petite ouverture oblongue : c'est la glotte, qui produit le son vocal par son changement de forme et de tension. Cette fente est limitée par des ligaments *thyro-aryténoïdiens*, qu'on appelle les *cordes vocales* ou les *cordes de Ferrein*. Ces rubans membraneux et l'ouverture qu'ils circonscrivent sont donc l'appareil exclusif de la voix; et ce qui le prouve, c'est que, lorsqu'on pratique une ouverture aux voies aériennes au-dessous de la glotte, la voix cesse à l'instant, et elle se reproduit dès qu'on bouche cette ouverture. C'est l'air expiré avec force, qui, en traversant la glotte, produit les sons vocaux. Aussi tous les animaux pourvus d'organes pulmonaires ont de la voix, excepté les poissons, qui, au lieu de poumons, n'ont que des branchies.

Depuis longtemps le larynx a été considéré, tantôt comme un instrument à cordes, tantôt comme un instrument à vent, ou comme une espèce de flûte, ou un instrument anché : de là les voix flûtées et anchées. Mais il est très-probable que le larynx est un instrument *vital*, dont les qualités sonores ou vibrantes sont dues au jeu très-varié des contractions musculaires. C'est en vain qu'on objecte à cette théorie que le larynx d'un cadavre rend des sons lorsqu'on approche l'un de l'autre les deux cartilages aryténoïdes; nous ne voyons là qu'un rapprochement absurde et ridicule qui ne mérite pas les honneurs d'une réfutation sérieuse. Quelle immense différence entre les ravissantes modulations de la voix vivante et le bruit rauque, effrayant et indéfinissable qui sort d'un larynx inanimé. Ce bruit cadavérique c'est la voix de la mort : la distance donc qui le sépare de la voix vivante, c'est la distance de la mort à la vie.

La voix se fortifie et grossit, passe de l'aigu au grave, à mesure que la glotte s'agrandit et s'élargit, comme on l'observe chez les enfants. Dans la femme elle demeure toujours plus faible et plus aiguë, parce que, dans ce sexe, la glotte est à peu près d'un tiers moins grande que celle de l'homme. On peut conclure d'après cela que les sons vocaux seront aigus ou graves, faibles ou forts, suivant le degré d'ouverture de la glotte, ou suivant le degré de tension ou de relâchement des cordes vocales, ou enfin suivant la consistance, la vibralité, la flexibilité ou la rigidité de l'appareil vocal et le volume d'air expiré.

§ II

Parole, chant, bégaiement, grasseyement, mutisme engastrimysme ou ventriloquie.

La parole est la voix articulée, ou une suite de sons articulés au moyen de la langue (l'organe principal de la parole), le voile du palais, la voûte palatine, les dents et les lèvres.

Les sons vocaux fondamentaux sont représentés par des lettres qu'on appelle voyelles, qui sont des lettres pour ainsi dire naturelles; elles n'ont besoin pour être formées et articulées que de la simple ouverture de la bouche. Les voyelles sont les premières lettres ou les premiers sons que font entendre les enfants, parce que leur expression ne leur coûte guère ni efforts ni fatigues : on les produit sans combinaison et d'une manière comme instinctive. Il n'en est pas de même des consonnes qui servent à lier les voyelles entre elles et en former des syllabes et des mots; leur prononciation est moins naturelle; elle est le résultat du travail, de l'art, de la réflexion, c'est-à-dire du long exercice de l'éducation. Plus il y a de consonnes dans une langue, plus cette langue est difficile à prononcer, dure et inharmonique, comme les langues du Nord, l'anglais, et surtout le hollandais, le flamand et l'allemand ; au contraire, les langues les plus faciles à prononcer, les plus agréables et les plus harmonieuses sont celles où il entre le plus de voyelles et le moins de consonnes, comme par exemple les langues grecque, latine et italienne, surtout la première, qui est la plus harmonieuse de toutes les langues connues. C'est par les nombreuses voyelles que la langue italienne est si musicale et si mélodieuse.

Le *chant* n'est autre chose que la voix modulée. C'est une série de sons appréciables assujettis à un rhythme, et classés, selon l'ordre des sons naturels, dans une échelle qu'on nomme *gamme*. Ces sons sont exprimés par des signes qu'on appelle *notes*, et qui forment comme l'écriture de l'art musical. Tout le monde connaît les effets magiques que la musique produit sur les âmes humaines; sa puissance sur les sens, sur l'imagination, sur le cœur de l'homme, est quelquefois immense et presque incommensurable. Quel cœur est assez dur, quelle âme est assez stoïque, pour être insensible aux charmes de l'harmonie musicale? Ces âmes de bronze, ces cœurs de pierre, *cor lapideum*, comme dit le prophète Ézéchiel, qui sont secs, froids, insensibles à l'attrait de la mélodie, sont généralement plus ou moins égoïstes, farouches, cruels, sanguinaires; tandis qu'au contraire les âmes que la musique émeut et charme sont communément tendres et aimantes, douces et compatissantes, capables de recevoir les impressions de la pitié, disons mieux, de la charité chrétienne. C'est sans doute dans ce sens qu'il faut entendre saint Augustin, quand il dit que quiconque n'est pas sensible à l'harmonie n'est point prédestiné à être sauvé.

Partout et toujours des faits multipliés et variés ont témoigné de l'influence de l'harmonie sur les sens, les âmes et même les mœurs. « Dans l'antiquité on observait, dit Fournier, et Polybe rapporte que le pouvoir de l'harmonie adoucissait les mœurs des Arcades, qui habitaient un pays où l'air est triste et froid. Le même historien ajoute que les habitants de Cynète, qui négligèrent la culture de la musique, surpassèrent en cruauté tous les Grecs, et qu'il n'y avait point de ville où il se soit commis tant de crimes. La musique tempérait la férocité de l'affreux Néron, et, de toutes les lois, ce ne fut que celle de l'harmonie que ce barbare craignît de violer. »

Notre sujet ne comporte pas tous les détails qui prouvent l'influence immense de la musique sur l'homme et même sur les animaux; nous nous contenterons, pour terminer, de rapporter quelques passages tirés du *Dictionnaire des sciences médicales* : ils en seront comme un court et fidèle résumé.

« Nous avons un instinct musical naturel. La vie est comme une musique intérieure de nos organes; les sympathies qui les unissent sont des consonnances; nos chants se modulent sur cette mélodie interne et n'en sont que le retentissement. Les enfants entonnent naturellement l'unisson, et battent la mesure avec une égalité merveilleuse, sans y être appris. Une mesure cadencée, régulière, fait beaucoup d'impression sur nos fonctions vitales, car la circulation et les autres mouvements vitaux étant uniformes en santé, établissent un cercle d'action agréable et naturel. Tout retour périodique dissipe même la lassitude des plus violents exercices. On voit des troupes harassées par une longue marche reprendre tout à coup de l'ardeur et de l'allégresse aux accents d'une musique guerrière. Les femmes les plus délicates se montrent souvent infatigables à la danse; les nègres oublient chaque jour leurs peines et la chaleur du soleil en répétant un refrain; le martellement cadencé des forgerons tempère la rudesse de ce travail, et l'Arabe hâte par une chanson mélancolique la course de son chameau dans le désert.

« Le rhythme a même encore plus d'action que les

sons; une cadence rapide, légère, excitant une vive allégresse, transporte la jeunesse, fait pétiller son sang dans ses artères; une mesure grave, solennelle, comme dans les temples, invite au recueillement, ralentit le pouls ainsi que dans la vieillesse...

« L'on chante d'ordinaire à l'unisson de sa propre organisation. Comme on juge par le son d'un vase s'il est est entier ou fêlé, de même des chants désordonnés annoncent des corps mal tempérés. Lorsque l'instrument corporel se détraque, soit par des maladies, soit par de fortes passions, il manifeste son désaccord par le désordre des accents, de la voix, des idées ou de l'esprit. De là les grands écarts de l'âme, tels que le désespoir, la terreur, les douleurs profondes; la nature exhale des cris si effrayants qu'ils font frissonner. On dit que la célèbre Mme Roland, femme du ministre, avant d'être décapitée, s'étant approchée de son piano, en tira des accents si mélancoliques, qu'ils fendaient le cœur des bourreaux mêmes.

« Si la dissonance dans les organes produit les maladies, dans les esprits elle produit l'extravagance et la méchanceté. Comme la beauté résulte de l'harmonie bien proportionnée des membres, la bonté est une harmonie des affections morales qui se tempèrent également. L'homme de bien est toujours à l'unisson de lui-même : *vir semper sibi consonus*. Un homme qui n'a pas de sens est une corde qui détonne dans un concert : *homo absonus*.

« De même que des bruits discordants, aigres, faux, agacent nos nerfs, comme le cri rêche de la scie fait grincer les dents, ou comme cette strideur qui excite les chiens à s'entre-battre; ainsi des clameurs ou un tumulte dissonant, dans les émeutes populaires, échauffent à outrance les passions furieuses, rendent les âmes bestiales et les plongent dans des barbaries atroces. L'éclat bruyant des trompettes, des tambours, le canon, poussent les esprits des combattants hors de l'assiette ordinaire, inspirent aux soldats l'ardeur martiale et même la férocité du carnage. Il y a des bruits exécrables qui font hérisser les cheveux et frémir d'horreur ; ils produisent cette énorme dissonance de fonctions nerveuses, des déchirements étranges dans l'économie animale. » (Virey.)

Non-seulement des sons sinistres et rêches, des bruits horribles et exécrables déchirent le système nerveux ou agacent les nerfs auditifs, mais encore les accents les plus suaves et les plus mélodieux ont déterminé quelquefois des syncopes presque mortelles. « Un abbé, dit Fournier, jouait très-bien de la vielle : il était passionné pour cet instrument. Un jour qu'il entendit jouer de la guitare par le célèbre Rodrigue, le plaisir qu'il en ressentit fut si vif, qu'il tomba comme suffoqué ; on l'emporta, et il fut dans cet état pendant trois jours ; après il assura qu'il serait mort s'il fût resté plus longtemps à entendre le son de cette guitare vermeilleuse. » Cependant presque toujours l'effet immédiat de l'harmonie est un état de sérénité, de calme et de joie. On sait comment David charmait les ennuis et dissipait la noire mélancolie de Saül.

Quant aux animaux, plusieurs espèces sont très-diversement affectées, soit par la mélodie, soit par le rhythme musical. Il paraît que le chien surtout a en horreur la musique, même les sons les plus mélodieux : il crie, il aboie et fuit aux sons agréables de l'harmonie.

« J'avais, dit Fournier, un chien d'une rare intelligence ; il était d'une docilité parfaite à toutes mes volontés ; néanmoins je n'ai jamais pu l'habituer à la musique. Quelquefois, et dans le dessein de l'éprouver, je lui prescrivais de se coucher et de faire le mort : dans ces occasions le bruit d'un canon n'aurait pu exciter en lui le moindre mouvement, tant son obéissance était servile ; mais si je tirais des sons de ma flûte, quelque mélodieux qu'ils fussent, mon pauvre chien ne pouvait contenir sa douleur et poussait des cris plaintifs qu'il essayait vainement d'étouffer. Je crois, d'après ce fait, que le son musical blesse les nerfs auditifs du chien. Méad rapporte l'histoire d'un de ces animaux qui mourut de douleur à l'audition prolongée d'une musique qui lui faisait pousser des cris. On cite l'exemple d'autres animaux morts par la même cause; de ce nombre sont les chouettes. D'une autre part, on sait avec quel plaisir, quelle attention le serin écoute les airs qu'on lui joue; il s'approche de l'instrument, et muet, immobile, il attend que l'air soit fini; après il bat de l'aile, comme pour témoigner sa satisfaction, et il essaie d'imiter les chants qu'il vient d'entendre. Les chasseurs savent attirer les cerfs en chantant, et les biches en jouant de la flûte... L'on a remarqué que les troupeaux paissent plus longtemps et avec plus d'avidité au son du flageolet, de la cornemuse et d'autres instruments; ce qui fait dire aux Arabes que la musique engraisse... Quelques voyageurs assurent qu'on trompe la férocité de l'énorme serpent à sonnettes de la Guyane par le son du flageolet ou par un sifflement convenable. On en dit autant de la redoutable vipère fer-de-lance de la Martinique. De pareils prodiges ont encore besoin, selon moi, de confirmation, malgré le désir que j'aurais de croire à l'assertion de M. de Chateaubriand, qui assure positivement, dans son voyage au haut Canada, avoir vu un serpent à sonnettes furieux, qui avait pénétré jusque dans son campement, se calmer au son de la flûte, et vider les lieux, en suivant hors du campement le musicien habile qui enchantait ses oreilles. »

Le *bégaiement*. — Tout le monde sait que ce vice de prononciation consiste à répéter plusieurs fois de suite la même syllabe. Il est à remarquer que beaucoup de personnes bègues lisent couramment et sans balbutier, et que la plupart ne bégaient point en chantant. Le meilleur moyen de guérir les bègues c'est de leur faire articuler séparément chaque syllabe à des intervalles égaux, et de leur faire exercer en même temps un mouvement cadencé de la main ou du bras; c'est, en deux mots, le fond de la méthode de MM. Serré et Colombat. On a vu le bégaiement disparaître tout à coup dans un accès de colère. C'est le cas de dire que le remède est pire que le mal.

Le *grasseyement*. — C'est ce vice de la parole où l'on ne peut prononcer la consonne R, parce que la pointe de la langue ne peut frapper la partie antérieure de la voûte palatine. Pour y remédier, on a conseillé de substituer, en prononçant, à la lettre R, les consonnes T et D, afin d'arriver peu à peu à prononcer la lettre R.

Le *mutisme* ou la *mutité*. — C'est, comme on sait, la privation de l'usage de la parole. Dans la mutité, la voix subsiste : le muet peut pousser des cris, mais il ne saurait articuler des sons ou parler.

L'absence de la voix, ou plutôt de la faculté d'émettre des sons bruts ou inarticulés, est ce qu'on appelle l'*aphonie*.

Le mutisme peut être accidentel par la destruction partielle ou absolue de la langue, ou de naissance avec ou sans lésion organique, ou enfin l'effet de la surdité congéniale, comme chez les sourds-muets, dont la mutité a toujours la surdité pour cause.

Fournier et Begin affirment que les exemples de la conservation de la faculté de parler après la destruction complète de la langue ne sont pas rares; Louis, ajoutent-ils, en a rassemblé un grand nombre dans son excellent mémoire physiologique et pathologique sur cet organe, inséré dans le t. XIV, édition in-12, de la collection de l'Académie. Entre autres faits que citent ces médecins, nous n'en mentionnerons qu'un seul, que voici : L'Académie royale de chirurgie fit constater, en 1772, sur une

jeune fille qui lui fut adressée par Bonami, chirurgien de Nantes, la possibilité de parler sans qu'il existe dans la bouche le moindre vestige de la langue. Nous terminerons ce paragraphe par un fait fort curieux, rapporté par le père de la chirurgie française, Ambroise Paré. « Un qui-
« dam, dit-il, demeurant à Yuoy-le-Chasteau, qui est à dix
« ou douze lieues de Bourges, eut portion de la langue
« coupée, et demeura près de trois ans sans pouvoir,
« par sa parole, être entendu. Advint que, lui étant aux
« champs avec des faucheurs, buvant en une escuelle de
« bois avec délices, l'un d'eux le chatouilla, ainsi qu'il avoit
« l'escuelle entre ses dents, et proféra quelques paroles, en
« sorte qu'il fut entendu; puis derechef, cognoissant avoir
« ainsi parlé, repreint son escuelle, et s'efforça à la re-
« mettre en même position qu'elle étoit auparavant, et
« derechef parloit de sorte qu'on le pouvoit bien entendre,
« avec ladite escuelle, et fut longtemps qu'il la portoit en
« son sein pour interpréter ce qu'il vouloit dire, la met-
« tant toujours entre ses dents ; puis quelque temps après
« s'advisa (par la nécessité, qui est maîtresse des arts) de
« faire un instrument de bois de telle figure que cestuy,
« lequel il portoit pendu à son cou, et, par le moyen
« d'icelui, faisoit entendre par sa parole tout ce qu'il vou-
« loit dire. » (*Œuvres complètes*, liv. XXIII, chap. v.)

L'*engastrimysme* ou la *ventriloquie*. — Ce mot exprime une manière de parler dans laquelle la voix paraît sortir de l'estomac ou du ventre, bien que réellement les sons soient articulés dans la bouche et dans le pharynx ou le gosier. Tout le mécanisme de l'engastrimysme « consiste, d'après Richerand, dans une expiration lente et graduée, filée en quelque sorte, expiration qui est toujours précédée d'une forte aspiration, au moyen de laquelle le ventriloque introduit dans ses poumons une grande masse d'air, dont il ménage ensuite la sortie, » L'abbé de la Chapelle, qui a

composé un ouvrage *ex professo* sur cette matière, nous apprend qu'un nommé Saint-Gilles, marchand épicier à Saint-Germain-en-Laye, s'était, de son temps, rendu fort célèbre dans l'art engastrimytique. Voici une anecdote curieuse qu'il rapporte au sujet de ce ventriloque fameux :
« Un jeune homme marié depuis trois ans vivait dans le meilleur accord avec sa femme, lorsqu'une étrangère vint lui inspirer une passion criminelle. On essaya vainement de ramener ce jeune homme à son devoir; il s'abandonnait à tous les excès, outrageant à la fois et l'hymen et les bonnes mœurs dans sa nouvelle liaison. Saint-Gilles se charge de le convertir; il l'attire dans un lieu solitaire, et là il lui fait entendre ce discours solennel :

« Jeune homme, tu as mis hier une prostituée dans ses
« meubles; tes parents sollicitent contre toi une lettre de
« cachet : si tu ne rentres promptement dans ton devoir,
« tu périras dans une prison, et après ta mort tu seras
« livré aux flammes éternelles. »

« Le coupable, effrayé, chercha longtemps et inutilement d'où pouvait partir cette voix; persuadé qu'elle tenait du prodige, il alla se jeter aux pieds de sa femme, et y abjura son erreur.

« Saint-Gilles opéra d'autres conversions plus étonnantes que celle-ci : témoin un abbé, gros bénéficier et d'une avarice sordide, lequel il fit renoncer aux vanités de ce monde pour se consacrer à la retraite et à la pénitence! » Fournier rapporte un autre fait plus récent encore : « L'aventure suivante, dit-il, arrivée il y a très-peu d'années au camp d'Osoppo, en Frioul, prouve que les individus adroits qui possèdent cet art peuvent encore en imposer. Deux soldats français avaient été fusillés pour cause d'indiscipline, et, selon l'usage, ils avaient été enterrés militairement près du camp, et sans qu'on leur eût rendu les derniers devoirs de la religion. Un soldat ventriloque, leur camarade, résolut de les leur faire obtenir ; pour cela il attroupa au lieu de la sépulture la populace du village voisin du camp, et fit entendre des plaintes, des gémissements lamentables, dans lesquels il suppliait les fidèles assistants de leur faire rendre les honneurs funèbres. Les auditeurs, touchés du sort de ces deux victimes, allèrent redire à leur curé ce qu'ils avaient entendu. Le bon pasteur se rendit sur les lieux, et notre rusé soldat ne manqua point de renchérir sur ce qu'il avait déjà montré d'éloquence. Le curé, plus pieux que savant physicien, témoin du prétendu prodige, s'écria qu'il y avait miracle. Soudain les dispositions les plus solennelles sont faites ; un service funèbre est célébré dans l'église du village, et des prières sont dites en pompe sur la terre où reposent les défunts. « Le même auteur parle encore ailleurs d'un autre fameux engastrimyte qui fit exhumer un cadavre enterré la veille. A cet effet il fit sortir du lieu où était le mort une voix sépulcrale implorant d'un ton gémissant et étouffé les secours les plus prompts pour une personne enterrée vivante : « L'état de léthargie dans laquelle elle était tombée vient de cesser ; elle se plaint douloureusement de la gêne où elle se trouve dans le cercueil : les spectateurs d'aller chercher des fossoyeurs ; ceux-ci de se hâter d'exhumer la victime, qu'un empressement coupable avait précipitée dans la tombe. Mais tout à coup, et au moment où on va ouvrir le cercueil, la voix n'en sort plus ; elle se fait entendre dans la sacristie et renouvelle les plaintes et les gémissements qui, un moment auparavant, partaient de la tombe qu'on vient inutilement d'ouvrir. Les spectateurs courent à ce nouvel endroit, ils y commencent des fouilles ; mais soudain de nouveaux gémissements, des cris plus effrayants que tous ceux qu'on vient d'entendre, s'échappent des voûtes de l'église. Alors la terreur s'empare des assistants, et quelques personnes commencent à supposer qu'il y a maléfice. Cependant l'un des spectateurs, moins crédule que les autres, réfléchissant à ce qui se passe, devine la supercherie et rassure tout le village, qui déjà s'assemblait pour être témoin du miracle. Et le mystificateur n'a que le temps de s'évader, afin de se soustraire à la fureur de la populace, qui le tient pour sorcier et qui prétend le lapider. »

Après avoir sommairement exposé le mécanisme de la parole, avec ses aberrations et ses anomalies, il nous faut maintenant considérer la parole au point de vue philosophique et métaphysique, et montrer qu'elle n'est point une invention humaine, mais un sublime et magnifique don de Dieu. Suivant la haute et vaste pensée d'un grand philosophe chrétien, de l'illustre M. de Bonald, l'homme, en sortant des mains de son créateur, reçut de sa munificence infinie tout ce qui lui était nécessaire pour vivre et se perpétuer, comme être intelligent aussi bien que comme être physique. Il reçut donc la vérité, qui est l'aliment de son intelligence, et avec la vérité les idées, la parole, laquelle est l'expression de la pensée et le moyen ordinaire de la communiquer. Ainsi les idées et les mots, la pensée et le langage, ont été révélés simultanément et se transmettent de même. Il suffit, pour s'en convaincre, de regarder autour de soi : comme Dieu parla au premier père, le père parle à l'enfant, et la raison de celui-ci naît en quelque sorte à l'intelligence, qui se développe en lui à mesure que son langage se perfectionne. Ainsi, et toujours selon la même loi et par les mêmes moyens, se forment le langage et la raison de l'enfant, de la famille, des peuples et du genre humain tout entier.

Cette théorie ingénieuse se trouve en parfaite harmonie avec l'histoire de nos premiers parents telle que nous la tenons des écrivains sacrés. Cette histoire, incontestablement la plus ancienne, la plus authentique et par conséquent la plus digne de foi, à ne la considérer que comme une histoire ordinaire, nous montre le premier homme et la première femme, aussitôt après leur formation, conversant, soit entre eux, soit avec Dieu et les anges, qui leur apparaissaient sous des formes sensibles.

« Dieu n'a pu parler à l'homme sans entrer en société
« avec lui, sans révéler son être, car le langage même
« n'est que l'expression générale de l'être ou de l'être
« universel, et l'on ne saurait parler sans nommer Dieu,
« puisqu'on ne saurait parler sans prononcer ou sans
« concevoir le mot *est*; ce mot merveilleux, le verbe, est
« la raison du langage, comme le verbe substantiel est
« la raison de l'être infini...

« Ainsi l'homme n'a pu exister comme être intelligent,
« n'a pu parler sans connaître Dieu, et ne l'a pu con-
« naître que par la parole. Donc il est impossible que la
« parole soit une invention de l'homme. » (*Essai sur l'indifférence en matière de religion*, t. II.)

Nous ajouterons à ce beau passage que la parole est une nécessité physiologique, c'est-à-dire une nécessité qui dérive de la nature de l'homme, et qui constitue un caractère essentiel de l'humanité.

« La parole, dit M. de Bonald, est l'expression naturelle de la pensée, nécessaire, non-seulement pour en communiquer aux autres la connaissance, mais pour en avoir soi-même la connaissance intime. »

La pensée se manifeste donc à l'homme ou se révèle avec l'expression et par l'expression, comme le soleil se montre à nous par la lumière et avec la lumière. Il est donc nécessaire que l'homme sache la parole avant de parler, proposition évidente et qui exclut toute idée d'invention humaine. (De Bonald.)

Le verbe est la *parole* par excellence, parce qu'il est l'expression exacte de l'être *intelligent*; car dans ses diverses modifications il exprime toutes ses manières d'être, de pensée, de sentiment et d'action : *je suis, je veux, j'aime, j'agis.* On peut parler sans substantif, parce que le geste exprime l'objet présent, et le dessin l'objet absent; mais on ne peut parler sans *verbe.* C'est la remarque de M. de Bonald.

« Les langues ont commencé, dit M. de Maistre, mais la parole jamais, et pas même avec l'homme : l'une a nécessairement précédé l'autre; la parole n'est possible que par le *verbe.* L'homme a toujours parlé, et c'est avec une sublime raison que les Hébreux l'ont appelé *âme parlante.* » (*Soirées de Saint-Pétersbourg.*)

On voit manifestement que M. de Maistre veut ici faire allusion au *Verbe* éternel, surtout si l'on considère ce qu'il dit ailleurs : « Nulle langue n'a pu être inventée, ni par un homme, qui n'aurait pu se faire obéir, ni par plusieurs, qui n'auraient pu s'entendre. Ce qu'on peut dire de mieux sur la parole, c'est ce qui a été dit de celui qui s'appelle *Parole. Il s'est élancé avant tous les temps du sein de son principe, il est aussi ancien que l'éternité; qui pourra raconter son origine?* » *Egressus ejus ab initio à diebus æternitatis.... : generationem ejus quis enarrabit?* (Mich. et Isa.) Ces passages ne peuvent s'entendre que du Verbe *qui était au commencement; in principio erat Verbum,* l'éternelle sagesse, la source de toute vérité et la vérité même : *ego sum Veritas.* Tout être et toute vérité descendent donc de Celui qui possède la plénitude de l'être, ou plutôt qui est l'Être même, selon ce qu'il dit en parlant à Moïse : Je suis Celui qui suis, *ego sum qui sum,* parole sublime, que l'*Être nécessaire* pouvait seul proférer.

Dans l'ordre actuel et par une suite de sa nature, l'homme ne peut pas plus penser sans mots que voir sans lumière. La pensée, comme on l'a très-bien dit, ne marche qu'à l'aide du discours, et il faut penser sa parole avant de parler sa pensée, ce dont chacun peut s'assurer en essayant de traduire une langue.

Si la parole est d'invention humaine, il s'ensuit qu'elle n'est pas nécessaire à la société et qu'il n'y a plus de vérités morales nécessaires, puisque toutes ces vérités ne nous sont connues que par la parole, c'est-à-dire que la parole et les vérités morales ne seraient que contingentes et auraient pu n'être pas inventées, comme n'étant pas plus nécessaires à la société que l'art de l'imprimerie.

« La société n'a pu, dit M. de Bonald, dans aucun temps, exister sans le langage, pas plus que l'homme n'a pu exister hors de la société. L'homme n'a donc pas inventé le langage ; car si l'homme avait pu inventer quelque chose de nécessaire à la société, il eût pu aussi ne pas l'inventer, et l'existence de la société aurait dépendu du hasard des inventions humains. » Ailleurs le même auteur ajoute : « L'homme n'invente pas le *nécessaire*, par lequel il est, et qui existe avant lui et hors de lui. »

« Dire que l'homme a pu inventer la parole et créer les langues est une haute folie, si ce n'est une impiété. » (Ballanche, *Essai sur les institutions sociales.*)

L'homme parle parce qu'il pense, et même il ne pense que parce qu'il parle. La pensée est une parole intérieure, et la parole une pensée extérieure.

On peut affirmer, comme nous l'avons déjà dit plus haut, que la parole est le caractère essentiel de l'humanité, c'est-à-dire que l'homme est essentiellement homme par la pensée, dont la parole est la condition (1). Enfin la parole ou le langage articulé est pour l'homme non-seule-

---

(1) Si l'orang-outang, dont l'organisation est la plus semblable à celle de l'homme, ne parle pas ; s'il n'a point de langage articulé comme l'homme, ce n'est point parce que les sacs hyo-thyroïdiens y mettent obstacle, comme le prétendent Richerand et Virey après Camper, mais

ment une nécessité sociale, mais encore une nécessité physiologique et psychologique.

Donc il est de toute impossibilité que l'homme ait pu inventer le langage, cette invention supposant nécessairement des idées préexistantes avec leurs expressions. De là ces paroles de Rousseau : « La parole me paraît avoir été nécessaire pour inventer la parole. »

Il paraît donc enfin démontré que l'homme a reçu à la fois primitivement les idées et les termes, la parole et l'intelligence, avec des maximes de croyance et des règles de conduite, ou des lois pour ses pensées et ses actions.

Cette doctrine se confirme d'ailleurs par les observations faites sur les sourds-muets de naissance et sur les enfants privés de bonne heure de tout commerce avec la société (2). On sait que pour les sourds-muets les signes et

---

uniquement parce qu'il ne pense pas *. Faites disparaître ce prétendu obstacle à la parole, l'orang-outang n'en demeurera pas moins muet ; faites plus, supposez ses organes vocaux absolument semblables à ceux de l'homme, l'animal ne parlera pas encore, et ne pourra jamais émettre des sons articulés ; ou s'il en produisait, ce serait le langage du perroquet, composé de purs sons mécaniques qui ne peuvent être le signe, ni l'expression, ni le véhicule d'aucune pensée. Ainsi le chien, l'éléphant, l'orang-outang, eussent-ils les organes de la voix et de la parole faits comme ceux de l'homme, ne parleront jamais, parce que Dieu ne leur a point donné la parole, c'est-à-dire qu'il leur a refusé la pensée, qui est la raison et la condition du langage articulé ou de la parole.

(1) « Le petit nombre d'êtres humains trouvés dans les forêts, hors de tout commerce avec les hommes, dès qu'ils ont pu parler, interrogés sur leur premier état, n'ont pu rien apprendre de Dieu, de l'âme, d'une autre vie. » (M. de Bonald.) Ces faits renversent donc le système des idées innées. « Comment, d'ailleurs, dit M. de Bonald, l'homme parvient-il à effacer les idées de son esprit, si Dieu les y grave lui-même ? Ces enfants, ajoute encore le même philosophe, abandonnés dans les bois, ainsi que les sourds-muets, sans aucune conversation avec des *hommes parlants*, ne penseraient rien, n'exprimeraient rien, ni par geste,

* Ce passage est supprimé dans les dernières éditions de l'ouvrage de Richerand ; il est remplacé par ce qui suit : « Le singe, chez lequel ces parties sont con- « formées comme dans l'homme, parlerait comme lui si son intelligence était « aussi développée, » c'est-à-dire que si le singe était homme, il parlerait comme l'homme.

l'écriture tiennent lieu de la parole, et ne sont, en effet, qu'une parole écrite ou signifiée ; ils voient la parole, et ne l'*ouïssent* pas, comme dit M. de Bonald.

Voici un fait curieux d'un sourd-muet de naissance qui entendit tout à coup pour la première fois à l'âge de vingt-quatre ans. Il a été rapporté par Buffon, qui l'a pris dans les *Mémoires de l'Académie* de l'année de 1703. « Un jeune homme de vingt-trois à vingt-quatre ans, fils d'un artisan de Chartres, sourd-muet de naissance, commença à parler au grand étonnement de toute la ville ; on sut de lui que trois ou quatre mois auparavant il avait entendu le son des cloches, et avait été extrêmement surpris de cette sensation nouvelle et inconnue ; ensuite il lui était sorti une espèce d'eau de l'oreille gauche, et il avait entendu parfaitement des deux oreilles ; il fut, ces trois ou quatre mois, à écouter sans rien dire, s'accoutumant à répéter tout bas les paroles qu'il entendait, et s'affermissant dans la prononciation et dans les idées attachées aux mots ; enfin il se crut en état de rompre le silence, et il déclara qu'il parlait, quoique ce ne fût encore qu'imparfaitement. Aussitôt des théologiens habiles l'interrogèrent sur son état passé, et leurs principales questions roulèrent sur Dieu, sur l'âme, sur la bonté ou la malice morale des actions ; il ne parut pas avoir poussé ses pensées jusque-là. Quoiqu'il fût né de parents catholiques, qu'il assistât à

---

ni par parole. Ils auraient quelques mouvements déterminés par leurs besoins physiques ; mais ils ne feraient point d'actions délibérées, et par conséquent n'auraient pas le geste, qui est l'expression des actions, comme la parole est l'expression de la pensée. Ils auraient l'être sans l'avoir, et par conséquent seraient bien au-dessous des brutes. »

« L'idiotisme, dit Pinel, ôte à l'homme la parole et le conduit au mutisme : preuve frappante de la correspondance nécessaire de la pensée et de la parole ; que l'homme qui n'a reçu aucune parole, ni orale, ni de geste, est un idiot ; et que lorsqu'il est idiot, il perd la parole qu'il avait reçue. Également dégradé de l'humanité, soit qu'il ignore l'art de parler, soit que la faculté de penser lui manque. » (M. de Bonald.)

la messe, qu'il fût instruit à faire le signe de la croix et à se mettre à genoux dans la contenance d'un homme qui prie, il n'avait joint à tout cela aucune intention, ni compris celle que les autres y joignaient ; il ne savait pas bien distinctement ce que c'était que la mort, et il n'y pensait jamais ; il menait une vie purement animale ; tout occupé des objets sensibles et présents, et du peu d'idées qu'il recevait par les yeux, il ne tirait pas même de la comparaison de ces idées tout ce qu'il semble qu'il en aurait pu tirer. Ce n'est pas qu'il n'eût naturellement de l'esprit ; mais l'esprit d'un homme privé du commerce des autres est si peu exercé et si peu cultivé, qu'il ne pense qu'autant qu'il est indispensablement forcé par les objets extérieurs : le plus grand fonds des idées des hommes est dans leur commerce réciproque. » (*Histoire de Buffon réduite à ce qu'elle contient de plus instructif et de plus intéressant*, par P. Bernard, t. III.)

Pendant que nous traçons ces lignes, nous avons sous les yeux un jeune homme de vingt-deux ans, fils d'un boucher, qui est demeuré sourd-muet depuis sa naissance jusqu'à l'âge de douze à treize ans. Il affirme n'avoir jamais eu jusqu'à cette époque de sa vie d'autre sentiment, d'autre désir, que celui de satisfaire à ses besoins physiques, de manger, de boire, etc., et n'avoir eu aucune idée de Dieu, de l'âme, du bien et du mal moral. Il ajoute qu'à l'âge de douze ans il ne savait encore faire aucun travail, ni même s'habiller et se déshabiller ; qu'il ne pouvait faire autre chose que de suivre son père comme le suivaient ses deux chiens : et lui, comme il disait, était le troisième chien, avec cette différence qu'il était bien au-dessous d'eux pour l'intelligence et l'instinct. Il rapporte que, vers l'âge de treize ans, il sortit de ses oreilles une quantité notable de matière aqueuse, et que dès lors il a commencé peu à peu à entendre et à parler.

Aujourd'hui il est comme tous les jeunes gens de son âge.

Tous ceux, dit M. Nicolas, qui se sont dévoués au soulagement et à l'instruction des sourds-muets, tant en France que dans les divers pays de l'Europe, se rencontrent unanimement dans cette vérité d'observation, que le sourd-muet, par lui-même, est totalement privé de la vie intellectuelle et morale. M. de Gérando seul, opposant le système à l'expérience, a voulu quelque temps révoquer en doute cette vérité ; mais il a fini par se rendre à l'évidence, et pas assurer lui-même que « les secrets du « monde intellectuel sont ignorés du sourd-muet; qu'en « vain on lui demanderait compte, et que l'instruction « peut seule introduire les sourds-muets à la vie sociale, « morale et religieuse. » (*Histoire de l'Académie des sciences*, t. II.)

« Les sourds-muets, dit M. l'abbé de l'Épée, sont réduits en quelque sorte à la condition des bêtes, tant qu'on ne travaille pas à les retirer des ténèbres épaisses dans lesquelles ils sont ensevelis. » — « Borné au seul mouvement physique, le sourd-muet, dit M. l'abbé Sicard, n'a pas, avant qu'on ait déchiré l'enveloppe sous laquelle sa raison demeure ensevelie, cet instinct sûr qui dirige les animaux. Le sourd-muet est seul dans la nature, *sans aucun exercice possible de ses facultés intellectuelles, qui demeurent sans action et sans vie*..., à moins qu'une main bienfaisante ne parvienne à le tirer de ce sommeil de mort. Quant au moral, *il n'en soupçonne même pas l'existence*. Il n'a des yeux que pour le monde physique, et encore quels yeux! Il voit tout sans intérêt. *Le monde moral n'existe pas pour lui, et les vertus comme les vices sont sans réalité*. Tel est le sourd-muet dans son état naturel ; le voilà tel que l'habitude de l'observation, en vivant avec lui, m'a mis à même de le dépeindre. » —

M. Paulmier, instituteur renommé de l'école de Paris, appelé devant la cour d'assises de la Seine pour servir d'interprète à un sourd-muet accusé de vol, s'exprime de la manière suivante : « Se fait-on bien une idée de la disgrâce d'un sourd-muet sans instruction, de son état de dénûment?... Il est doublement sourd, puisque, privé de l'ouïe, il est plongé dans un silence éternel; il est sourd d'*entendement*, si l'on peut parler ainsi, puisque aucune main secourable ne l'a tiré des ténèbres de l'ignorance, où il est resté profondément enseveli. » — M. Eschke, fondateur et professeur de l'école de Berlin, a jugé les sourds-muets de la même manière : « Le sourd-muet, dit-il, ne vit que pour lui; il ne connaît aucun lien social, et *n'a aucune notion de vertu*. L'éducation seule peut l'élever au-dessus de la bête... etc. » — M. César a fait, à Leipsick, des observations qui confirment toutes les précédentes. « Les sourds-muets, dit-il, ont à la vérité la forme humaine; mais c'est à peu près tout ce qu'ils ont de commun avec les autres hommes. Privés de la parole, ils sont également privés d'entrer avec eux en commerce d'intelligence..., de pratiquer aucune vertu sociale, et de s'élever de la grossièreté des sens à la spiritualité de l'intelligence... Jamais ils ne parviendront à développer, à former et à fortifier par l'usage les puissances spirituelles de leur âme. Par leur inaction, elles deviennent même de jour en jour plus incapables de s'appliquer... Voilà l'état de leur intelligence. Celui de leur cœur n'est pas moins déplorable. Jouet perpétuel des sensations que font sur eux les objets, et des passions qui s'élèvent dans leur âme, *ils ne connaissent ni lois, ni devoirs, ni justice, ni injustice, ni bien, ni mal; la vertu et le vice sont pour eux comme s'ils n'étaient pas*..., etc. etc. » (Citations de M. Nicolas, auteur des *Études philosophiques sur le christianisme*, prises dans le travail de M. de la Haye inséré dans l'*Uni-*

versité catholique, neuvième livraison, septembre 1846.)

En présence de ces nombreuses et unanimes observations, de ces faits éclatants qui nous ont été confirmés par tous les instituteurs de sourds-muets que nous avons interrogés, en présence, disons-nous, de tous ces faits, que devient le système des idées innées?

Les idées ne sont pas innées en nous; elles nous sont importées et transmises à notre esprit, à l'occasion des sens, par le moyen des sens, par l'intermédiaire des sens, ou par le canal des sens, comme on voudra. Nous ne disons pas que les idées viennent des sens. Les sens sont seulement l'intermédiaire et le moyen de communication entre l'individu et la société. Si les idées venaient des sens, il s'ensuivrait que ceux qui les ont les plus parfaits seraient les plus intelligents, comme, par exemple, les sauvages, les nègres et les idiots. On sait assez que cela n'est pas.

On est donc invinciblement forcé de convenir que l'homme privé de ses sens extérieurs ne peut rien connaître, parce que rien ne peut éveiller en lui l'action de ses facultés. C'est une vérité prouvée par l'observation et l'expérience journalières. Quelles idées, par exemple, pourrez-vous jamais communiquer à un sourd-aveugle-né? Mais rendez-lui ses deux principaux sens, et vous en ferez un homme complet, normal et physiologique. *Omnis nostra cognitio*, dit saint Thomas, *à sensu initium habet.* (*Sum.* p. 1, art. ix.)

Si les idées ne sont pas innées, les facultés sont innées en nous. Ainsi, comme dit M. Nicolas, « nous n'apportons en venant au monde aucune notion de vérité dans notre esprit, mais seulement des facultés pour recevoir et cultiver toutes les vérités qui nous sont offertes. » Et ailleurs : « Les vérités nécessaires, qui portent tout l'édifice de nos connaissances, proviennent toutes en principe de notre contact avec la société, où elles sont infuses, où elles existent par le fait, et où tout se transmet et s'apprend, même la vertu. Voilà ce qui est fondé en observation... En un mot, la connaissance des vérités nécessaires qui sont nos idées, est innée, non dans l'homme, mais dans la société. Il en résulte que ce patrimoine de vérités que possède la société ne lui vient pas fondamentalement des hommes, puisque ceux-ci ne font qu'y puiser; et que, ne venant pas des hommes, il ne peut venir que de Dieu. » (*Études philosophiques sur le christianisme*, t. I, p. 201, 3e édit.)

En effet, nous avons tout reçu de la révélation primitive faite par Dieu lui-même; et par suite, de génération en génération, par la parole et l'éducation sociale. Au moment où l'homme sortit des mains de son créateur, il reçut de sa munificence infinie tout ce qui lui était nécessaire pour vivre et se perpétuer comme être intelligent et moral aussi bien que comme être physique. Il reçut donc la vérité, qui est l'aliment de son intelligence, et avec la vérité les idées, la pensée et la parole, qui est l'expression de la pensée. Ainsi les idées et les mots, la pensée et le langage ont été révélés simultanément et se transmettent de même. Tout nous vient donc de la parole ou de l'ouïe : *omnia ex auditu*.

Mais alors, dira-t-on, que devient la loi naturelle gravée par Dieu dans le cœur de l'homme? Je réponds que cette loi naturelle n'est autre chose que la révélation primitive faite à nos premiers parents par Dieu même. On l'appelle naturelle, parce qu'elle est fondée sur la nature des choses, et qu'on y trouve une parfaite conformité à la nature de l'homme. Le premier homme, dit M. de Frayssinous, « avait *reçu* de Dieu même ce qu'il savait; il le *transmit* à ses enfants, qui à leur tour le laissèrent comme un héritage aux générations suivantes : la *tradition* se conserva, s'étendit avec l'espèce humaine; voilà comme de famille en famille, d'âge en âge, de contrée en contrée, les notions primitives se sont conservées plus ou moins pures dans le genre humain. Ainsi toutes les croyances religieuses et morales ont une source commune ; mais ce sont des ruisseaux dont les uns ont conservé la pureté de leurs eaux, et dont les autres se sont plus ou moins altérés à travers la corruption des siècles. C'est de là que sont venus ces principes communs à tous les hommes, que l'ignorance ou la passion affaiblissent, mais n'anéantissent pas; cette lumière, qui pour bien des peuples a été obscurcie des nuages du mensonge, mais qui laisse toujours échapper quelques rayons. Or ces règles universelles, invariables, dont le sentiment se trouve partout, ces notions communes de bien et de mal qui gouvernent l'espèce humaine, et sont comme la législation secrète du monde moral, voilà ce qu'on appelle *loi naturelle* : dénomination très-légitime. Elle est naturelle, parce qu'elle est fondée sur la nature des choses, sur des rapports primitifs entre l'homme et Dieu, entre l'homme et son semblable; naturelle, parce que les principes en sont tellement conformes à notre nature raisonnable, qu'il suffit de les exposer pour en sentir toute la vérité; naturelle, parce qu'on en trouve des vestiges partout où se trouve la nature humaine, ce qui a fait dire qu'elle est gravée dans le cœur. » (*Conférence sur la religion*, t. I, p. 241, 3e édit.)

Maintenant supposons pour un instant que le genre humain périsse de nouveau (qu'on nous pardonne cette étrange supposition), et qu'il ne reste, comme au temps de Noé, que huit individus vivants; mais que ces individus soient des sourds-muets de naissance, sans aucune éducation, ni intellectuelle, ni morale, ni sociale. Que deviendra l'humanité avec ces huit êtres humains? Ils pourront sans doute se multiplier comme tous les êtres animés : ce seront des hommes purement physiques qui demeureront éternellement muets, sans parole, sans langage articulé, sans révélation, sans tradition, sans religion, sans morale, sans idées, sans connaissance : ils n'auront que l'instinct de conservation et de multiplication physiques, comme les autres animaux. Ils n'auront de l'humanité que l'élément physique et seront éternellement privés des trois éléments qui, avec l'élément physique, constituent l'homme complet, l'homme physiologique. Les quatre éléments de l'humanité sont donc l'élément physique, l'élément intellectuel, l'élément moral et l'élément social.

Ces hommes purement physiques seront cependant au fond de vrais hommes, cela va sans dire, parce qu'ils auront une âme immortelle avec des facultés innées. Ils seront absolument comme nos sourds-muets sans éducation ou les petits enfants. Ils seront au-dessous des hommes qu'on appelle communément sauvages, parce que ceux-ci au moins possèdent quelque langage et quelques débris de révélation et d'ancienne civilisation. Ainsi, l'humanité véritable serait éteinte, morte; et pour qu'elle pût renaître il faudrait qu'elle reçut de Dieu une nouvelle révélation avec la parole.

Il est donc certain, d'après tout ce qui précède, que les sourds-muets sans éducation et les enfants abandonnés dans les bois sans aucune communication avec les hommes usant de la parole ou du geste, n'ont aucune idée, ni intellectuelle, ni morale, puisqu'on ne trouve point chez eux le signe certain de la présence de la pensée, c'est-à-dire la parole ou le geste. Que deviennent donc leurs idées innées, s'ils restent jusqu'à la mort dans cet état vraiment sauvage? Quelles sont donc ces idées innées qu'ils disent ignorer ou n'en avoir aucun souvenir aussitôt qu'ils reçoivent le bienfait de l'éducation intellectuelle, religieuse, morale et sociale.

Il faut donc conclure enfin : 1° qu'il est impossible de

prouver philosophiquement, psychologiquement et physiologiquement l'existence des idées innées ; 2° que sans l'éducation intellectuelle et morale à l'aide du langage articulé, oral, écrit ou *signifié*, ou sans l'enseignement des vérités traditionnelles, l'homme avec toutes ses idées demeurera dans une éternelle enfance, privé à la fois de la parole et de la pensée et réduit à la triste condition des brutes.

CHAPITRE V

DES FONCTIONS MOTRICES ET LOCOMOTRICES

§ I

Des mouvements volontaires.

Les organes de ces sortes de mouvements sont les os et les muscles; les premiers en sont les instruments passifs, et les muscles les organes actifs.

Le système osseux, ou le squelette, qui est la base ou la charpente de l'édifice humain, est composé des pièces ou des os suivants : la tête présente, à la partie supérieure de la face et antérieure du crâne, l'os *coronal* ou *frontal* (os impair); à la partie supérieure et latérale du crâne, les deux *pariétaux*, placés derrière le coronal; à la partie postérieure du crâne et derrière les pariétaux se trouve placé l'*occipital* (os impair); au-dessous des pariétaux, aux parties latérales et inférieures du crâne, sont situés les deux *os temporaux*, un de chaque côté. Nous ne parlons pas des deux autres os du crâne, le *sphénoïde* et l'*ethmoïde*, placés à l'intérieur : leur connaissance est complétement inutile à notre objet. La tête est placée sur le sommet de la colonne vertébrale ou l'épine dorsale. Cette pyramide osseuse est composée de vingt-quatre vertèbres, qui sont unies entre elles par des lames fibro-cartilagineuses fort élastiques. Il résulte de cette disposition anatomique, d'après l'opinion de Richerand, confirmée par l'expérience, que la pression qui s'exerce du haut en bas sur l'épine dorsale amincit et affaisse ces lames intervertébrales, et diminue par là d'autant l'élévation de la taille, c'est-à-dire que la stature du corps est réellement plus petite le soir que le matin, et cette diminution de taille serait bien plus sensible si l'individu avait porté sur sa tête un lourd fardeau pendant une grande partie de la journée, comme cela se pratique en certaines localités. Cette diminution dans la taille peut, dans quelques cas, être fort considérable, comme Buffon en rapporte des exemples. « Le fils de l'un de ses plus zélés collaborateurs (M. Guéneau de Montbelliard, auquel est due la plus grande partie de l'histoire des oiseaux), jeune homme d'une taille élevée (cinq pieds neuf pouces), arrivé au terme de son accroissement, avait perdu dix-huit lignes après avoir passé une nuit au bal. » (Citation de Richerand.) « Cette différence de grandeur, dit Richerand, tient en même temps à l'affaissement du tissu cellulaire graisseux, qui se termine au talon et forme, dans toute l'étendue de la plante des pieds, une semelle assez épaisse. » On a vu, sous les dures lois du recrutement de l'empire, des conscrits exploiter à leur profit cette particularité anatomico-physiologique. Revenons. Les côtes, au nombre de douze de chaque côté, s'articulent postérieurement avec la colonne vertébrale, et, à la partie antérieure de la poitrine, avec l'os appelé *sternum*. Cette espèce de cage osseuse forme le *thorax*. A la partie supérieure et postérieure du thorax sont placés les *omoplates* ou les os de l'épaule. Entre cet os et le sternum se trouve la *clavicule*, placée par conséquent au haut du thorax. L'*humérus*, ou l'os du bras, s'articule avec l'omoplate et complète l'épaule. Deux autres os, le *cubitus* et le *radius*, s'adaptent à l'humérus et constituent l'avant-bras, terminé par les huit os du poignet formant le *carpe*. Celui-ci se joint aux cinq os de la main connus sous le nom d'os du *métacarpe*, qui se termine par les phalanges des doigts. La base de la colonne vertébrale s'appuie sur l'os *sacrum*, qui forme la partie postérieure du bassin. Cette espèce de cavité osseuse est bornée antérieurement par l'os *pubis*, situé tout à fait au bas du ventre et correspondant aux parties génitales, et sur les côtés par les os *iliaques*. Aux deux côtés du bassin sont implantés les deux os de la cuisse ou les *fémurs*. L'extrémité de ceux-ci s'articule avec le *tibia* ou l'os principal de la jambe, et avec la *rotule*, petit os qui est placé au-devant du genou. Au côté externe de chaque tibia se trouve le *péroné*, os grêle et mince qui s'articule avec lui. Le tibia s'articule avec l'*astragale*, et celui-ci avec le *calcaneum* ou l'os du talon, auxquels se joignent encore cinq autres os qui forment ce qu'on appelle le *tarse*. A celui-ci sont unis les cinq os désignés sous le nom de *métatarse*, qui se termine par les orteils.

Le système musculaire est composé ou est un assemblage d'un très-grand nombre d'organes charnus, rouges ou rougeâtres, ou de paquets fibreux éminemment irritables et contractiles. Ce sont les muscles, qui forment la chair rouge et maigre des animaux, et qui forment aujourd'hui une partie si importante de la nourriture de l'homme. L'irritabilité ou la contractilité est le caractère essentiel des muscles. C'est à l'aide de cette faculté que ces organes *actifs* (par opposition aux os, qui sont des instruments passifs) se contractent, c'est-à-dire se raccourcissent et se gonflent, sous l'influence du cerveau, qui leur transmet, par le moyen des nerfs, les ordres ou les volontés de l'âme. Et la preuve de la vérité de cette assertion, c'est que la section ou la ligature d'un nerf empêche à l'instant l'action du muscle auquel il se distribue. C'est par le galvanisme que l'irritabilité musculaire est puissamment mise en jeu, même après la mort des animaux. Rien n'égale la prodigieuse puissance de l'électricité galvanique, et peut-être n'est-il rien de plus admirable dans la physique que les effets de la pile de Volta. Par cet appareil ingénieux on développe un mode particulier d'électricité sans le secours soit du frottement, soit de la percussion, mais par la superposition de différentes substances et surtout de corps métalliques hétérogènes(1).

(1) Voici une courte description de la pile de Volta, d'après M. Orfila: elle consiste en une série de disques de cuivre de quelques millimètres d'épaisseur et d'environ trois centimètres de rayon, sur chacun desquels repose un disque de zinc de même dimension. C'est à cette paire de disques que l'on a donné le nom d'*élément de la pile*; chacun de ces éléments est séparé du suivant par un disque égal aux premiers et fait en carton ou en drap imbibé d'eau, ou, ce qui vaut mieux, d'une dissolution saline. L'assemblage des disques dont nous parlons représente une colonne d'une hauteur variable, dont la base est formée par la plaque cuivre, et l'extrémité supérieure par la plaque zinc. Aussitôt que cet appareil est monté, le disque inférieur *s'électrise résineusement* ou *négativement*, tandis que le disque zinc supérieur acquiert de l'*électricité vitrée* ou *positive*; c'est ce qu'on nomme *pôles résineux* et *vitré de la pile*. Si l'on établit une communication entre ces deux pôles à l'aide de fils conducteurs, les deux fluides se réunissent pour former de nouveau du fluide naturel. Si, au lieu de fils, on emploie des animaux, ceux-ci reçoivent une commotion plus ou moins forte qui se renouvelle à chaque contact. Depuis quelques années on a fait subir à la pile de Volta des modifications importantes. 1° On soude les disques zinc et cuivre; 2° on les dispose horizontalement dans une caisse au lieu d'en faire une colonne; 3° on sépare les éléments de la pile au moyen d'eau légèrement acidulée par l'acide nitrique que l'on introduit dans les intervalles qui existent entre chaque élément.

Un physicien de Marbourg, M. Bunsen, vient d'inventer une pile re-

La locomotion, qui est un mouvement de translation ou le passage du corps de l'homme d'un lieu dans un autre, a pour organes les deux membres inférieurs ou les cuisses, les jambes et les pieds.

La station verticale ou bipède est un des plus nobles attributs physiques de l'homme. Seul parmi les mammifères il se tient naturellement droit sur les deux pieds : il porte la tête levée, contemple le ciel, sa divine origine, mesure et calcule le cours des astres, et d'un regard majestueux domine toute la création. Que les sophistes qui, depuis Aristote, prétendent que dans l'homme la station et la progression bipèdes ne sont qu'un fruit de l'éducation, nous disent de qui le premier homme a appris à se tenir droit et à marcher sur les deux pieds. Ils fondent leur sophisme sur l'impuissance où sont les petits enfants de se tenir debout et de marcher. Cette impuissance momentanée est l'effet inévitable de la faiblesse des muscles extenseurs, de la grosseur disproportionnée de la tête, du poids des viscères thoraciques et abdominaux, et du défaut de courbure de la colonne vertébrale. Mais aucune argutie

---

marquable par ses effets prodigieux. C'est une pile à effet constant, où un cylindre de charbon, qui sert d'unique conducteur, remplace les lames de platine de la pile de Grove.... Un seul couple suffit pour fondre un fil de fer mince.... La décomposition de l'eau n'exige l'emploi que de deux couples seulement.... Une batterie de quarante couples produit l'incandescence *héliomorphe* des cônes de charbon dans le vide. (Académie des sciences, séances des 20 et 27 février 1843.)

La pile voltaïque a des usages nombreux : c'est sans contredit le plus energique de tous les agents employés en chimie pour la décomposition de certains corps. On s'en sert en médecine comme stimulant pour exciter les organes, dans la paralysie, dans l'aménorrhée, dans certains cas de surdité, etc.

On doit rattacher au galvanisme une petite expérience assez curieuse que voici : on se place dans l'obscurité, et on maintient exactement appliquées à la face postérieure des lèvres deux petites plaques métalliques, une de zinc à une lèvre, et une pièce de deux francs à l'autre ; on fait toucher les deux pièces de métal, et au moment de leur contact on voit des bluettes de lumière plus au moins vives.

sophistique ne peut tenir contre l'organisme, la raison et l'expérience. L'homme est fait pour marcher droit sur les deux pieds, les lois de l'organisation le prouvent sans réplique; nous n'en citerons qu'une entre une foule d'autres. Dans la marche quadrupède l'homme ne pourrait voir devant lui ni autour de lui; il ne verrait que le sol sur lequel il marche, parce que sa tête n'étant point soutenue par le ligament cervical, comme dans tous les quadrupèdes, serait forcément entraînée et éternellement inclinée vers la terre. Les animaux quadrupèdes ont la tête maintenue par le ligament cervical, et ils voient droit devant eux et autour d'eux. Mais, dira-t-on, l'orang-outang ne marche-t-il pas droit sur ses deux pieds? Si ce singe anthropoïde (*simia satyrus*) affecte d'imiter ou plutôt de *singer* la station et la progression de l'homme, ce n'est pas là, d'après l'observation de quelques voyageurs, son attitude la plus naturelle et la plus commode; et la preuve, c'est que, lorsqu'un danger pressant le force à fuir, soudain, irrésistiblement emporté par son instinct naturel, il jette son bâton et se sauve à quatre pattes (1). Mais laissons les philosophes matérialistes, qui voudraient ravaler l'homme au niveau de la brute; laissons, disons-nous, ces sophistes ramper à terre avec les animaux, ou asso-

(1) Il faut pourtant convenir que là grande ressemblance physique que l'on remarque entre l'homme et l'orang-outang suppose une sorte d'analogie dans les fonctions organiques, c'est-à-dire que l'on doit admettre d'après cela que dans l'orang-outang la station et la progression bipèdes ne s'exécutent pas absolument contre les lois de son organisme, puisque, suivant Camper, la grande ouverture de son angle facial, qui est de 58 degrés (seulement 12 degrés moins que dans le nègre), et la longueur démesurée de ses bras, lui permettent de voir également devant lui et autour de lui, soit qu'il marche à deux ou à quatre pattes. On peut donc dire que, pour la station et la progression, les orangs-outangs tiennent le milieu entre les autres animaux mammifères et l'homme, et cela en raison de l'ouverture de leurs angles faciaux et de la direction des yeux.

cions-les à certaines tribus de nègres qui, peu fières de la noblesse de leur origine, prétendent qu'elles descendent des orangs-outangs ou des hommes des bois, lesquels, ajoutent les nègres, vivent retirés dans les forêts pour n'être pas forcés de travailler comme nous.

Disons maintenant deux mots du mécanisme de la station. Dans cette position droite et verticale, la ligne perpendiculaire passe par le centre de gravité du corps, qui, dans l'homme adulte, se trouve entre le sacrum et le pubis. Cette ligne, prolongée, tombe sur le milieu de l'espace mesuré par les deux pieds. Cet espace quadrilatère est ce qu'on appelle la base de sustentation. Ainsi, si la ligne perpendiculaire tombe sur le milieu de la base de sustentation, la station est la plus ferme et la plus assurée possible, et elle le sera d'autant moins que la perpendiculaire s'éloignera de ce point central : la chute même sera inévitable, si la ligne perpendiculaire dépasse les limites du quadrilatère circonscrit par la plante des pieds. De ce qui précède il résulte que la solidité de la station sera en raison directe de la largeur des pieds et de leur écartement, parce qu'alors la ligne du centre de gravité se balance avec plus de latitude, et peut subir de grandes déviations ou de fortes inclinaisons sans sortir de l'aire de sa base de sustentation. La station immobile n'étant que l'apparence du repos, ou un état de fatigue et d'action dépensatrice, il s'ensuit que la situation contraire est le repos véritable. Or cet état de repos c'est le coucher, le *cubitus* ou le *décubitus*. Dans cette attitude sur un plan horizontal, les muscles locomoteurs se reposent et réparent la déperdition ou l'épuisement qu'a déterminé un exercice prolongé. Le coucher a lieu sur le dos, sur le ventre ou sur l'un des côtés. Le décubitus sur le côté droit paraît la position la plus naturelle, la plus ordinaire et la plus propre au repos du sommeil et au travail digestif. La préférence qu'on accorde généralement au côté droit se fonde sur deux raisons, comme le fait remarquer Richerand dans sa *Physiologie*. Lorsque le corps se repose, dit-il, sur le côté gauche, le foie, viscère volumineux, très-lourd et mal assujetti dans l'hypochondre droit, pèse de tout son poids sur l'estomac et entraîne le diaphragme; de là résultent une gêne et des tiraillements qui, outre qu'ils peuvent troubler la digestion, troublent encore le sommeil par des songes pénibles; de plus, l'orifice droit de l'estomac étant situé beaucoup plus bas que l'orifice gauche, il en résulte que le décubitus sur le côté droit favorise la descente des matières alimentaires, qui, pour passer dans les intestins, ne sont pas forcées de remonter contre leur propre poids, comme cela arriverait dans le coucher sur le côté gauche. Le *cubitus* sur le dos, assez rare dans l'état de santé, est très-fréquent et même naturel dans une foule de maladies, et dans les cas de faiblesse et d'épuisement; il favorise les mouvements respiratoires. On sait que ce genre de coucher est souvent cause des illusions nocturnes. Le coucher sur le ventre est le plus rare; il n'a lieu généralement que chez les hommes forts, robustes, comme chez les laboureurs, les moissonneurs, qui souvent prennent la *sieste* ou la méridienne dans cette position. Ce *cubitus* fait naître assez souvent des songes pénibles, et quelquefois même le cauchemar ou l'incube.

Mouvements progressifs, la progression ou la marche. — C'est un mouvement progressif ou de locomotion par lequel le corps se transporte d'un lieu vers un autre, à l'aide d'une suite de pas qui se succèdent sur une ligne et dans une direction donnée. Mécanisme de la progression : dans la marche normale, la jambe du côté où commence le mouvement se fléchit légèrement sur la cuisse, et celle-ci sur le bassin, pour raccourcir tout le membre et le détacher entièrement du sol, tandis que le corps reste appuyé sur l'autre membre ; celui-ci à son tour subit les mêmes mouvements de flexion successive. Ce jeu alternatif et successif forme les pas, dont l'ensemble continu constitue la progression ou la marche.

La marche reçoit des modifications si on l'exécute sur des plans inclinés. Dans la progression ascendante, les puissances musculaires redoublent d'efforts pour maintenir le corps dans sa rectitude verticale; c'est pour favoriser ce mouvement qu'on se penche et qu'on se courbe en avant : la grande fatigue qu'on éprouve aux genoux et aux mollets dépend de ces efforts musculaires. La marche descendante s'exécute par un mécanisme tout contraire. Les pieds sont ici tendus au lieu d'être fléchis comme dans la progression ascendante ; le corps se porte ou est retenu en arrière par les muscles érecteurs du tronc; de là la grande fatigue que, dans cette marche, on ressent ordinairement dans les reins. Nous ne marchons pas droit ordinairement, c'est-à-dire que lorsqu'on marche les yeux fermés on se dirige toujours à gauche. Partez du point mitoyen d'une large allée; au bout de trente à quarante pas, et souvent moins, vous serez arrivé à la ligne gauche de votre chemin : cela dépend de la force inégale des jambes, c'est-à-dire que la jambe droite étant plus forte que la gauche, les pas droits seront plus grands que les gauches et détermineront ainsi la déviation de ce dernier côté. Si, les yeux ouverts, nous marchons droit, c'est que nous ne perdons pas de vue l'objet vers lequel nous dirigeons nos pas, et qu'ainsi nous corrigeons cette obliquité.

La *course* n'est qu'une marche très-précipitée, ou une succession d'un très-grand nombre de petits sauts qu'on exécute avec vitesse, pour se transporter le plus rapidement possible d'un lieu dans un autre. Cette progression accélérée se fait dans l'état d'extension et presque sur la pointe des pieds ; la tête et le tronc se portent un peu en arrière, et les bras servent de balanciers, comme dans une marche un peu rapide, pour prévenir les chutes. On sait que les hommes bien exercés à la course, comme les coureurs de profession, peuvent égaler en vitesse les chevaux les plus agiles. Les sauvages atteignent à la course le gibier, comme le lièvre et le chevreuil, dont ils se nourrissent.

Le *saut* n'est qu'une extension subite et comme convulsive des membres inférieurs. Il est vertical ou horizontal : dans le saut vertical, le corps s'élève par un mouvement subit d'ascension, tandis que dans l'horizontal il franchit un espace plus ou moins étendu en décrivant une espèce de courbe parabolique. « Eustache et Tzetzes assurent, au rapport du *Dictionnaire des sciences médicales*, qu'un homme fit un saut horizontal de cinquante-six pieds d'étendue. Cela paraît un peu fort. *Credat Judæus Apella, non ego.* S'il entrait dans notre sujet de parler de la physiologie comparée, nous mentionnerions les sauts prodigieux des animaux sauteurs, comme, par exemple, du lièvre, de l'écureuil, etc., quadrupèdes dont les extrémités postérieures sont très-longues comparativement au train antérieur. Il en est à peu près de même dans certains insectes, comme les sauterelles et les puces, chez lesquelles il existe une énorme disproportion entre le train postérieur et le reste du corps. C'est par le déploiement et l'extension subits de leurs extrémités postérieures que ces animaux exécutent ces immenses sauts, comme on le voit surtout dans les sauterelles et les puces. La hauteur à laquelle s'élèvent les sauterelles en sautant est, suivant Swammerdam, à la longueur de leur corps comme 200 est à un. Nous parlerions encore, d'après Barthez, du merveilleux saut de la puce (les Arabes appellent la puce le père du saut), sur lequel un savant physicien, Roberval, n'a pas dédaigné de composer un livre, ou du moins une dissertation intitulée : *De saltu pulicis* ; c'est le cas de dire, avec Richerand : *in tenui labor*. Mais en voilà bien assez sur ce point. Passons du saut à la nage.

La *natation* ou la *nage* est la locomotion dans l'eau. Ce mode de progression, dans le milieu du liquide, n'est point naturel à l'homme comme il l'est aux animaux ; il est le fruit de l'étude et de l'art. Le corps qui plonge dans l'eau déplace une masse de liquide proportionnée à son volume ; si sa pesanteur spécifique surpasse celle du volume d'eau déplacé ou refoulé, le corps se précipite ; s'il est moindre, il surnage nécessairement comme un corps spongieux, de liége, par exemple. Ainsi, d'après cela, les personnes les plus grasses, en quelque sorte *spongieuses*, dont la pesanteur spécifique est réellement moindre que celle des individus qui sont dépourvus d'embonpoint, ont beaucoup plus de facilité à se tenir à la surface de l'eau. Si l'embonpoint est très-considérable, il n'y aura presque pas de différence entre le poids du corps et la masse d'eau qu'il déplace. Thevenot rapporte avoir vu à Naples un individu si surchargé de graisse qu'il pouvait se promener dans la mer sans se mouiller plus haut que la ceinture, bien qu'il fît de vains efforts pour enfoncer. Ainsi, plus on est gras, plus on est apte à la natation, ou du moins à se tenir sur l'eau et à surnager.

Mécanisme de la natation. — Dans le nager ordinaire, la tête est constamment au-dessus de l'eau, et ce sont les efforts nécessaires pour soutenir la tête, spécifiquement très-pesante, qui rendent cet exercice si pénible et si laborieux ; aussi le nageur se place sur le dos quand il veut se reposer, parce qu'alors sa tête s'appuie sur l'eau, et il ne tient hors de l'eau précisément que la figure, c'est-à-dire la bouche, le nez et les yeux, pour voir et surtout pour respirer. Enfin voyez comment nagent les batraciens (les grenouilles), et vous aurez une idée parfaite du mécanisme de la natation humaine. Les mouvements simultanés des bras et des jambes déterminent la progression du corps ; les extrémités supérieures, rapprochées, se portent au-devant du tronc pour rompre le fil de l'eau ou le courant, puis, par des mouvements de flexion et d'extension, refoulent le liquide sur les côtés et en arrière, tandis que les membres inférieurs exercent les mêmes mouvements de flexion et d'extension, et impriment à la masse liquide un mouvement rétropulsif plus fort et plus étendu, en prenant leur point d'appui sur l'eau. Il serait superflu de chercher à prouver la grande utilité de la natation ; les anciens en faisaient une partie essentielle de l'éducation physique de la jeunesse. Les Romains attachaient une telle importance à cet exercice, qu'ils disaient d'un homme ignorant : *il ne sait ni lire ni nager*. Nous ne parlons pas ici des plongeurs, c'est-à-dire des nageurs qui se précipitent au fond de l'eau ou de la mer et y demeurent plus ou moins longtemps. Il n'est guère possible de rester sous l'eau plus de deux minutes sans être asphyxié. Cependant on cite des faits où des plongeurs y sont restés au moins un quart d'heure et même une demi-heure ; peut-être, dans ces cas excessivement rares, ces plongeurs avaient conservé leur trou de Botal imparfaitement fermé, ce qui constituerait un état particulier du cœur qui permet de vivre presque sans respirer : nous en parlerons ailleurs. On sait qu'à l'aide de la cloche du plongeur on peut rester longtemps sous l'eau sans aucun danger. On rapporte qu'Halley, avec une cloche qu'il avait modifiée, descendait dans l'eau à huit à dix brasses de profondeur, et y restait une heure et demie sans éprouver la moindre incommodité.

La *reptation*, qui a quelque analogie avec la nage, est un mode de progression sur un plan horizontal, dans lequel l'homme couché sur le ventre se traîne sur le sol à l'aide des mains et surtout des bras, qu'il porte en avant afin de fournir un point d'appui aux muscles pectoraux qui entraînent le corps dans cette direction. On peut assimiler à la reptation l'action de *grimper*, ou la progression sur un plan vertical, comme par exemple sur un arbre, etc.

§ II

Des mouvements partiels des membres supérieurs et du geste.

Les premiers de ces mouvements partiels s'exécutent particulièrement dans l'action de prendre ou de saisir, de pousser, de presser, de tirer, de rompre, de soulever, etc. etc. La main est l'admirable instrument de ces diverses opérations mécaniques.

« La main, dit M. le docteur Blaud, est merveilleusement organisée pour la préhension des corps : la mobilité de son articulation avec le radius, le mouvement de rotation que ce dernier exerce sur le cubitus, ceux des os du carpe les uns sur les autres, le nombre des phalanges, leur mobilité, la faculté que possède le pouce de pouvoir être opposé à tous les autres doigts, font de cette partie du membre thoracique un instrument précieux qui favorise singulièrement le développement des produits de l'intelligence humaine. Aussi est-ce de sa structure que dépendent toutes les professions diverses, et par conséquent l'existence du corps social ; non point, comme on l'a dit, qu'elle en soit la source première et que l'homme lui doive son entendement, mais uniquement parce qu'elle est un instrument de son intelligence, un moyen de manifestation des idées qu'il a conçues et que sans elle il ne pourrait représenter. » Il serait aussi inutile que fastidieux d'insister sur l'action mécanique de ces divers mouvements partiels. D'après tout ce qu'on a dit jusqu'à présent, on doit suffisamment comprendre que ce sont toujours des mouvements de flexion ou d'extension des muscles thoraciques. Passons donc au geste.

Le *geste* est un puissant moyen d'expression intellectuelle, morale et affective, c'est le langage d'action. Il est l'expression des actions, comme la parole est l'expression de la pensée. Le geste proprement dit, ou le geste volontaire, n'existe que chez l'homme ou l'être pensant; les animaux, qui sont privés de la pensée, n'ont donc point le geste, mais seulement des mouvements instinctifs qui expriment leurs besoins ou leurs appétits. Des enfants abandonnés dans les bois, ou des sourds-muets sans aucune communication avec des hommes parlants ou usant du geste, ne feraient jamais de gestes significatifs. L'aveugle, quoique doué de la parole, est privé du geste, qui, comme a dit Buisson, est *la parole des yeux*. « L'aveugle, ajoute cet auteur, ne peut faire le *geste* le plus simple; il demeure immobile en exprimant par la voix les sentiments les plus vifs, les images les plus riantes. Quiconque a assisté aux exercices publics des aveugles de l'institution des Quinze-Vingts de Paris, a pu faire cette remarque : plusieurs d'entre eux récitent des morceaux d'éloquence, de poésie, exécutent des concerts vocaux; leur voix, parfaitement adaptée aux paroles dans tous les cas, pleine de sentiment et de feu, forme le contraste le plus singulier avec l'*inaction* absolue de tout le corps. Qu'on les écoute sans les regarder, on se représentera des orateurs fortement émus qui s'agitent avec violence, des déclamateurs emportés qui ne peuvent contenir leurs mouvements, des musiciens vifs et impatients dont tout le corps est en harmonie avec la voix. Qu'on les regarde, et on ne pourra se défendre d'une extrême surprise, lorsqu'au lieu de ce qu'on s'attendait on verra des hommes droits, immobiles, les bras croisés, semblables à des automates chantants ou déclamants. »

Quant au sourd-muet, il n'a d'autre moyen d'exprimer sa pensée ou de saisir celle d'autrui que le geste; c'est là toute sa parole, et on sait combien chez lui ce langage mimique est vif et expressif. On a dit avec raison qu'il est tout *mouvement* et tout *yeux*.

Terminons ce paragraphe par un mot sur le *geste facial*. La figure, comme dit Cicéron, est le langage tacite et muet de l'âme. On connaît la vérité de cette espèce de proverbe : *Cor hominis mutat faciem ejus.* « Lorsque l'âme est agitée, dit Buffon, la face humaine devient le tableau vivant où les passions sont rendues avec autant de délicatesse que d'énergie, où chaque mouvement de l'âme est exprimé par un trait, chaque acte par un caractère dont l'expression vive et prompte devance la volonté et rend compte au dehors, par des signes pathétiques, de nos sincères agitations. »

SECONDE PARTIE

DE LA VIE DE NUTRITION

Digestion. — Absorption. — Circulation. — Respiration et calorification. Sécrétions. — Nutrition.

CHAPITRE I

DE LA DIGESTION

APPAREIL DIGESTIF, APPÉTIT, FAIM ET SOIF, PRÉHENSION, MASTICATION, INSALIVATION ET DÉGLUTITION, CHYMIFICATION, CHYLIFICATION, STERCORIFICATION ET DÉFÉCATION.

§ 1

Considérations préliminaires.

La digestion est une fonction par laquelle des substances alimentaires, introduites dans les cavités du système digestif, y subissent un changement ou une altération particulière, en vertu de laquelle elles se partagent en deux parties, l'une qui sert au développement et à l'entretien du corps, et l'autre qui doit être rejetée au dehors comme inutile et nuisible. Différents actes particuliers concourent successivement à cette grande et importante fonction, comme la préhension des aliments, la mastication, l'insalivation, la déglutition, la chymification, la chylification, la stercorification et la défécation ou l'excrétion des matières fécales.

Présentons avant tout un court aperçu sur le système digestif.

Appareil ou tube digestif. — Il s'étend de la bouche à l'anus, et se compose : 1º de la bouche, du pharynx et de l'œsophage, qui sont les organes de la mastication et de la déglutition ; 2º de l'estomac, des intestins grêles et des gros intestins, c'est-à-dire des organes de la chymification, de la chylification, de la stercorification et de la défécation ou l'excrétion des matières fécales. Le *pharynx* ou l'arrière-bouche est une espèce de canal musculo-membraneux situé derrière la bouche et le larynx, devant la colonne vertébrale et au-dessus de l'œsophage, dont il forme l'ouverture et le commencement ; c'est le principal organe de la déglutition. L'*œsophage* est la continuation du pharynx ; c'est un canal musculo-membraneux qui conduit les aliments dans l'estomac. Ce viscère musculo-membraneux (l'estomac) est, comme tout le monde le sait, le principal organe de la digestion. Il est situé dans la région épigastrique, c'est-à-dire à la partie supérieure moyenne et gauche du ventre, entre le foie et la rate et au-dessous de la cloison musculeuse qui sépare le ventre d'avec la poitrine et qu'on appelle *diaphragme*. L'estomac a la forme d'un cône allongé et courbé, offre deux orifices, un gauche appelé *cardia*, qui communique avec l'œsophage, et l'autre droit, connu sous le nom de *pylore*, qui continue avec le *duodénum* ou le premier des intestins grêles. Au duodénum fait suite le second intestin grêle appelé le *jéjunum*, et celui-ci se prolonge sous le nom d'*iléon*. Ces trois portions, le *duodénum*, le *jéjunum* et l'*iléon* ne forment proprement qu'un seul intestin qu'on appelle simplement l'*intestin grêle*, qui fait à peu près les quatre cinquièmes de la longueur totale du canal intestinal. Son extrémité inférieure, ou la fin de l'iléon, s'abouche avec la partie supérieure du gros intestin. Ce dernier commence dans la région iliaque droite, c'est-à-dire à la partie inférieure et droite du ventre, monte jusqu'au haut de l'abdomen, traverse sa partie supérieure pour gagner le flanc gauche, descend vers la région iliaque gauche, et se prolonge enfin dans l'excavation du bassin pour se terminer à l'*anus*. On a également divisé ce gros intestin en trois portions, qui sont : le *cœcum*, le *colon* et le *rectum*. Le cœcum est situé à la partie inférieure droite de l'abdomen ; il présente au point de sa réunion avec la fin de l'intestin grêle, ou l'iléon, une valvule appelée *iléocœcale*. Cette valvule est destinée à s'opposer au retour des matières excrémentitielles dans l'intestin grêle. Les lavements ne dépassent pas non plus ordinairement cette espèce de barrière ; cependant elle peut être forcée dans quelques cas de maladies fort graves, dans lesquelles des matières stercorales sont rendues par le vomissement. Le colon forme la deuxième partie du gros intestin. Il monte du cœcum, dont il est la continuation, jusqu'au-dessous du foie ; de là il s'étend à gauche en traversant la partie supérieure de la cavité abdominale, et descend jusqu'à l'excavation du bassin. Entré dans cette cavité, il se place devant le sacrum, prend le nom de rectum, et s'ouvre à l'extérieur par un orifice appelé l'*anus*. On voit, d'après cela, que le gros intestin circonscrit et encadre en quelque sorte la vaste masse de l'intestin grêle, qui est fixé au tronc par une espèce de ligament formé par une duplicature du péritoine : c'est par cette duplicature, appelée *mésentère*, que les vaisseaux et les nerfs pénètrent dans les intestins.

La longueur du canal intestinal est d'environ six fois celle de tout le corps, dans un homme adulte. Elle est encore proportionnellement plus considérable chez les enfants, en raison de la plus grande activité digestive chez ces derniers, nécessitée par l'impérieux besoin de l'accroissement du corps.

§ II

Appétit, faim et soif.

Nous ne parlerons pas ici des aliments et des boissons: ils trouveront naturellement leur place dans le code abrégé d'hygiène, qui fera suite à la physiologie.

L'*appétit* ou l'*appétition* est un désir de prendre des aliments solides; c'est le premier degré de la faim. La *faim* est un sentiment viscéral, instinctif, ou un besoin impérieux qui nous impulsionne puissamment à prendre des aliments solides, tandis que l'appétence non moins vive des liquides aqueux constitue ce qu'on appelle la *soif*. Le sentiment irréfrénable de la faim est une sensation ou un état purement nerveux de l'estomac. Les effets d'une abstinence excessivement prolongée sont terribles, et se terminent par la fureur, la rage et le désespoir. On meurt de faim d'autant plus promptement qu'on est plus robuste et plus jeune. On connaît le tragique épisode du comte Ugolin, dont le Dante nous a tracé l'épouvantable tableau. Ce père infortuné, condamné à mourir de faim et renfermé avec ses quatre fils dans un ténébreux cachot, périt le dernier, au huitième jour, après avoir vu mourir tous ses enfants dans les convulsions de la rage et du désespoir. On se rappelle l'horrible et presque incroyable histoire anthropophagique du naufrage de la *Méduse*. Le seul souvenir de ce sinistre inouï fait frémir la nature.

Nous ne pouvons reproduire ici tous les exemples de

longue abstinence que rapportent les physiologistes et particulièrement le grand Haller. Nous nous bornerons aux suivants : les *Mémoires de la Société d'Édimbourg* rapportent l'histoire d'une femme qui vécut cinquante ans avec du petit lait seulement.

En 1684 un fou qui croyait être le Messie, voulant surpasser le jeûne miraculeux de Jésus-Christ, s'abstint pendant soixante-onze jours de tout aliment; il ne but pas même d'eau; il ne fit que fumer et se laver la bouche. Pendant cette longue abstinence sa santé ne sembla éprouver aucune altération; il ne rendit aucun excrément. Vanderviel, qui rapporte ce fait, cite celui d'un potier de terre de Londres, qui dormit quinze jours de suite sans avoir été affaibli par le défaut de nourriture. Il lui semblait n'avoir dormi qu'une nuit. (*Dictionnaire des sciences médicales.*) — Les mémoires de l'Académie des sciences, de l'année 1761, contiennent l'histoire d'une fille âgée de dix ans et demi, qui fut quatre ans sans pouvoir prendre autre chose que de l'eau. — Le docteur Mackensie parle d'une fille épileptique, âgée de trente-trois ans, qui était toujours couchée et réduite à une sorte de vie végétative. Pendant quatre ans on ne lui a rien vu prendre qu'une cuillerée d'eau médicamenteuse et une pinte d'eau simple. Pendant trois ans, il n'y a eu chez cette fille aucune évacuation par les selles ni par les urines : la transpiration était aussi presque nulle. — Le docteur Moreau rapporte qu'une paysanne du Mont-Sion fut quatre mois sans prendre aucune nourriture, ni solide ni liquide. — Le célèbre physiologiste Haller cite un grand nombre d'exemples de ces longues abstinences, et entre autres celui d'une fille de onze ans qui a passé trois ans entiers sans prendre aucune espèce de nourriture. — Nous-même nous avons vu un homme de la classe ouvrière qui demeurait quelquefois huit, quinze et jusqu'à dix-huit jours sans prendre aucune espèce de nourriture ni boisson, sauf quelques gouttes d'eau ; mais encore fort rarement. Ce qu'il y eut de très-remarquable chez cet individu, c'est que, lorsque sa crise, qui le rendait immobile, était passée, il se levait, allait déjeuner ou dîner avec ses camarades et travailler aussitôt après avec eux. Tous ces faits ne sont autre chose qu'une aberration de la nutrition, ou plutôt une suspension des fonctions assimilatrices ou nutritives. Il y a un arrêt temporaire de la vie organique ou plutôt des mouvements de composition et de décomposition. Aussi il n'y a le plus souvent presque aucune sécrétion ni excrétion. Ces faits sont certains et ont été authentiquement constatés.

L'appétit peut subir de grandes viciations et présenter les plus étranges aberrations. On voit souvent des filles chlorotiques manger avec avidité des substances inassimilables, comme des cendres, du charbon, du mortier, du plâtre, de la terre ; d'autres avalent avec délices des insectes dégoûtants, des araignées, etc. ; on a vu même des individus manger jusqu'à des excréments. On cite quelques filles qui avaient une telle dépravation d'appétit ou une telle manie d'ingérer des substances inalibiles, qu'elles avalaient en cachette toutes les épingles et les aiguilles qu'elles pouvaient trouver ; et, chose singulière, ces épingles au bout d'un temps plus ou moins long se portaient vers la surface du corps et des membres, et en sortaient par la suppuration ou à la faveur d'une légère incision.

On a vu la faim dégénérer en une sorte de rage, une fureur dévorante ou une déplorable polyphagie. Un nommé Bijou, garçon de la ménagerie du jardin des Plantes, d'une voracité peu commune, est mort d'indigestion pour avoir avalé un pain chaud de plus de quatre kilogrammes ; on l'avait déjà vu dévorer un lion mort de maladie à la ménagerie de Paris. Cet individu et tous les polyphages dont l'histoire nous a transmis les tours de force de gloutonnerie sont effacés par le fameux polyphage Tarrare, que tout Paris a connu, et qui mourut à Versailles il y a cinquante et quelques années, âgé de vingt-six ans. Voici, sur ce dernier, un extrait du mémoire sur la polyphagie, par l'illustre Percy, ex-chirurgien en chef des armées sous l'empire. « Au commencement de la guerre, Tarrare entra dans un bataillon; il servait tous les jeunes gens aisés de la compagnie, faisait leurs corvées et mangeait les rations qu'ils lui abandonnaient. Néanmoins la faim le gagna, il tomba malade et fut conduit à l'hôpital militaire de Soultz. Le jour de son entrée il reçut une quadruple ration, il dévora les aliments refusés par les autres malades, les restes de la cuisine; mais sa faim ne put s'apaiser. Il s'introduisait dans la chambre des appareils, dans la pharmacie, y mangeait les cataplasmes et tout ce dont il pouvait se saisir. « Qu'on imagine, dit Percy, tout ce « que les animaux domestiques et sauvages les plus im- « mondes et les plus avides sont capables de dévorer, et « l'on aura l'idée des goûts ainsi que des besoins de Tar- « rare. » Il dévorait les chiens et les chats. Un jour, en présence du médecin en chef de l'armée, le docteur Lorenze, il saisit par le cou et les pattes un gros chat vivant, lui déchira le ventre avec les dents, suça le sang et le dévora, n'en laissant que le squelette décharné; une demi-heure après il rejeta les poils du chat, comme font les oiseaux de proie et les animaux carnivores. Tarrare aimait la chair du serpent, il le maniait familièrement et mangeait vivantes les plus grosses couleuvres sans en rien laisser; il avala une grosse anguille vivante sans la mâcher, mais on crut s'apercevoir qu'il en écrasait la tête. Il mangea en peu d'instants le dîner préparé pour quinze ouvriers allemands; ce repas était composé de quatre jattes de lait caillé et deux énormes plats de ces masses de pâtes qu'on fait cuire en Allemagne dans de l'eau, du sel et de la graisse. Après ce repas si copieux le ventre du polyphage, habituellement flasque et ridé, se tendit comme un ballon; il alla dormir jusqu'au lendemain et ne fut point incommodé. M. Courville, chirurgien-major de l'hôpital où se trouvait Tarrare, lui fit avaler un gros étui de bois renfermant une feuille de papier blanc : il le rendit le jour suivant par l'anus, et le papier fut trouvé intact. Le général en chef le fit venir, et, après avoir englouti en sa présence près de trente livres de foie et de poumons crus, Tarrare avala de nouveau l'étui dans lequel il y avait une lettre pour un officier français, prisonnier chez l'ennemi. Tarrare partit, fut pris, bâtonné, emprisonné, rendit l'étui qu'il avait gardé trente heures, et eut l'adresse de l'avaler de nouveau pour en dérober le contenu à l'ennemi. On essaya, pour le guérir de cette faim insatiable, l'usage des acides, des préparations d'opium; on lui fit prendre des pilules de tabac; rien ne put diminuer son appétit et sa gloutonnerie. Il allait dans les boucheries et dans les lieux écartés disputer aux chiens et aux loups les plus dégoûtantes pâtures. Des infirmiers l'avaient surpris buvant le sang des malades qu'on venait de saigner, et dans la salle des morts dévorer des cadavres. Un enfant de quatorze mois disparut tout à coup; d'affreux soupçons planaient sur Tarrare : on le chassa de l'hôpital. Percy le perdit de vue pendant quatre ans; au bout de ce temps il vit Tarrare à l'hôpital civil de Versailles, où une tabidité, fruit de son horrible voracité, devait bientôt le faire périr. Cette maladie avait fait cesser l'appétit glouton du polyphage. Il mourut enfin dans un état de consomption, et fatigué d'une diarrhée purulente et infecte qui annonçait une suppuration générale des viscères de l'abdomen. Son corps, aussitôt qu'il fut mort, devint la proie d'une horrible corruption. » (*Dictionnaire des sciences médicales*.)

La *soif* est une appétence et même un besoin vif et impérieux des boissons aqueuses; c'est un résultat inévitable de la diminution plus ou moins notable de la sérosité du sang, jointe à la sécheresse de la muqueuse pharyngienne ou de la gorge. La soif est encore plus impérieuse et plus intolérable que la faim elle-même. Toute déperdition séreuse, comme les sueurs, les sécrétions aqueuses dans l'hydropisie ou les urines chez les diabétiques, en dépouillant le sang de son eau et en rapprochant par là ses principes salins, détermine nécessairement une soif plus ou moins vive. La *polydipsie* ou la soif excessive est également l'effet nécessaire de la privation absolue des boissons aqueuses. « Des matelots anglais, dit Richerand, retenus par un calme, avaient épuisé toute leur provision d'eau douce; ils étaient loin de la terre : depuis longtemps aucune goutte de pluie n'avait rafraîchi l'atmosphère. Après avoir enduré pendant quelques jours le tourment de la soif, encore augmenté par l'usage des salaisons, ils se résolurent à boire leur urine. Quoique peu agréable, cette liqueur les désaltérait; mais au bout de quelques jours elle devint si épaisse et contracta un tel degré d'âcreté qu'ils ne purent en avaler une seule gorgée. Désespérés, ils s'attendaient à une fin prochaine, lorsque la rencontre d'un navire leur rendit l'espoir et la vie. » L'amiral Anson parvint à soulager ses matelots en proie aux horreurs de la soif, au milieu de l'océan Pacifique, en faisant sans cesse humecter leurs vêtements avec l'eau de la mer, de manière à tenir son équipage constamment et complétement mouillé jusqu'à la peau. On sait assez que souvent l'usage d'un bain domestique fait passer le tourment de la soif dans les circonstances graves qui interdisent ou empêchent l'ingestion de toute boisson. On obtient le même résultat par l'injection des liquides aqueux dans les veines. Le professeur Orfila, au rapport du docteur Rullier, ayant été obligé de lier l'œsophage à une multitude de chiens, afin de prévenir l'expulsion des poisons qu'il leur avait fait avaler, a été conduit, pour apaiser la soif qu'ils enduraient, et que suscitait la fièvre produite par la plaie assez grande de leur cou, à leur injecter de l'eau dans le sang au moyen d'une incision pratiquée à l'une des veines jugulaires. Ce moyen d'étancher la soif, qui était le seul que permettait la constriction de l'œsophage, fut employé un grand nombre de fois, et réussit constamment à désaltérer, pour ainsi dire, sur-le-champ, les divers animaux sur lesquels il fut mis en usage. M. Orfila a constaté d'ailleurs, par des expériences faites à l'école d'Alfort, au moyen de la distillation du sang d'animaux auxquels on avait fait endurer la soif depuis un temps plus ou moins long, que la diminution de la partie séreuse de ce fluide était constamment en rapport avec la longueur de l'abstinence des boissons à laquelle les animaux avaient été soumis.

Lorsqu'on voyage pendant les grandes chaleurs, on trompe et on pallie facilement et utilement la soif à l'aide de tant soit peu d'alcool ou d'eau-de-vie pure ou mêlée avec un peu d'eau. Le célèbre Larrey, dans la campagne d'Égypte, a retiré de très-bons effets d'un mélange d'eau et d'une très-petite quantité d'éther. Ces divers stimulants alcooliques humectent la bouche et la gorge en excitant les sécrétions salivaire et buccale. Ces rafraîchissants indirects n'exposent jamais à aucun inconvénient, et sont infiniment préférables à ces larges et brusques ingurgitations d'eau frappée de glace, dont on connaît tout le danger.

§ III

La préhension, la mastication, l'insalivation et la déglutition.

L'homme porte les aliments à sa bouche avec ses mains, tandis que dans le plus grand nombre d'animaux c'est la bouche elle-même qui va les chercher. Déposés dans la cavité buccale, les aliments y sont coupés et divisés par les dents *incisives*, déchirés par les *laniaires* ou les *canines*, et broyés, triturés et moulus par les *molaires*. Les substances alimentaires, soumises à l'action des organes masticateurs ou des arcades dentaires, sont en même temps pénétrées par la salive; cette liqueur claire, inodore, visqueuse, légèrement alcaline, et tenant en dissolution différents sels, est sécrétée par les glandes salivaires, appelées *parotides* (c'est-à-dire près de l'oreille), *sous-maxillaires* et *sublinguales*; elle coule abondamment dans la bouche et surtout pendant l'acte de la mastication. Mêlée aux mucosités buccales et linguales, la salive forme avec la masse alimentaire une sorte de pâte molle plus ou moins homogène. Cette opération préliminaire, qu'on appelle *insalivation*, est un acte préparatoire fort important pour la digestion. On sait assez combien les grandes déperditions de salive peuvent devenir fâcheuses, en troublant notablement les fonctions digestives. Les personnes qui rejettent continuellement leur salive ont généralement l'estomac débile, sont cachectiques, pâles, sans appétit. Les grands cracheurs, dit Hippocrate, sont mélancoliques ou le deviendront; les grands fumeurs aussi perdent l'appétit, digèrent mal, maigrissent, s'affaissent et s'épuisent plus ou moins, en raison d'abord de la perte du fluide salivaire, et, en second lieu, à cause de leurs mauvaises digestions, occasionnées par l'insalivation imparfaite de la pâte alimentaire. Ainsi une exacte mastication et une parfaite insalivation sont les deux conditions de la bonne digestion.

Déglutition. — C'est l'action par laquelle les aliments, convenablement mâchés et pénétrés du liquide salivaire et buccal, franchissent le pharynx et l'œsophage, et sont portés dans l'estomac. Cet acte ne s'exécute qu'à l'aide d'un mécanisme très-compliqué, et exige le concours d'un grand nombre de muscles qui entrent dans la composition du pharynx, et qu'il est inutile d'énumérer ici. Il suffit à notre objet de dire que le bol alimentaire, amené à la face supérieure de la langue et pressé entre celle-ci et la voûte palatine, glisse d'avant en arrière sur un plan incliné : après avoir été touché par la luette (petit appendice ou prolongement charnu qui pend au milieu du voile du palais) et en avoir obtenu son *laissez-passer,* le bol alimentaire franchit l'isthme du gosier et se trouve à l'entrée de l'œsophage. Dans ce rapide passage il a évité l'ouverture du larynx, parce que celui-ci, par son mouvement d'ascension, s'est abrité sous l'épiglotte, laquelle, en s'abaissant, ferme hermétiquement l'ouverture du larynx. D'ailleurs la glotte elle-même se ferme au moment du passage du bol alimentaire, et empêche par là l'entrée des aliments solides et liquides dans les voies aériennes : et si par accident quelques parcelles d'aliments s'introduisent dans le larynx, ce qui arrive quand nous voulons parler ou rire en avalant, alors une toux convulsive se manifeste et expulse le corps étranger. D'un autre côté, le voile du palais s'applique exactement aux narines postérieures, et empêche les aliments de s'y introduire et de ressortir par le nez, accident qui arrive aussi quelquefois quand l'obturation faite par le voile du palais est incomplète ou empêchée par un mouvement convulsif extraordinaire quelconque, ou lorsque, pendant l'acte de la déglutition, nous voulons rire ou parler. On a prétendu dans ces derniers temps que l'épiglotte est inutile dans le mécanisme de la déglutition, vu que des chiens auxquels on l'a retranchée ont continué d'avaler sans inconvénient, et que d'ailleurs les oiseaux sont privés d'épiglotte. Mais la parité est-elle ici bien parfaite ? Au reste, autant vaudrait soutenir, comme dit Richerand, que les jambes sont inutiles pour la progression, parce que les individus chez lesquels on en a fait l'amputation peuvent encore marcher sur les genoux. Quant à la déglutition des liquides, elle est beaucoup plus difficile que celle des substances solides, comme on le voit manifestement dans les angines intenses, où il est presque impossible aux malades d'avaler aucune boisson, bien qu'ils puissent avaler encore des aliments solides. Lorsque le bol alimentaire est arrivé à la partie supérieure de l'œsophage, il est poussé par les contractions de ce canal musculo-membraneux jusque dans l'estomac. Ce passage des aliments dans le ventricule n'est point l'effet passif de leur propre poids, comme dans un tube inerte : il s'opère par la contraction péristaltique de l'œsophage, comme le prouvent évidemment les bateleurs qui mangent et boivent en tenant la tête en bas et les pieds en l'air.

§ IV

La chymification.

Dès que les aliments sont arrivés dans l'estomac, les deux orifices de ce viscère se ferment exactement, et la masse alimentaire, imprégnée de salive et des sucs lubrifiants du pharynx et de l'œsophage, subit le changement connu sous le nom de *chymification*, c'est-à-dire qu'elle est réduite en une substance grisâtre, homogène, pultacée, visqueuse, d'une saveur fade, douceâtre et légèrement acide : c'est ce qu'on appelle le *chyme*. Cette conversion des aliments en chyme s'opère, comme tous les actes de la vie, sous l'influence nerveuse, c'est-à-dire, dans l'espèce, sous l'influence des nerfs pneumo-gastriques et du grand sympathique, par un mouvement de *péristole* ou de *circumpression* de l'estomac, et par l'action puissamment dissolvante du suc gastrique. Cette action combinée est une espèce d'opération mécanico-chimique, ou plutôt une action vitale de la chimie animale, dont la nature mystérieuse nous échappe complétement, comme dans mille autres cas de l'économie physiologique. Les anciens considéraient le travail ou l'élaboration digestive comme une *coction*, une *fermentation*, une *macération*, une *dissolution*, etc., suivant les idées dominantes du temps; nous ne devons pas nous y arrêter. La masse chymeuse, à mesure qu'elle est convenablement élaborée et fluidifiée, se présente au pylore, ou l'orifice inférieur droit de l'estomac, par lequel elle entre dans le *duodénum*. Le pylore, qui veut dire en grec *portier*, est un anneau musculaire garni d'une espèce de valvule, qu'il ouvre aux substances alimentaires qui sont convenablement chymifiées, et que, fidèle à sa consigne, il ferme à toute matière trop brute, trop mal élaborée, ou qui n'offre pas toutes les conditions exigées pour le passage; et, ce qui est fort remarquable, c'est que le pylore, en sentinelle vigilante et presque intelligente, ne laisse pas passer les aliments dans l'ordre suivant lequel ils sont entrés dans l'estomac, mais dans celui de leur digestibilité ou leur degré de chymification. Il est des cas pourtant dans lesquels la vigilance du pylore est trompée ou sa force vaincue; car il lutte en vain contre les substances métalliques tout à fait réfractaires à l'action digestive. C'est ainsi qu'on voit des pièces de monnaie qui, à force de tenter le passage, finissent par être entraînées au milieu de la pâte chymeuse. Il est inutile de faire observer que tout ce mécanisme du pylore s'opère en vertu des lois de la sensibilité organique.

Pendant la chymification, ou l'acte important de la digestion stomacale, de légers frissons circulent dans les membres et dans le dos : c'est presque une espèce de petite fébricule; le pouls s'accélère; c'est ce qu'on appelle vulgairement le frisson digestif. Il est l'effet de la concentration des forces vitales sur le système digestif, devenu le siège d'un travail de la plus haute importance pour l'économie. L'estomac est devenu un centre de fluxion et un foyer d'innervation qui enchaîne momentanément le reste de l'organisme et surtout les fonctions cérébrales. Cette centralisation, déterminée par la présence des aliments dans la cavité gastrique, s'opère d'après ce principe de physiologie : *Ubi stimulus, ibi fluxus*. Il faut laisser la nature tout entière appliquée à son œuvre ou à l'élaboration digestive, car on ne peut bien remplir en même temps deux fonctions importantes sans préjudicier à l'une des deux : on ne peut, par exemple, à la fois bien digérer et bien penser; de là le danger pour la santé de se livrer aux travaux de l'esprit immédiatement après le repas, ou la stérilité de cette intempestive et fatigante application.

Deux mots en passant sur le mécanisme du vomissement, etc.

Le vomissement est l'expulsion par la bouche des matières contenues dans l'estomac. Cette évacuation est à la fois déterminée par le mouvement antipéristaltique ou rétrocessif de l'estomac, c'est-à-dire du pylore au cardia, et la contraction ou la pression des muscles abdominaux exercée sur le ventricule. C'est un des points qui a été le plus controversé par les physiologistes. Depuis plus d'un siècle et demi les uns ont attribué le vomissement exclusivement à la contraction ou au mouvement antipéristaltique de l'estomac; d'autres l'ont fait dépendre de l'action seule des muscles abdominaux et du diaphragme; quelques-uns, avec plus de raison peut-être, ont admis la puissance combinée de l'estomac et des parois abdominales. Cependant un célèbre physiologiste de nos jours, M. Magendie, prétend avoir prouvé, par une expérience qui paraît sans réplique, que le vomissement est uniquement produit par l'action des muscles abdominaux, et que l'estomac n'est pour rien dans cet acte, ou qu'il n'y joue que le rôle d'un réservoir purement passif ou inerte. Voici un résumé de cette fameuse expérience pris dans la *Physiologie* de Richerand : « Pour prouver qu'on peut vomir sans le secours de l'estomac, M. Magendie, après s'être assuré qu'un animal auquel on a extirpé ce viscère et injecté de l'émétique dans les veines éprouve cependant des nausées et des efforts de vomissement, substitue à l'estomac une vessie de cochon modérément pleine d'eau tiède, fait la suture des parois abdominales, injecte la solution d'émétique dans une veine, et voit les contractions du diaphragme et des muscles abdominaux vider avec secousse cet estomac postiche. Pour démontrer ensuite qu'on ne pouvait vomir sans le secours de ces muscles, il paralysa le diaphragme par la ligature des nerfs diaphragmatiques : alors le vomissement est faible. Sur un autre chien il enlève la ceinture musculaire de l'abdomen, en laissant le péritoine intact, ainsi que la ligne blanche : l'estomac, vu au travers du péritoine, paraît immobile pendant les contractions du diaphragme, qui ne le vident qu'incomplétement. Le vomissement devient impossible si, sur le même animal, on paralyse le diaphragme par la ligature de ses nerfs, et on enlève les muscles abdominaux. » L'on peut conclure de cette expérience extraordinaire que les parois abdominales sont le principal agent du vomissement, et que, si l'estomac y contribue par sa contraction antipéristaltique, ce ne peut être qu'à un très-faible degré.

Il est certain que la bile reflue souvent du duodénum dans l'estomac, puisque fréquemment elle est rendue par le vomissement, et il est très-probable que les efforts et les secousses du vomissement la font passer dans la cavité de l'estomac. L'*éructation* est la sortie bruyante de gaz provenant de l'estomac et s'échappant par la bouche ; ils viennent de l'air avalé, ou se dégagent des substances alimentaires elles-mêmes. Le *rapport* se distingue de l'éructation en ce qu'il est ordinairement accompagné d'un peu de liquide, d'une saveur âcre et brûlante ou très-acide. Il y aura ce qu'on appelle *régurgitation* lorsque les matières alimentaires remontent par petites gorgées jusque dans la bouche. Si la régurgitation est suivie d'une seconde mastication des matières alimentaires remontées et d'une nouvelle déglutition, on observe alors le phénomène connu, en physiologie comparée, sous le nom de *rumination*. Cette fonction est propre aux animaux à estomacs multiples, comme le bœuf, le mouton, etc. Dans l'homme c'est un état anormal, morbide ou pathologique, et on l'appelle *mérycisme*.

§ V

La chylification.

Poursuivons le grand et mystérieux travail de la digestion. Tout n'est pas terminé ou plutôt tout recommence sur un nouveau théâtre, tout se parachève et se perfec-

tionne dans un autre laboratoire ou un autre atelier vital.
Nous y verrons de nouveaux agents nous fournir des produits nouveaux. C'est le chyle qui, dans le *duodénum* ou la première partie de l'intestin grêle, est formé et séparé du chyme par l'action dissolvante du suc pancréatique et de la bile. Quel étonnant prodige, quelle sublime merveille nous révèlent ces impénétrables transmutations ! Quel merveilleux spectacle se déploiera bientôt à nos yeux, lorsque nous contemplerons les chefs-d'œuvre de mécanique et d'hydraulique dans le cœur et dans le système circulatoire ! Y a-t-il quelque chose au monde qui témoigne davantage de la haute sagesse de la nature, ou plutôt de la magnifique et incompréhensible économie de la providence de Dieu ? La plus sublime sagesse éclate jusque dans la moindre fibre de l'organisation humaine. A ce majestueux spectacle la science s'incline avec respect ; une impression divine saisit, pénètre l'âme et lui arrache un cri d'admiration, de joie et d'amour. Que les athées, s'il en existe sous le soleil, viennent de bonne foi contempler, dans un amphithéâtre d'anatomie, les magnifiques débris de l'homme, et ils seront forcés de reconnaître une suprême intelligence, une éternelle sagesse, et de chanter enfin, comme dit un sage païen, un hymne à Celui qui EST. Revenons à la chylification. Nous disons donc que le chyme, après un séjour de trois à quatre heures (terme moyen) dans l'estomac, pénètre peu à peu dans le duodénum et y est soumis à l'action du suc pancréatique et de la bile. Le pancréas, qui fournit le premier suc, est un corps glanduleux couché transversalement sur la colonne vertébrale, entre les trois courbures du duodénum et derrière l'estomac. Il verse le produit de sa sécrétion ou le suc pancréatique dans le duodénum, par le moyen d'un petit canal qui s'ouvre dans cet intestin, tout près du canal cholédoque ou dans ce canal même. Ce suc

a beaucoup d'analogie avec la salive. D'après les expériences récentes du docteur Bernard, il est destiné à dissoudre les substances grasses animales et végétales. La bile est un liquide visqueux, jaunâtre ou verdâtre, d'une saveur très-amère, contenant de l'albumine, de la soude et différents sels à base de soude, etc. Elle est sécrétée par le foie, qui est un viscère très-volumineux situé dans l'hypochondre droit, c'est-à-dire dans la partie supérieure et droite de l'abdomen, au-dessous du diaphragme, auquel il est adhérent et fixé par lui dans la place qu'il occupe. Les matériaux de la bile sont fournis, contre la loi générale des sécrétions, par le sang veineux abdominal que la veine-porte fournit au foie : l'artère hépathique ne sert donc exclusivement qu'à la nutrition de ce viscère. La bile est versée dans le duodénum par le canal qu'on appelle *cholédoque*, qui résulte de la réunion des canaux hépathique et cystique. C'est par le conduit cystique que la bile reflue dans la vésicule du foie. Ce petit réservoir de la bile est placé à la face inférieure du lobe droit du foie : il verse une certaine quantité du fluide biliaire dans le duodénum au moment de la seconde digestion, c'est-à-dire alors que le chyme arrive dans le duodénum. Indépendamment de la bile cystique, nous avons encore la bile qu'on appelle hépatique, c'est-à-dire celle qui se rend directement et continuellement du foie dans le duodénum au moyen du canal cholédoque. Voilà donc trois sucs versés à la fois sur la pâte chymeuse, sans parler de celui que fournit la membrane muqueuse du duodénum. Ces divers sucs, qui coulent plus abondamment au moment de la digestion duodénale, enveloppent et de toutes parts pénètrent la pâte chymeuse. Il résulte de cette action de chimie vitale combinée avec l'action mécanique, péristaltique ou ondulatoire de l'intestin, une séparation du chyme en deux parties distinctes : l'une liquide, laiteuse, blanchâtre, d'une saveur douce, d'une odeur spermatique, contenant de la sérosité, de la fibrine, de l'albumine, c'est-à-dire à peu près tous les éléments du sang (y compris ses sels), excepté la matière colorante rouge : or cette première partie, c'est le *chyle;* l'autre portion est une matière jaunâtre ou verdâtre, huileuse et à peu près purement excrémentitielle : elle est la base des matières fécales. Comme le chyle est une liqueur d'une importance immense, puisqu'il est le principe élémentaire et constituant du sang et qu'il n'en diffère presque que par la couleur, nous allons présenter ici, d'après Tiedmann et Gmelin, un court exposé du mécanisme chimique de sa formation ou de la chylification, en nous réservant le droit de penser et de dire que cette savante explication est loin de nous dévoiler l'essence mystérieuse et insaisissable de la chylification. Voici donc comment s'opère cette merveille, suivant ces célèbres physiologistes-chimistes : l'acide du chyme, provenant du suc gastrique, se combine avec les sels de soude de la bile, qu'il décompose; l'acétate alcalin qui en résulte divise la graisse et les principes constituants du sang, précipite le mucus biliaire, qui se coagule et entraîne le principe colorant, la cholesterine et la résine, qui font ensuite partie des excréments.

Le suc pancréatique cède à la pâte alimentaire de l'albumine, de la matière caséeuse et la matière particulière susceptible de rougir par le chlore.

La bile est si nécessaire à la digestion que l'oblitération du canal cholédoque fait mourir les malades de consomption; la chylification ne peut se faire.

Le chyle contient de la sérosité, de la fibrine, de l'albumine, une matière grasse, de la soude, du chlorure de cet alcali et du phosphate de chaux. Sa partie colorante rouge lui est fournie par les glandes mésentériques et la rate, qui commence ainsi la sanguification. Il est tout à fait blanc avant d'avoir traversé ces glandes et d'avoir reçu la lymphe rougeâtre que les vaisseaux lymphatiques de la rate viennent y mêler. (Tiedmann et Gmelin.)

Après un séjour plus ou moins long dans le duodénum, les substances alimentaires, imprégnées des sucs pancréatique, biliaire et intestinal, pénètrent dans le jéjunum et l'iléon, et y sont de nouveau soumises à l'action des vaisseaux absorbants. La grande longueur et les nombreuses circonvolutions de l'intestin grêle, jointes au grand nombre de valvules conniventes qu'offre son intérieur, ont pour but d'augmenter l'étendue de la surface intestinale et de ralentir la marche de la matière alimentaire, afin de laisser, pour ainsi dire, aux innombrables bouches absorbantes des vaisseaux lymphatiques la facilité et le temps nécessaire pour pomper tout le chyle répandu à la surface et à l'intérieur de la pâte alimentaire. Le nombre des valvules conniventes et des vaisseaux absorbants diminue en raison de leur proximité du gros intestin.

§ VI

La stercorification et la défécation.

Le mouvement péristaltique et ondulatoire de l'intestin grêle fait passer dans le gros intestin la masse presque entièrement dépouillée du chyle. Elle franchit la valvule iléo-cœcale et passe dans le cœcum ; de là monte dans la portion ascendante du colon, traverse l'arc de cet intestin et chemine par sa portion descendante jusque dans le rectum. Tout le gros intestin est comme une espèce de réceptacle ou de réservoir destiné à contenir le résidu excrémentitiel de la digestion pendant un temps plus ou moins long, jusqu'à ce que les dernières et rares parcelles du chyle soient entièrement absorbées. Aussi on ne trouve que très-peu de vaisseaux absorbants dans le gros intestin, ce qui explique la grande difficulté qu'on éprouve à nourrir les malades par la voie des clystères, dans le cas où la déglutition est absolument impossible. Les matières excrémentitielles, dès leur arrivée dans le gros intestin, commencent à prendre de la consistance, s'épaississent, se durcissent, se moulent dans les cellulosités du colon, deviennent brunes, jaunâtres, contractent une odeur fétide, *sui generis*, assez connue, dégagent des produits gazeux, comme l'acide carbonique, l'azote, l'hydrogène carboné, et surtout beaucoup d'hydrogène sulfuré ou acide hydro-sulfurique. Le développement gazeux par l'estomac décèle en général de mauvaises digestions, tandis que les flatuosités intestinales sont inévitables et dans l'ordre naturel. Nous ne mentionnerons pas ici les altérations morbides des matières fécales, nous n'avons dû parler que des fèces ou des excréments *normaux et physiologiques*. Enfin les matières excrémentitielles, accumulées dans la dernière portion du gros intestin ou dans le rectum, y séjournent jusqu'à ce que leur âcreté ou leur quantité produise sur cet intestin une impression spéciale qui annonce le besoin de la défécation. Cette opération s'exécute par un mécanisme assez compliqué, dont nous croyons l'explication complétement inutile à notre objet. Nous nous bornerons à un mot que voici : l'expulsion des matières excrémentitielles est déterminée par l'abaissement du diaphragme et les contractions simultanées des muscles abdominaux et du rectum. Par cet effort combiné, la résistance du sphincter de l'anus est vaincue, et dans un instant le dernier acte des fonctions digestives est accompli.

CHAPITRE II

DE L'ABSORPTION

SYSTÈME LYMPHATIQUE. ABSORPTION DU CHYLE
ABSORPTION DES LIQUIDES (BOISSONS). ABSORPTION CUTANÉE
ET PULMONAIRE
ABSORPTION DANS LES CAVITÉS CLOSES. LYMPHE

§ I

Considérations préliminaires.

L'*absorption*, dans le sens général, est une fonction par laquelle les êtres organisés vivants pompent, par les pores ou les orifices de vaisseaux très-déliés, les substances solides, liquides ou gazeuses qui les environnent, ou qui sont exhalées dans leur intérieur. Cette action absorbante a lieu, dans l'homme et les animaux, à l'aide d'un ordre de vaisseaux qu'on appelle lymphatiques ou absorbants dont nous dirons tout à l'heure deux mots. L'absorption s'exerce dans toutes nos parties, dans la profondeur comme à la surface de nos organes ; tantôt sur des substances venues du dehors (*absorption cutanée, chyleuse, intestinale, pulmonaire*) ; tantôt sur des liquides exhalés par le système capillaire artériel, comme la sérosité, la synovie, la moelle, la graisse, etc.

Le système lymphatique ou absorbant se compose de l'ensemble des organes qui servent à la formation et à la circulation de la lymphe, et qui président aux actes de l'absorption. Ces organes sont :

1° *Les ganglions ou glandes lymphatiques.* Ce sont de petits corps ronds ou ovalaires, gris ou rougeâtres, que l'on voit sur le trajet des principaux vaisseaux lymphatiques. Ces vaisseaux se subdivisent à l'infini dans l'épaisseur de ces ganglions, que l'on croit destinés à élaborer ou à modifier l'humeur lymphatique qui les traverse.

2° *Les vaisseaux lymphatiques ou absorbants.* Ils sont innombrables et se trouvent dans toutes les parties du corps. Minces et diaphanes, ils présentent de distance en distance des dilatations qui sont le résultat des valvules placées dans leur intérieur. Toute la masse des vaisseaux lymphatiques du corps se décharge par quelques troncs principaux dans les veines sous-clavières et jugulaires internes. Deux de ces troncs, beaucoup plus considérables que les autres, sont appelés, le premier, le *canal thoracique*, et le second, *grande veine lymphatique droite*. Les vaisseaux lymphatiques, qui absorbent le chyle pendant l'acte de la digestion dans les intestins, forment un sous-ordre à part, désigné sous le nom de vaisseaux *lactés* ou *chylifères*. Il est donc naturel de parler d'abord de ceux-ci ou de l'absorption chyleuse, puisqu'elle fait suite immédiate à la fonction digestive.

§ II

L'absorption du chyle.

Elle se fait en grande partie depuis le milieu du duodénum jusque vers la fin du jéjunum ; elle va ensuite en diminuant jusqu'à la fin de l'iléon, et on trouve très-peu de vaisseaux chylifères dans le gros intestin. Cette absorption s'exerce par un mode de sensibilité propre aux orifices ou aux bouches des vaisseaux lymphatiques, c'est-à-dire par un acte vraiment vital et non purement mécanique ou capillaire : ces bouches béantes se plongent au fond des valvules conniventes et partout où il se trouve du chyle. Ils charrient ce dernier jusqu'aux glandes ou ganglions mésentériques, dans lesquelles il se modifie, s'épure, s'élabore, s'animalise, se vivifie en quelque sorte. Après sa sortie des ganglions, le chyle est versé avec la lymphe dans ce qu'on appelle le réservoir de Pecquet ; de là il est porté dans le canal thoracique, qui lui-même va s'ouvrir dans la veine sous-clavière gauche, et par là verse tout le chyle dans le torrent de la circulation. L'orifice du canal thoracique est garni d'une valvule qui s'oppose au passage du sang dans le système lymphatique. Toutes les autres valvules des vaisseaux absorbants sont destinées à favoriser la progression et surtout à empêcher la rétrocession du chyle. La marche merveilleuse de ce fluide est visible à l'œil nu, comme on l'a constaté dans le mésentère sur des animaux tués pendant la digestion et sur des suppliciés quelques heures après leur repas.

A l'arrivée du chyle dans le sang, une excitation générale se manifeste, la circulation se ranime, la chaleur vitale s'accroît, le sentiment de l'existence devient plus vif, en un mot, une sensation de bien-être et de force succède à la langueur et à la faiblesse générale. Cette turgescence vitale et ce surcroît de vie doivent être attribués à un commencement d'hématose que subit le chyle, c'est-à-dire à la revivification du sang ou la sanguification du liquide chyleux. Il faut ici faire remarquer qu'une réfocillation subite peut être l'effet de la simple ingestion des aliments, soit solides ou liquides, sans que ces aliments aient eu le temps de subir la moindre élaboration digestive, et sans que, par conséquent, il y ait un atome de chyle de formé et versé dans la masse du sang. Or ce sentiment de soudaine vigueur est un pur effet sympathique et le résultat de l'irradiation nerveuse imprimée par l'estomac au reste de l'économie.

§ III

L'absorption des liquides (boissons).

Il est prouvé par les nombreuses et belles expériences de M. Magendie que les liquides ou les boissons sont absorbées par les veines, dont les orifices s'ouvrent directement à la surface intestinale. Cela est démontré jusqu'à l'évidence : 1° par les injections dans lesquelles le liquide injecté se répand dans la cavité intestinale, sous la forme d'une espèce de pluie fine et diffuse ; 2° par l'injection d'un liquide vénéneux dans l'intestin, qui cause la mort malgré la ligature du canal thoracique ; 3° par l'injection de substances odorantes et colorantes qu'on a aussitôt retrouvées dans les veines mésentériques, sans qu'on en ait constaté aucune trace dans les vaisseaux lymphatiques. C'est ce qui a été vérifié par MM. Magendie, de Tiedmann et Gmelin. Voici enfin une dernière et célèbre expérience de M. Magendie, rapportée dans la *Physiologie* de Richerand et Bérard : « M. Magendie a retiré une anse intestinale du ventre d'un animal, l'a entièrement coupée à ses deux extrémités, l'a complétement détachée du mésentère, et n'a conservé qu'une artère et qu'une veine par lesquelles l'anse intestinale était en communication avec le reste du corps; et il eut soin de bien dénuder les parois des vaisseaux conservés, afin qu'il n'y eût aucun lymphatique accolé, soit à la veine, soit à l'artère. Du poison fut ensuite introduit dans l'anse intestinale, que l'on tint enveloppée d'un linge afin que nulle transsudation ne pût altérer la pureté de l'expérience, et les symptômes de l'empoisonnement se manifestèrent comme à l'ordinaire. » Il est donc certain, d'après ce qui précède, que les veines intestinales ne sont pas exclusivement destinées à rapporter du sang noir, mais qu'en même temps elles sont encore chargées d'absorber dans les intestins toute la matière des boissons ou des liquides. Le même mode d'absorption étant commun aux radicules veineuses et aux orifices des lymphatiques, il est possible que ces derniers vaisseaux absorbent une certaine portion des boissons. Tous ces liquides absorbés par les veines intestinales sont portés dans la veine-porte, et de là dans le foie, où très-probablement ils éprouvent une élaboration spéciale de la part de ce viscère réputé dépurateur des boissons et peut-être du sang veineux abdominal.

Cette doctrine sur l'absorption des boissons ou des liquides paraît assez récente, puisqu'en 1818 on enseignait encore que l'absorption des boissons se faisait par le système lymphatique exclusivement, comme on peut le voir par le passage suivant, extrait de l'article *Digestion* du grand *Dictionnaire des sciences médicales* (1818) : « Quelques physiologistes, frappés aussi de la rapidité avec laquelle les boissons sont rendues par l'urine, et de la promptitude avec laquelle l'alimentation modifie certaines sécrétions, par exemple celle du lait, de l'urine, etc., ont cru à des vaisseaux directs de l'estomac à la vessie, à la mamelle, ou à une transmission mécanique des boissons à ces diverses parties par le tissu cellulaire intermédiaire. Dumas professe encore ce dernier point ; mais c'est une double erreur, et, quelque étonnante que soit la rapidité du passage à travers un cours aussi long, *il n'y a pas d'autre voie de l'une aux autres que celle des lymphatiques et de la circulation générale.* » Les auteurs de cet article de cent pages sont Chaussier et Adelon, qui, après avoir reproché à Dumas d'être tombé dans une double erreur, sont tombés eux-mêmes dans une autre erreur exprimée par les paroles soulignées. Or il faut savoir qu'à cette époque (1818) Chaussier, professeur à la Faculté de Paris, représentait en France la science physiologique. Richerand lui-même, vers le même temps, pensait encore comme Chaussier et Adelon, comme on le voit par ces paroles : « Les vaisseaux lymphatiques sont les agents exclusifs de l'absorption. Personne aujourd'hui ne croit, avec les anciens, que les veines jouissent de la faculté d'absorber, et l'on a lieu de s'étonner que Haller ait admis l'existence de l'absorption veineuse... » Il se trouve donc aujourd'hui que les anciens, avec Haller, avaient raison contre les savants du xixe siècle, au moins pour ce qui regarde les veines intestinales.

Grâce aux nombreuses expériences qui prouvent péremptoirement l'absorption veineuse, on s'explique maintenant très-bien comment d'énormes quantités de boissons ont pu être rendues presque immédiatement par les voies urinaires, et à l'état presque purement aqueux, tandis qu'auparavant il fallait faire parcourir aux boissons, dans un temps très-court et dans des vaisseaux d'une extrême ténuité, un circuit d'une longueur presque infinie : c'est à peu près, au moins par rapport à l'immensité du circuit, comme si dans le système planétaire on faisait tourner le soleil autour de la terre dans l'espace de vingt-quatre heures. Mais la sage nature a mieux fait : au lieu de faire parcourir aux liquides un incommensurable orbite, comme la science le voulait encore il y a trente-cinq ans, elle les verse directement dans le torrent de la circulation sanguine par le moyen du système veineux, c'est-à-dire que cette masse de boissons ne fait presque, pour ainsi dire, qu'un grand mouvement sur elle-même, et se trouve par là aussitôt rendue à sa destination. Et d'ailleurs quelle nécessité y a-t-il que les boissons aqueuses subissent une élaboration dépurative, comme le chyle et la lymphe, en passant et en repassant par les nombreux ganglions du système lymphatique? Ces liquides séreux étant destinés à augmenter, suppléer ou renouveler la sérosité du sang, ne doivent pas, ce me semble, être élaborés et animalisés comme le chyle et la lymphe.

Nous avons donc cru pouvoir rejeter la première opinion, c'est-à-dire celle de Chaussier et d'Adelon, quoique partagée par les plus grandes autorités, telles que celles de Cuvier, Mascagni, Cruikshank, Sœmmering, Blumembach, etc. Suivant cette opinion, le système lymphatique est l'agent exclusif de l'absorption. Nous rejetons cette opinion parce qu'elle nous paraît rationnellement et physiologiquement inacceptable, pour les raisons qu'on a vues et qu'on a dû apprécier plus haut. Nous rejetons également l'opinion du célèbre physiologiste, M. Magendie, qui refuse aux vaisseaux lymphatiques la faculté d'absorber, et l'attribue tout entière au système veineux, comme nous l'apprend le *Dictionnaire des sciences médicales* (article *lymphe*, par Chaussier et Adelon) en ces termes : « M. Magendie est surtout le physiologiste qui, dans ces derniers temps, a voulu dépouiller les vaisseaux lymphatiques de l'office d'être des agents de l'absorption, et qui a voulu restreindre cette faculté aux veines. » Entre autres raisons que les auteurs apportent pour combattre cette opinion, ils lui objectent sa propre expérience, faite dans le but de prouver l'absorption veineuse ; la voici : « L'expérience propre à M. Magendie, et dans laquelle on voit du poison qui est mis dans une partie isolée du corps et qui ne communique avec le reste que par une veine, exercer son action funeste, prouve bien que les veines absorbent, mais non que les lymphatiques n'absorbent pas : il eût fallu faire l'expérience inverse, c'est-à-dire placer le poison dans une partie qui n'eût conservé de communication avec le reste du corps que par l'intermédiaire d'un vaisseau lymphatique. »

Voici contre l'opinion de M. Magendie un témoignage bien plus récent encore, c'est celui de Richerand et de M. Bérard : « M. Magendie refuse aux lymphatiques la faculté d'absorber. » (*Nouveaux Éléments de physiologie*, t. Ier, p. 404, 10e édition, 1833.) A la page 402, les auteurs rapportent une expérience extraordinaire de M. Magendie, que celui-ci regardait comme une démonstration inattaquable et une preuve sans réplique de l'absorption veineuse. Voici cette expérience fameuse.

« M. Magendie a fait une expérience qui, au premier abord, semble prouver que ce sont les veines qui absorbent : il a placé dans la patte d'un animal un poison, après avoir complétement séparé le membre empoisonné du reste du corps, en y maintenant toutefois la circulation à l'aide d'un tube qui faisait suite aux deux bouts de l'artère principale du membre, et d'un autre tube qui était étendu entre les deux bouts de la veine correspondante; l'absorption du poison s'effectua, et M. Magendie en conclut que les veines sont les agents de l'absorption. Mais ses antagonistes lui ont répondu qu'en faisant une plaie pour introduire le poison il divisait nécessairement les orifices de quelques veinules, et qu'ainsi le poison pouvait passer directement et sans absorption dans l'intérieur de celles-ci. » L'objection est insoluble et rend l'expérience problématique, c'est-à-dire très-douteuse.

Il résulte clairement de tout ce qui précède que, 1° d'un côté les vaisseaux lymphatiques absorbent le chyle et la lymphe, mais non les liquides ou les boissons; et que, 2° d'une autre part, les veines absorbent les liquides ou les boissons et non la lymphe. Or c'est précisément cette opinion mixte ou mitoyenne que nous avons cru devoir admettre, parce qu'elle nous paraît la seule vraie et la seule rationnellement admissible.

Si les vaisseaux lymphatiques et chylifères peuvent quelquefois absorber une certaine partie des boissons, les veines à leur tour sont aptes à prendre une partie du chyle, non directement, mais par la voie de l'anastomose lymphatique. Le *Journal universel des sciences médicales* rapporte un fait d'un individu chez lequel la nutrition s'était toujours faite normalement, bien que le canal thoracique fût complétement oblitéré. On a lié plusieurs fois le canal thoracique sur des chevaux et des chiens, et cette ligature n'a point été mortelle, quoique le canal fût unique. Plus récemment encore, MM. Leuret et Lassaigne ont tué un chien quarante jours après lui avoir lié le canal thoracique *unique* : l'animal était très-bien guéri et même fort gras.

Il résulte de ces faits et de ces expériences que le chyle a dû entrer nécessairement dans la masse du sang par l'intermédiaire du système veineux capillaire, qui s'anastomose dans les ganglions avec les capillaires lymphatiques.

§ IV

Absorption cutanée et pulmonaire.

Les corps solides et liquides appartiennent exclusivement à l'absorption cutanée; les substances gazeuses ou aériennes sont à la fois du domaine de l'absorption cutanée et de l'absorption pulmonaire.

Absorption cutanée exclusive. — Faits qui la prouvent : il est des personnes qui, en prenant un bain, absorbent par la peau une certaine quantité de l'eau dans laquelle elles se trouvent plongées, et urinent excessivement durant toute la durée du bain, sans que pourtant elles prennent aucune espèce de boisson. Darwin a vu diminuer très-rapidement le niveau de l'eau dans un bain de pied. Le célèbre Mascagni a éprouvé une tuméfaction douloureuse des glandes de l'aine peu de temps après avoir mis ses pieds dans l'eau. L'augmentation du poids du corps, à la sortie d'un bain, prouve encore l'absorption de l'eau par la surface cutanée. Nous avons vu, au chapitre précédent, que des marins manquant d'eau douce sont parvenus à apaiser le tourment de la soif en tenant incessamment appliqués sur leur corps des linges trempés dans de l'eau de mer. Tous les jours on fait absorber, par la voie des frictions cutanées, des substances médicamenteuses solides et liquides. C'est ce qui constitue la médecine iatraleptique ; mais alors l'absorption est puissamment favorisée par l'action mécanique de cette sorte de médication, c'est-à-dire que les frictions excitent l'action des vaisseaux absorbants, et les mettent plus en contact avec les corps ambiants absorbables, en soulevant légèrement les écailles imbriquées de l'épiderme.

Absorption dermo-pulmonaire. — C'est celle qui se fait à la fois par la peau et plus encore par la muqueuse pulmonaire. Haller rapporte un grand nombre de faits sur la surabondance d'urine rendue par des individus qui ne buvaient presque pas ; il attribue cet excès de sécrétion urinaire à l'absorption de l'eau contenue dans l'air. Le corps est généralement plus pesant après une promenade faite par un temps très-humide. Keil parle d'un jeune homme qui, ayant passé la nuit exposé à un air humide, se trouva peser le lendemain dix-huit onces de plus que la veille. Des hommes enfermés dans des mines ou des carrières très-humides, sans aucune espèce d'aliments, ont pu vivre jusqu'au treizième ou quatorzième jour, en absorbant l'eau contenue dans l'air ambiant. Les absorptions cutanée et pulmonaire s'exercent aussi sur les émanations animales plus ou moins nutritives; on cite à l'appui de cette assertion l'embonpoint et la fraîcheur des bouchers et des cuisiniers. Quelques phthisiques irritables et nerveux se sont bien trouvés au milieu d'un air épais et chargé d'émanations animales, comme par exemple celui des étables. Plusieurs médecins ont conseillé de faire coucher des jeunes gens avec des vieillards et des personnes épuisées, afin que ceux-ci pussent se ranimer par la respiration et l'exhalation des premiers. On connaît le moyen employé par David pour exciter sa force vitale et réchauffer ses membres glacés par les ans. Tout le monde sait qu'on contracte l'odeur de la violette quand on séjourne quelque temps dans un appartement nouvellement peint avec de l'huile essentielle de térébenthine. On s'est assuré que ce dernier fait avait lieu par la peau, indépendamment de l'absorption pulmonaire, en respirant l'air extérieur au moyen d'un tube. C'était dans le même but que Bichat, s'étant enfermé dans un laboratoire d'anatomie rempli de miasmes septiques et d'émanations putrides de cadavres, mais respirant l'air du dehors par le moyen d'un long tuyau, s'est assuré que les gaz intestinaux qu'il rendait au bout de quelques heures avaient contracté l'odeur de la pièce infecte où il expérimentait. Chaussier a fait périr des lapins en les plaçant dans des vases remplis d'hydrogène sulfuré, qui est le plus délétère de tous les gaz, avec la précaution de leur faire tenir la tête hors du vase empoisonné. Ces trois derniers faits prouvent irréfragablement que la peau a été l'agent de l'absorption sans le secours de la surface pulmonaire. Plusieurs amis de Boyle vinrent le visiter pendant qu'il pilait de l'ellébore; ils furent tous purgés pour avoir respiré les émanations ou la vapeur de ce purgatif drastique. Enfin rien de plus fréquent que l'absorption des miasmes qui se dégagent des malades atteints de maladies contagieuses ou putrides ou des émanations marécageuses, etc. Ce qui favorise ces sortes d'exhalations septiques ou contagieuses, ce sont l'influence de toutes les causes débilitantes, l'état de vacuité de l'estomac, les affections de l'âme tristes et dépressives, le chagrin, la pusillanimité, la peur, la frayeur, etc. Il est également dangereux de dormir dans des lieux où se dégagent des effluves marécageux : on évite rarement l'atteinte de la fièvre si on se livre au sommeil en traversant les marais Pontins ou la campagne de Rome, parce que l'absorption est toujours plus active pendant le sommeil. C'est par ce principe qu'il faut éviter avec soin de coucher dans une chambre où il y a des fleurs très-odorantes, comme le lis, entre autres. On a trouvé, comme nous l'avons déjà dit au sujet des odeurs, des personnes mortes dans leur chambre pour y avoir gardé la nuit des fleurs fort odorantes, et notamment des fleurs de lis.

§ V

L'absorption dans les cavités closes.

La surface interne des membranes séreuses, synoviales, etc., est sans cesse lubrifiée par une sérosité toujours exhalée et toujours absorbée. Si cet équilibre se rompt, c'est-à-dire s'il se trouve plus de liquide sécrété qu'il n'y en a d'absorbé, il en résulte une collection excessive, anormale, morbide; c'est l'hydropisie. — L'absorption s'exerce encore sur le fluide adipeux et opère ce qu'on appelle l'émaciation ou la maigreur, et quelquefois avec une promptitude étonnante. On a vu en moins de vingt-quatre heures des figures amaigries et surtout les yeux plus ou moins enfoncés dans les orbites, par suite de la résorption d'une partie de la graisse placée derrière le globe oculaire. C'est la graisse qui entretient la nutrition chez les animaux hivernants; la résorption adipeuse tient lieu, chez eux, de toute alimentation pendant leur long sommeil d'hiver. Quelquefois l'exhalation graisseuse prédomine notablement sur la résorption du fluide adipeux, et il en résulte cette exubérance graisseuse qu'on appelle obésité ou polysarcie; c'est une espèce d'état morbide, car on sait qu'un grand embonpoint est un caractère d'asthénie ou de faiblesse. L'état d'obésité est favorisé par un tempérament lymphatique, une vie sédentaire, inactive, un sommeil très-prolongé, un grand repos du corps et de l'esprit, des causes débilitantes, des saignées, une alimentation féculente et lactée, le séjour dans un air stagnant et humide ou l'habitation dans un pays froid et brumeux comme la Hollande, où la polysarcie est très-fréquente. On sait, dit le docteur Rullier, avec quelle promptitude certains oiseaux s'engraissent sous l'influence d'un brouillard épais : et en effet, ajoute-t-il, « Dumas rapporte dans sa physiologie que des ortolans, des grives et des rouges-gorges s'engraissent alors dans l'espace de vingt-quatre heures à un tel point qu'ils ne peuvent se soutenir sur leurs ailes. » Nous reviendrons ailleurs sur ces divers points. D'autres résorptions se font dans des cavités qui communiquent à l'extérieur, comme par exemple celles de la bile, du lait, du sperme, du mucus intestinal, etc. Ces fluides sont en partie résorbés, soit dans leurs réservoirs, soit dans leurs canaux excréteurs. L'ictère ou la jaunisse résulte de la résorption de la bile.

On cite même des cas de résorption de matières fécales ; M. le docteur Rullier rapporte, dans le *Dictionnaire des sciences médicales*, le fait d'un homme victime de cette horrible incommodité : « Il n'allait jamais à la garde-robe, et l'on ne pouvait supporter l'odeur qu'exhalait tout son corps, qu'autant qu'il changeait de vêtements et surtout de linge plusieurs fois par jour. Ses chemises prenaient la couleur brunâtre que leur aurait donnée l'infusion du café. »

Non-seulement les liquides ambiants sont absorbés, mais les solides eux-mêmes subissent le travail de la résorption. Quand on nourrit des animaux avec de la garance, leurs os deviennent rouges ; si l'on suspend ce genre d'alimentation, la couleur rouge des os disparaît : il y a donc eu absorption de la partie solide des os avec laquelle la matière colorante de la garance s'était combinée par la nutrition, comme nous le verrons ailleurs plus en détail.

§ VI

La lymphe.

C'est un liquide ténu, transparent, quelquefois légèrement rougeâtre ou jaunâtre, ou offrant une teinte opaline, d'une odeur spermatique et d'une saveur alcaline. La lymphe, comme le chyle, se coagule lorsqu'on l'abandonne à elle-même. Elle contient de l'albumine, de la fibrine, du sérum, et la plupart des sels que l'on trouve dans le chyle et dans le sang. A l'aide du microscope, on y découvre des globules analogues à ceux du chyle et du sang. On ne trouve la lymphe dans les vaisseaux lymphatiques et dans le canal thoracique qu'après un jeûne d'environ vingt-quatre heures, c'est-à-dire qu'il ne se trouve plus de chyle dans ses vaisseaux. On regarde la lymphe comme une liqueur destinée à entrer dans la composition du sang, avec lequel elle se mêle ou se combine ; elle en augmente probablement la plasticité et la qualité nutritive. On peut croire qu'il s'en forme davantage pendant de longues abstinences, lorsque le sang n'est pas renouvelé par de nouveau chyle ; alors la lymphe paraît suppléer à l'absence de ce dernier, quoique sans doute bien imparfaitement. Nous pensons, avec Richerand et M. Bérard, que la source de la lymphe existe dans tous nos organes, et que ce liquide est le produit de l'action absorbante exercée par les lymphatiques sur les solides ou fluides du corps entier.

La lymphe marche lentement de la périphérie ou de la circonférence au centre ; elle part des radicules lymphatiques pour se rendre dans les branches plus considérables, et arriver enfin dans les deux troncs centraux qui la versent dans les veines sous-clavières. Les variétés d'absorption constatées dans les expériences de M. Dutrochet, sur ce qu'il appelle *endosmose* ou *exosmose*, pourront sans doute s'expliquer par la perméabilité différente des tissus absorbants, ou, si l'on veut, par une sorte d'imbibition organique ou d'attraction capillaire ; mais ceci demande des recherches et des expériences ultérieures que notre sujet ne peut comporter.

CHAPITRE III

DE LA CIRCULATION

APPAREIL CIRCULATOIRE. SANG. MÉCANISME
DE LA CIRCULATION ARTÉRIELLE. ACTION DES VEINES

§ I

Considérations préliminaires.

La circulation est une fonction par laquelle le sang, partant du cœur, est porté par les artères dans toutes les parties du coprs, et ensuite ramené par les veines au point d'où il était parti. C'est un mouvement circulatoire incessant et continu.

La circulation a pour but de mettre le sang en contact avec l'air dans les poumons, pour lui faire subir la dépuration vitale connue sous le nom d'oxygénation, phénomène qui s'accomplit par la respiration; de le présenter aux divers viscères pour l'accomplissement des sécrétions; et de le porter enfin dans le système capillaire artériel pour accroître les organes, réparer leurs pertes ou changer leur composition.

« Les organes circulatoires, dit Richerand, servent moins à l'élaboration qu'au transport des humeurs. On peut, pour s'en former une juste idée, les comparer à ces manœuvres qui, dans une vaste manufacture d'où sortent des produits de toute espèce, sont employés à porter les matériaux aux ouvriers chargés de la fabrication ; et de même que parmi ces derniers il en est qui perfectionnent, épurent les matières que d'autres mettent en œuvre, ainsi les poumons et les glandes sécrétoires sont incessamment appliqués à séparer du sang tout ce qui est hétérogène à notre nature, pour s'identifier avec nos organes, s'assimiler à leur propre substance ou les nourrir. »

Le cœur est l'organe principal et central de la circulation. C'est un muscle creux, conoïde, situé au milieu de la poitrine et dirigeant sa pointe vers la gauche. Il est placé entre les deux lames du médiastin, entre les deux poumons, et enveloppé dans un sac membraneux qu'on appelle *péricarde*. On observe dans l'intérieur de cet organe quatre cavités connues sous le nom d'*oreillettes* et de *ventricules*. Les deux premières de ces cavités, placées supérieurement et inclinées en arrière, occupent la base du cœur ; les deux autres, ou les ventricules placés inférieurement et dirigés en avant, plus grandes et très-musculeuses, sont situées dans toute son épaisseur. Il y a une oreillette et un ventricule de chaque côté, et chaque oreillette communique avec le ventricule correspondant. Dans l'état naturel ou physiologique, après la naissance, les cavités droites ne communiquent point immédiatement avec les cavités gauches.

Système artériel. — L'*artère pulmonaire* part du ventricule droit du cœur, se partage en deux branches, et porte dans les poumons le sang qui doit être soumis à l'acte de la respiration. Cette artère est munie, à son origine, de trois valvules qu'on appelle *sigmoïdes* ou *semi-lunaires*. L'*aorte*, ou la grande artère, part du ventricule gauche, et porte le sang dans toutes les parties du corps au moyen de ses troncs, ses branches, ses rameaux, ses ramuscules et ses capillaires. A son origine, l'aorte fournit au cœur ses deux artères nourricières ou les *coronaires*; ensuite, de sa *crosse* ou de sa courbure partent trois troncs considérables qui sont, à droite l'artère *brachio-céphalique*, et à gauche l'artère *carotide primitive* et l'artère *sous-clavière*. La *brachio-céphalique*, ou *innominée*, après un trajet d'environ trois centimètres, se divise en deux grosses branches, qui sont les *carotide primitive* et *sous-clavière* droites. — Les deux carotides montent, sur les parties antérieures et latérales du cou (1), jusqu'à la partie supérieure du larynx, où elles se partagent en carotides externe et interne. L'externe est particulièrement destinée à la face et à l'extérieur du crâne, et l'interne aux parties contenues dans le crâne. Les artères *sous-clavières* s'étendent depuis la crosse de l'aorte jusqu'à la première côte; de là elles passent dans le creux de l'aisselle et s'appellent *axillaires*. Il est à remarquer que la droite ne vient pas immédiatement de la crosse de l'aorte, mais du tronc innominé ou brachio-céphalique. La sous-clavière, arrivée à la partie inférieure de l'aisselle, prend le nom d'artère *brachiale*, laquelle s'étend jusqu'au pli du bras, où elle se partage en deux branches, dont l'une, en dehors, s'appelle *radiale*, qui est l'artère du pouls, et l'autre, ou l'interne, est l'artère *cubitale*. Ces deux branches se divisent en un grand nombre de rameaux destinés à la main et aux doigts. L'aorte, dans sa portion pectorale, donne encore quelques artères beaucoup plus petites, telles que les bronchiques, les œsophagiennes, etc. — Dans sa portion abdominale ou descendante elle fournit le tronc cœliaque, qui se divise en trois branches, la

---

(1) Il est bon de faire observer ici en passant que l'ouverture d'une des carotides primitives est généralement et promptement mortelle, quoi qu'on fasse le plus souvent. On reconnaît cette lésion traumatique à la nature de l'accident, et surtout à l'aspect d'un sang très-rouge, écumeux, lancé en arcade, avec des saccades isochrones aux battements du cœur ou du pouls.

coronaire stomachique destinée à l'estomac, l'*hépathique* ou l'artère du foie, et la *splénique*, celle de la rate. Après le tronc cœliaque, l'aorte ventrale donne les deux mésentériques, les capsulaires, les rénales, les spermatiques, etc., et enfin elle se partage en deux grosses branches, qui sont les iliaques primitives. Ces dernières se divisent elles-mêmes en iliaques interne et externe. L'interne ou hypogastrique s'enfonce dans l'excavation du bassin, et l'iliaque externe se porte à l'arcade crurale ou vers l'aine, où elle prend le nom d'*artère crurale* ou *fémorale*. Après avoir fourni quelques branches considérables, elle chemine dans la profondeur interne de la cuisse, va gagner le creux du jarret, où elle prend le nom de *poplitée*. A la partie supérieure de la jambe, la poplitée fournit les tibiales antérieure et postérieure, et la péronnière. Arrivée à la partie inférieure de la jambe, la tibiale antérieure prend le nom de *pédieuse*, et se distribue au pied, et particulièrement au tarse et au métatarse, qu'elle traverse pour aller s'anastomoser à la plante du pied avec l'artère plantaire externe, qui est la continuation de la tibiale postérieure.

Système veineux. — Les veines sont les vaisseaux qui naissent des dernières divisions des artères ; elles contiennent du sang noir qu'elles portent de toutes les parties au cœur par le moyen des deux veines caves. Les veines sont beaucoup plus nombreuses que les artères ; car, outre les veines qui suivent les artères, et souvent elles sont au nombre de deux, on rencontre beaucoup de sous-cutanées solitaires qui n'accompagnent aucune artère. On trouve dans les veines des valvules qui favorisent la progression du sang et qui s'opposent à son retour vers les capillaires. *Les veines pulmonaires.* Elles procèdent, dans les poumons, des dernières ramifications des artères pulmonaires, se rassemblent en ramuscules, en rameaux, en branches, et forment quatre troncs, qui, sortant deux de chaque poumon, vont s'ouvrir dans l'oreillette gauche du cœur. Les *veines caves*. Ce sont les deux principales veines du corps. La supérieure naît de la réunion des deux veines sous-clavières qui rapportent tout le sang noir de la tête, des membres supérieurs et de la poitrine; elle s'ouvre dans l'oreillette droite du cœur. La veine cave inférieure ou abdominale est beaucoup plus considérable; elle est formée de la réunion de toutes les veines des membres inférieurs, plus des veines hépatiques, rénales, capsulaires, lombaires, etc.; enfin elle va s'ouvrir aussi, comme la supérieure, dans l'oreillette droite du cœur.

Quant au sang veineux abdominal, c'est-à-dire celui de la rate, du pancréas, de l'estomac et des intestins, il est rapporté au foie par les veines spléniques et mésentériques, dont la réunion forme la *veine-porte*. Une partie de ce sang est destinée à la formation de la bile, et le reste est versé dans la veine cave.

§ II

Du sang.

C'est un liquide rouge dans tous les animaux vertébrés, c'est-à-dire les mammifères, les oiseaux, les reptiles et les poissons (il est encore rouge dans les annélides); il est blanc dans les mollusques, les crustacés et les insectes. Le sang humain est un liquide rouge et chaud (32 degrés R.), d'une odeur spécifique et fragrante; il est composé d'eau, d'albumine, de fibrine, d'une matière colorante et de différents sels, tel que hydrochlorate de soude et de potasse, phosphates, carbonates et sulfates alcalins, sous-carbonates de chaux et de magnésie ; suivant Berzélius, d'oxyde de fer, de lactate et de phosphate de soude ; et, d'après Marcet, de phosphate de fer, de chaux et de magnésie. — Si l'on examine le sang au microscope, on y trouve un grand nombre de petits globules, dont la découverte est due à Leuwenhoek. — Il y a deux variétés de sang, l'artériel et le veineux. Le sang artériel est très-rouge, vermeil, rutilant, plus chaud, visqueux, très-concressible et très-plastique ; d'une odeur spécifique, fragrante, alliacée, d'une saveur salée : c'est de la chair coulante, suivant l'heureuse expression de Bordeu. Le sang veineux est d'un rouge foncé, brun, noirâtre ; son odeur est faible, sa température un peu moindre que celle du sang artériel (31 degrés R.). Il est chargé d'hydrogène et de carbone, et impropre à exciter et à nourrir les organes ; il les frappe de torpeur mortelle lorsqu'il circule dans les artères. Le sang, soit artériel soit veineux, abandonné à lui-même, se coagule ou se sépare en deux parties, l'une épaisse et fibrineuse : c'est le *caillot* ou le *cruor*; il est composé de fibrine, de sérum et de matière colorante; la deuxième partie du sang est connue sous le nom de *sérum*.

La transfusion du sang. — « Au milieu des disputes que fit naître la découverte de la circulation, disent Richerand et Bérard, quelques médecins conçurent l'idée de renouveler en entier la masse des humeurs dans les individus chez lesquels on les supposait altérées, en remplissant leurs vaisseaux du sang d'un animal ou de celui d'une autre personne bien portante. Richard-Lower, connu par son traité du cœur, l'exécuta le premier, sur des chiens, en 1665. — Deux années plus tard, la transfusion fut faite à Paris sur des hommes; l'on en conçut d'abord la plus haute espérance : on crut que par ce procédé nouveau, auquel on donna le nom de *chirurgie transfusoire*, tous les remèdes allaient devenir inutiles ; qu'il suffirait désormais, pour guérir les maux les plus graves et les plus invétérés, de faire passer le sang d'un homme vigoureux et sain dans les veines des malades ; on alla même plus loin, et, réalisant en espoir la fontaine fabuleuse de Jouvence, on ne se promettait rien moins que de rajeunir les vieillards par le sang des jeunes, et de perpétuer ainsi la durée de la vie. Toutes ces brillantes chimères ne tardèrent pas à s'évanouir. Quelques hommes soutinrent l'expérience sans en éprouver un bien remarquable ; d'autres furent agités d'un délire furieux ; un jeune garçon de quinze ans devint stupide après deux mois d'une fièvre aiguë. L'autorité publique intervint et défendit ces entreprises dangereuses.

Les expériences relatives à la transfusion du sang furent répétées sans aucun succès à l'Académie des sciences. Perrault y combattit cette nouvelle méthode, et prouva qu'il était bien difficile qu'un animal s'accommodât du sang d'un autre animal ; que ce liquide, en apparence semblable à lui-même dans deux individus du même âge, différait autant que les traits de leur visage, leur caractère, etc...; qu'ainsi on introduisait un liquide étranger, qui, portant aux organes une irritation à laquelle ils ne sont point accoutumés, devait susciter mille désordres dans leur action ; que si l'on oppose, ajoute ce médecin judicieux, l'exemple des greffes, où le suc d'un arbre en nourrit un autre de différente espèce, il est aisé de répondre que la végétation ne dépend ni d'un si grand appareil de mécanique, ni d'une mécanique si fine que la nutrition des animaux, et qu'on peut bâtir une cabane avec toute sorte de pierres prises au hasard, au lieu que pour un palais il faut des pierres taillées exprès ; de sorte qu'une pierre destinée à une voûte ne peut servir ni à un mur ni même à une autre voûte.

« En confirmation de ces remarques judicieuses viennent les expériences toutes récentes (1824) de MM. Dumas et Prévost, de Genève. Comme les dimensions et la forme des globules du sang sont différentes dans chaque espèce, on tue l'animal chez lequel on infuse le sang d'une autre espèce : c'est ainsi qu'un quadrupède, dont le sang présente des globules circulaires, meurt en offrant tous les symptômes d'un empoisonnement si l'on injecte dans ses veines le sang d'un oiseau, dont les globules sont elliptiques... On a cherché à utiliser les tentatives sur la transfusion en réduisant ce procédé à l'injection des substances médicamenteuses dans les veines. Il est remarquable qu'au moment où l'on injecte un liquide dans les veines d'un animal, celui-ci exécute des mouvements de déglutition comme si la substance était prise par la bouche. Tous ces essais sont trop peu nombreux et trop peu authentiques pour qu'on puisse les étendre aux hommes; car tout porte à croire que malgré les plus grands ménagements on exposerait la vie de ceux qui voudraient s'y soumettre. Il est donc à la fois humain et prudent de s'en abstenir. »

Il paraît que depuis environ une trentaine d'années on a fait en Angleterre plusieurs essais fort heureux sur la transfusion du sang humain. Ces sortes d'opérations médicatrices ont été faites dans des cas pathologiques tout à fait désespérés, c'est-à-dire sur des femmes presque absolument exsangues par suite d'énormes pertes utérines. L'on a injecté du sang provenant d'individus jeunes et bien portants, et en fort peu de temps les malades ont été ranimées et rendues à la vie et à la santé. Le plus souvent on a pris le sang du mari même de la malade; et alors nous trouvons ces pratiques *in extremis* fort opportunes, très-rationnelles et très-légitimes; c'est le *una caro* littéral, puisque le sang n'est que de la *chair coulante*. Il est très-important dans ces sortes d'opérations d'éviter l'entrée de l'air dans les veines ; un pareil accident pourrait entraîner les plus graves conséquences, comme nous le verrons plus loin.

Voici un succès complet de transfusion pratiquée chez une femme atteinte de perte utérine excessive, et dans un état en apparence tout à fait désespéré : « Le collapsus général persistant, l'état de la malade devint tellement inquiétant, que le médecin eut recours à la *transfusion* comme le seul moyen de pouvoir la sauver. L'opération fut faite sans que la malade, qui déjà depuis longtemps ne voyait ni n'entendait plus, en éprouvât la moindre sensation.

« Une première injection de *treize drachmes* n'apporta d'autre changement dans le pouls que de le rendre un peu sensible. La même quantité de sang fut injectée cinq minutes après, et augmenta encore un peu la force et l'étendue des battements artériels. Après une troisième injection d'une once et demie, les pulsations devinrent très-manifestes, la malade commença à respirer, et ses lèvres prirent une couleur naturelle. Cinq minutes après on injecta encore quinze drachmes de sang ; le pouls monta de cent vingt à cent quarante pulsations par minute, la respiration devint plus facile, et la malade put répondre aux questions qu'on lui adressait.

« Le sang tiré de la veine de l'aide qui s'était soumis à l'opération ne coulant plus convenablement, le docteur Walter en fit tirer du bras de son neveu, jeune homme de quinze ans, sain et bien portant. Après une nouvelle injection de quinze drachmes, la couleur de la peau s'améliora, le pouls s'éleva, ainsi que la chaleur générale. Un accident arrivé à la seringue empêcha de continuer cette expérience. La malade cependant se rétablit à vue d'œil, et le deuxième jour elle était en état de se tenir sur son séant et de prendre de la nourriture. » (*Revue médicale*, 1828, t. IV, p. 527.)

§ III

Mécanisme de la circulation.

Dans l'homme, le sang passe du cœur aux poumons et des poumons au cœur : c'est la petite circulation ou la circulation pulmonaire. Ce mouvement circulatoire établit, par la voie des poumons, une communication entre les cavités droites et gauches du cœur; sans quoi elles formeraient deux cœurs séparés. Dans la grande circulation, le sang passe du cœur (de son ventricule gauche) dans toutes les parties du corps, et de celles-ci il est rapporté au cœur par les veines, et directement par les deux veines caves, leur aboutissant général.

Pour bien comprendre le mécanisme de cette double circulation, nous allons supposer pour un instant que toutes les cavités du cœur sont absolument vides, et que les deux veines caves sont seules remplies du sang qu'elles ont reçu de toutes les veines du corps. Ces deux grandes veines versent donc le sang qu'elles contiennent dans l'oreillette droite, où elles se rendent. L'oreillette, excitée par la présence du sang, réagit, se contracte fortement sur le fluide, qui s'échappe par où il rencontre le moins de résistance, c'est-à-dire par l'orifice auriculo-ventriculaire. Il n'a pu remonter par la veine cave supérieure, qui se trouve toujours remplie de sang, ni par l'orifice de l'inférieure, plus ou moins bouché par la valvule d'Eustache dont il est garni; il est donc entré dans le ventricule droit. Celui-ci, irrité et distendu par le sang qu'il vient de recevoir de l'oreillette, réagit et se contracte à son tour, comprime et pousse le fluide d'une part vers l'oreillette, et de l'autre dans l'artère pulmonaire. Le retour du sang dans l'oreillette est empêché par la valvule tricuspide dont est garni l'orifice auriculo-ventriculaire, et que l'entrée du sang dans le ventricule avait abaissée et appliquée contre les parois du ventricule. Cette valvule à trois languettes s'élève donc pendant les contractions du ventricule, et en bouche exactement l'ouverture; mais comme ces languettes minces auraient pu être forcées et renversées du côté de l'oreillette, il se trouve, par une disposition providentielle admirable (1), qu'elles sont retenues du côté du ventricule par de petits cordages tendineux qui s'attachent à leur bord libre. Le sang est donc poussé par le ventricule droit dans l'artère pulmonaire, qui le porte dans les poumons. Ce fluide ne peut refluer dans le ventricule à cause des valvules sigmoïdes, qui s'abaissent et s'opposent à ce reflux. Le sang, après avoir subi l'influence vivifiante de la respiration ou de l'oxygénation, est repris par les radicules des veines pulmonaires et de là porté dans l'oreillette gauche. Cette oreillette, stimulée par l'abord du liquide, se contracte et pousse le sang dans le ventricule gauche, sauf une très-petite quantité qui reflue dans les veines pulmonaires. La valvule mitrale de l'ouverture auriculo-ventriculaire s'oppose au retour du sang dans l'oreillette gauche. On retrouve ici encore l'admirable disposition anatomique déjà signalée dans le ventricule droit, c'est-à-dire des colonnes charnues et des filets tendineux qui s'attachent à la valvule mitrale. La contraction du ventricule gauche, qui succède à celle de l'oreillette du même côté, pousse

---

(1) Le cœur est un chef-d'œuvre d'hydrodynamique, qui a servi de modèle aux physiciens, mécaniciens, ingénieurs, etc., pour la construction de leurs machines, de même que l'œil a été un instrument prototype pour les opticiens.

le sang dans l'aorte, dont les valvules sigmoïdes ou semi-lunaires s'opposent à son retour dans le ventricule en fermant l'embouchure du vaisseau. Voilà comment s'accomplit la petite circulation ou la circulation pulmonaire. La grande lui succède immédiatement, c'est-à-dire que le sang étant entré dans l'aorte est poussé dans toutes les parties du corps par les innombrables ramifications de la grande artère, et rapporté par les veines qui y répondent. Celles-ci le versent dans les deux veines caves, d'où il passe de nouveau dans l'oreillette droite et de celle-ci dans le ventricule droit, ainsi de suite.

Si, sur un animal vivant, on met le cœur à découvert, on voit que les oreillettes se contractent en même temps et que les contractions des ventricules affectent la même simultanéité. On peut donc dire que, dans le même moment, il y a toujours contraction dans les oreillettes (systole), et dilatation des ventricules (diastole), contraction des ventricules et dilatation des oreillettes.

Dans le fœtus, chez lequel il n'y a pas encore de respiration et par conséquent point de circulation pulmonaire, le sang de la veine cave inférieure passe dans l'oreillette gauche à travers le trou oval ou le trou de *Botal*, qui existe chez les fœtus à la cloison commune des oreillettes. De l'oreillette gauche il passe dans le ventricule du même côté, et de là dans l'aorte. Les grosses branches, qui viennent de la crosse de cette artère, en reçoivent la plus grande quantité, et la portent à la tête et aux membres supérieurs, d'où il est rapporté par la veine cave supérieure et versé dans l'oreillette droite, sans qu'il se mêle avec la colonne de sang lancée à travers la même oreillette par la veine cave inférieure. C'est une nouvelle merveille de voir deux colonnes de liquide passer l'une à côté de l'autre sans jamais se heurter ni se mêler. Cette oreillette droite pousse le sang dans le ventricule du même côté, qui, à son tour, le transmet dans l'artère pulmonaire. Une très-faible partie du sang qui est contenu dans cette artère passe aux poumons par deux petits rameaux, et le reste est porté dans l'aorte au moyen du *canal artériel*, qui représente l'artère pulmonaire des adultes; il s'y mêle avec une partie de celui qui vient du ventricule gauche, va remplir les artères ombilicales, qui, en sortant par l'ombilic, le conduisent au *placenta*, d'où il est ramené par la veine ombilicale, qui le transmet dans la veine-porte, le foie, et enfin dans la veine cave inférieure, avec tout le sang oxygéné du placenta ou un suc nourricier particulier venant du côté de la mère.

D'après les expériences de Legallois, le cœur paraît recevoir de la moelle épinière le principe de ses mouvements. De tous les organes musculaires c'est celui qui se contracte le plus souvent et qui commence le premier et finit le dernier; c'est, comme on l'a dit depuis longtemps, le *primum vivens* et l'*ultimum moriens*, et l'on ajoute que c'est le seul muscle de l'économie qui, pendant toute la vie de l'homme ou un siècle même, ne jouit pas d'une seule minute de repos. Cependant il résulte des recherches sur le rhythme des battements du cœur, par Laënnec, au rapport de Richerand et de Bérard, « que la permanence des contractions du cœur n'est qu'apparente, puisque (par leurs mouvements alternatifs) les ventricules sont en repos douze heures et les oreillettes dix-huit sur vingt-quatre, intervalle de repos aussi long que celui dont jouissent les muscles de la vie volontaire. »

Circulation artérielle. — Les ramifications vasculaires les plus ténues remplissent toutes les parties molles ou les chairs, puisqu'on ne peut enfoncer l'aiguille la plus fine dans le tissu des organes sans ouvrir plusieurs de ces vaisseaux et occasionner quelque effusion sanguine. Le grand système artériel ou aortique représente assez bien un arbre dont le tronc est figuré par l'aorte, et les branches et les rameaux par les innombrables ramifications artérielles qui, jointes aux veines, forment la trame vasculaire universelle du corps. Nous signalerons ici, en passant, une petite particularité anatomique vraiment admirable : c'est que partout où des artères un peu considérables traversent un muscle, elles sont entourées d'une espèce de cercle tendineux pour empêcher que la contraction du muscle ne gêne, ne comprime ou n'efface entièrement le calibre du vaisseau. Celui-ci se trouve par là à l'abri de toute constriction de la part du muscle, puisque cet anneau se dilate pendant que la contraction musculaire a lieu. On peut dire que l'anatomie et la physiologie sont en quelque sorte la véritable science des causes finales.

L'aorte, ayant reçu le sang du ventricule gauche, réagit sur le liquide qui la dilate, et le ferait refluer dans le ventricule, si ses valvules, en s'abaissant, n'y présentaient un obstacle insurmontable. Cette réaction artérielle, combinée avec le mouvement ou l'impulsion primitive du cœur, force le sang à pénétrer dans toutes les ramifications de l'arbre circulatoire. Comme les artères sont toujours pleines pendant la vie, la portion du sang poussée par les contractions du ventricule gauche rencontre le fluide antécédent, lui communique le mouvement qu'il a reçu; mais, retardé dans sa progression par la résistance qu'il rencontre, il agit contre les parois artérielles et détermine par là les battements des artères. Le nombre des pulsations des artères ou du pouls est constamment celui des battements du cœur, et toutes les pulsations artérielles sont isochrones entre elles. Voici quelques règles ou quelques données approximatives sur la fréquence relative des battements du pouls, suivant l'âge des sujets : le pouls, chez l'enfant nouveau-né, donne environ cent quarante pulsations par minute; à un an, cent vingt-cinq; à deux ans, cent dix; à trois ans et les suivants, quatre-vingt-quinze; à l'époque où les dents de lait tombent ordinairement, quatre-vingt-cinq; à la puberté, quatre-vingts; à l'âge adulte ou viril, c'est-à-dire depuis vingt jusque vers soixante ans, soixante-quinze à soixante-dix, et le plus généralement soixante-douze, qui est censé le pouls normal et physiologique chez le plus grand nombre des adultes; à soixante ans, soixante, etc. Dans la vieillesse avancée, le pouls se fait remarquer par son extrême lenteur. Dans certains cas particuliers, on a observé des pouls à cinquante, quarante, trente et plus bas encore. Nous avons vu, il y a quelques années, dans une affection organique du cœur, un pouls qui oscillait entre dix-huit et vingt-trois pulsations par minute; nous fûmes effrayé d'une pareille rareté, peut-être unique dans les annales de la science; nous fîmes observer à nos élèves qu'il était fort à craindre que ce malade ne mourût subitement, et, en effet, environ six semaines après il succomba en tirant de la boisson dans sa cave. Dans l'état de maladie, plus le pouls est fréquent, plus il y a de danger, et généralement un pouls à cent cinquante chez un adulte est un pouls mortel; nous avons en ce point rencontré très-peu d'exceptions.

Système capillaire. — On appelle capillaire (de *capillus,* cheveu) un ordre de vaisseaux d'une extrême ténuité, qui sont intermédiaires aux artères et aux veines; ils ne sont point apercevables à l'œil nu, et leur capacité est si exiguë qu'elle ne peut jamais livrer passage qu'à un seul globule à la fois. Il y a deux systèmes capillaires: l'un est établi entre les dernières divisions artérielles et les origines des veines, ou plutôt c'est la trame vasculaire qui établit communication entre le système artériel et le système veineux de la grande circulation, cette communication est parfaitement prouvée par les injections dont la matière passe des artères aux veines : l'autre système capillaire est placé entre les artères et les veines pulmonaires. Dans le premier système, le sang perd sa qualité de sang rouge ou artériel pour devenir noir ou veineux ; tandis que dans l'autre le sang subit un changement contraire, et de noir et veineux devient rouge et artériel.

§ IV

L'action des veines.

On voit dans les veines le sang marcher par un mouvement concentrique de l'intérieur à l'extérieur, ou de la périphérie au centre : il passe donc successivement des radicules dans les ramuscules, dans les rameaux, les branches, les troncs, et enfin de ceux-ci dans les deux veines caves, qui le versent dans l'oreillette droite. Une troisième veine, mais bien moins considérable, s'ouvre également dans cette oreillette ; c'est la veine coronaire du cœur, qui rapporte le sang veineux de cet organe lui-même. Dans la circulation artérielle nous avons observé un ordre contraire, c'est-à-dire une progression excentrique. De la connaissance de cette différence de mouvement circulatoire il résulte que dans les hémorragies traumatiques, il faut, pour arrêter le sang artériel (qui se reconnaît à son jet saccadé, à son aspect rutilant et rouge), exercer une compression entre le point d'où part le sang et le cœur ; tandis que, pour arrêter une hémorragie veineuse (que l'on reconnaît à son jet continu et non saccadé d'un sang noir), on comprime en sens contraire le point de la plaie le plus éloigné du cœur. Il faut faire remarquer qu'il existe ici, comme dans le système artériel, un nombre infini d'anastomoses (inosculations ou abouchements) providentiellement établies pour faciliter le cours du sang et remédier aux obstacles fortuitement survenus, c'est-à-dire pour suppléer aux vaisseaux obstrués ou bouchés par une cause quelconque, afin que, par un vice de circulation grave, l'existence ne soit jamais compromise. Une des anastomoses les plus remarquables du système veineux est celle des deux veines caves opérée par l'intermédiaire de la veine azygos, ainsi appelée parce qu'elle est *impaire*. Cette veine unique est située à la partie antérieure des vertèbres dorsales.

En terminant ce chapitre, nous ferons remarquer que l'introduction de l'air dans les veines constitue généralement un accident promptement mortel, comme on l'a observé trop souvent dans les opérations chirurgicales pratiquées à la partie supérieure de la poitrine ou dans les régions de la gorge. L'entrée de l'air dans les veines rendues béantes par l'instrument tranchant est annoncée par un petit sifflement, et surtout par un bruit que l'on traduit très-fidèlement par le mot *glou-glou*. Dès que ce dernier se fait entendre, le malade s'évanouit et meurt le plus souvent à l'instant même et en moins d'une minute. Il n'y a le plus souvent rien autre chose à faire que de boucher avec le doigt l'ouverture de la veine, que son adhérence aux parties voisines empêche de se fermer. Peut-être, en s'opposant à l'introduction ultérieur de l'air dans la veine, on pourra dans quelques cas empêcher l'accident de devenir mortel ; car la mort n'arrive que parce que les bulles d'air, mêlées avec le sang, vont gagner l'oreillette et le ventricule droit du cœur, dilatent ces cavités, en paralysent et en arrêtent absolument les contractions, et dès lors, comme on sent, la mort devient inévitable.

CHAPITRE IV

DE LA RESPIRATION ET DE LA CALORIFICATION

APPAREIL RESPIRATOIRE ET AIR. MÉCANISME DE LA RESPIRATION. PHÉNOMÈNES CHIMIQUES DE LA RESPIRATION. CALORIFICATION OU CHALEUR ANIMALE.

§ 1

Considérations préliminaires.

La respiration est une fonction par laquelle le sang, après avoir parcouru toutes les parties du corps et reçu de nouveaux principes, vient se renouveler et se revivifier dans les poumons, sous l'influence de l'air atmosphérique.

La respiration se compose de phénomènes mécaniques et de phénomènes chimiques. Les premiers sont l'inspiration et l'expiration. L'inspiration fait pénétrer l'air dans les poumons, tandis que l'expiration, au contraire, expulse ce fluide élastique des organes pulmonaires. Les phénomènes chimiques consistent dans l'absorption d'une partie de l'oxygène de l'air, dans la formation d'une petite quantité de gaz acide carbonique et dans le dégagement d'une certaine quantité de vapeurs aqueuses. C'est la fonction respiratoire qui fait changer le sang veineux en artériel, ou le sang noir en rouge.

Les poumons sont donc les organes de la respiration. Ils sont situés dans la capacité du thorax ou de la poitrine, et séparés l'un de l'autre par le médiastin et le cœur. Le médiastin est une cloison membraneuse formée par l'adossement des plèvres, qui partagent la poitrine en deux parties, l'une droite, et l'autre gauche.

De l'aliment de la respiration, ou de l'air atmosphérique. — L'air ou le *pabulum vitæ*, comme dit Hippocrate, est le fluide élastique qui nous environne de toutes parts jusqu'à une hauteur d'environ six myriamètres (quinze à seize lieues). Cette masse d'air constitue ce qu'on appelle l'atmosphère. L'air est un gaz permanent, pesant, diaphane, invisible, incolore, inodore, insipide, élastique et très-compressible, composé de soixante-dix-neuf parties de gaz azote, de vingt et une de gaz oxygène et d'une très-petite quantité de gaz acide carbonique. On trouve de plus dans l'air une plus ou moins grande quantité de vapeurs aqueuses, une infinité d'émanations qui se dégagent sans cesse de la surface du globe, du fluide électrique, etc.; mais ses seuls principes essentiels et constituants sont l'oxygène et l'azote : les quelques millièmes d'acide carbonique n'y paraissent qu'accidentellement. Ces proportions d'oxygène et d'azote sont nécessaires à la respirabilité de l'air : si le premier vient à diminuer notablement, comme on l'observe dans l'air très-raréfié que l'on respire à la cime des plus hautes montagnes, ou à quelques mille mètres au-dessus du niveau des mers, la respiration devient très-pénible, anxieuse, suffocative, le pouls s'accélère ; on éprouve un malaise indéfinissable, une faiblesse extrême, une soif intolérable avec une envie de dormir presque irrésistible ; bientôt se manifestent diverses hémorragies ; le sang sort du nez, des gencives, des poumons et quelquefois même des yeux. Cette oppression suffocante et cette effusion sanguine dépendent à la fois de la grande rareté de l'air, qui diminue la quantité de l'oxygène, et de la diminution notable de la pression atmosphérique. On éprouve tous ces effets au sommet du mont Blanc, qui est le point le plus élevé de l'Europe, près de 5,000 mètres au-dessus du niveau de la mer; le baromètre n'y marque que 40 centimètres. A cette faible pression, l'éther n'est plus liquide, il reste à l'état gazeux. Sur la cime de ces montagnes si élevées la détonation d'une arme à feu est, dit-on, à peu près nulle. C'est surtout au mont Blanc que ce phénomène se fait remarquer. C'est là que l'extrême rareté de l'air transmet très-difficilement le son et ne produit presque plus aucun écho. Voilà à ce sujet une anecdote assez curieuse, tirée d'un mémoire de M. Rey sur les ascensions. « M. Fellowes, le premier voyageur qui soit retourné au mont Blanc après M. Sherwill, ayant vaincu tous les périls de l'entreprise et étant enfin parvenu au sommet, voulut célébrer sa victoire par un chant triomphal. Il réunit ses guides autour de lui et leur proposa d'entonner le chant national des Anglais pour le roi, le fameux *God save the king*; mais ces braves gens n'en connaissant ni l'air ni les paroles, il fallut se rabattre sur un chant du pays, et le *ranz des vaches* fut celui qui se présenta le plus naturellement à l'idée. Mais, dès que l'on voulut commencer, il se manifesta une difficulté à laquelle on n'avait point songé d'abord : c'est que chacun des concertants, qui s'entendait à peine lui-même, n'entendait absolument ni son voisin, ni, à plus forte raison, les chanteurs plus éloignés de lui. Tous avaient bien la bouche ouverte, tous croyaient articuler des paroles accentuées; mais les sons expiraient dans l'air dès qu'ils étaient émis, et comme aucune des oreilles ne percevait aucune des modulations émanées de la voix des autres concertants, il y avait impossibilité absolue qu'il s'établît ni mesure ni ensemble dans l'exécution d'un morceau de chant noté pour le mouvement de *staccato*. C'était une cacophonie dans toute la vérité de l'expression. Aussi, de l'avis de M. Fellowes lui-même, n'y avait-il rien de plus ridicule que le spectacle d'hommes disposés en rond, debout face à face, la bouche toute grande ouverte et ne disant rien, chantant et ne s'accordant point, criant sans qu'on les entendît, et ayant l'air d'être là uniquement pour se faire l'un à l'autre des grimaces. » (*Revue médicale*, décembre 1842.)

Un des effets de la diminution de la colonne d'air sur les corps, et dont on doit la première observation au capitaine Sherwill, est assez singulier pour trouver sa place ici. Pendant son séjour d'une heure à la cime du mont Blanc, il se sentait, ainsi que ses guides, d'une légèreté extraordinaire : « Il me semblait, dit-il, que mes pieds ne touchaient point le sol, et qu'on aurait pu passer une lame de couteau entre la semelle de mes souliers et la neige sur laquelle je marchais. » Le comte de Tilly a éprouvé absolument le même effet au même lieu, et l'a décrit à peu près dans les mêmes termes. Enfin M. Atkins a dit : « Nous respirions avec plus de liberté à mesure que nous descendions, et nous nous sentions si légers qu'il nous semblait à peine toucher à la terre. » (*Revue médicale*.) Rien de plus facile que de se rendre compte de ce phénomène ou de cette légèreté apparente du corps, à une pression de 379 millimètres. La colonne d'air qui pesait sur les corps a perdu la moitié de son poids, c'est-à-dire 8,000 kilogrammes, puisque à 758 millimètres (pression atmosphérique ordinaire), la pression de la colonne que supporte la surface d'un homme de moyenne taille a été évaluée à un poids de 16,000 kilogrammes. Cette évaluation est fondée sur le phénomène de l'ascension de l'eau à la hauteur de $10^m,395$ au niveau de la mer, et dans des tubes fermés, comme dans les pompes ordinaires ; et du mercure à la hauteur de 0ᵐ,758 (baromètre). De là donc cette légèreté apparente ou plutôt cette moindre pression atmosphérique.

Un fait signalé par tous les voyageurs ascensionnaires, c'est que le moindre mouvement détermine aussitôt une anhélation qui va jusqu'à la suffocation accompagnée d'une lassitude insurmontable. De Saussure ne pouvait faire, sur le mont Blanc, plus de quinze pas sans s'arrêter et même sans s'asseoir pour reprendre haleine. « A la hauteur de 12,000 pieds, dit-il, mes guides, hommes robustes, n'avaient pas soulevé cinq ou six pelletées de neige, qu'ils se trouvaient dans l'impossibilité de continuer; il fallait qu'ils se relayassent d'un moment à l'autre. L'un d'eux se trouva mal et passa la soirée dans les angoisses les plus pénibles... Près de la cime, l'air est si rare, que je ne pouvais faire que quinze ou seize pas sans reprendre haleine; j'éprouvais même de temps en temps un commencement de défaillance qui me forçait de m'asseoir. Arrivé sur la cime, quand il fallait me mettre à disposer mes instruments et à les observer, je me trouvais à chaque instant obligé d'interrompre mon travail pour ne m'occuper que du soin de respirer... Toute observation faite avec soin dans cet air rare fatigue, parce que, sans y penser, on retient son souffle, et comme il faut suppléer à la rareté de l'air par la fréquence des inspirations, cette suspension me causait un malaise sensible. J'étais obligé de me reposer et de souffler après avoir observé un instrument, comme après avoir fait une montée rapide. » (De Saussure, *Ascension au mont Blanc.*)

La raison de ce phénomène, c'est évidemment le défaut d'oxygénation suffisante de la masse du sang.

Gay-Lussac s'est élevé dans un aérostat à la hauteur de 7,000 mètres; c'est la plus grande hauteur que l'homme ait jamais atteinte. Le but de cette ascension, inouïe jusqu'alors, était de recueillir de l'air pour en faire l'analyse chimique. Ne pouvant plus respirer et perdant son sang de toutes parts, ce savant intrépide fut forcé de redescendre et de revenir à la planète qu'il semblait avoir perdue de vue.

D'après les données que l'on vient d'exposer, l'on peut croire que, si l'induction tirée de la progression arithmétique ne trompe pas, Gay-Lussac, dans cette fameuse ascension, a dû éprouver une pression de $0^m,189$, et, supposé qu'il eût pu s'élever à 9,000 mètres, on peut croire que la pression atmosphérique eût été alors de *zéro*, puisqu'il a été prouvé par le fait qu'une élévation d'environ 2,250 mètres, comme au mont Saint-Bernard, ne donne qu'une pression de $0^m,568$, et qu'à la hauteur de 4,400 mètres, comme au sommet du mont Blanc, on éprouve une pression d'environ $0^m,379$. En admettant encore qu'à zéro de pression et à la hauteur de 9,000 mètres il eût pu respirer et vivre quelques instants, quelle action, quelle force ou quel degré d'influence auraient exercé sur lui les lois de la pesanteur ou de l'attraction dans un milieu où il n'y a nulle pression atmosphérique?... Demande facile, mais réponse impossible... Laissons donc ces sortes de questions insolubles, et passons à des objets plus accessibles aux sens et à l'intelligence humaine.

Toutes les fois qu'un grand nombre d'hommes ou d'animaux se trouvent rassemblés dans un endroit exactement clos, où l'air ne peut se renouveler, la quantité d'oxygène diminue promptement, tandis que celle de l'acide carbonique augmente dans la même proportion, et même en proportion plus forte : ce dernier, en raison de sa pesanteur spécifique, gagne toujours les endroits les plus déclives et asphyxie les êtres vivants qu'il y rencontre. C'est ainsi que, près de Pouzzole, dans le royaume de

Naples, il existe une grotte appelée la *Grotte-du-Chien*, où il se dégage une grande quantité d'acide carbonique : les chiens qui y pénètrent sont à l'instant frappés de mort, tandis que l'homme y entre impunément; s'il s'y couchait, il serait également atteint d'une asphyxie mortelle. De deux bougies placées sous la même cloche, la plus courte s'éteint la première. Ainsi, dans les assemblées nombreuses, les lieux les plus bas sont en général les plus insalubres, à raison du gaz acide carbonique qui s'y accumule constamment.

L'air, que les anciens regardaient comme un élément, étant composé, comme nous l'avons dit déjà, d'oxigène et d'azote, il convient de dire quelques mots sur les substances élémentaires ou les principes constituants de l'air atmosphérique.

L'oxygène est un gaz incolore, inodore, insipide, un peu plus pesant que l'air; il est seul l'aliment positif de la respiration et de la combustion. Il brûle, avec ignition et une flamme très-vive, les corps les plus réfractaires à l'action du feu, comme le fer lui-même; il fait fondre le platine, qui est un métal réputé infusible parce qu'il résiste à l'action des plus violents feux de forge : on peut dire, en un mot, que rien ne résiste au feu terrible soufflé et alimenté par l'oxygène; nos foyers domestiques les plus actifs, les fourneaux de forge eux-mêmes sont sans activité et sans puissance auprès d'un fourneau allumé par l'oxygène pur. Quoiqu'il soit impossible de vivre sans oxygène, on ne peut néanmoins le respirer sans qu'il soit mêlé à l'azote. Si on le respirait pur, la vie serait très-active, trop *intense*; elle se consumerait trop vite, et il en résulterait une sorte de combustion vitale avec lésion pulmonaire. Chaussier et Adelon rapportent que Dumas a tenté sur ce point des expériences sur des chiens; il forçait ces animaux à respirer, deux fois par jour, de l'oxygène pur pendant dix heures; à la fin de chaque séance, leur respiration était précipitée, ils manifestaient un malaise évident; ce malaise fut tel, qu'au bout de vingt-huit jours il fallut diminuer la longueur des séances. Les épreuves furent encore continuées pendant quinze jours, après quoi ces animaux devinrent phthisiques (poitrinaires); on les tua, et, à l'ouverture de leur corps, on trouva la plèvre enflammée, des déchirures, des tubercules et même des ulcères suppurants dans le tissu des poumons. L'oxygène est donc, en résumé, le principe de toute respiration et de toute combustion, c'est-à-dire que sans oxygène il n'y a absolument ni respiration ni combustion.

§ II

Mécanisme de la respiration. Phénomènes mécaniques ou l'inspiration et l'expiration.

L'*inspiration* est un mouvement général du thorax et du diaphragme, par lequel l'air s'introduit dans les poumons en passant par le larynx, la trachée-artère et les deux bronches qui résultent de la bifurcation de la trachée-artère. Chaque bronche se ramifie à l'infini dans le poumon correspondant. La dilatation de la poitrine et l'ampliation des poumons ont donc nécessairement lieu au moment de l'entrée de l'air atmosphérique dans les organes de la respiration. La poitrine se dilate dans le sens vertical par l'abaissement du diaphragme aux dépens de la cavité abdominale; dans les autres sens, ou suivant les diamètres transverse et antéro-postérieur, cet agrandissement ou cette ampliation du thorax s'opère par l'élévation simultanée des côtes et du sternum. Les agents de cette dilatation générale sont, outre le diaphragme, presque tous les muscles qui couvrent la surface du thorax et particulièrement les muscles intercostaux. — Quant à la dilatation des poumons eux-mêmes, elle est purement passive, et s'opère par la pression de l'air atmosphérique; l'air se précipite dans les cellules pulmonaires, les distend, les dilate, et par conséquent toute la masse pulmonaire subit une ampliation générale, proportionnée à l'agrandissement de la poitrine. Ce mécanisme de dilatation pulmonaire peut être assimilé, suivant l'ingénieuse comparaison de Mayow, au jeu d'une vessie placée dans un soufflet.

L'*expiration* n'est point, comme l'inspiration, un état actif; c'est un mouvement à peu près passif, en vertu duquel l'air inspiré est expulsé au dehors par la réaction des pièces élastiques du thorax, par le retour du diaphragme vers la poitrine et surtout par l'élasticité du parenchyme pulmonaire et l'action des fibrilles musculaires dont sont garnies les ramifications bronchiques. La quantité de l'air expiré est un peu moins grande que celle de l'air inspiré, par les raisons que l'on verra plus bas.

Les mouvements mécaniques de la respiration produisent encore divers autres actes, tels que la succion, le soupir, le bâillement, l'éternument, la toux, la phonation, etc. De la combinaison de l'inspiration et de l'expiration résultent le rire, le hoquet, le sanglot, etc. Nous dirons deux mots sur les principaux de ces mouvements respiratoires ou ces anomalies de la respiration.

La *succion*, comme tout le monde sait, n'est autre chose que l'action d'attirer un liquide dans la bouche en y produisant le vide à l'aide de l'inspiration.

Le *soupir* est une inspiration lente, forte, étendue, et prolongée, par laquelle le sang passe des cavités droites du cœur dans les poumons. Il a pour but de faire cesser un malaise, une gêne, une sorte d'anxiété ou même une douleur ou une peine morale, qui paraissent déterminés par l'accumulation du sang noir ou veineux dans l'oreillette et le ventricule droits du cœur. Pendant l'acte d'un long soupir, les poumons se remplissent d'une grande quantité d'air, il s'établit un juste rapport entre la circulation et la respiration, et en même temps se complète l'important phénomène de l'hématose.

Le *bâillement* s'effectue à peu près par le même mécanisme et pour les mêmes raisons que le soupir. C'est le symptôme le plus certain de l'ennui, de l'envie de dormir, de la faim, de la fatigue, de l'invasion de la fièvre intermittente, etc. Le bâillement est souvent accompagné de *pandiculations*, c'est-à-dire de mouvements automatiques des bras en haut, avec renversement du tronc et de la tête en arrière.

L'*éternument* est une forte, violente et brusque expiration dans laquelle l'air, chassé très-rapidement, va frapper avec bruit les parois anfractueuses des fosses nasales. Cet acte respiratoire est ordinairement suivi d'un sentiment de bien-être dans les voies aériennes et dans les cavités nasales. Ce mouvement convulsif des muscles expirateurs et du diaphragme est déterminé sympathiquement par une irritation plus ou moins vive de la membrane pituitaire ou nasale.

La *toux* ne diffère de l'éternument qu'en ce que les expirations sont plus courtes et plus fréquentes. Les expirations convulsives de la toux entraînent les mucosités des bronches et de la trachée-artère, de même que dans l'éternument l'air expiré chasse les mucosités des fosses nasales. L'expulsion des mucosités des bronches constitue ce qu'on appelle l'*expectoration*. L'*expuition* n'est que l'expulsion des matières salivaires ou muqueuses qui se trouvent dans la bouche, le pharynx et le larynx.

Le *rire*. Nous le définissons, avec les physiologistes, une suite d'inspirations et d'expirations très-courtes et très-fréquentes. D'après les mêmes physiologistes, le rire est particulier à l'homme, et a été réfusé à la brute. Certes, nous ne leur contesterons pas encore la vérité de cette assertion. — Causes du rire : généralement tout ce qui est capable d'inspirer de l'hilarité et de la joie, ou la vue des objets ou des actions ridicules, des méprises, des contrastes, des disparates, des assemblages bizarres, inharmoniques, etc.

Le rire très-immodéré peut déterminer les accidents les plus graves, et la mort même. Un rire excessif fit mourir Zeuxis et le philosophe Chrysippe. « J'ai moi-même recueilli, dit le docteur Reydellet, une observation de cette nature sur une ancienne religieuse qui fut prise à table d'un rire tellement violent qu'elle tomba morte au bout de quelques minutes, au point que les assistants crurent d'abord à une plaisanterie; mais on ne tarda pas à s'apercevoir que la mort était bien réelle. » Le rire a été quelquefois la cause ou l'occasion de guérisons inespérées. L'auteur que nous venons de citer rapporte, à ce sujet, l'anecdote suivante : « Tout le monde connaît l'exemple de ce cardinal qui, atteint d'une vomique et attendant la mort d'un moment à l'autre, fut pris d'un rire tellement violent en voyant un singe coiffé de sa calotte rouge, que l'abcès s'ouvrit tout à coup, s'échappa par la bouche, et que le malade arriva promptement à une guérison complète. »

Le rire est non-seulement contagieux par imitation, mais il peut encore être épidémique, comme on le voit par l'anecdote suivante, rapportée par Athénée : « Les habitants de Thyrinthe étaient tellement pris d'un rire convulsif qu'ils ne pouvaient plus traiter sérieusement aucune affaire, quelque grave et importante qu'elle fût.

Très-affligés de cette étrange épidémie, ils envoyèrent consulter l'oracle de Delphes sur les moyens de se guérir. L'oracle leur prescrivit de sacrifier un taureau à Neptune et de le jeter à la mer en grande cérémonie; mais le tout sans rire. Ce n'était pas là chose facile : cependant, à force de se contenir, tout se passa parfaitement jusqu'à la fin. On avait éloigné toutes les personnes trop légères ou trop joviales, et notamment les enfants, de peur qu'ils ne troublassent la gravité de la cérémonie. Cependant, malgré cette précaution, un enfant s'étant glissé dans le cortége sans qu'on l'aperçût, le peuple voulut le chasser : *Eh bien!* leur cria-t-il, *avez-vous peur que j'avale votre taureau?* On lui répondit par des éclats de rire universels, et les Thyrinthiens comprirent enfin qu'ils devaient se résigner à leur destinée. » On sait que le chatouillement provoque le rire involontaire; on l'a vu devenir convulsif, furieux et mortel : on prétend même qu'en certains pays le chatouillement de la plante des pieds était un genre de supplice destiné à faire périr les criminels.

Le *hoquet* n'est autre chose qu'une inspiration prompte, sonore, rauque, produite par la contraction involontaire et subite du diaphragme et la constriction simultanée de la glotte, qui arrête le passage de l'air dans la trachée-artère. Ce phénomène nerveux, récent et purement physiologique, disparaît le plus souvent spontanément ou sous l'influence des impressions morales vives et subites, comme la frayeur, la joie, une diversion à l'attention, une forte douleur, des aspersions froides.

Le *sanglot* est une contraction spasmodique, brusque et momentanée du diaphragme et des muscles de la poitrine, accompagnée de bruit et d'expirations entrecoupées. Il est produit, comme tout le monde le sait, par de grandes douleurs physiques et morales, et quelquefois même par un excès de joie, en un mot, par toutes les causes ou circonstances qui déterminent l'action de pleurer, dont les spasmes singultueux ne sont qu'une grande exagération.

Quant au rhythme respiratoire ou la fréquence normale de la respiration, elle se balance entre quinze et vingt-cinq par minute, c'est-à-dire que le terme moyen est de vingt, ou plutôt le quart de la fréquence du pouls, ou dix-huit.

§ III

Phénomènes chimiques de la respiration.

C'est ici la respiration proprement dite, la sanguification ou l'hématose, qui a pour but de faire changer le sang noir et les fluides nutritifs, tels que le chyle et la lymphe, en sang rouge ou artériel. L'air, chassé des poumons par l'expiration, ne présente plus la même quantité ni la même composition ; on y trouve bien 0,79 d'azote ; mais la portion d'oxygène ou de principe vital et respirable a subi une diminution notable, c'est-à-dire, d'après l'estimation commune, de deux et demie à trois parties. L'air expiré contient plus de gaz acide carbonique que l'air inspiré, et il paraît qu'il y a plus d'acide carbonique de dégagé que d'oxygène absorbé. De plus, l'air expiré se trouve mêlé à une certaine proportion de vapeurs aqueuses, animales et putrescibles ; c'est ce qu'on appelle la *transpiration pulmonaire*.

Le sang arrivant aux poumons est noir, séreux, peu coagulable et incapable d'exciter les organes et d'entretenir la vie ; mais dès qu'il a subi l'influence de l'oxygène ou l'élaboration respiratoire, il en sort rouge, vermeil, plus chaud, concrescible et doué de qualités stimulantes et vitales ; c'est le sang artériel rendu tel par la puissance de l'oxygène. Il est prouvé que du sang noir, veineux, extrait d'un vaisseau et *mort*, devient rouge si on le met en contact avec l'oxygène pur. Ce changement dans la composition du sang est considéré, par les physiologistes-chimistes, comme le résultat d'une action ou d'une combinaison chimique. Les chimistes ont regardé la fonction respiratoire comme une véritable combustion, opérée par la combinaison de l'oxygène de l'air atmosphérique avec l'hydrogène et le carbone du sang ; et de là, suivant eux, le dégagement du calorique ou la calorification animale. Mais il nous semble qu'il n'ont pas, en ce point, convenablement apprécié l'influence nerveuse, ou considéré la question à son point de vue vraiment physiologique ou vital. Et, en effet, des expériences multipliées et variées prouvent que les fonctions respiratoire et hématosique sont sous la dépendance immédiate du grand sympathique, et surtout du nerf pneumo-gastrique ou de la huitième paire, et que par conséquent ces phénomènes sont des actes purement vitaux et non des opérations chimiques ; à moins qu'on ne veuille peut-être les regarder comme le résultat d'une espèce de chimie animale ou vivante, comme disait Broussais. Quoi qu'il en soit, MM. Magendie et Mayer, au rapport de Richerand et de Bérard, ont toujours vu la section des deux nerfs pneumo-gastriques entraîner une asphyxie mortelle plus ou moins rapide. D'un autre côté, il paraît que d'autres expérimentateurs, comme Bichat, Dumas, Brodie, de Blainville et Sédillot, ont obtenu des résultats à peu près contraires, et qui prouvent que la section des nerfs pneumo-gastriques n'a point entraîné une asphyxie immédiate, ni modifié sensiblement l'hématose. Nous pensons néanmoins que, si cette section n'arrête pas toujours instantanément la sanguification, l'altération plus ou moins lente de l'hématose et une asphyxie sinon prompte, du moins tardive, n'en sont pas moins l'effet presque constant. La section des mêmes nerfs paralyse et arrête à l'instant le travail digestif.

« Loin de pouvoir être regardés comme des récipients chimiques, dit Richerand, les poumons agissent donc sur l'air, le combinant avec le sang par une force qui leur est propre; le digèrent, en un mot, comme les anciens l'avaient indiqué en appelant l'air l'aliment de la vie. Cette digestion est plus importante que celle des aliments; elle ne peut être interrompue sans danger pour l'existence; aussi, vivre et respirer sont synonymes dans le langage de tous les peuples.

« La partie respirable de l'air atmosphérique, mêlée au sang artériel, coule avec lui dans toutes les parties du corps pour y porter la chaleur et la vie... Privé d'eau et de carbone, chargé d'oxygène dans son passage à travers les poumons, revivifié et, pour ainsi dire, reconstitué pour une nouvelle vie, le sang artériel, chassé au loin, se dépouille de ce principe, se désoxygène et revient à l'état veineux. Ainsi les effets de la respiration se continuent en quelque manière dans tous les lieux, dans tous les tissus où le sang pénètre; partout l'oxygène, entrant dans de nouvelles combinaisons, entretient les organes dans une excitation nécessaire, leur fournit du calorique qui, se dégageant uniformément, donne à toutes nos parties une température égale. »

§ IV

De la calorification ou de la chaleur animale.

C'est la fonction en vertu de laquelle la chaleur se forme et se développe dans les êtres organisés vivants, et particulièrement dans les animaux et dans l'homme. Mais, avant d'aller plus loin, disons deux mots sur le calorique.

Le calorique est un des quatre fluides impondérables. C'est le principe et la matière de la chaleur. Il est invisible, très-subtil, très-élastique et tend à se mettre en équilibre dans tous les corps, en fait une partie constituante, les pénètre, les dilate, les échauffe, les décompose, les fait passer de l'état solide à l'état liquide, et de l'état liquide à l'état gazeux, et réciproquement par sa soustraction. On appelle calorique *combiné* celui qui entre dans la combinaison intime des corps et constitue leur manière d'être ; calorique *latent*, celui qui est absorbé par les corps, qui passe de l'état solide à l'état liquide, ou de celui-ci à l'état gazeux, et qui n'en élève point la température ; calorique *interposé*, celui qui se trouve retenu entre les molécules des corps, qui fait équilibre à la température des corps ambiants et se rend sensible au thermomètre ; calorique *spécifique*, celui qui est nécessaire à faire passer de zéro à la même température deux corps égaux en poids ; enfin on appelle calorique *libre* ou *rayonnant* celui qui renvoie des rayons, ou plutôt qui est réfléchi par les corps blancs et polis qu'il n'échauffe guère, et absorbé par ceux qui sont noirs, bruns ou ternes, qu'il échauffe notablement. Rien ne prouve mieux l'existence du calorique rayonnant que le fait ou l'expérience suivante. On place vis-à-vis l'un de l'autre, et à la distance de quatre à cinq mètres, deux miroirs à concavité parabolique ; on met au foyer de l'un de ces miroirs concaves A du charbon rouge, et au foyer de l'autre miroir B un corps inflammable comme de l'amadou, de la poudre à canon ou du soufre ; cela fait, on voit à l'instant s'enflammer les corps combustibles placés au foyer du miroir B, placé à cinq mètres de distance. Il faut noter que l'amadou placé tout près des charbons ardents ne pourra jamais s'embraser ; il faut pour cela qu'il soit mis à une très-grande distance, c'est-à-dire au foyer du miroir B.

Les corps blancs, avons-nous dit, réfléchissent le calorique rayonnant. C'est d'après ce principe de physique que l'on adopte l'usage des vêtements blancs pendant l'été et dans les pays chauds ; de là encore l'usage général de chapeaux blancs pendant l'été ; de là aussi la coutume de blanchir les murs destinés aux espaliers, etc.

Nous ne parlons pas ici de la force réfringente des verres lenticulaires sur les rayons solaires, c'est chose trop connue ; mais nous profiterons de cette petite digression pour dire un mot sur certains accidents assez singuliers causés par la réfrangibilité de vases de verre sphériques. On cite plusieurs cas où des carafes de cette forme, pleines d'eau, laissées sur une croisée et exposées à toute l'ardeur du soleil, ont mis le feu à des rideaux ou autres objets inflammables qui se trouvaient à portée.

En 1845, une ouvrière en dentelles quitta sa chambre pendant le jour, en laissant sur une table, devant sa fenêtre ouverte et à proximité d'une boîte d'allumettes chimiques, un de ces globes en verre remplis d'eau dont les personnes de sa profession font usage le soir, pour concentrer les rayons de lumière sur leur métier. Pendant son absence, le soleil vint à donner sur le globe de verre, et ses rayons, en le traversant, allèrent converger sur la boîte d'allumettes et en déterminèrent la combustion. En un instant la table fut brûlée, et l'incendie menaçait de s'étendre lorsque quelques pompiers arrivèrent fort à propos pour l'éteindre.

L'homme et les animaux ont une température propre et toujours la même, quelle que soit celle du milieu dans lequel ils habitent. Ordinairement le degré de cette température est supérieur à celui de la température des milieux ambiants. Le calorique ne se met donc pas en équilibre entre les êtres vivants et les corps inorganiques ; la force vitale s'y oppose.

La température humaine est habituellement de 30 à 32 degrés de Réaumur (environ 36 degrés centigrades). Cette chaleur du corps de l'homme est à peu près la même au milieu de l'air embrasé de la zone torride, comme dans les glaces des régions polaires. Les académiciens Tillet, Duhamel et plusieurs autres savants (*Mémoires de l'Académie des sciences*, en 1764), ont vu deux servantes de boulanger rester quatorze à quinze minutes dans un four dont la température était de 105 degrés Réaumur, et où l'on cuisait des fruits et des viandes de boucherie. Ces filles, en sortant du brasier, ne présentaient que de la rougeur à la figure, sans gêne notable de la respiration. Les Sibériens, au rapport de Gmelin, supportent le froid de 70 degrés Réaumur, et en été une chaleur de 38 : quel prodigieux contraste ! Nous ne parlons pas ici de l'horrible froidure de 80 degrés de la Nouvelle-Zemble, l'idée de ce froid épouvantable fait frissonner la nature. On voit les Lapons et les Samoïèdes, graissés d'huile rance de poisson, se promener la poitrine découverte sur des montagnes de glace, par des froids de 30 à 40 degrés (Réaumur). Les soldats russes de la Sibérie se graissent le nez et les oreilles pour se garantir du froid excessif auquel ils sont exposés. Déjà Xénophon, dans la fameuse retraite des dix mille Grecs, avait ordonné à ses soldats de se graisser toutes les parties exposées à l'air. Les soldats français, dans la désastreuse campagne de Moscou, auraient probablement moins souffert du froid s'ils avaient connu et employé ce moyen si simple et si facile.

Quant à la source de la chaleur animale, les physiologistes-chimistes la font dériver exclusivement de l'acte de la respiration. Ils prétendent qu'elle résulte de la combinaison de l'oxygène avec le carbone du sang, soit dans les poumons, soit dans les vaisseaux ou les divers organes du corps. C'est donc, suivant eux, une sorte de combustion chimique, c'est-à-dire une fixation de l'oxygène sur un corps combustible avec dégagement de calorique. Mais il nous paraît plus exact et plus physiologique de dire que la chaleur vitale est le produit, non d'une seule fonction quasi chimique, mais de plusieurs actes vitaux, comme de la respiration, de la circulation, de la digestion et même de la nutrition. La respiration, à la vérité, paraît être le principe ou la cause principale de la chaleur animale, parce que c'est par elle que s'accomplit le phénomène de l'oxygénation du sang ou le passage du gaz oxygène à l'état liquide par sa combinaison avec le sang. Or on sait que les gaz sont les substances qui contiennent le plus de calorique combiné, et qu'ils n'existent à l'état de fluide élastique que par l'accumulation du calorique, qu'ils abandonnent dès qu'ils deviennent liquides ou solides. La calorification est en raison directe de la quantité d'oxygène absorbé. C'est pourquoi les oiseaux, doués de très-vastes poumons et qui respirent plus d'oxygène que l'homme, ont la température plus élevée de huit à dix degrés (Richerand et Bérard). La circulation artérielle est une seconde source de la chaleur, et par le mouvement qu'elle produit et par le transport du sang dans toutes les parties du corps, et par conséquent du calorique dont le sang artériel est le principal véhicule. La digestion est une source très-abondante de chaleur animale, et même la simple ingestion de boissons chaudes, comme tout le monde sait et l'éprouve journellement. Enfin la nutrition elle-même est un principe latent de calorification, parce que dans cet acte d'assimilation le passage des liquides à l'état solide dégage nécessairement du calorique. Ainsi la chaleur animale et vitale est le résultat des principales fonctions de l'économie, telles que la respiration, la circulation, la digestion et la nutrition. C'est d'après ce principe qu'on se garde bien de chercher à réchauffer subitement une personne frappée d'asphyxie par congélation, en la plaçant auprès du feu, ce qui serait la tuer, mais qu'on s'applique uniquement à rappeler la chaleur naturelle en ranimant les fonctions vitales, qui en sont les sources principales, comme la respiration, la circulation, etc. Et à cet effet on commence par pratiquer des frictions à la région du cœur et à l'épigastre avec de la neige ou des linges imbibés d'eau à la glace.

Nous terminerons ce paragraphe et tout le chapitre par un mot sur l'*asphyxie*. C'est une suspension des phénomènes vitaux ou une espèce de mort apparente, qui commence par la suspension de la respiration, comme la syncope commence par la suspension de la circulation, et l'apoplexie par celle de l'action cérébrale : ou, en d'autres termes, d'après les expériences de Bichat, l'asphyxie commence par les poumons, la syncope par le cœur, et l'apoplexie par le cerveau.

L'asphyxie a lieu : 1° *par défaut d'air*, comme dans la strangulation, la submersion (1), et le vide, où l'on fait

---

(1) Deux mots sur les premiers secours à donner à une personne noyée.

On l'enveloppe dans une couverture de laine et on la couche sur un matelas, la tête un peu élevée, sur le côté et près d'un grand feu. On cherche à ranimer et à réchauffer le malade par degrés. A cet effet, on fait des frictions sur tout le corps et surtout à l'épigastre et à la région du cœur, avec une brosse ou avec une flanelle sèche, puis imbibée de quelque liqueur spiritueuse ou excitante. On peut aussi appliquer sur l'épigastre une vessie remplie d'eau chaude, ou des linges chauds, ou des sachets de cendre chaude sur les différentes parties du corps. On verse dans la bouche quelques gouttes de vin chaud ou de quelque liqueur spiritueuse ; mais il faut surtout chercher à rétablir la respiration. On peut souffler de l'air dans les poumons avec la bouche appliquée sur celle du malade, ou, ce qui vaut mieux encore, en se servant d'un

périr les animaux à environ 14 centimètres de pression atmosphérique; 2° *par des gaz non respirables*, c'est-à-dire impropres à entretenir les mouvements vitaux, comme l'azote, l'hydrogène, etc. On peut encore rapporter à cette catégorie l'air non renouvelé et chargé de gaz acide carbonique et de matières animales. Si l'on place un animal sous une cloche en verre, il y périra bientôt si l'air extérieur n'y pénètre pas, de même qu'une bougie qu'on brûle sous une cloche s'éteindra plus ou moins promptement, suivant le volume d'air que renferme la cloche. Percy a rapporté dans le *Journal de médecine* (t. XX, p. 282) une scène horrible dont la relation détaillée est consignée dans l'histoire des guerres des Anglais dans l'Indoustan. Cent quarante-six personnes furent renfermées dans une chambre de vingt pieds carrés, qui n'avait d'autre ouverture que deux petites fenêtres donnant sur une galerie. « Le premier effet qu'éprouvèrent ces malheureux prisonniers fut une sueur abondante et continuelle; une soif insupportable en fut bientôt la suite; à cette soif succédèrent de grandes douleurs de poitrine et une difficulté de respiration approchant de la suffocation. Ils essayèrent divers moyens pour être moins à l'étroit et se procurer de l'air; ils ôtèrent leurs habits, agitèrent l'air avec leurs chapeaux, et prirent enfin le parti de se mettre à genoux tous ensemble et de se relever simultanément au bout de quelques instants : ils eurent recours trois fois dans une heure à cet expédient, et chaque fois plusieurs d'entre eux, manquant de force, tombèrent et furent foulés aux pieds par leurs compagnons. Ils demandèrent de l'eau; on leur en donna; mais, se disputant pour s'en

soufflet, dont on pousse le tuyau dans une des narines, tandis qu'on ferme l'autre. Ces insufflations doivent être d'abord fort légères, puis on les augmente graduellement. Enfin on donne quelques lavements irritants avec ce que l'on trouve sous la main, comme de l'eau fortement salée, etc. etc.

procurer, les plus faibles furent renversés et succombèrent bientôt après. L'eau n'apaisa pas la soif de ceux qui purent en boire, et encore moins leurs autres souffrances ; ils étaient tous dévorés d'une soif qui redoublait à tous moments. A minuit, c'est-à-dire durant la quatrième heure de leur reclusion, tous ceux qui restaient encore en vie et qui n'avaient pas respiré aux fenêtres un air moins infect, étaient tombés dans une stupidité léthargique ou dans un affreux délire : on se battit de nouveau pour avoir accès aux fenêtres. A deux heures du matin il n'y avait plus que cinquante vivants ; mais ce nombre étant encore trop grand pour que tous pussent recevoir de l'air frais, le combat se continua jusqu'à la pointe du jour. Le chef lui-même, après avoir résisté longtemps, était tombé asphyxié ; on le releva, on l'approcha de la fenêtre et on lui donna des secours. Bientôt après la prison fut ouverte : de cent quarante-six hommes qui y étaient entrés il n'en sortit que vingt-trois vivants ; ils étaient dans le plus déplorable état qu'on puisse imaginer, portant peinte dans tous leurs traits la mort à laquelle ils venaient d'échapper. » (*Dictionnaire des sciences médicales.*) 3° *Par des gaz nuisibles qui sont ou irritants ou délétères*, comme le chlore, l'acide sulfureux, l'ammoniaque, l'hydrogène sulfuré, l'oxyde de carbone, le gaz nitreux, etc. etc. Voilà les principales causes de l'asphyxie.

CHAPITRE V

DES SÉCRÉTIONS

SÉCRÉTION DES LARMES, DE LA SALIVE, DE LA BILE, ETC. SÉCRÉTION ET EXCRÉTION DE L'URINE. EXHALATIONS CUTANÉES. EXHALATIONS MUQUEUSES, SÉCRÉTIONS SÉREUSES ET SYNOVIALES. SÉCRÉTIONS ADIPEUSE ET MÉDULLAIRE.

§ I

Sécrétion des larmes, de la salive, de la bile, etc.

La sécrétion est une fonction par laquelle les glandes tirent, séparent du sang, les matériaux destinés aux liquides de nouvelle formation, comme la bile, la salive, l'urine, etc.

Les larmes sont une humeur séreuse, salée, inodore, incolore, contenant de la soude, du chlorhydrate de soude, du phosphate de chaux et de soude, du carbonate de soude et de l'albumine. Elles sont sécrétées par une petite glande située dans l'angle externe et supérieur de l'orbite. Cette glande, qu'on appelle lacrymale, fournit sept ou huit conduits excréteurs qui s'ouvrent derrière la paupière supérieure et y versent les larmes destinées à lubrifier constamment le globe de l'œil. Les larmes non évaporées ou leur excédant est absorbé ou pompé par les deux points lacrymaux qui sont placés près de l'angle interne des paupières. Les conduits lacrymaux, qui sont la continuation de ces petits orifices, portent les larmes dans le sac lacrymal, et celui-ci dans le canal nasal, lequel enfin les transmet dans les fosses nasales.

L'effusion des larmes (pleurs), comme on sait, est souvent déterminée par de violentes émotions de l'âme, par la tristesse, la douleur, la joie, l'admiration, la piété, la dévotion sensible, etc. Les pleurs ne sont pas une marque de faiblesse ou de pusillanimité; ils sont les épanchements d'une âme sensible et compatissante, d'un naturel doux, aimant et bienfaisant : ils ne sont donc point indignes d'un caractère élevé ou d'un grand homme. Quoi de plus naturel que de pleurer la mort d'un ami, d'un bienfaiteur ! « Les héros de l'antiquité, dit le *Dictionnaire des sciences médicales*, n'étaient point honteux des larmes d'admiration, de joie ou de douleur. Achille, Alexandre, Scipion, Annibal, le pieux Énée, savaient pleurer : *sunt lacrymæ rerum*, a dit Virgile : locution admirable, qui ferait plaindre ceux qui n'ont jamais connu la douceur des larmes! » S'il faut en croire l'auteur de cet article du Dictionnaire, « le cerf réduit aux abois verse des larmes, et le chien qui a perdu son maître vient inonder sa tombe de pleurs. On a vu des chevaux se refuser à servir d'autres maîtres et pleurer longtemps celui qu'ils avaient perdu. Une personne digne de foi qui se trouva dans le Languedoc aux funérailles de M. de Voisins, frère de l'ancien curé de Saint-Étienne-du-Mont, m'a dit avoir vu ses chevaux ne vouloir point traîner le char qui renfermait son cadavre.

« A la pompe de Pallas, son cheval, qui suivait ses dépouilles, versait de grosses larmes :

Post bellator equus, positis insignibus Æton
It lacrymans, guttisque humectat grandibus ora. »

Quant aux sécrétions salivaire, biliaire, pancréatique, laiteuse, voyez ce que nous avons dit sur ces divers points aux chapitres de la digestion et de la génération.

§ II

De la sécrétion et de l'excrétion des urines.

Les reins sont les organes sécréteurs de l'urine. Ce sont deux glandes situées profondément dans la région lombaire, sur les côtés de la colonne vertébrale, l'une à droite, et l'autre à gauche. Les reins présentent à leur bord interne une échancrure plus ou moins profonde, qui leur donne assez exactement la forme d'un haricot : cette scissure reçoit les vaisseaux rénaux. Le rein est composé de deux substances, l'une extérieure, nommée *corticale*, et l'autre intérieure, appelée *tuberculeuse* ou *mamelonée*. L'urine sécrétée par la substance corticale passe par les conduits de la substance tuberculeuse et arrive ainsi successivement dans les *calices*, les *bassinets* et l'*uretère*. Ce dernier conduit est le canal excréteur du rein ; il s'étend depuis le bassinet, dont il est la continuation, jusqu'au bas-fond de la vessie, dans laquelle il s'ouvre et verse l'urine qu'il a reçue du rein. Ce liquide y coule continuellement et goutte à goutte, jusqu'à ce qu'il ait plus ou moins rempli le réservoir urinaire. Ce réservoir, ou la vessie, est une poche musculo-membraneuse conoïde placée dans l'excavation du bassin, entre le pubis et le rectum dans l'homme, et entre cet os et le vagin chez la femme. La partie antérieure de la vessie, qui ressemble à un goulot fort court, est ce qu'on appelle le *col* de ce viscère ; il se continue avec l'*urètre* ou le canal excréteur de la vessie, qui se termine à l'extrémité du pénis. Le commencement de ce canal est embrassé dans l'homme par un corps glanduleux qu'on appelle la *prostate*. De l'assemblage des follicules muqueux qui forment le corps prostatique naissent dix à quinze petits conduits excréteurs qui s'ouvrent dans l'urètre et y versent un liquide visqueux destiné à le lubrifier et à servir de véhicule au sperme pendant l'éjaculation. La partie la plus reculée de la région inférieure de la vessie s'appelle le *bas-fond* de ce viscère. Cette partie basse repose sur les vésicules séminales et le rectum. C'est par cette disposition anatomique qu'on explique comment les pollutions nocturnes sont souvent déterminées par l'état de réplétion de la vessie, parce qu'alors le réservoir urinaire, étant rempli outre mesure, exerce une compression plus ou moins forte sur les vésicules séminales, et excite par là les contractions expulsives des poches spermatiques.

Le mécanisme de l'excrétion urinaire se fait principalement par les contractions de la vessie, aidées de celles du diaphragme et des muscles abdominaux. Ce mécanisme est très-analogue à celui de l'excrétion des matières fécales. L'émission des urines ne peut s'effectuer en même temps que l'excrétion des matières fécales, lorsque celles-ci sont solides ou dures, parce qu'elles compriment le commencement ou l'origine du canal de l'urètre, qui se trouve placé devant la partie inférieure du rectum.

Rien n'est plus variable que la sécrétion, la qualité et la quantité des urines, non-seulement d'un individu à un autre, mais encore sur le même individu. Mêmes variétés, suivant les saisons, les climats, la nature des aliments et des boissons, et même les passions des personnes. L'été, comme on sait, l'urine est sensiblement moins abondante et plus concentrée que pendant l'hiver, en raison de l'augmentation des sueurs ou de l'exhalation incessante du système cutané. L'influence des boissons et des aliments est incontestable et d'observation vulgaire : l'usage de la betterave, de la garance, donne à l'urine une couleur rouge; celui des asperges, comme on sait, la rend extrêmement fétide; l'introduction dans l'économie des substances balsamiques, de la térébenthine, etc., change l'odeur propre de l'urine en celle de violette; une frayeur vive et subite détermine quelquefois une abondante excrétion d'urine aqueuse, claire et limpide; les applications et les contentions d'esprit paraissent aussi influer quelquefois sur la sécrétion urinaire en l'augmentant notablement.

Dans des circonstances très-rares, on a vu la sécrétion des urines se supprimer totalement. Gauthier de Chambéry cite un fait de suppression totale de la sécrétion urinaire qui a duré deux cent vingt-quatre heures, avec absence des signes du séjour des urines dans la vessie.

Dans le journal de Corvisart, on parle d'une petite fille de onze ans, chez laquelle il y eut, pendant dix-huit mois, une suppression totale de la sécrétion urinaire. Mais voici une histoire bien plus extraordinaire rapportée par le docteur Montfalcon, qui dit l'avoir empruntée à un des journaux de médecine (on ne sait auquel).

« Une femme âgée d'environ cinquante ans eut une suppression totale et subite des urines et des matières fécales. Les cathartiques, pris en lavement et par la bouche, et les diurétiques ne procurèrent d'autre évacuation que des sueurs abondantes. La malade, abandonnée à la nature, resta pendant *sept ans* sans fièvre, sans douleur et presque sans incommodités, ne rendant rien *par les selles ni par les voies urinaires*. Ces excrétions étaient suppléées par des sueurs très-copieuses et d'une fétidité insupportable. Les sueurs n'étaient pas continues ; elles revenaient irrégulièrement, tantôt de deux en deux jours, tantôt de trois en trois, et elles ruisselaient de toutes les parties du corps. Pendant ce temps, cette femme mangeait avec appétit de toute espèce d'aliments; elle avait le visage assez vermeil, et était même grasse : la faiblesse seule de son corps, occasionnée par des sueurs si copieuses, la retenait au lit. Dès qu'elle sentait l'instant des sueurs s'approcher, elle se jetait sur de la paille préparée exprès, qui se pourrissait promptement; enfin, contre toute espérance, le ventre commença à s'ouvrir spontanément et l'urine à couler. Les sueurs cessèrent alors, la malade recouvra la santé et en jouit pendant six à sept ans; elle mourut d'une maladie qui n'avait point de rapport avec son incommodité passée. Le même journal contient une autre observation de suppression de la sécrétion de l'urine survenue chez une fille hystérique âgée de dix-huit ans : cet état dura trois mois. La malade transpirait abondamment. »

On distingue trois espèces d'urine, suivant le temps de son émission. La première est l'*urine de la boisson* : c'est une liqueur aqueuse, presque inodore, incolore, limpide et insipide; elle est rendue presque immédiatement après des boissons prises en grande quantité, et souvent retient une partie de leurs qualités physiques et chimiques. (Voyez le chapitre de l'absorption, où l'on a prouvé que les boissons sont absorbées par les veines intestinales.) La deuxième espèce d'urine est l'*urine du chyle* ou de la digestion : elle est plus élaborée, plus animalisée, plus odorante et plus foncée que la première; c'est celle que l'on rend deux à trois heures après le repas. Enfin la troisième espèce est l'*urine du sang*, qui est rendue sept ou huit heures après le repas et le matin : elle possède au plus haut degré tous les caractères de l'urine proprement dite ou de l'urine normale. Elle présente une couleur d'un jaune foncé ou fortement citrin; elle est sapide, âcre et salée ; exhale une odeur forte, spécifique, qui ne retient plus rien de celle des aliments et des boissons. Elle est le résultat de la dépuration générale de nos humeurs : c'est celle que les chimistes choisissent pour leurs expériences.

De toutes les humeurs humaines, l'urine est sans contredit le liquide qui a été le plus travaillé et tourmenté par les chimistes de tous les temps. On assure que Proust, lui seul, a fait évaporer près de deux mille litres d'urine.

Il serait sans doute déplacé de présenter ici une analyse détaillée de l'urine humaine ; nous nous bornerons à donner sur ce point un aperçu général, d'après les plus célèbres chimistes.

L'urine, suivant Berzélius, est composée d'eau, d'urée (base de l'urine), d'acide urique, d'acide lactique, de mucus de la vessie, de lactate d'ammoniaque uni à une matière animale insoluble dans cet agent, de sulfate de potasse et de soude, de phosphate de soude et d'ammoniaque, de phosphate terreux avec un atome de chaux, de chlorhydrate de soude et d'ammoniaque et de silice. L'urine, d'après les expériences de Vogel, de Vauquelin et de Proust, renferme des acides phosphorique et carbonique libres. D'après le professeur Orfila, le liquide urinaire abandonné à lui-même dépose, au bout de quelques heures, de l'acide urique ; plus tard l'urée se décompose, la liqueur devient alcaline, et il se forme un nouveau dépôt composé d'urate d'ammoniaque, de phosphate de chaux et de phosphate ammoniaco-magnésien, etc.

On sait que l'urine des diabétiques est sucrée, très-abondante et privée d'acide urique et d'urée.

Nous ferons remarquer, en terminant ce paragraphe, que les calculs urinaires sont spécialement composés par les acides urique, phosphorique et oxalique unis à l'ammoniaque, la magnésie, la chaux et la silice. L'acide urique paraît être très-souvent la base des calculs urinaires; c'est de cet acide que l'on rend dans la gravelle sous la forme de dépôt sablonneux, de graviers ou de petits calculs grisâtres, jaunâtres, roussâtres ou rougeâtres.

On fait facilement disparaître l'acide urique en prenant d'abondantes boissons alcalines, c'est-à-dire en lui présentant une base qui l'absorbe et forme avec cet acide un sel très-soluble.

Il est bon de faire observer que tout corps étranger solide introduit dans la vessie, quelque petit qu'il soit, devient inévitablement le noyau d'un calcul. On a rencontré souvent au centre des pierres urinaires une épingle, une paille, une graine, un morceau de gomme élastique ou de bois, ou d'os, etc.; tous objets qui avaient été introduits dans l'urètre. C'est probablement à cause de la différence de température qu'ont lieu ces incrustations salines; car l'acide urique n'étant soluble qu'à environ 32 degrés Réaumur, il se précipite sur des corps dont la température est au-dessous de ce degré : de même que souvent on le voit déposer ou cristalliser aussitôt que l'urine se refroidit.

§ 111

Exhalations cutanées.

De l'humeur sébacée, de la transpiration insensible et de la sueur.

La peau de l'homme est le siége de trois excrétions : la première, l'excrétion de l'*humeur sébacée*; la deuxième, celle de la *transpiration insensible;* et la dernière, celle de la *sueur*, qui n'est qu'une excrétion accidentelle ou éventuelle, tandis que les autres sont constantes et continuelles.

La matière sébacée est le produit des cryptes ou follicules que l'on rencontre dans la composition du derme. Outre que cette excrétion onctueuse est décomposante et dépuratrice, elle sert encore particulièrement à entretenir perpétuellement la mollesse et la souplesse du système cutané. Ces follicules se font surtout remarquer sur le bord des paupières, derrière les oreilles, aux ailes du nez, dans le creux de l'aisselle, aux aines, au périnée, au scrotum, etc. Cette matière, comme tout le monde sait, répand souvent une odeur forte et spécifique.

La transpiraton insensible. — C'est un fluide invisible, une atmosphère vaporeuse, une espèce d'halitus qui s'exhale continuellement de la peau de l'homme, et qui, sous forme gazeuse, est emportée par l'air ambiant ou absorbée par le tissu des vêtements. Les agents de cette excrétion dépuratoire sont les vaisseaux exhalants de la surface cutanée. On s'assure de l'existence de la transpiration insensible par la petite expérience suivante : on approche, à la distance de deux millimètres, le bout du doigt d'une glace, qui bientôt se ternit par la vapeur qui se dégage du doigt, et l'on voit cette vapeur se condenser en petites gouttelettes très-fines. Tout le monde sait qu'en pressant fortement le bout du doigt, surtout dans l'été, on en voit sortir une infinité de petites gouttelettes de sérosité ; c'est la matière de la transpiration insensible, sous la forme de sueur fine, qui sort des bouches des vaisseaux exhalants.

La matière de la transpiration insensible est appréciable par son odeur et par son poids ; c'est à la fois un émonctoire général de la nutrition et un moyen destiné à maintenir et à équilibrer la température du corps. Cette matière (recueillie au moyen de taffetas ciré, ou condensée sous la forme de sueur), selon M. Thénard, est composée d'une grande quantité d'eau, d'une faible proportion d'acide acétique libre, de chlorhydrate de soude et de potasse, de très-peu de phosphate de chaux et d'oxyde de fer, etc. Suivant Berzélius, l'acide que l'on trouve dans la matière de la transpiration insensible n'est pas de l'acide acétique, mais de l'acide lactique; il y a aussi de l'acide carbonique. Il serait aussi inutile que fastidieux de mentionner ici toutes les expériences qu'ont faites sur cette matière, à l'exemple de Sanctorius, les physiologistes des divers pays de l'Europe savante. Nous laisserons donc le fameux Sanctorius peser dans une balance, pendant trente ans, son corps, ses aliments, ses boissons, ses urines et ses matières fécales, et tout cela pour savoir au juste combien chaque jour il perdait de matière par la transpiration insensible. C'est ainsi que ce savant, très-respectable d'ailleurs et surtout très-patient, ayant pris quatre kilogrammes d'aliments et de boissons en vingt-quatre heures, et n'ayant recueilli qu'un kilogramme et demi d'excrétions *sensibles*, lorsque son corps fut revenu, au bout de vingt-quatre heures, à son poids primitif, conclut que les deux autres kilogrammes et demi de matières ingérées avaient été emportés par la transpiration insensible, et que, par conséquent, la transpiration cutanée était la plus forte des excrétions dépuratoires de l'économie. Un grand nombre de physiologistes de divers pays répétèrent ces expériences, mais, comme on pense bien, avec des résultats plus ou moins dissemblables; car la transpiration insensible varie à l'infini, suivant l'âge, le sexe, le tempérament, l'idiosyncrasie, le climat, la saison, l'état barométrique, thermométrique, hygrométrique et anémométrique de l'atmosphère : tout cela est évident et n'échappe à personne. De plus la transpiration insensible et la sueur, comme on sait, sont intimement liées avec la sécrétion urinaire et même avec les sécrétions muqueuse et séreuse. On transpire et on sue sensiblement moins alors que les urines sont plus abondantes, comme dans l'hiver ou lorsqu'on est sous l'impression du froid et de l'humidité, et *vice versâ*. Revenons aux fameuses expériences du médecin de Venise, de Sanctorius, et à celles de tous les physiologistes qui les ont répétées. Or ces expériences manquent d'exactitude et de précision, et ne prouvent pas ce qu'on a prétendu établir, parce qu'on n'a pas tenu compte de la transpiration pulmonaire et des excrétions bronchiques et nasales : on s'est contenté de peser les urines et les matières fécales, et on attribuait le plus souvent le déficit à la transpiration insensible seule. A des temps plus rapprochés de nous, Lavoisier et Séguin cherchèrent à séparer la transpiration cutanée de la transpiration pulmonaire, et à cet effet, pour fixer la matière de la transpiration insensible, ils se mirent dans une enveloppe imperméable qui contenait exactement tout le corps et même la tête : on y avait adapté un tube qui communiquait au dehors, afin d'assurer la liberté de la respiration. Ils se pesèrent avant et après l'expérience, et reconnurent qu'ils avaient perdu en vingt-quatre heures deux kilogrammes et demi d'excrétion insensible ; c'était là la plus forte quantité de transpiration tant cutanée que pulmonaire, et c'est aussi précisément la quantité annoncée par Sanctorius. Dans une autre expérience, ils n'obtinrent qu'un kilogramme trois cent soixante-seize grammes, dont neuf cent dix-sept grammes pour la transpiration cutanée, et quatre cent cinquante-huit grammes pour la transpiration pulmonaire, c'est-à-dire le tiers de la première. Il résulte donc de là que, des deux kilogrammes et demi d'excrétions insensibles de Sanctorius, les deux tiers étaient le produit de la transpiration cutanée, et l'autre tiers le résultat de la transpiration pulmonaire. Ainsi d'après cela on voit que la quantité de la matière de la transpiration cutanée est double de la quantité de celle de la transpiration pulmonaire, ou dans le rapport de 2 à 1 ; et que la quantité totale des matières des deux transpirations est le triple de la quantité de la transpiration pulmonaire, ou dans le rapport de 3 à 1. Nous verrons plus bas que ce résultat diffère de celui qu'ont obtenu ou annoncé d'autres physiologistes, comme Richerand et Bérard.

La *sueur*, comme nous l'avons déjà dit, n'est qu'une excrétion éventuelle ; c'est la condensation de la matière de la transpiration insensible : et, en effet, si celle-ci est considérablement ou subitement augmentée par une grande accélération de la circulation ou une notable élévation de la température, ou par une foule d'autres causes, alors la matière exhalée, ne pouvant être vaporisée assez promptement, se condense, et apparaît à la surface cutanée sous la forme de gouttes, de fluide aqueux ou sueur.

La sueur subit naturellement, quant à sa quantité et à ses qualités, les mêmes variations que la transpiration insensible, avec cette différence pourtant que la première paraît moins chargée d'acide carbonique et en même temps plus riche en substances salines, qui se déposent sur la peau et s'y montrent quelquefois sous la forme d'écume ou de flocons blancs. Cette excrétion dépuratoire est sujette à de nombreuses et singulières aberrations. Nous n'en mentionnerons ici qu'une seule, celle d'une femme, rapportée dans le journal de Sédillot, atteinte d'une sueur chronique, qui devenait exubérante pendant les froids de l'hiver, et qui diminuait au moment des fortes chaleurs de l'été.

Quant à la sueur de sang ou *diapédèse*, on en trouve dans les auteurs et dans les annales de la médecine un grand nombre de faits. Nous en citerons deux ou trois exemples :

« Mézeray rapporte que le gouverneur d'une place prise d'assaut, condamné par un vainqueur cruel à perdre la vie sur un échafaud, fut saisi d'une terreur si profonde lorsqu'il vit l'instrument du supplice auquel on allait le livrer, qu'à l'instant même une sueur de sang se répandit sur tout son corps..... Lombard, dans une thèse soutenue sous la présidence de Fagon, en 1663, rapporte qu'un général qui se voyait sur le point de perdre une bataille fut tellement frappé de l'idée du dommage qu'en devait souffrir sa gloire, qu'il fut pris au même moment d'une diapédèse bien caractérisée... »

« On lit dans les Mémoires de la Société des sciences de Harlem l'histoire d'un marin qui, pendant une grande tempête, présenta l'exemple d'une diapédèse fort remarquable. Cet homme était tombé tout d'un coup sur le visage; en le relevant, on s'aperçut qu'il était couvert de sang : on le crut blessé; mais, procédant à son pansement, on reconnut que le sang suintait à travers les pores de la peau. Cet état dura pendant toute la tempête, et cessa avec elle; la diapédèse n'eut aucune suite ultérieure. » (Citation du *Dictionnaire des sciences médicales*.)

§ IV

Exhalations muqueuses.

De la transpiration pulmonaire.

Le système muqueux est la continuation du système cutané, comme on le voit manifestement à toutes les ouvertures du corps, au nez, à la bouche, etc. La transpiration pulmonaire est cette excrétion vaporeuse qui s'exhale continuellement par l'acte de la respiration; c'est, en un mot, la vapeur aqueuse de l'haleine.

La membrane muqueuse pulmonaire ou bronchique est le siége et l'agent de la transpiration pulmonaire. « On croit, disent Richerand et Bérard, que la quantité de la transpiration pulmonaire est égale à celle de la transpiration cutanée (quatre livres en vingt-quatre heures). Ces deux excrétions se suppléent réciproquement : lorsqu'il sort beaucoup d'eau par l'exhalation pulmonaire, la transpiration cutanée s'échappe en moindre quantité, et *vice versâ*. Les corps de MM. Delaroche et Berger, couverts de la tête aux pieds d'un vernis à l'esprit de vin, dans la vue de retenir la transpiration cutanée dans un bain d'étuve, ont perdu de leur poids comme s'ils n'eussent point fait usage de ce vernis, la vapeur qui ne pouvait en sortir par les exhalants cutanés ayant pris son issue par les voies pulmonaires. »

On voit d'après cela que le rapport de la transpiration cutanée à la transpiration pulmonaire est notablement différent de celui que nous avons donné précédemment. C'est une nouvelle preuve de l'excessive variabilité de ces excrétions éliminatoires et dépuratives, par conséquent de la mobilité des expériences physiologiques et de l'inconstance de leurs résultats et de leurs produits. La transpiration pulmonaire provient du sang veineux, et n'est qu'un mélange de gaz acide carbonique et d'une sérosité albumineuse à l'état de vapeur aqueuse, visible ou invisible, suivant le degré de température atmosphérique.

Il ne faut pas confondre la matière de la transpiration pulmonaire avec les mucosités que sécrètent les bronches et la trachée-artère, et qui forment la matière des crachats.

Les membranes muqueuses des voies digestives exhalent des mucosités destinées à la lubrification de ces organes. Cette sécrétion est souvent considérablement augmentée et constitue un véritable état maladif, comme la dyssenterie et les diarrhées muqueuse et séreuse. La membrane muqueuse des organes de la génération dans la femme n'exhale que de simples mucosités, même pendant l'acte du coït, et jamais de véritable liqueur spermatique, comme on l'a cru pendant longtemps. On ne trouve chez elle aucun organe destiné à la sécrétion de ce dernier fluide, comme nous le verrons ailleurs.

§ V

Des sécrétions séreuses et synoviales.

Ces sortes de sécrétions ont lieu dans les mailles du tissu cellulaire et dans les cavités splanchniques, c'est-à-dire dans les parties qui ne communiquent point avec l'extérieur, comme dans les sécrétions précédentes. Le siége, ou si l'on veut les agents ou les organes de ces sécrétions, ce sont les membranes séreuses, comme la plèvre, le péritoine, etc., et le tissu cellulaire; leur matière est la sérosité ou le *sérum*, qui est un liquide aqueux, limpide, transparent, jaunâtre, inodore et légèrement salé. Il est composé presque entièrement d'albumine et de quelques substances salines, telles que sous-carbonate de soude, des phosphates, du soufre, etc.; il est coagulé par la chaleur; c'est l'eau qui forme les hydropisies, soit générales, soit du ventre, de la poitrine, etc. La quantité de cette humeur devient quelquefois très-considérable; mais cette accumulation n'a lieu que dans le cas où l'équilibre est détruit entre l'exhalation et l'absorption. Dans cet état anormal, l'exhalation ou la sécrétion étant toujours active, et l'absorption nulle, il en résulte une accumulation plus ou moins considérable de sérosité, qui constitue la condition morbide ou pathologique qu'on appelle *hydropisie*. On a vu des hydropisies générales où il y avait peut-être trente à quarante kilogrammes de liquide épanché dans les lames du tissu cellulaire.

On a observé aussi certaines hydropisies ascites contenir de vingt à trente litres de sérosité, et quelquefois même davantage.

L'exhalation qui a lieu dans les articulations produit un liquide visqueux qu'on appelle *synovie*; c'est une liqueur lubrifiante qui a pour but de favoriser le mouvement des os et de faciliter le jeu des surfaces articulaires.

§ VI

Des sécrétions adipeuse et médullaire.

Le tissu cellulaire, qui se trouve dans presque toutes les parties du corps, est l'organe sécréteur de la graisse; ce produit est constamment composé de deux principes immédiats, la *stéarine* et l'*élaine*. La graisse est fort peu animalisée; elle a beaucoup d'analogie avec les huiles végétales, ne contient que de l'oxygène avec beaucoup d'hydrogène et de carbone, et très-peu d'azote. Elle est insoluble dans l'eau et plus légère que ce liquide : c'est en vertu de cette légèreté spécifique de la graisse que les personnes grasses ont beaucoup plus de facilité à se tenir à la surface de l'eau que celles qui se trouvent dans des conditions opposées. (Voyez la *natation*.)

Dans un adulte d'un embonpoint ordinaire, la graisse fait à peu près la vingtième partie du corps. Chez des personnes qui mènent une vie sédentaire et dont la digestion et l'absorption sont fort actives, le poids de la graisse peut égaler celui de la moitié du corps et même davantage, comme on le voit surtout dans les pays froids et humides. On sait que la polysarcie ou l'obésité est plus fréquente en Angleterre et en Hollande ; on l'observe rarement dans les régions chaudes, où l'on ne voit guère que des hommes secs et maigres, nerveux ou bilieux. D'autres causes, comme la saignée, la castration, le sommeil, peuvent encore favoriser la polysarcie, en ralentissant le mouvement circulatoire et en frappant de torpeur et d'atonie la fibre du système cellulaire ; celui-ci, ne réagissant plus assez énergiquement, se distend et se remplit d'énormes collections adipeuses.

La graisse paraît être une espèce de nourriture de réserve destinée à l'entretien de la nutrition alors que l'alimentation et la digestion sont impossibles, comme dans les maladies aiguës ; c'est un fait qu'on contaste encore particulièrement chez les animaux dormeurs. « Les loirs et les marmottes acquièrent un embonpoint prodigieux pendant la saison de l'automne, puis s'enferment sans provisions dans leurs terriers pour y vivre pendant six mois d'hiver, aux dépens de la graisse qui surcharge tous leurs organes. Elle se trouve principalement ramassée dans le bas-ventre, où les épiploons forment des pelotons graisseux d'un très-gros volume. Lorsqu'au printemps l'engourdissement cesse et qu'ils se réveillent de leur sommeil, ils sont pour la plupart réduits à un état de maigreur extrême. » (Richerand.)

La surabondance d'exhalation graisseuse est généralement plus nuisible qu'utile ; c'est même un caractère d'asthénie ou de faiblesse, et quelquefois une source de maladies. Les personnes très-grasses respirent difficilement et sont hors d'haleine au moindre mouvement, ce qu'il faut attribuer à un amas de graisse qui entoure le cœur et en gêne les mouvements, c'est-à-dire la circulation et par suite la respiration. Souvent une autre cause de dyspnée vient se joindre aux précédentes, c'est le défaut de jeu ou d'abaissement du diaphragme causé par l'obésité abdominale.

La graisse, comme mauvais conducteur du calorique, sert aussi à conserver la chaleur animale. On sait, en effet, que les personnes polysarques ou chargées d'un embonpoint excessif endurent facilement les froids les plus âpres et les plus rigoureux. (Voyez ce que nous avons dit sur les corps gras, comme préservatifs du froid, page 251.) Les quadrupèdes des régions polaires sont en général remarquables par leur vaste panicule graisseux. On connaît aussi l'exubérance adipeuse et huileuse des cétacés, des baleines, des phoques, etc.

La *sécrétion médullaire,* ou la formation de la moelle, a pour organe sécréteur la membrane médullaire qui tapisse l'intérieur des os longs. La moelle est une humeur grasse, huileuse, blanchâtre ou jaunâtre qui a beaucoup d'analogie avec la graisse; elle paraît avoir pour usage de nourrir et d'humecter le système osseux, etc.

CHAPITRE VI

DE LA NUTRITION

APPAREIL NUTRITIF. MOUVEMENT ET COMPOSITION ORGANIQUE
MOUVEMENT ET DÉCOMPOSITION ORGANIQUE
ABERRATIONS NUTRITIVES

§ 1

Considérations générales. — Appareil nutritif.

La nutrition est une fonction en vertu de laquelle le principe nourricier des aliments est assimilé au tissu de nos organes, dont il répare les pertes et entretient les forces, ou autrement, avec Adelon et Chaussier, c'est une fonction par laquelle chaque organe s'applique une partie du sang artériel qui le pénètre pour le renouvellement de sa substance, en même temps qu'il abandonne aux vaisseaux absorbants, ouverts dans son intérieur, quelques-uns des matériaux qui le composaient, afin que le mouvement de décomposition équilibre en lui celui de composition. Le système capillaire artériel, qui est une partie essentielle du parenchyme ou de la structure intime des organes, est véritablement l'instrument et l'agent de la nutrition. On peut établir, comme démontré jusqu'à nouvel ordre, que le sang artériel contient tous les matériaux qui entrent dans la composition des organes, et tous les éléments des sécrétions, hors celle de la bile.

La digestion, l'absorption, la circulation, la respiration et les sécrétions que nous venons d'examiner, n'étant que des fonctions préparatoires à la fonction nutritive et assimilatrice, il s'ensuit que la nutrition est le complément et le but de toutes les fonctions digestives.

§ 11

Mouvement de composition organique.

C'est l'action par laquelle chaque organe, en vertu d'une sensibilité spéciale et élective, s'approprie une partie du sang artériel qu'il reçoit pour renouveler sa substance.

« Or, disent Chaussier et Adelon, cette action est de celles que nous ne pouvons connaître par elles-mêmes, comme se passant dans les systèmes capillaires, et sur lesquelles nous ne pouvons avoir de notions que par des moyens indirects. En effet, cette action est évidemment tout à fait moléculaire : conséquemment nos sens ne peuvent absolument rien saisir d'elle, et c'est son résultat seul qui nous annonce qu'elle a eu lieu. Elle s'accomplit effectivement aux dernières extrémités des artères, au lieu où ces artères entrent dans la composition de ce qu'on appelle les systèmes capillaires, là où ces artères sont parvenues à un tel degré de capillarité qu'on ne peut plus les suivre, et par conséquent savoir comment les artères se comportent avec les autres éléments générateurs des organes. Or, ne pouvant connaître la structure des parenchymes nutritifs, la disposition des parties, où se fait cette nutrition, comment pourrions-nous saisir l'action qui fait cette nutrition? Ne pouvant saisir la structure des parties, pourrions-nous aspirer à en observer le jeu? L'action est évidemment si moléculaire, qu'elle se dérobe à nos sens. Qu'on suive, en effet, dans une artère, le sang qui est envoyé à un organe pour sa nutrition, tant que les subdivisions de l'artère seront saisissables pour les sens, on reconnaîtra le sang dans son intérieur, et on arrivera au terme au delà duquel la recherche ne sera plus possible avant que d'arriver au lieu où se fait la nutrition. L'action de nutrition est donc de celles qui sont trop moléculaires pour être appréciées par les sens, desquelles conséquemment nous ne pouvons donner aucune description et qui ne sont garanties que par leurs résultats. Le résultat seul oblige d'admettre que le sang étant arrivé dans les parenchymes nutritifs, ceux-ci réagissent sur ce fluide de manière à se l'approprier, à fabriquer avec lui leur substance propre : ce qui le prouve d'ailleurs, c'est que toute partie meurt aussitôt si on empêche le sang d'y arriver, c'est que toute partie s'amoindrit, diminue à la longue, si on empêche de lui arriver toute la quantité de sang qu'elle reçoit d'ordinaire; c'est qu'enfin le sang, au sortir de l'organe qu'il vient de traverser et probablement de nourrir, n'est plus le même qu'il était en y entrant. »

Le mécanisme de la cicatrisation nous offre en quelque sorte l'image du mouvement de composition nutritive. Il se développe à la surface des plaies ce qu'on appelle en chirurgie des *bourgeons charnus*, qui ne sont autre chose que la trame cellulo-vasculo-nerveuse, qui, à l'aide du sang qui l'imprègne et la pénètre, forme peu à peu un nouveau tissu ou la matière de la cicatrice. Il paraîtrait que, d'après les expériences de Béclard, la substance nerveuse elle-même peut se régénérer à tel point, qu'un nerf coupé en travers et dont les bouts sont maintenus en contact, pourra remplir ses fonctions ordinaires, grâce à la déposition de matière nerveuse dans le tissu de la cicatrice. On sait que cette force de régénération plastique est bien plus prononcée encore dans les animaux invertébrés : on les voit réparer des pertes considérables ou même celle d'un membre tout entier; on prétend même que le célèbre naturaliste Blumenbach aurait vu un limaçon reproduire sa tête avec ses cornes et ses yeux.

§ III

Mouvement de décomposition organique.

C'est l'action par laquelle il est absorbé et emporté dans les organes une quantité de matériaux égale à celle de matériaux nouveaux qu'y apporte le mouvement de composition. La réalité de cette action absorbante et décomposante est prouvée par le raisonnement et par l'expérience. Si quelques-uns des matériaux organiques n'étaient pas extraits des organes, de nouveaux matériaux y arrivant sans cesse, il en résulterait que le volume de tous les organes augmenterait indéfiniment. En second lieu, le mouvement continuel de composition ou de décomposition organique est démontré sans réplique par les expériences directes faites avec des aliments teints en rouge par la garance. « Le hasard, rapportent les physiologistes que nous venons de citer, Chaussier et Adelon, fait manger à Belchier, chirurgien à Londres, un cochon qui avait été nourri chez un teinturier : il remarque que les os de cet animal sont rouges, et il attribue cette particularité à ce que l'animal a été nourri avec des aliments teints en rouge. Il conçoit dès lors la possibilité de se servir de ce fait pour prouver que nos organes vont en se composant et en se décomposant sans cesse ; il conjecture que les os se montrent dans un animal tantôt rouges, tantôt blancs, selon que cet animal usera ou non d'aliments colorés ; il fait des essais qui justifient sa conjecture : il les communique à la Société royale de Londres. Sloane, président de cette société, en instruit l'Europe, et les mêmes expériences sont répétées alors dans plusieurs pays et avec les mêmes résultats : en France, par Duhamel ; par Baroni, en Italie ; par Bohmer, Ludwig, Délius, en Allemagne. Or si les os, les parties les plus dures de l'économie, vont en se renouvelant sans cesse, en se composant et se décomposant continuellement, on conçoit qu'il doit en être de même des autres parties. D'ailleurs, lorsqu'on voit le crâne aller en augmentant de capacité chez un enfant à mesure que le cerveau qui est dans son intérieur croît lui-même, et ce crâne cependant se montrer également solide et plein, qui pourrait douter que le crâne n'ait été en proie à cette action sourde de composition et de décomposition qui seule permettait à l'ossification de se faire chaque jour sur de plus grands contours ?

« Mais, puisque en même temps que nos organes s'approprient de nouveaux matériaux ils rejettent tous ceux qui les composaient préalablement, on conçoit qu'il doit arriver une époque où le renouvellement matériel de notre corps est complet, c'est-à-dire où nous ne conservons plus rien de la matière qui, à une époque antérieure, entrait dans la composition de nos organes : c'est ce qui est en effet. Il est sûr que nous n'arrivons pas au terme de notre carrière avec la même matière qui nous formait au commencement, et nous ne pouvons nous empêcher de rappeler ici l'ingénieuse comparaison qu'a faite à cet égard le professeur Richerand, de notre corps au vaisseau des Argonautes, qui, radoubé mille fois dans sa traversée, n'avait plus, au terme de sa course, aucune des parties qui le formaient d'abord. Or on a cherché à préciser le temps qui était nécessaire pour que ce renouvellement entier fût achevé. Les anciens ont dit tous les sept ans; Bernouilli, tous les trois ans; mais on conçoit que ce temps ne peut être connu et que nul calcul n'est ici applicable. Comment, en effet, fixer le point de départ de l'expérience et de même reconnaître son terme ? La nutrition étant une action moléculaire dans laquelle on ne peut saisir ni ce qui entre pour la composition ni ce qui sort pour la décomposition, il n'est réellement aucun moyen de fixer l'époque qu'on recherche. »

Mais, dira-t-on peut-être, si notre état matériel est tout renouvelé et transsubstantié au bout d'un certain temps, comment se fait-il que les dessins colorés du tatouage (1) ne s'effacent pas? A cela nous répondrons, avec Richerand, que les substances insolubles, telles que le sulfure de mercure, le soufre et le charbon, qui forment la poudre, incrustées dans la peau, ne peuvent être absorbées, et, quoique très-divisées, restent absolument étrangères au mouvement nutritif ou de composition et de décomposition, comme une balle ou tout autre corps analogue, qui peut séjourner sans altération au milieu de nos organes. Quant à la pérennité des cicatrices, on l'explique facilement par la loi générale de l'assimilation nutritive; la nutrition doit y subsister, puisqu'elle y trouve une nouvelle trame d'organisation composée d'un tissu cellulo-vasculo-nerveux qui constitue tout parenchyme nutritif.

La présence de l'azote est nécessaire à l'entretien de la

(1) On sait que cette sorte d'opérations, que se pratiquent fréquemment les militaires, consiste à introduire avec la pointe d'une aiguille de la poudre à canon ou du sulfure de mercure (vermillon) au-dessous de l'épiderme, c'est-à-dire entre ce dernier et le chorion ou le derme.

vie animale. M. Magendie a fait des expériences dans le but de prouver que les aliments contiennent les éléments de nos organes et surtout l'azote qui s'y trouve. Il a nourri des chiens exclusivement avec des substances non azotées, comme de la gomme, du sucre, de l'huile, du beurre, et avec de l'eau distillée pour toute boisson. Pendant les sept ou huit premiers jours, ces animaux n'ont nullement souffert de ce régime ; mais au bout de ce temps ils ont commencé à maigrir, bien qu'ils mangeassent de bon appétit. Depuis lors leur maigreur alla toujours en augmentant; ils perdirent leur appétit, devinrent tristes ; vers le vingtième jour, la plupart présentèrent la cornée ulcérée, qui bientôt perça, et les humeurs de l'œil s'écoulèrent ; enfin tous périrent du trente-deuxième au trente-sixième jour de l'expérience. L'auteur conclut de ces expériences que les chiens ne sont morts que parce que leurs aliments ne contenaient pas l'azote nécessaire à toute nutrition. Nous doutons fort qu'ils eussent succombé si on les avait copieusement nourris avec du riz cuit dans de l'eau distillée avec ou sans sucre. Il est très-probable qu'ils ne sont morts que d'inanition ou parce que leur nourriture n'était pas assez substantielle, et non parce qu'elle n'était pas assez azotée ou animalisée. Les animaux exclusivement herbivores, qui ne consomment guère plus d'azote que les chiens, dans l'espèce, n'en produisent-ils pas dans leur économie ? Il faut donc admettre que la formation de l'azote, ou l'animalisation, est un résultat d'une fonction vitale plutôt que d'une action chimique ou physique ; que c'est, en un mot, un produit de la seule nutrition.

§ IV

Aberrations nutritives.

La fonction nutritive, comme toutes les autres, est sujette à de grandes aberrations. Une des plus fréquentes est celle qui consiste à faire prédominer le mouvement de composition sur celui de décomposition, et d'introduire par là dans l'économie une grande exubérance de chair ou une véritable polysarcie. Cette surabondance adipeuse, comme le dit le docteur Virey, peut suffoquer par son excès, et causer des morts subites ; elle conduit manifestement à l'anasarque, à l'hydropisie ; elle dispose éminemment à la somnolence, au coma, à l'apoplexie, à la paralysie, la dyspnée habituelle, l'asthme, et rend les femmes stériles. Dans tous les cas, l'abus des saignées ne fait souvent qu'augmenter l'obésité, par les raisons que nous avons vues plus haut. L'usage exclusif des féculents prédispose à l'exubérance adipeuse. Les pâtes, la polenta et le macaroni, en Italie ; le riz dans l'Orient, produisent ou entretiennent l'obésité. Les Égyptiens, rapporte Virey, recherchent les femmes excessivement grasses. « En Chine, ajoute-t-il, l'embonpoint est de nécessité dans les hautes dignités pour représenter noblement. Il en est presque de même en Russie, et l'on sait que chaque année l'empereur ou miramolin du Maroc se fait peser ; il se réjouit du poids qu'il a pu acquérir, puisqu'on le contre-pèse avec l'or offert par ses courtisans, dit-on. »

« Le sommeil, dit encore ailleurs le même auteur, a la propriété d'engraisser beaucoup ; de là vient qu'on dit *dormir la grasse matinée*. Si l'on veut faire engraisser les poulardes, les oies et d'autres espèces, on les tient dans l'obscurité et le repos, sous des cages, afin qu'elles dorment; on a vu même des criminels, tenus longtemps dans d'obscurs cachots et quoique condamnés à mort, s'y engraisser singulièrement. La cécité, l'immobilité, sont encore utiles pour cet effet, puisqu'on casse les jambes et on crève les yeux à ces oies dont les foies très-gras servent pour les pâtés de Strasbourg... Pour faire aussi dormir les poulardes on mêle de l'ivraie à leur nourriture. »

En terminant ce chapitre nous rapporterons, d'après Percy et Laurent, quelques extraits de faits extraordinaires d'exubérance nutritive ou adipeuse. Tout le monde a vu à Paris, disent ces auteurs, un enfant de quatre ans, qui a été présenté à la Faculté de médecine, et dont le poids s'élevait déjà à cent quatre livres. Le docteur Coé nous a donné l'histoire curieuse d'Édouard Bright, qui à l'âge de dix ans et demi pesait cent quarante-quatre livres; à vingt ans, trois cent cinquante-six livres; et treize mois avant de mourir, cinq cent quatre-vingt-quatre livres. Il avait cinq pieds neuf pouces et demi de hauteur; la circonférence de son corps, mesuré sous les aisselles, était de cinq pieds six pouces, et sur le ventre, de cinq pieds onze pouces; le bras avait deux pieds deux pouces, et la jambe, deux pieds huit pouces de circonférence. Gunz a publié l'observation d'une fille qui mourut jeune, et qui pesait déjà quatre cent quatre-vingt-douze livres. Voici un exemple de polysarcie d'une femme dont nous avons vu le plâtre à Paris. « Cette femme avait cinq pieds un pouce de hauteur, et cinq pieds deux pouces de circonférence, mesurée au niveau de l'ombilic; sa tête, petite pour le volume de son corps, se perdait au milieu de deux énormes épaules, entre lesquelles elle semblait immobile. Son cou avait disparu, et ne laissait entre la tête et la poitrine qu'un sillon de plusieurs pouces de profondeur; celle-ci avait une circonférence et des dimensions prodigieuses, dans quelque sens qu'on l'examinât. Les lombes avaient deux pieds et demi de largeur ; et les hanches, pourvues d'un énorme embonpoint et relevées jusque sur les côtés de la poitrine, semblaient faites pour la soutenir et pour fournir aux bras un point d'appui. Les cuisses et les jambes, outre leur grosseur, avaient pour caractère bien remarquable celui d'être creusées à de petites distances par des sillons circulaires et profonds, comme chez les enfants bien nourris...

« On voit en ce moment à Paris (1819) une jeune Allemande qui est dans un état d'obésité remarquable; elle se nomme Frédérique Ahrens; elle est âgée de vingt ans, et pèse quatre cent cinquante livres. Elle pesait treize livres à l'époque de sa naissance, quarante-deux livres à six mois, et cent cinquante livres à quatre ans. A l'âge de six ans elle portait sa mère, et annonçait un très-grand développement dans la taille et les forces physiques. Elle a aujourd'hui cinq pieds cinq pouces de hauteur, et autant de circonférence, mesurée autour du bassin. Ses bras ont dix-huit pouces de circonférence, et la graisse y forme des bourrelets comme on en remarque aux cuisses des enfants très-gras... Elle peut porter de chaque main un poids de deux cent cinquante livres, paraît assez agile, et marche pendant une heure sans avoir besoin de se reposer. »

On trouve dans le *Savannah-News* le fait suivant : « Un jeune homme, à vingt-deux ans, pesait déjà cinq cent soixante-cinq livres. Il continua à grossir jusqu'à un peu peu plus de six cents livres ; il était encore à l'aise et prenait soin de sa plantation. Il y a quatre semaines, il commença à grossir encore, d'abord d'une livre et demie par jour, ensuite de deux livres. La semaine dernière il est mort subitement dans son fauteuil, étouffé par la graisse... Trois jours avant sa mort il pesait six cent quarante-trois livres. »

Fournier parle d'une dame de vingt-quatre ans, morte à Paris en 1813 ou 1812, dont l'obésité, dit-il, « était si prodigieuse, qu'elle passait quatre cent quatre-vingt-six livres. Elle ne pouvait monter en voiture, mais elle faisait à pied un exercice journalier assez considérable ; seulement il fallait qu'elle fût soutenue par un aide, qui la maintenait dans l'état d'équilibre auquel se refusait le centre de gravité. » Enfin, aucun fait d'obésité n'égale celui d'un Anglais, mort dans la province de Warwick, et rapporté par Buffon. Cet homme, âgé de cinquante-sept ans, quelques semaines avant sa mort pesait six cent quarante-neuf livres. Sa largeur, d'une épaule à l'autre, était de quatre pieds trois pouces.

TROISIÈME PARTIE

DE LA VIE DE GÉNÉRATION

Génération. — Différence des sexes. — Hermaphrodisme. — Germe femelle et mâle. — Divers systèmes sur la génération. — Gestation. — Formation et accroissement de l'embryon et du fœtus. — Terme de la grossesse. — Parturition. — Monstres. — Grossesses multiples. — Superfétation. — Lactation. — Enfance. — Puberté. — Jeunesse. — Age viril.

CHAPITRE I

GÉNÉRATION. DIFFÉRENCE DES SEXES. HERMAPHRODISME
GERMES FEMELLE ET MALE
DIVERS SYSTÈMES SUR LA GÉNÉRATION

§ I

Génération. Différence des sexes. Hermaphrodisme.

La génération en général est une fonction par laquelle les êtres vivants reproduisent des individus semblables à eux, et dans le but de perpétuer leurs espèces. Avant d'aborder ce difficile et mystérieux sujet, disons quelques mots sur les principaux organes génitaux de l'homme et de la femme.

Organes génitaux de l'homme. — Les *testicules*, qui sécrètent ou préparent le sperme ou la liqueur séminale, sont deux organes glanduleux logés dans les bourses. Leur tissu est composé d'une immense quantité de filaments très-déliés, très-ténus, flexueux et entrelacés les uns dans les autres. Monro estime leur nombre à 62,500, et pense que leur longueur totale peut être évaluée à 1,700 mètres. Ces filaments sont ce qu'on appelle *les vaisseaux ou les conduits séminifères;* ils se dirigent tous vers le bord supérieur du testicule et se réunissent avant d'y arriver en quinze ou vingt troncs, qui donnent naissance au *canal déférent*, lequel transporte le sperme du testicule à la vésicule séminale. Ce qu'on appelle le *cordon spermatique* est la réunion de l'artère et des veines spermatiques, du canal déférent et de quelques filets ou branches nerveuses. Les *vésicules* séminales sont deux petites poches qui servent de réservoir à la liqueur spermatique; elles sont placées au-dessus de la vessie, au-dessous du rectum, derrière la prostate et en dehors des conduits déférents. Leur extrémité postérieure ou leur fond se termine par un cul-de-sac; leur extrémité antérieure ou leur *col* est allongé et étroit, et se continue avec leur conduit excréteur, lequel se joint au canal déférent pour former avec lui le *canal éjaculateur*, qui traverse la prostate et s'ouvre dans l'urètre, vers son origine. Il est inutile de parler de la composition du *pénis*; car on sait assez qu'il est formé par les corps caverneux qui en font la base, par le gland, le prépuce et le canal de l'urètre. Ces objets sont trop connus pour qu'il soit nécessaire de les décrire même sommairement.

Organes génitaux de la femme. — La *matrice* ou *l'utérus* est un viscère creux et musculeux destiné à contenir le produit de la conception; cet organe, dans son état vide et normal, présente la figure d'un conoïde tronqué et aplati sur ses deux faces d'avant en arrière; il est placé au milieu du bassin, entre la vessie et le rectum et au-dessus du vagin. D'avant en arrière la matrice a près de trois centimètres d'épaisseur; large d'environ cinq centimètres dans sa partie supérieure, elle se rétrécit du côté du vagin et se termine en une portion étroite et allongée qu'on appelle *col*, pour le distinguer du reste de l'organe, qu'on désigne sous le nom de *corps*. Le col de l'utérus est embrassé par le vagin, dans lequel il fait saillie. La longueur totale de la matrice, y compris le col, est de six à sept centimètres.

Les *ovaires*. — Ce sont deux corps ovoïdes un peu moins gros que les testicules; ils sont placés dans l'épaisseur du ligament large de la matrice. Ce sont ces organes glanduleux qui sécrètent ou forment et contiennent les ovules ou les germes. — Les *trompes utérines* sont deux conduits flottants dans l'abdomen, qui partent des angles supérieurs de l'utérus et qui se terminent par une extrémité libre, évasée, flottante et découpée, qu'on appelle le pavillon de la trompe, etc.

L'ensemble des parties externes de la génération est spécialement désigné sous le nom de *pudendum* ou de *vulve*. Les principaux organes qui composent cet appareil sont le clitoris, le méat urinaire ou l'orifice du canal de l'urètre, l'entrée du vagin, l'hymen, etc. Ce dernier organe, souvent révoqué en doute, est néanmoins constant s'il n'a pas été détruit par une infinité de causes étrangères au coït; sa grandeur et sa forme sont extrêmement variables : c'est un repli membraneux ordinairement demi-circulaire, qui ferme plus ou moins l'entrée du vagin. L'hymen est regardé par le vulgaire comme le sceau ou le signe de la virginité physique : autrefois les magistrats et les médecins légistes eux-mêmes s'en étaient formé la même opinion; et de là souvent des décisions judiciaires erronées, fausses et iniques. — Si l'hymen est résistant et large, il pourra fermer complétement l'entrée du vagin et mettre un obstacle insurmontable à l'écoulement du flux menstruel. On cite des femmes chez lesquelles cette disposition a produit tous les symptômes généraux d'une grossesse apparente, et qui n'ont recouvré leur santé primitive que lorsque l'incision de l'hymen eut procuré l'écoulement du flux menstruel. — F. de Hilden parle d'une femme chez qui l'hymen, percé de petits trous, n'avait pas empêché la grossesse, bien que son mari eût demandé à divorcer pour cause de coït impossible. Peu rapporte que l'hymen n'offrait qu'un pertuis chez deux femmes qui ne devinrent pas moins enceintes, quoiqu'elles fussent inhabiles à la cohabitation normale. Il n'est pas très-rare, en effet, de voir l'hymen plus ou moins charnu, fibreux ou résistant, mettre obstacle au coït normal ou le rendre complétement impossible. Nous ne devons pas insister sur l'exposition de tous ces objets de l'appareil externe génital de la femme, parce qu'ils ne jouent qu'un rôle secondaire dans la grande fonction de la génération.

L'*hermaphrodisme* ou l'*androgynie*. — C'est la réunion complète des deux sexes sur le même individu. Cet état est impossible dans l'homme et dans la grande famille des animaux à sang rouge. Tous les prétendus hermaphrodites qu'on a observés jusqu'à présent n'étaient que des individus dont les organes mâles étaient très-mal ou très-imparfaitement ébauchés, ou chez lesquels les organes femelles, excessivement développés, rendaient le sexe douteux et très-équivoque. Il faut pourtant convenir qu'on a quelquefois observé la réunion de plusieurs organes des deux sexes chez le même individu, mais jamais leur ensemble. Ce qui, dans les temps d'ignorance, a pu faire croire à l'existence des hermaphrodites, c'est un développement excessif du clitoris, soit par une disposition native, soit par une cause accidentelle, ou plutôt par ces deux causes réunies.

§ II

Des germes femelle et mâle.

Le *germe femelle* est formé dans l'ovaire. Il se présente sous les apparences d'une petite vésicule qu'on appelle *ovule*. On ne remarque les ovules qu'à l'époque de la puberté, et on ne les retrouve plus dans la vieillesse. Chaque ovaire en contient quinze à vingt. Ces vésicules, dans le principe, excessivement petites, finissent par prendre le volume d'un grain de chènevis; mais cet accroissement n'a point lieu pour toutes à la fois ; on en observe seulement une ou deux qui grossissent notablement et arrivent à l'état de maturité parfaite : alors on les voit proéminer à la surface de l'ovaire, et elles semblent menacer d'en déchirer la coque. Le germe est composé de deux petites vésicules : l'une, externe, est adhérente; l'autre, interne, contenue dans la première, constitue l'ovule proprement dit.

Le *germe mâle*, ou plutôt ce qui excite, féconde et vivifie le germe femelle, est un liquide blanchâtre, visqueux, gluant, connu sous le nom de *sperme* ou *liqueur séminale*. Il exhale une odeur *sui generis*, assez analogue à celle que répandent les pollens d'un grand nombre de végétaux et surtout le chaton du châtaignier. Jamais le sperme ne sort de l'urètre pur et tel qu'il est formé dans les testicules; il est nécessairement mêlé au liquide que sécrètent les vésicules séminales, à la liqueur prostatique et à la faible portion du fluide qu'exhalent les glandes muqueuses de l'urètre. C'est la liqueur sécrétée par les vésicules séminales, et celle fournie par la prostate, que rendent les eunuques, quelquefois même en assez grande quantité (1).

---

(1) « Chez les castrats, le larynx et par suite la voix sont peu développés; le système pileux est misérable, la taille peu élevée; les

A l'analyse chimique, la liqueur séminale a offert du phosphate de chaux, de la soude, du mucilage animal et une grande quantité d'eau.

muscles sont faibles; le système graisseux prédomine. Le moral comme le physique s'affaiblit : les facultés intellectuelles et affectives paraissent avoir été comprimées. Chez les eunuques, peu de passions, point de conception, de la timidité et de l'abrutissement. La castration exerce la même influence sur les animaux; elle produit l'atrophie des cornes ou les fait pousser recourbées, et s'oppose à leur chute ou à leur régénération annuelle; elle arrête le développement de la crête des gallinacés, leur ôte la faculté de chanter, les engraisse outre mesure. Les étalons, les taureaux se distinguent, au contraire, par leur vigueur et leur impétuosité. La chair des animaux qu'on force à la continence a un fumet particulier, qui est même assez désagréable.

« Les excès amoureux ont la même action débilitante que la castration. Avec le sperme s'épuisent à la fois les forces et les facultés intellectuelles et morales. Le sperme est, suivant l'expression de Haller, une sorte de virus animal qui double les forces et l'intelligence : *vitale virus maximè ad sanitatem et robur animæ et corporis confert.* » (Richerand.) Cette dégradation physique et morale que l'on observe chez les castrats ne se manifeste complétement que chez les individus que l'on a faits eunuques dès leur bas âge ou bien avant le développement de la puberté. Les adultes qui imitent la conduite d'Origène ne subissent pas ordinairement toutes les conséquences fâcheuses dont on vient de parler. Dans moins d'un an nous avons vu dans le monde deux individus adultes qui se sont ainsi cruellement mutilés : l'un, comme Origène, dans le but de se délivrer des tentations de la chair; l'autre, ce qui est beaucoup plus rare, pour faire cesser absolument les pollutions nocturnes, et prévenir par là *sûrement* le dépérissement et la dégradation des facultés intellectuelles dont il se croyait prochainement menacé. Or ces deux hommes ne nous paraissent avoir subi aucun changement fâcheux, tant au physique qu'au moral; le dernier même, délivré de ses pollutions, semble avoir atteint complétement son but : résultat qu'il faut attribuer non à la castration elle-même, mais à la cessation des pollutions ou des déperditions spermatiques.

Dans un voyage que nous avons fait dans le Midi, un médecin très-digne de foi nous a communiqué un fait assez extraordinaire. Deux époux n'avaient point eu d'enfants depuis dix ans. Ennuyé, sans doute, non pas de cette apparente stérilité, mais de ce qui probablement la déterminait, le mari s'avise d'employer un moyen qu'il croit décisif, et qui, en effet, devait le devenir nécessairement. Il se fait, au moyen d'un rasoir, la double castration. Au bout d'un mois, guéri de son énorme mutilation, il se livre sans crainte et sans ménagement à l'usage du mariage, et après neuf mois, c'est-à-dire dix mois après la terrible opération, sa femme, à son grand étonnement, accouche d'un enfant plein de vie et

Après qu'on eut découvert les ovules dans les ovaires, divers savants tels que Ham, Hartsoeker, Leuwenhoeck, Boerhaave, Mery, Verheyen, Cowper, etc., affirmèrent que l'on trouve dans le sperme un nombre prodigieux de petits animalcules ayant une tête arrondie et une queue effilée ; qu'une goutte de fluide séminal en contient plusieurs milliers ; que la laite d'un seul poisson peut en renfermer 150,000,000,000, ou même 300,000,000,000. (*Colin, thèse,* p. 18, citation de M. Velpeau.)

§ III

Divers systèmes sur la génération.

D'après les auteurs que nous venons de citer, les animalcules spermatiques, introduits dans la cavité utérine par l'acte du coït, périssent tous au bout de quelques jours,

de santé. Cette singulière aventure, comme on le pense bien, ne manqua pas d'occuper la chronique scandaleuse du pays, et d'exciter l'humeur railleuse et sarcastique des gens qui connaissaient l'histoire du mari ; car celui-ci s'était vanté publiquement de ne pouvoir plus jamais procréer à l'avenir. (Tout cela n'étonne pas les personnes qui connaissent un peu les mœurs de certaines gens de la campagne.) Mais la femme maintenant, que deviendra-t-elle au tribunal de l'opinion publique? Sans doute elle sera jugée coupable par un grand nombre de personnes et peut-être même par quelques ecclésiastiques ; il faudra donc que la science intervienne ici pour laver cette épouse du soupçon d'adultère. Or la science établit qu'il est très-possible et même très-probable que l'enfant est le fruit de la cohabitation maritale qui a eu lieu un mois après le fait de la castration, et que ce dernier acte conjugal a été rendu fécond par le sperme qui se trouvait dans les vésicules séminales au moment même de l'opération de la castration. Richerand rapporte qu'on a ôté les deux testicules à des animaux, et « que l'on a vu ces animaux demeurer *pendant quelque temps* en possession de la faculté d'engendrer ». Il faut noter que ceci ne peut avoir lieu chez les chiens, parce qu'ils sont privés de vésicules séminales ; aussi restent-ils longtemps accouplés, afin de favoriser la préparation du fluide spermatique, qui ne s'opère chez eux qu'au moment même de la copulation.

à l'exception d'un ou deux, qui se fixe sur un point de la matrice, ou, suivant d'autres, passe par les trompes, arrive à l'ovaire, déchire la vésicule mûre qu'il y rencontre, s'y loge pendant quelque temps et retourne ensuite dans l'utérus sous la forme d'un œuf. D'autres encore prétendent que tous les animalcules sont capables de devenir, en se développant, des êtres semblables à celui qui les a fournis. Ces animalcules, assurent ces auteurs, se dirigent tous ensemble sur les ovaires, et là ils se livrent un combat à outrance, dans lequel tous périssent, excepté un seul, qui, maître de la place, se niche dans la vésicule toute préparée à le recevoir.

Voici le système des animalcules que MM. Prévost et Dumas, de Genève, viennent de reproduire avec un grand appareil de science et une masse imposante de faits et d'expériences. Ces expérimentateurs affirment positivement que les animalcules existent exclusivement dans le sperme, et seulement dans les temps où l'homme et les animaux sont doués ou jouissent de la faculté génératrice.

Suivant ces physiologistes, l'un des animalcules spermatiques se loge dans l'ovule mûr de l'ovaire, et y devient le principe ou la base du nouvel être. Il représente le système nerveux de l'embryon, tandis que la femme n'en fournit que l'enveloppe cellulo-vasculaire. Ces animalcules microscopiques ont paru à MM. Prévost et Dumas tellement essentiels à la fécondation, « que, tués par l'explosion suffisamment répétée d'une bouteille de Leyde, la liqueur spermatique, dont on avait constaté auparavant la puissance fécondante, en a été complétement privée. Il en a été de même lorsqu'on la dépouillait des animalcules par cinq filtrations successives. Comme ces animalcules meurent au bout de vingt heures dans le sperme abandonné à lui-même, ce liquide perd au bout de ce temps sa vertu prolifique. Enfin les animalcules restent vivants et mouvants dans les cornes de la matrice des mammifères jusqu'à la descente de l'ovule dans cet organe. Ces animalcules microscopiques ne se voient dans le liquide séminal qu'à l'époque de la puberté, et chez les oiseaux ils ne se montrent dans le sperme qu'aux époques de l'accouplement. On ne les trouve point dans la semence des individus atteints de la syphilis, suivant les observations que m'a communiquées M. le docteur Carré. La pratique de la médecine m'a fourni de nombreuses occasions de me convaincre que la stérilité doit être souvent attribuée à l'existence de la maladie vénérienne, lors même qu'elle ne se manifeste par aucun symptôme apparent ; et, si ce n'était la discrétion que mon état m'impose, je rapporterais ici plusieurs exemples de personnes mariées depuis longtemps, et qui n'ont eu postérité qu'à la suite d'un traitement mercuriel des plus complets. La syphilis me paraît surtout être un obstacle puissant à la fécondité, lorsque l'homme et la femme en sont à la fois atteints. Si l'un des deux seulement est malade, la conception a lieu, et il en résulte un produit entaché de quelque vice. Je pourrais appuyer cette vérité importante d'un certain nombre d'observations faites avec soin ; mais, je le répète, en semblable matière un devoir rigoureux m'oblige au silence. » (Richerand.)

D'un autre côté, Needham, Buffon et Spallanzani (ce dernier a fécondé des grenouilles avec du sperme sans animalcules), nient l'existence des animalcules spermatiques. MM. Roy de Saint-Vincent et Dutrochet sont à peu près du même avis. M. Raspail, surtout, rejette le système des animalcules : suivant lui, les animalcules microscopiques ne sont que de simples animaux infusoires, ou les débris organiques ou le produit enfin de la décomposition du sperme. Cette dernière opinion est évidemment inadmissible. Quant à la première, voici ce que répondent MM. Prévost et Dumas : « Les animalcules décrits par Leuwenhoeck n'existent que dans les organes mâles de la génération, et diffèrent des globules mobiles des autres liquides de l'organisme, par leur forme, qui est toujours la même dans les mêmes espèces zoologiques, par leur mode de progression, par le lieu où on les trouve, etc. Ils offrent constamment une extrémité renflée et une portion allongée. Leur tête, tantôt ovalaire ou presque circulaire, tantôt en forme de losange, ressemble d'autres fois à la massue du roseau des étangs ; mais, comme elle est en même temps aplatie, on ne peut la reconnaître qu'en la voyant de face. Leur pointe, tantôt droite, fort longue et conique comme dans le coq, tantôt courte et fine comme dans le chien, tantôt très-allongée et flexueuse, figure assez bien la queue des vers tricocéphales ou des vers les plus grêles qui habitent le corps humain. Au total, l'animalcule spermatique ressemble grossièrement au têtard des batraciens (grenouilles, etc.). Ses dimensions ne s'élèvent pas au delà d'un, deux ou trois centièmes de millimètre. On ne le voit pas dans le liquide séminal avant la puberté, ni chez les vieillards, ni dans l'intervalle des saisons où les animaux s'accouplent, ni chez le mulet, qui, comme on sait, est inapte à se reproduire. On ne le rencontre pas dans la matière fournie par l'urètre, la prostate ou les vésicules séminales, et on le trouve avec les mêmes caractères chez tous les animaux où ces derniers organes manquent en tout ou en partie. C'est le testicule qui le produit, qui le sécrète. Tout animal fécond en renferme dans sa glande prolifique et souvent dans son canal déférent. Le mouvement de ces corpuscules semble se faire sous l'influence d'une volonté ; ils se portent toujours en avant. On peut les tuer par une décharge électrique, et dès lors leur mouvement cesse d'être actif. Sortant de la glande formatrice, la matière qui les invisque est trop épaisse pour qu'ils puissent s'agiter visiblement; mais il suffit de les mêler à quelque autre liquide, ou qu'ils viennent se délayer dans la vésicule séminale ou l'urètre, pour que leur mobilité soit aussitôt mise en jeu.

« Les globules microscopiques simples, au contraire, n'ont ni tête ni queue; sont arrondis ou de forme irrégulière, tantôt plus gros, tantôt plus petits; ne se meuvent que sous l'influence d'une impulsion étrangère et sans but déterminé. Ils existent dans tous les liquides de l'économie, dans le sang, dans le sérum, dans le lait, dans le liquide spermatique lui-même avant la puberté comme à toutes les époques de la vie, et chez tous les animaux.

« A l'aide de fécondations artificielles très-nombreuses, MM. Prévost et Dumas se sont convaincus que les animalcules constituent seuls le germe. Jamais ils n'ont obtenu de vivification quand le liquide dont ils se servaient n'en renfermait plus, ou quand ces molécules vivantes avaient été tuées ou détruites d'une manière quelconque; tandis qu'il suffisait que la matière dont ils faisaient usage en contînt quelques-unes pour que la fécondation eût lieu. » (Citation de M. Velpeau.)

Suivant le système des ovules ou des ovaristes, qui est aujourd'hui le plus généralement suivi et que nous croyons le plus rationnel, l'ovule fourni par l'ovaire renferme le rudiment du nouvel être, comme les œufs pondus par une poule vierge contiennent tous les rudiments du petit poulet; c'est un point facile à constater à l'aide du microscope. Cet ovule ne pourra se développer s'il ne reçoit l'influence de la puissance vitale du sperme du mâle, de même que les œufs non fécondés n'écloront jamais. Nous pensons que la fécondation de l'œuf s'opère seulement dans l'ovaire, et non dans la matrice, comme le prouve incontestablement le fait des grossesses extra-utérines. Le sperme reçu dans l'utérus est transmis, par la trompe utérine, à l'ovaire, y féconde l'ovule, lequel, ébranlé par l'action spasmodique de la trompe de Fallope, se détache de l'ovaire qui l'a produit et descend dans la matrice par le mouvement antipéristaltique de la même trompe utérine. Puisqu'on a trouvé des fœtus dans l'ovaire, dans la trompe utérine, et même dans la cavité abdominale, lorsque l'ovule, détaché, échappe à la préhension du pavillon de la trompe (ce qui peut avoir lieu particulièrement par une interruption brusque et forcée de l'acte du coït), il est évident par là même que les choses se passent comme nous venons de le dire. Ainsi, contact immédiat du germe femelle et mâle dans l'ovaire, et transport de l'œuf fécondé de l'ovaire dans la matrice par la trompe de Fallope : voilà ce que l'on peut regarder comme rigoureusement démontré.

Nous nous bornons à l'exposition de ces deux systèmes, savoir : le système ovariste et le système animalculiste. Nous ne mentionnerons qu'en deux mots, en passant, et comme un point purement historique, les diverses autres hypothèses, telles que celles de l'*épigénèse* ou la formation partielle, le développement successif du fœtus (1) et les diverses opinions des anciens sur la génération humaine. Nous emprunterons sur ce point un court passage à M. le professeur Velpeau : « Pythagore et ses disciples ont dit que l'embryon naît du sang menstruel, aidé d'une sorte de moiteur qui descend du cerveau pendant le coït, et que tout se développe suivant les lois de l'harmonie.

« Empédocle et Hippocrate, non moins obscurs à ce sujet, ont pensé que l'homme et la femme renferment

(1) C'est le *vis essentialis*, la force essentielle, la force plastique, le *nisus formativus*.

l'un et l'autre des molécules d'embryons des deux sexes, et que ces molécules se réunissent dans la matrice lors de l'accouplement.

« Aristote reproduisit, en la modifiant, l'idée de Pythagore, et, par une ingénieuse métaphore, fit de la matrice un véritable atelier de statuaire, où la femme fournit le marbre, l'homme le sculpteur, et où l'embryon représenterait la statue.

« Galien émit une opinion diamétralement opposée à celle du célèbre naturaliste de Stagyre ; il veut que l'embryon soit produit par la semence de l'homme, et que la matière donnée par la femme serve uniquement à le nourrir.

« Harvey, soutenu par la munificence d'un roi ami des sciences, put faire des expériences innombrables sur des biches, des daims, etc. Sa devise : *omnia ex ovo*, déjà émise, quoique d'une manière moins absolue, par Fabrice d'Aquapendente, le place naturellement à la tête des ovaristes. Il ne faut pas oublier cependant que, d'après lui, l'œuf se forme dans l'organe utérin, et après la fécondation, au lieu de préexister dans l'ovaire, comme de Graaf vint l'établir quelques années plus tard. »

La grande difficulté de comprendre la formation du fœtus a fait reculer indéfiniment ce mystère jusqu'à l'origine des choses. C'est ainsi que Spallanzani et Bonnet ont prétendu qu'il y a des germes préexistants et créés depuis le commencement du monde, mais emboîtés les uns dans les autres et se développant successivement. On a cité, par exemple, un fœtus qui en contenait un autre; mais ce fait ne prouve autre chose qu'une véritable monstruosité, comme on voit quelquefois un œuf dans un autre œuf (1). « En adoptant, dit Virey, l'opinion de l'emboîte-

---

(1) Voici à ce sujet un fait curieux qui s'est présenté à Verneuil (Eure), il n'y a pas bien longtemps ; c'est le ministre de l'intérieur qui l'a communiqué à l'École de médecine de Paris. « Un jeune homme âgé de treize

ment des germes et de leur existence antérieure à l'acte
de la génération, il s'ensuit qu'Ève a dû posséder tous les

ans s'était plaint dès sa plus tendre enfance d'une douleur dans le côté
gauche du bas-ventre. Ce côté s'était élevé et avait présenté une tumeur
dès les premières années de sa vie. A l'âge de treize ans, la fièvre le
saisit tout à coup ; sa tumeur augmenta de volume et devint très-doulou-
reuse. Quelques jours après il évacua par les selles des matières puri-
formes et fétides. Au bout de trois mois, réduit au marasme, il rendit
par les selles un peloton de poils, et quelques semaines après il mourut
dans un état de consomption très-avancé.

» A l'ouverture du corps on trouva, dans une poche adossée au colon
transverse et communiquant avec lui, quelques pelotons de poils et une
masse organisée. Le kyste, situé dans le mésocolon transverse, au voisinage du colon et hors des voies de la digestion, communiquait avec
l'intestin ; mais cette communication était récente, accidentelle, et l'on
voyait manifestement les restes de la cloison qui séparait ces deux cavités. La masse organisée présentait dans ses formes un grand nombre de
traits de ressemblance avec le fœtus humain. La dissection ne permit
pas de douter de sa nature ; on y découvrit la trace de quelques organes
des sens, un cerveau, une moelle de l'épine, des nerfs très-volumineux,
des muscles dégénérés en une sorte de matière fibreuse ; un squelette
composé d'une colonne vertébrale, d'une tête, d'un bassin et de l'ébauche
de presque tous les membres ; enfin dans un cordon ombilical très-court
et inséré au mésocolon transverse, hors de la cavité de l'intestin, une
artère et une veine ramifiées par chacune de leurs extrémités du côté du
fœtus et du côté de l'individu auquel il tenait. Cela suffisait certainement pour établir l'individualité de cette masse organisée, quoique d'ailleurs elle fût dépourvue des organes de la digestion, de la respiration,
de la sécrétion des urines et de la génération ; seulement l'absence d'un
grand nombre d'organes nécessaires à l'entretien de la vie devait la faire
regarder comme un de ces fœtus monstrueux condamnés à périr au moment de leur naissance. Ce fœtus était évidemment contemporain de
l'individu auquel il était attaché ; analogue aux produits des conceptions
extra-utérines, il vivait aux dépens de celui qu'on doit regarder comme
son frère, et dont le germe avait primitivement enveloppé le sien. Pendant les treize premières années de la vie de Bissien (c'est ainsi que
l'on nommait l'enfant qui offrait cet étrange phénomène), la masse organisée puisait dans le mésocolon, au moyen des vaisseaux propres, le
sang nécessaire à son existence ; ce sang, chassé par les organes de la
circulation dans le corps du fœtus, retournait ensuite au mésocolon de
celui qui lui a si longtemps servi de mère. Enfin le terme marqué par la
nature pour l'expulsion étant arrivé, et cette expulsion ne pouvant avoir
lieu, le kyste s'est enflammé ; l'inflammation s'est étendue à l'intestin ;
la cloison qui séparait ces deux cavités a été détruite ; le kyste a communiqué dans le colon ; du pus et des poils ont été rendus par les selles,
et une véritable phthisie abdominale a fait périr le malade. Des dessins

germes des hommes nés et à naître sur la terre jusqu'à la consommation des siècles; il en est de même pour chaque espèce d'animaux et de plantes. Tel est le système de l'*évolution*. Cet emboîtement suppose la division de la matière à l'infini; car non-seulement il faut compter tous les germes qui se développent successivement, mais tous ceux qui avortent ou qui ne se développent pas, ou qui périssent avant de se produire. Une seule plante de tabac ou de pavot, par exemple, donne chaque année trois à quatre mille graines assez petites; or il faut admettre dans cette hypothèse que chacune de ces graines contient non-seulement toutes les parties de la plante qu'elle doit produire, mais encore les graines qui en sortiront, puis les générations de ces graines jusqu'à la fin du monde, en sorte qu'il faut multiplier, pour ainsi dire, l'infini par l'infini, et que l'univers serait bientôt trop borné pour contenir tant de germes. Tels sont les résultats où conduit cette opinion, dans laquelle on ne peut d'ailleurs expliquer ni les monstruosités, ni les mulets et les métis. »

En résumé nous disons, avec M. le professeur Velpeau, « que l'évolution de l'ovule soit mise en mouvement par l'ébranlement qui accompagne le coït, par une sorte de commotion électrique, par un *aura seminalis* (1), par un

---

faits sur toutes les parties du corps du fœtus, par MM. Cuvier et Jadelot, ne laissent rien à désirer sur ce fait aussi rare qu'intéressant [*]. »

(1) Spallanzani, dans ses nombreuses expériences sur la fécondation artificielle des grenouilles, des crapauds et des salamandres, a constaté que pour faire éclore les œufs de ces animaux il ne suffisait pas de les exposer à la vapeur qui se dégageait de la semence du mâle, mais qu'il était absolument nécessaire que le sperme les touchât immédiatement, quelque exiguë qu'en fût la portion. Virey assure que « *un cent-millionième de grain* de sperme de grenouille suffit pour féconder dans l'eau une multitude d'œufs de femelles de grenouilles ».

[*] On trouvera l'histoire de deux faits du même genre observés en Angleterre; elle est consignée dans le recueil intitulé : *Transactions médico-chirurgicales*, t. I. M. Lachaise, d'Angers, a rapporté un assez grand nombre de faits analogues dans sa dissertation inaugurale.

animalcule ou par un principe, quel qu'il soit, de la matière prolifique; que ce principe arrive directement au germe de la femme, ou qu'il n'y parvienne qu'après avoir parcouru la circulation générale, toujours est-il qu'après toute fécondation il se détache de l'ovaire un ovule tellement modifié, qu'on y reconnaît bientôt un être semblable à celui qui l'a produit. Voilà ce que l'observation a démontré; mais on n'en sait pas davantage. »

Les divers systèmes de l'*épigénèse*, de la *catagénèse*, de l'*évolution*, de la *préformation*, de l'*emboîtement des germes*, de la *panspermie*, de la *force expansive*, de la *force plastique*, du *nisus formativus*, etc., ne nous apprennent donc rien d'absolument certain sur le mécanisme de la fécondation.

Qui nous expliquera donc enfin le grand mystère de la génération humaine? C'est ici le secret impénétrable de Dieu. Il ne nous est pas donné de sonder la profondeur de cet abîme. Et que sommes-nous, cendre et poussière, vermisseaux humains, pour scruter avec une téméraire curiosité les œuvres incompréhensibles du Tout-Puissant! L'éclat de la gloire et de la majesté de Dieu nous accablerait, suivant ces paroles de l'Écriture : *Qui scrutator est majestatis Dei opprimetur a gloriâ*. Ne cherche pas à pénétrer des mystères inaccessibles à ta débile raison; mais médite sans cesse les choses que Dieu te commande… *Altiora te ne quæsieris, et fortiora te ne scrutatus fueris, sed quæ præcepit tibi Deus illa cogita semper, et in pluribus operibus ejus non eris curiosus*. (Prov. et Eccli.) On se récrie contre les mystères du christianisme sous le vain prétexte qu'ils sont contre la raison. Non, sophiste, ils ne sont pas contre la raison, ils sont au-dessus de la raison. Quoi! la faible et orgueilleuse raison de l'homme, frappée d'un esprit de vertige ou comme éblouie et accablée par l'éclat des grandes vérités de la foi, ose s'attaquer à Dieu même et blasphémer contre son infinie sagesse; on nie parce qu'on ne comprend pas, ou plutôt, comme dit le Psalmiste, on ne veut pas comprendre pour n'être pas obligé de pratiquer, *noluit intelligere ut bene ageret*. On murmure contre les mystères chrétiens-catholiques, et l'on croit, sans les comprendre, les mystères impénétrables de la physiologie. Eh! qu'est-ce que la physiologie, sinon une science ou un abîme de mystères! Vous croyez à la digestion, à la chylification, à l'hématose, à la nutrition, et surtout à la génération, dont il s'agit ici, et cependant vous n'y comprenez rien. De toutes parts les mystères nous environnent, nous pressent, accablent notre impatiente et indocile raison; nous ne comprenons l'essence de rien, une foule de rapports des choses nous échappent, notre ignorance est immense; les plus savants ne sont que les moins ignorants : et cependant nous voulons tout scruter et tout expliquer. Nous attribuons la faible somme de connaissances que nous avons acquises avec un immense labeur à la puissance de notre génie, au lieu d'en faire hommage à Dieu, de qui nous les tenons, et à qui appartient toute gloire et toute science. C'est le Seigneur, dit l'Écriture, qui est le Dieu de la science : *Deus scientiarum Dominus est*. Nous méritons d'être abandonnés à notre ignorance. C'est donc notre orgueil qui est la source de cette ignorance presque universelle, non-seulement des opérations et des merveilles de la nature, dont la connaissance ne nous est pas nécessaire, mais encore des choses qui intéressent nos grandes et futures destinées, qui nous touchent si profondément et qu'il nous importe si fort de connaître et d'accomplir dans toute leur étendue.

CHAPITRE II

GESTATION. FORMATION ET ACCROISSEMENT DE L'EMBRYON ET DU FOETUS. TERME DE LA GROSSESSE. PARTURITION. MONSTRES. GROSSESSES MULTIPLES. SUPERFÉTATIONS. LACTATION. ENFANCE. PUBERTÉ. ADOLESCENCE. AGE VIRIL.

§ I

La gestation ou la grossesse.

C'est, comme on sait, l'état où se trouve la femme depuis le moment de la conception jusqu'à celui de la parturition. La conception ou le commencement de la grossesse est annoncée, d'après M. le professeur Velpeau, par les phénomènes suivants : « Les *yeux* perdent de leur vivacité, de leur brillant, expriment la langueur et semblent s'enfoncer dans l'orbite. Les *paupières* se cernent, s'entourent d'un cercle noirâtre, livide ou plombé. Le *nez* s'effile et s'allonge. La *bouche* s'agrandit par l'écartement de ses commissures. Tous les traits du visage se retirent en arrière, ce qui fait proéminer le *menton* en avant. La figure pâlit, se couvre de taches plus ou moins larges, plus ou moins nombreuses, tantôt rousses ou d'un brun plus ou moins foncé, tantôt, mais plus rarement, d'un blanc mat ou comme laiteux; se *masque*, en un mot... Le *goût* et les digestions se pervertissent plus spécialement encore. L'anorexie, des nausées, des vomissements même, surviennent et sont fréquemment suivis d'une perte complète de l'appétit. La femme ne désire plus, pour se nourrir, que des objets bizarres et quelquefois dégoûtants. Tantôt son plus grand bonheur est de manger de la terre glaise, de la cendre, de la chaux, de croquer du charbon; tantôt ce sont des viandes à demi putréfiées, des araignées ou d'autres animaux immondes qui font ses délices. En général les choses grasses et le régime animal lui déplaisent; les fruits et les légumes lui conviennent mieux. Quelques-unes recherchent avec ardeur les boissons acides et ne veulent que des aliments préparés avec le vinaigre, tels que la salade, etc... »

Souvent aussi l'état moral subit de nombreux changements, et quelquefois même il est exposé aux plus graves perturbations. Tout le monde sait, en effet, que l'état de grossesse change parfois le caractère de la femme, le rend bizarre, capricieux, fantasque, modifie ses affections, ses goûts, ses inclinations, détermine, disent les auteurs de médecine légale, chez certaines femmes des désirs et des penchants si impérieux et tellement irrésistibles qu'elles peuvent être entraînées à des actes plus ou moins contraires à la morale publique et à l'ordre social. On cite à l'appui de cette assertion une foule de faits de pareilles aberrations. Telle femme, d'une humeur habituellement douce et facile, devient violente, colère, emportée; telle autre, tendre épouse, bonne mère, déteste son mari, repousse ses enfants ou même leur voue une haine implacable pendant tout le temps de sa grossesse. Langius rapporte un fait horrible de la cruauté d'une femme enceinte qui désirait manger de la chair de son mari : elle l'assassina pour satisfaire son féroce appétit, et en sala une grande partie pour prolonger son abominable plaisir. Rassasiée de ce ragoût barbare, elle avoua son crime aux amis de son mari, qui cherchaient en vain le lieu de sa retraite. J'ai vu, dit Vivès (*Commentaires sur la Cité de Dieu*, par saint Augustin), une femme cruelle mordre le cou d'un jeune homme, qui en éprouva une douleur insupportable : elle aurait infailliblement avorté, ajoute-t-on, si elle n'avait satisfait ce désir effréné. En 1816 on a vu une scène épouvantable dans la ville de Mons. Une femme mère de cinq enfants et enceinte de cinq mois, jouissant d'une honnête aisance, précipita trois de ses enfants dans un puits, et s'y précipita enfin elle-même. Cette malheureuse femme avait encore deux enfants, l'un en pension, l'autre en nourrice : elle avait envoyé chercher l'enfant chez la nourrice ; mais heureusement l'ordre ne fut pas exécuté ; quant à l'autre, elle lui avait envoyé un gâteau empoisonné, dont on a eu le temps d'empêcher qu'il ne goûtât. (*Journal de Paris*, avril 1816.)

Nous avons quelque peine à croire que la grossesse, indépendamment de tout autre principe, ait pu seule être la cause directe et productrice de ces sortes d'aberrations ou de dépravations de la volonté : nous croyons plutôt qu'elles sont le résultat d'une véritable monomanie homicide délirante, et que la grossesse n'en a été que l'occasion ou la cause déterminante, c'est-à-dire que la femme était plus ou moins monomaniaque avant sa grossesse ou prédisposée à le devenir prochainement. Nous croyons qu'il y aurait quelque danger pour la morale publique à attribuer tous ces actes graves et désordonnés à l'influence seule de la grossesse ; car on pense bien sans doute que l'état de grossesse serait souvent invoqué pour justifier et pallier des actions désordonnées ou criminelles. Avec le principe de la monomanie comme cause des actions répréhensibles, il y aura infiniment moins d'inconvénients à craindre pour l'ordre social qu'avec la théorie fondée sur l'état de grossesse, parce que les femmes monomaniaques sont infiniment plus rares que les femmes grosses, et surtout parce que ce principe nous paraît tout à fait fondé et entièrement dans le vrai.

Au surplus nous ne sommes pas seul de ce sentiment : un célèbre accoucheur et en même temps auteur d'une médecine légale, Capuron, pense absolument comme nous. Voici ses paroles : « On ne croira pas facilement que la grossesse altère ou dérange la raison au point de faire méconnaître à la femme les lois les plus sacrées de la nature, les lois fondamentales de toute civilisation, l'humanité, la justice, la propriété... En vain on objectera les envies extraordinaires des femmes enceintes, leurs appétits désordonnés, bizarres, dépravés... Qu'une femme enceinte ait envie de manger des fruits verts, du poivre, du sel, du plâtre ; qu'elle boive plus qu'à l'ordinaire du vin pur, de l'eau-de-vie, du café; qu'elle dérobe des friandises : il y a loin de là jusqu'au désir de voler, de mordre un jeune homme au cou, de tuer un mari. »

Si le moraliste ne doit pas admettre comme vraies toutes ces graves aberrations ou ces actions criminelles des femmes enceintes, il est pourtant juste et raisonnable qu'il prenne en considération le changement qui s'est opéré dans le caractère ou le moral de la femme grosse ; il faut de plus que le directeur ou le confesseur de ces sortes de personnes les traite avec plus ou moins d'indulgence, suivant la gravité des cas, le génie et les caractères des sujets.

La position nouvelle de la femme amène, dans l'ensemble de ses fonctions, un trouble ou du moins un changement plus ou moins notable dans la composition de ses humeurs : elle exhale une odeur particulière. Les enfants qu'elle allaite, dit Richerand, refusent le sein ou ne le prennent qu'avec répugnance, et ne tardent pas à dépérir si on les laisse entre les mains d'une semblable nourrice; le flux menstruel, comme on sait, est suspendu pendant tout le cours de la gestation.

L'état de grossesse est une position tellement importante aux yeux de la nature que les maladies les plus graves, même constamment mortelles, respectent au moins momentanément les femmes enceintes. On sait, en effet, que généralement les femmes phthisiques ne succombent qu'après leur accouchement, bien que, sans la circonstance de la gestation, elles eussent dû périr au moins cinq à six mois plus tôt. Les femmes enceintes paraissent aussi sensiblement moins ressentir l'atteinte des maladies contagieuses graves, comme la peste, le typhus épidémique, etc.

Jusqu'à la fin du troisième mois aucun signe tiré de l'état de l'abdomen n'indique l'existence de la grossesse. Mais bientôt la matrice s'élève peu à peu, et vers la fin de la gestation elle dépasse la région ombilicale, s'étend même quelquefois jusque dans l'épigastre, et par conséquent gêne plus ou moins les fonctions des organes digestifs et des nerfs du système ganglionnaire. De là probablement la continuation des aberrations ou des anomalies digestives, et peut-être le changement du moral de la femme, la perversion physiologique de ses affections et de sa volonté.

§ II

Formation et accroissement de l'embryon et du fœtus.

D'après les physiologistes, les accoucheurs et les médecins légistes modernes les plus célèbres, dans les premiers temps de la grossesse, le produit de la conception ne paraît que sous la forme d'un flocon gélatineux demi-transparent et n'offre rien de distinct. Haller et Baudelocque assurent qu'on ne peut pas distinguer le fœtus humain avant le dix-neuvième jour. Suivant Chaussier, on n'y voit rien de distinct jusqu'au quinzième jour, même à la loupe. A *trente jours*, l'embryon a le volume d'une grosse fourmi, d'un grain d'orge ou d'une mouche ordinaire, et sa longueur est de neuf millimètres tout au plus. A *quarante-cinq jours*, on reconnaît très-bien la forme fœtale, les linéaments des principaux organes, de l'emplacement des membres; on compare alors l'embryon à une grosse abeille ou à une guêpe, c'est-à-dire qu'il a à peu près la longueur de vingt-cinq millimètres; sa tête égale en volume au moins la moitié du corps. A *soixante jours* ou *deux mois*, la longueur du fœtus est de cinquante-cinq millimètres. On peut alors juger de sa figure; les diverses parties de la face se distinguent plus nettement. Deux points noirs indiquent la place des yeux, la bouche est entr'ouverte et très-sensible; de petites ouvertures désignent le lieu du nez et des oreilles. On démêle les premiers rudiments des membres. A *trois mois*, toutes les parties extérieures du fœtus sont distinctes et bien dessinées; il a alors près de quatre-vingts millimètres de longueur, et pèse environ quatre-vingt-dix grammes. A *quatre mois*, le fœtus a environ cent soixante millimètres de longueur. A *cinq mois*, sa longueur est de deux cent cinquante-cinq millimètres. A *six mois*, il a trois cent vingt-cinq millimètres de longueur. A *sept mois*, sa longueur est de trois cent quatre-vingt millimètres. A *huit mois*, il a acquis la longueur de quatre cent quarante millimètres. A *neuf mois*, pleine maturité, il a quatre cent quatre-vingt-huit millimètres de longueur. Le poids ordinaire d'un fœtus à terme est de trois mille grammes. Ces évaluations ont été faites d'après les recherches et les observations de deux célèbres médecins-légistes modernes, Chaussier et Marc.

Quant à la circulation du fœtus, voyez ce que nous avons dit sur ce point à la page 228.

§ III

Du terme de la grossesse et de la parturition.

Après le septième mois, le fœtus est ce qu'on appelle *viable*, ou capable de se passer de l'influence maternelle ; il peut entrer dans le *chemin de la vie* : c'est ce que veut dire le mot *viable*. Mais le temps ordinaire, normal et physiologique de la grossesse est fixé à la fin du neuvième mois. C'est à cette époque que s'opère la parturition ou l'accouchement, c'est-à-dire l'expulsion du fœtus, de ses enveloppes et du *placenta* (*arrière-faix* ou *délivre*). L'œuf humain, arrivé à sa parfaite maturité, se détache de la matrice, comme un fruit mûr abandonne l'arbre auquel il est suspendu.

Maintenant une nouvelle scène va commencer ; le fœtus doit rompre les barrières de son étroite et obscure prison, pour être transporté dans une région de lumière et de vie. Mais le mécanisme de cette translation ou expulsion violente est sans contredit la fonction la plus douloureuse de la vie humaine ; et, chose singulièrement remarquable, l'espèce humaine paraît seule assujettie à cette loi de douleur et de souffrance. Les femelles des espèces animales, dans leur état normal et de pure nature, ne paraissent pas souffrir en mettant bas leurs petits, ou, si elles éprouvent des douleurs, elles doivent être infiniment moindres que dans l'espèce humaine. Il est vrai que l'excès de civilisation et la différence des climats ont pu amollir la femme, la rendre plus sensible et plus propre à ressentir vivement les impressions douloureuses ; mais, à part cette déviation, il est certain que toutes, dans tous les pays et dans toutes les conditions, éprouvent des douleurs vives dans la fonction de la parturition, même la plus normale. La femme, la femme seule est donc condamnée, contre la loi générale des mammifères, à enfanter au milieu des plus cruelles souffrances. Que les physiologistes et les philosophes nous expliquent cette immense anomalie. Nous leur demanderons pourquoi une aussi importante fonction ne s'accomplit pas, sinon avec plaisir, du moins sans douleur ; il ne fallait pour cela qu'une plus grande ampliation des parties molles et un degré de plus de disjonction des parties osseuses. Il semble donc qu'il faille accuser ou l'imprévoyance ou l'impuissance de la nature, puisqu'ici elle est en flagrante opposition avec cette loi physiologique : que toute fonction déplétive et exonérative doit s'accomplir plutôt avec plaisir qu'avec douleur. (Voyez ce que nous avons dit sur ce point au chapitre du *goût*, page 35.) La nature, nous le répétons, aurait donc manqué de prévoyance, de sagesse ou de puissance. Non, la nature n'est point en défaut ; elle ne fait qu'obéir à la voix de son divin auteur, qui, pour infliger un juste châtiment à la femme prévaricatrice, a fulminé contre elle cet arrêt irrévocable : *In dolore paries filios*. (Gen.) Voilà le mot de l'énigme ; voilà la véritable explication du mystère. La révélation supplée à la science humaine. Quand celle-ci est muette, la foi fait entendre sa haute et infaillible parole, et alors la raison humaine doit se taire, s'incliner et croire. Revenons aux fonctions puerpérales.

Les *lochies*. C'est une excrétion utérine sanguinolente et séreuse, qui est propre aux femmes nouvellement accouchées ; c'est ce qu'on appelle vulgairement les *vidanges: purgatio puerperii*. Cet écoulement salutaire se suspend ordinairement du deuxième au troisième jour, mais seulement pour vingt-quatre heures, c'est-à-dire pendant le développement de la *fièvre de lait*, déterminée par la congestion qui se forme sur les organes mammaires. Il reparaît ensuite dès que les sueurs diminuent, et parcourt sa marche décroissante jusqu'au dégorgement complet de tout le système utérin.

§ IV

Des monstres.

Les naturalistes ont longuement et savamment disserté sur la question des monstruosités. Cette matière, il est vrai, pique toujours plus ou moins la curiosité du vulgaire, qui ordinairement cherche dans les monstres quelque chose d'extraordinaire, de sinistre et d'affreux; mais ce qui est réellement utile à notre objet se réduit à peu de chose.

Les monstruosités sont des vices de conformation par excès ou par défaut. Il y a des êtres humains qui présentent deux têtes et deux corps distincts; ils tiennent ensemble par les reins, ou par le ventre, ou par d'autres parties.

On en connaît un très-grand nombre d'exemples. Un des plus frappants est celui de ces deux filles hongroises dont parle Buffon, appelées Hélène et Judith. Elles étaient unies par les reins; elles vécurent vingt-deux ans; l'anus leur était commun, et par conséquent le besoin de la défécation était commun à l'une et à l'autre; mais comme chacune avait le canal excréteur de l'urine (l'urètre) en particulier, l'excrétion urinaire ne leur était pas commune; chacune l'éprouvait à part, ce qui était, comme on le comprend assez, une source de disputes entre elles. Enfin Judith mourut à vingt-deux ans, et Hélène fut obligée de subir le même sort: trois minutes avant la mort de sa sœur elle entra en agonie et mourut presque en même temps. Chacune avait son *moi*, sa vie distincte, il n'y avait de commun que l'anus.

Un autre fait semblable s'est présenté de nos jours, et c'est sans contredit un des plus extraordinaires qu'on ait encore observés. *Ritta, Cristina* ou *Ritta-Cristina sont* ou *est* arrivée à Paris le 26 octobre 1829, comme s'exprime le docteur Julia Fontenelle dans sa notice sur cette monstruosité, et *a* ou *ont* été présentées successivement aux Académies des sciences et de médecine. Cette fille bicéphale est née, le 12 mars 1829, en Sardaigne. Chacune des têtes a été baptisée séparément : l'une a reçu le nom de *Ritta,* et l'autre celui de *Cristina.* Cet être monstrueux offre deux têtes, deux poitrines et quatre bras ; mais il n'a qu'une région abdominale, un bassin, deux cuisses et deux jambes. *Ritta-Cristina* a succombé le 21 novembre 1829, âgée de huit mois et demi ; à peine *Ritta* eut-elle rendu le dernier soupir que *Cristina* poussa un cri et expira à l'instant même. A l'autopsie on a trouvé deux cœurs dans la même enveloppe (péricarde) ; ces deux cœurs étaient unis par leurs pointes.

Nous ne citerons pas ici une foule de faits extraordinaires rapportés par certains auteurs dont plusieurs même étaient médecins, parce qu'aujourd'hui tous les savants et les naturalistes regardent ces histoires comme apocryphes ou fabuleuses. Liceti parle d'un monstre humain à sept têtes et autant de bras. Bartholin fait mention d'un autre à trois têtes, qui après avoir poussé des cris horribles expira. Borelli cite le fait d'un nouveau Cerbère, d'un chien à trois têtes. On parle encore de monstres qui avaient une tête humaine et le corps ou les membres d'un animal, ou la tête d'un animal avec un corps humain, apparemment comme résultat d'un commerce de bestialité. Mais, nous le répétons, nous rejetons tout ce merveilleux qui nous est venu du temps de crédulité, et qui nous est rapporté par des auteurs sans compétence scientifique ou sans garantie et sans critique. Seulement nous pouvons affirmer que nous avons vu nous-même en 1843 une femme triopse, c'est-à-dire à trois yeux ; du moins jusqu'à l'âge de neuf ans elle avait conservé ses trois yeux, parfaitement beaux, et elle en avait vu jusqu'alors. A cette époque on lui extirpa l'œil du milieu, qui, dit-elle, était son meilleur, et on en voit encore aujourd'hui les paupières garnies de leurs cils. Par contre, le même jour, nous avons vu un homme venu au monde avec une oreille de moins.

§ V

Grossesses multiples ou superfétations.

La multiplicité des fœtus dans la même gestation tient à ce que plusieurs ovules, mûrs en même temps, sont fécondés simultanément dans la même copulation. « Les rapports des conceptions simples aux conceptions multipares observées à l'hospice de la Maternité de Paris sont les suivants : sur 37,441 accouchements, il y en a eu 36,992 unipares, 444 bipares, 5 tripares. La conception peut être quadrupare et même quintupare, et c'est là le dernier terme bien constaté. » (Blaud.) — On a vu des femmes, dit Richerand, qui comptaient vingt-quatre, trente-neuf et même cinquante-trois enfants. — On sait qu'en général les petits garçons naissent en nombre plus considérable que les petites filles : l'excédant est dans quelques pays, suivant Richerand, porté à un vingt-deuxième, un quatorzième, un douzième et quelquefois même, mais très-rarement, jusqu'à un tiers. Ce physiologiste en tire avec raison la conclusion que dans tous les pays de la terre la polygamie est directement opposée au but de la nature et à la multiplication de l'espèce.

La *superfétation*. C'est la fécondation de deux ovules, faite séparément ou à deux époques différentes et nécessairement plus ou moins rapprochées. La seconde conception ne peut avoir lieu qu'autant que le principe fécondant peut pénétrer jusqu'à l'ovaire, ou qu'avant la descente dans la matrice de l'ovule fécondé dans le premier coït : car dès que le produit de la conception remplit la cavité utérine et que la membrane caduque la tapisse et en bouche tous les orifices, et notamment ceux des trompes de Fallope, la superfétation est évidemment impossible. Or on pense communément que tout cela se passe vers le huitième jour. Donc, après cette époque, la superfétation ne peut plus avoir lieu à moins qu'elle ne soit extra-utérine ou que la matrice ne soit double. Ce qui a puissamment contribué à accréditer la doctrine de la superfétation, c'est le développement inégal des deux fœtus conçus en même temps, et dont l'un naît à terme, et l'autre avant terme, ou dont l'un, mort longtemps avant son congénère, n'offre à sa naissance que les caractères d'un fœtus de quelques mois, quoique comme l'autre il en ait réellement neuf.

Voici au reste quelques faits qui prouvent péremptoirement la superfétation : une femme d'Arles accoucha d'un enfant à terme, en 1796, et d'un second enfant, également à terme, cinq mois après. (*Recueil de la Société de médecine.*) Il est rapporté dans les *Archives générales* qu'une négresse accoucha d'un fœtus noir de huit mois ou à peu près, puis au bout de quelques heures d'un fœtus blanc d'environ quatre mois. Il faut admettre dans ces deux cas que la matrice était biloculaire ou partagée en deux cavités. Voici maintenant des faits de superfétation proprement dite : une femme de Charlestown accoucha le même jour de deux jumeaux, l'un noir, et l'autre blanc. Une nègresse de la Guadeloupe mit au monde deux enfants à terme, l'un noir, et l'autre mulâtre. M. le professeur Velpeau rapporte « que dans le comté de Montgomery une domestique blanche mit au monde, de la même couche, une fille blanche et un garçon parfaitement noir : un nègre et un domestique blanc disparurent ensemble lorsqu'on eut reconnu que cette fille était enceinte. » Une jument mit bas, à un quart d'heure de distance, un poulain et un mulet ; elle avait été saillie d'abord par un cheval et cinq jours après par un âne. (*Bibl. méd.*)

§ VI

La lactation ou l'allaitement.

La glande mammaire est l'organe sécréteur du lait. Ce corps glanduleux est placé dans l'épaisseur de la mamelle, et en détermine à peu près la forme et le volume. Ses conduits excréteurs sont appelés *galactophores* ou *lactifères*. Ils aboutissent à quinze à dix-huit tubes ou sinus, qui ont leurs orifices extérieurs à la surface du mamelon.

La lactation, comme dit Gardien, est le complément de la maternité. *Quæ lactat mater magis quàm quæ genuit*, a-t-on proclamé depuis longtemps. Oui, nous le répétons encore :

> La voix de la nature incessamment le dit :
> La véritable mère est celle qui nourrit.

La mère, dans son propre intérêt et surtout dans celui de son enfant, doit elle-même remplir cette douce et importante fonction ; c'est pour elle un devoir sacré. La femme saine et bien portante qui ne nourrit pas son enfant ne violera pas toujours impunément la loi de la nature imposée à tous les mammifères : des maladies ou des infirmités sans nombre peuvent être le résultat de cette violation d'une des principales lois de la physiologie. Nous ne devons point ici nous en occuper; seulement nous dirons que les femmes qui nourrissent sont infiniment moins exposées aux squirrhes et aux cancers du sein que celles qui ne remplissent pas ce devoir maternel et qui n'ont été mères qu'à demi. (Nous parlerons ailleurs du lait en général.)

Les affections vives de l'âme, les commotions morales, en un mot, les passions violentes altèrent instantanément la composition du lait, et même jusqu'à sa couleur et sa saveur. On a vu un paroxysme de colère convertir à l'instant le lait doux et sucré d'une nourrice en un poison délétère et funeste. Petit-Radel rapporte qu'un enfant fut subitement pris de convulsions pour avoir teté sa nourrice immédiatement après que cette femme avait subi pour une faute légère un châtiment inhumain et cruel. L'ivresse peut produire le même effet. Boerhaave parle d'un enfant qui eut des mouvements convulsifs pour avoir teté une femme ivre. « Levret, dit le *Dictionnaire des sciences médicales*, rapporte qu'une femme était dans l'usage d'employer, pour former les bouts, la bouche d'un petit chien : un jour elle se livra à un violent accès de colère; mais, avant de donner à teter à son enfant, elle eut recours à son chien, qui fut atteint d'une attaque d'épilepsie. »

Les impressions irritantes et dépressives exercent aussi leur fâcheuse influence sur la sécrétion du lait chez les femelles des animaux comme chez la femme. On sait que les vaches, lorsqu'on les brusque ou qu'on les maltraite, ou même leurs nourrissons, retiennent leur lait ou ne donnent qu'un lait souvent plus ou moins altéré.

La glande mammaire existe également chez l'homme;

à l'époque de la puberté on y remarque un gonflement manifeste et une sorte d'éréthisme ou même de douleur plus ou moins sensible. Nous y avons même rencontré des tumeurs dures, d'apparence squirrheuse, absolument comme chez la femme. Des observations assez nombreuses prouvent qu'il peut sortir une espèce de lait de ces sortes de glandes. Le *Dictionnaire des sciences médicales* rapporte le fait suivant : « Un marin ayant perdu sa femme et se trouvant en pleine mer avec son enfant à la mamelle, cherchait à l'apaiser en lui présentant le sein; il fut étonné, au bout de trois à quatre jours, de se voir venir du lait. » Alexandre Bénédictus cite le cas suivant : *Maripetrus sacri ordinis equestris tradidit, Syrum quemdam, cui filius infans, mortuá conjuge, supererat, ubera sœpius admovisse, ut famem filii vagientis frustraret, continuatoque suctu lacte manasse papillam; quo exindé nutritus est, magno totius urbis miraculo.* « M. de Humbold, dans son voyage aux régions équinoxiales du nouveau continent (t. III, p. 58), dit avoir vu, dans le village d'Arénas, un laboureur nommé Francisco Lozano, qui avait nourri son fils de son propre lait. La mère étant tombée malade, le père, pour tranquilliser l'enfant, le prit dans son lit et le pressa contre son sein. Lozano, âgé de trente-deux ans, n'avait point remarqué jusqu'à ce jour qu'il eût eu du lait; mais l'irritation de la mamelle, sucée par l'enfant, causa l'accumulation de ce liquide : le lait était épais et fortement sucré. Le père, étonné de voir grossir son sein, donna à teter à l'enfant pendant cinq mois, deux ou trois fois par jour. Il attirait sur lui l'attention de ses voisins; mais il n'imaginait pas, comme il aurait fait en Europe, de mettre à profit la curiosité qu'il excitait. Nous avons vu, continue M. de Humbolt, le procès-verbal dressé sur les lieux pour constater ce fait remarquable. Les témoins oculaires vivent encore; ils nous ont assuré que pendant l'allaitement le fils ne reçut aucune autre nourriture que le lait du père. Lozano, qui ne se trouvait pas à Arénas lors de mon voyage dans les Missions, est venu nous visiter à Cumana; il était accompagné de son fils, qui avait déjà treize ou quatorze ans. M. Bonpland a examiné attentivement le sein du père, et l'a trouvé ridé comme chez les femmes qui ont nourri; il observa que le sein gauche était surtout très-dilaté, ce que Lozano nous expliqua par la circonstance que ses deux mamelles n'ont jamais fourni le lait avec la même abondance. Dom Vicente Emparan, le gouverneur de la province, a envoyé à Cadix une description circonstanciée de ce phénomène... » — « Le même voyageur réfute les écrivains qui ont affirmé gravement que, dans une partie du Brésil, c'étaient les hommes et non les femmes qui nourrissaient les enfants; ce phénomène, dit-il, n'est pas plus commun dans le nouveau continent que dans l'ancien. Enfin les anatomistes de Pétersbourg assurent que chez le bas peuple russe les mamelles des hommes contiennent du lait. » (Citation du *Dictionnaire des sciences médicales*.)

Baudelocque rapporte qu'une petite fille d'Alençon âgée de huit ans, ayant souvent appliqué à son sein les lèvres d'une enfant de quelques mois que sa mère allaitait, il lui vint assez de lait pour la nourrir elle-même pendant tout le temps que la mère, empêchée, ne pouvait remplir ce devoir maternel, c'est-à-dire pendant un mois. La petite fille fut présentée à l'Académie en 1783, et le fait fut constaté par ce corps savant. Nous ne parlons pas des sujets trimammes ou quadrumammes : ce sont des anomalies trop excentriques et trop en dehors de notre cadre physiologique pour les mentionner ici.

§ VII

De l'enfance.

Ce premier âge de la vie humaine n'est en quelque sorte qu'une vie végétative ou du moins purement animale et nutritive. L'enfant, en effet, pendant les premiers mois de sa vie, ne paraît avoir besoin que de nourriture et de sommeil. Sa vie sensitive se développe peu à peu, ses sensations acquièrent de l'intensité et de la vivacité. Vers le milieu du second mois de sa douloureuse existence, qu'il exprime par des pleurs presque incessants, il commence à éprouver des sensations agréables, qu'il exprime par le rire, lequel, comme on pense bien, excite dans l'âme de sa mère de douces et ineffables sympathies. Vers la fin du septième mois commence l'époque importante ou la crise de la dentition. Les dents incisives moyennes de la mâchoire inférieure paraissent les premières; elles sont bientôt suivies des incisives correspondantes de la mâchoire supérieure, puis des incisives latérales de la mâchoire inférieure et de celles de la mâchoire supérieure. Les petites molaires se montrent ensuite, en laissant entre elles et les incisives un espace destiné aux canines, dont l'éruption est en général plus tardive et plus laborieuse; puis le reste de l'appareil dentaire se développe peu à peu et successivement. Quand les vingt premières dents sont sorties, la première dentition est complète, l'existence des enfants est plus assurée : elle était avant cette première crise bien précaire et bien chanceuse, puisque les calculs sur les probabilités de la vie humaine prouvent que le tiers des enfants qui naissent à un terme donné meurt avant d'avoir atteint l'âge de vingt-trois ans. Vers la fin de la quatrième année on voit paraître à chaque mâchoire deux nouvelles molaires; elles formeront dans la suite les premières grosses molaires, et demeureront toute la vie, tandis que les autres, appelées dents de lait, tomberont à sept ans. Vers la neuvième année, deux nouvelles molaires poussent à la suite des premières : l'enfant a alors vingt-huit dents. La dentition est complète, sauf les dents tardives, dites de sagesse, au nombre de deux à chaque mâchoire, qui ne doivent paraître que de dix-huit à trente ans et quelquefois beaucoup plus tard.

Cet ordre d'éruption dentaire est sujet à bien des changements, ou du moins est assez souvent interverti, c'est-à-dire qu'on voit quelquefois les petites molaires paraître avant les canines, et celles-ci avant les incisives, etc. On a vu aussi, dit Richerand, des dents repousser pour la troisième fois chez des personnes très-avancées en âge. On a rencontré des enfants venus au monde avec deux incisives à la mâchoire supérieure, et Louis XIV entre autres était dans ce cas. Quelquefois la dentition est fort tardive. M. le docteur Blaud cite même un fait où elle ne s'est jamais effectuée : c'était un homme âgé de quarante-cinq ans, qui n'avait jamais eu de dents.

§ VIII

De la puberté.

C'est l'âge de la vie où l'homme et la femme sont aptes à procréer ou à reproduire leur semblable. Le sexe, le climat, le genre de vie, l'éducation, la civilisation, etc..., exercent une grande influence sur le développement plus ou moins précoce de la puberté.

La femme est pubère un ou deux ans plus tôt que

l'homme. Ainsi dans nos climats tempérés, comme par exemple en France, les filles sont en général pubères de la douzième à la quatorzième ou quinzième année, et les garçons de quatorze à seize ans. Les peuples méridionaux arrivent à la puberté longtemps avant les habitants du nord. Dans les contrées chaudes de l'Asie, de l'Afrique et de l'Amérique, la puberté se développe, chez les filles, à dix et même à neuf ans, tandis que dans le Nord, en Russie, en Suède, elle arrive sept ou huit ans plus tard.

Les signes certains de la puberté chez les garçons sont la sécrétion de la liqueur spermatique, le changement de la voix, qui devient plus forte, plus pleine et plus mâle; le développement et le volume des organes génitaux et l'éruption de poils aux parties, qui auparavant en étaient dépourvues, comme au menton, etc. Le phénomène principal qui annonce la puberté chez la femme, c'est la *menstruation*, c'est-à-dire cette fonction périodique qui consiste dans un écoulement sanguin par les organes sexuels. On appelle encore cette sécrétion de tous les mois flux *menstruel*, *cataménial*, ou tout simplement les *règles*. La menstruation signale la puberté, cesse avec la fécondité, se suspend ordinairement pendant la grossesse et les premiers mois de la lactation, et dans nos climats disparaît sans retour de la quarantième à la cinquantième année.

Dans les régions tempérées, comme en France, le flux cataménial paraît ordinairement de douze à quinze ans; il dure depuis quelques heures jusqu'à huit jours, mais sa durée moyenne est de trois à cinq jours. Le climat influe beaucoup sur la durée et la quantité du flux menstruel; en Afrique, l'écoulement des règles est presque continuel, tandis qu'en Laponie et dans le Groenland il ne se manifeste que deux ou trois fois dans l'année. En général, les femmes très-nerveuses, maigres et sèches, sont plus abondamment réglées que celles qui se trouvent dans des conditions opposées. On a vu des femmes qui n'ont jamais été réglées sans cesser pour cela d'être fécondes, ou ne l'ont été que pendant leur grossesse. Il est pourtant certain que l'écoulement menstruel favorise constamment la fonction génératrice, et on pense généralement que le moment le plus favorable à la conception est celui qui suit immédiatement l'écoulement menstruel, qui paraît disposer l'utérus à la fécondation (1). C'est ainsi que, suivant le conseil du médecin Fernel, la femme de Henri II devint enceinte, et mit au monde un enfant après onze ans d'une apparente et désolante stérilité.

En général la menstruation est plus précoce dans les villes que dans les campagnes; elle l'est surtout chez les filles qui appartiennent à la classe opulente, qui vivent dans la mollesse, l'indolence et la paresse. Cette précocité est puissamment favorisée par une nourriture succulente et excitante, l'habitude des plaisirs, la lecture des romans, la fréquentation des spectacles et des bals, la société des personnes du sexe opposé, en un mot, par une éducation molle, voluptueuse, dans laquelle entre constamment la culture de tous les arts d'agrément, comme la musique, la danse, le dessin, etc. Or il est certain que toutes ces causes réunies exaltent immensément le système nerveux des jeunes filles, trop souvent le jettent dans les plus graves perturbations, déterminent et hâtent constamment le développement d'une précoce et dangereuse puberté.

Nous n'avons pas besoin de parler ici des dangers et des désordres moraux d'une pareille éducation ; leur évidence nous en dispense suffisamment. Nous nous con-

(1) Richerand fait observer « que la plupart des femelles des animaux quadrupèdes ont les parties sexuelles baignées d'une lymphe rougeâtre au moment où elles sont en chaleur ».

tenterons de signaler en passant le danger physique d'une puberté prématurée chez la femme, en ce sens qu'elle pourra, grâce à une maturité factice, devenir enceinte sans pouvoir devenir mère, c'est-à-dire qu'elle pourra concevoir avant le développement complet du bassin, et que par là elle sera dans l'impuissance d'enfanter, et par conséquent en danger imminent de périr.

« Cependant, dit très-judicieusement Maygrier, on ne rencontre que trop de mères qui ne peuvent résister au plaisir d'entendre vanter la grâce et la gentillesse de leurs enfants. Pour les rendre plus agréables encore, il n'y a pas de sacrifice qu'elles ne fassent, comme de les conduire aux spectacles, au bal, partout enfin où elles espèrent en faire des espèces de trophées. Ces petites créatures, façonnées de bonne heure aux usages du monde, baissent les yeux, rougissent même sans savoir pourquoi; mais elles n'en éprouvent pas moins, très-jeunes encore, des sensations qui ébranlent leur cerveau, agitent leurs sens et les mettent ainsi prématurément dans une disposition morale et physique propre à favoriser la révolution pubère avant l'époque fixée par la nature. » Les parents ne sauraient trop surveiller la conduite de leurs enfants. Qu'ils s'appliquent donc surtout et avant tout à leur procurer l'immense bienfait d'une éducation sage et morale, c'est-à-dire chrétienne ; c'est le plus précieux héritage qu'ils puissent leur laisser.

Nous ne parlerons pas ici des anomalies et des déviations auxquelles les règles sont sujettes, parce que ces aberrations doivent être considérées comme des désordres pathologiques ou de véritables maladies. C'est ainsi qu'on a vu les menstrues suppléées par l'épistaxis, l'hémoptysie, l'hématémèse ; quelquefois même l'écoulement utérin s'est fait par les seins, l'aisselle, l'ombilic, les yeux, les oreilles, les gencives, les ongles, le doigt indicateur, par des surfaces ulcérées, des plaies, des brûlures, des piqûres de sangsues, enfin par toutes les parties du corps.

L'âge auquel les fonctions menstruelles cessent n'est pas moins variable que l'époque de leur première apparition. Dans nos climats, comme nous l'avons déjà dit, cette cessation a lieu généralement de la quarantième à la cinquantième année. On a vu des femmes perdre leurs règles dès l'âge de trente-six, trente, vingt-cinq et vingt ans. Par contre, d'autres sujets ont continué d'être menstrués jusqu'à cinquante-cinq, soixante, soixante-cinq, soixante-dix ans, et même bien au delà. On trouve dans Haller des faits bien authentiques de menstruations qui ont duré jusqu'à l'âge de cent et de cent cinq ans. On rapporte des observations de personnes qui, après avoir vu disparaître leurs règles à l'époque ordinaire, ont été menstruées de nouveau à l'âge de soixante-quinze, quatre-vingts, quatre-vingt-dix et quatre-vingt-quinze et même cent ans. Il est certain que quelques femmes ont par là recouvré une certaine aptitude à la fécondation, comme, suivant l'observation de M. Velpeau, certaines plantes reverdissent un instant à l'automne. Mais cette fécondité tardive et anormale, ce *nisus* générateur n'est qu'un dernier effort de la nature, très-propre à hâter le moment d'une dissolution prochaine : c'est une lampe qui, sur le point de s'éteindre, jette une dernière et incertaine lueur. Ces observations de menstruation tardive et de menstruation de retour ne doivent pas étonner davantage que les faits d'une menstruation chez des petites filles de cinq, de quatre, de trois, de deux ans; mais on peut croire que la plupart de ces cas d'extrême précocité, comme ceux d'une prolongation excessive de la fonction menstruelle, n'étaient que le résultat de quelque maladie des organes sexuels ou de l'état général de l'énonomie.

« A ce sujet, dit M. Velpeau, je ne puis cependant pas

taire un fait récemment publié : c'est celui d'une jeune fille de la Havane, dont les règles ont paru la première fois à l'âge de *dix-huit mois*, et qui depuis ont continué à revenir tous les mois. L'enfant a d'ailleurs de la gorge, des traits très-prononcés et tous les caractères d'une puberté anticipée (1).

« Dans l'ordre normal, conclut le même auteur, les règles doivent cesser entre quarante et cinquante ans dans nos pays tempérés ; entre trente et quarante dans les climats chauds, et de quarante-cinq à cinquante-cinq dans les zones plus froides. En d'autres termes, leur durée totale est à peu près d'environ trente ans. Là où elles sont précoces, elles se suppriment de bonne heure, et là où la première apparition est tardive, elles se prolongent plus loin aussi dans le cercle de l'existence. Tous les faits qui résistent à cette règle générale me semblent devoir être rejetés parmi les exceptions ou les cas pathologiques. »

Lorsque les règles sont supprimées, tout se flétrit chez la femme, l'embonpoint diminue, la peau se ride, l'économie s'ébranle, se délabre, etc. C'est ce qu'on appelle l'époque de retour ou l'âge critique, à cause sans doute du grand nombre de maux ou de maladies qui se manifestent à cet âge, et qui sont funestes à beaucoup de femmes ; mais aussi, une fois ce temps critique et orageux passé, leur existence est plus assurée et se prolonge généralement plus que la vie des hommes du même âge.

(1) Mandelshof dit avoir vu aux Indes une fille qui était pubère à deux ans, et qui, après avoir été mariée à trois ans, fut mère à cinq.

§ IX

L'âge viril.

C'est la longue période de la vie humaine qui succède à l'adolescence. L'âge viril commence de la vingt et unième à la vingt-cinquième année. Alors ordinairement le corps cesse de croître en longueur; il commence dès cette époque à s'étendre peu à peu dans toutes les autres dimensions. Toute la machine humaine prend de la force, de la solidité et de la consistance; la fibre acquiert de la dureté et de la résistance; en un mot, l'homme arrive par degrés à l'apogée de son organisation et de sa constitution physique. Les facultés intellectuelles et morales suivent la même progression ascendante, achèvent de compléter ou plutôt constituent essentiellement la plus parfaite des créatures terrestres, le roi de la création, la sublime et magnifique image de Dieu, l'homme enfin. L'âge mûr se prolonge pour les hommes jusque vers la soixantième année; il ne s'étend guère au delà de la cinquantième pour les femmes, chez lesquelles il commence aussi un peu plus tôt.

C'est à cet âge, où l'homme jouit de toute la plénitude de son existence, que nous le considérons dans la quatrième partie de cet ouvrage (1).

---

(1) Il faudrait peut-être préférer à cette division ordinaire celle du célèbre Hallé, que voici : 1° la première enfance, qui commence à la naissance et finit à sept ans; 2° la deuxième enfance, qui s'étend de sept ans jusqu'à la puberté; 3° l'adolescence, qui commence avec celle-ci et se termine à vingt-cinq ans chez l'homme et à vingt et un ans chez la femme; 4° l'âge adulte, de vingt-cinq à soixante ans chez l'homme, et de vingt et un à cinquante ans chez la femme; 5° vient enfin la vieillesse, qui se termine par la décrépitude ou la mort.

QUATRIÈME PARTIE

Tempéraments. — Innervation. Idiosyncrasies. Antipathies. Sympathies. — Influence du physique sur le moral, *et vice versâ*. — Races de l'espèce humaine. — Probabilités de la vie humaine. Longévité. Décroissement de l'homme. Age de retour. Vieillesse. Décrépitude. Mort. Putréfaction.

CHAPITRE I

DES TEMPÉRAMENTS

TEMPÉRAMENT SANGUIN. TEMPÉRAMENT BILIEUX
TEMPÉRAMENT LYMPHATIQUE. TEMPÉRAMENT MÉLANCOLIQUE
TEMPÉRAMENT NERVEUX. TEMPÉRAMENT ÉROTIQUE

§ 1

Considérations préliminaires.

On entend par tempérament certaines différences physiques et morales remarquables que présentent les hommes, et qui dépendent de la variété des rapports et des proportions de l'organisation humaine.

Ce qui établit donc essentiellement le tempérament, c'est la prédominance d'organisation et d'action d'un système d'organes sur les autres. Ainsi, si le système sanguin ou circulatoire, par son développement inné ou acquis, prévaut sur tous les autres systèmes, le tempérament sera sanguin, et ainsi des autres. Il est aujourd'hui inutile de chercher à démontrer la grande influence qu'exerce le physique sur le moral; c'est là une vérité devenue triviale à force d'être rebattue et répétée par tous les esprits même les plus médiocres. Mais ce qui est moins connu, c'est l'immense influence des tempéraments sur le moral ou sur les facultés intellectuelles, morales et même sociales de l'homme, c'est-à-dire sur son âme, son esprit, son génie, son caractère, son humeur, ses goûts, ses inclinations, sa moralité, son heureuse aptitude à la vertu, son malheureux penchant au vice, sa sociabilité, etc. etc.

On admet généralement cinq principales espèces de tempéraments, qu'on peut appeler des tempéraments types, primitifs et purs, avec plusieurs variétés et une foule de nuances plus ou moins mixtes, combinées et mélangées. Ces tempéraments principaux sont le tempérament sanguin, le bilieux, le lymphatique, le mélancolique, et le nerveux, auxquels nous avons ajouté le tempérament *érotique*.

§ II

Du tempérament sanguin.

Ce tempérament est le produit de l'activité prédominante du système vasculaire ou circulatoire, c'est-à-dire sanguin.

Attributs physiques. Caractères principaux : une taille avantageuse et bien prise, une physionomie animée, le teint vermeil, un visage riant et fleuri, des yeux vifs et brillants; les membres sont souples et agiles, les mouvements libres et lestes. Les formes douces et gracieuses, mais bien exprimées, et les chairs fermes et compactes, forment un état mitoyen entre l'obésité et la maigreur ; les cheveux sont d'un blond tirant sur le châtain, etc.

Attributs moraux. — *Facultés intellectuelles, morales et affectives ; caractères, goûts, passions, vices et vertus.* Chez les sanguins, les sensations sont très-vives ; les fonctions intellectuelles s'exécutent avec aisance et liberté, la mémoire est heureuse, l'imagination vive et brillante. La conception est prompte ; ils saisissent facilement ce qu'on leur enseigne ; mais ils passent rapidement d'une idée à une autre, offrent peu de constance et de fixité dans leurs conceptions ou leurs idées, sont impropres aux profondes et longues méditations et aux sciences d'observation, parce qu'ils sont trop pressés de tirer des conclusions et de former des jugements définitifs. Ils sont plus propres aux travaux d'imagination. D'une réflexion peu suivie et d'une attention peu soutenue, ils se hasardent à raisonner sur tout, effleurent toutes les questions sans en approfondir aucune. Rarement l'homme sanguin acquiert de l'érudition ; car il manque de patience dans les investigations scientifiques. Rarement aussi il devient un esprit supérieur, parce que sa puissance intellectuelle, d'une trempe ordinaire, n'est pas faite pour les longues et fortes méditations abstraites ; elle est incapable de s'élever dans les hautes régions de la philosophie.

Vivacité, amabilité, générosité, franchise, bienveillance, cordialité, dévouement : voilà le caratère moral de l'homme à tempérament sanguin. Il est bon, obligeant, complaisant, doux, humain, compatissant, affectueux, courageux. Son allure est franche et ouverte, ses manières faciles et enjouées ; d'un abord aisé, d'un commerce agréable ; mais dans sa jovialité insouciante il est en général fort léger et très-inconstant : on peut même dire que la légèreté jointe à l'inconstance est un de ses principaux attributs. Ses goûts dominants ce sont tous les plaisirs des sens, et principalement les voluptés charnelles, les plaisirs de la table, les spectacles, les bals, les jeux, la gymnastique, la chasse, les parties de plaisir, l'amour excessif et le soin recherché de sa personne, de la toilette, la vanité, l'étude des modes, la *coquetterie*, les expéditions lointaines, la guerre, les promenades, les voyages, et surtout la variété et le changement dans tous les plaisirs.

Les *vices dominants* dans l'homme sanguin ce sont l'intempérance et l'incontinence. L'homme de ce tempérament, étant l'homme du plaisir et résumant tous les plaisirs en sa personne, est l'ennemi-né de la pénitence, des austérités et de la mortification chrétienne; et sous ce rapport il faut beaucoup moins exiger des hommes sanguins que de ceux d'un autre tempérament, comme par exemple des lymphatiques. Leurs appétits sont vifs et impérieux. Sans cesse dominés par la loi de leur organisme, et presque irrésistiblement poussés et impulsionnés par la fougue de leur tempérament et des passions qu'il favorise, ils seront incessamment ramenés à leurs plaisirs et sur le point de succomber aux vices qui en sont les fruits amers. Comptez en général fort peu sur toutes leurs promesses et leurs protestations d'abnégation et de fidélité; à moins toutefois que vous ne soyez parvenu à leur inspirer de l'amour pour la beauté de la vertu, ou du moins à les faire plier peu à peu aux habitudes des vertus morales ou aux pratiques hygiéniques, comme la tempérance, la modération dans les plaisirs honnêtes, le travail manuel, l'exercice prolongé du corps. Exigez d'abord de ces sortes de personnes des vertus plus analogues à leur nature, à leur caractère et à leur goût, comme des actes de générosité, de dévouement au service du prochain, des offices de charité, de bienfaisance, l'aumône suivant les circonstances, et puis peu à peu vous retrancherez le luxe et la superfluité de la table; et pour cela rien de mieux que d'exercer fortement le corps par le travail manuel, afin de dissiper ou de prévenir l'exubérance nutritive, d'émousser le sentiment de la volupté ou d'amortir l'*aiguillon de la chair*, et d'habituer le corps à une nourriture simple et frugale, qui sera toujours délicieuse quand elle sera assaisonnée par la fatigue et la faim.

On trouve les traits physiques du tempérament sanguin dans les belles statues d'Antinoüs et de l'Apollon du Belvédère; les vies d'Alcibiade et de Marc-Antoine en offrent les caractères moraux. Voici comment Plutarque, suivant l'observation de Pinel, fait en peintre habile le portrait de Marc-Antoine : « Explosion la plus violente des sens à l'époque de la puberté; liaisons intimes avec les hommes les plus corrompus; prodigalités immenses en festins et en débauches; vaines précautions de ses parents de le faire voyager en Grèce, siége brillant des sciences et des beaux-arts; tiédeur et dégoût pour les jouissances pures de l'entendement et asservissement aux passions les plus avilissantes; barbe noire et épaisse, nez aquilin, front large, visage coloré, habitude du corps athlétique et digne d'un prétendu descendant d'Hercule; affectation de tirer vanité de cette origine; attrait puissant pour la licence et le tumulte des camps; humeur joviale et pleine de jactance; valeur bouillante dans un jour de combat, mais inconstante mobilité et écarts fréquents de la carrière de l'ambition et de la gloire; enfin le sacrifice éclatant et sans cesse renouvelé de la conquête du monde aux orgies de la voluptueuse Cléopâtre et à la dépravation des mœurs asiatiques. » Personne, dit Richerand, ne présente le type le plus parfait du tempérament sanguin que le maréchal duc de Richelieu, « cet homme aimable par excellence, heureux et brave à la guerre, inconstant et léger jusqu'à la fin de sa longue et brillante carrière. » D'après le même physiologiste on peut encore citer comme des hommes sanguins Henri IV, Louis XIV, Regnard et Mirabeau.

Le tempérament sanguin, comme tous les autres, ne se manifeste dans toute sa force que dans la jeunesse et la virilité ; on ne l'aperçoit point avant la puberté, ou il n'est que faiblement ébauché, et il s'efface à peu près complétement dans la vieillesse. Il existe plus rarement pur chez la femme que dans l'homme ; dans la femme il est ordinairement uni avec le tempérament lymphatique et nerveux, comme nous le verrons ci-après.

On l'observe le plus ordinairement dans les latitudes tempérées, comme la France, l'Allemagne, l'Angleterre. On le rencontre très-rarement dans les pays chauds, comme le midi de la France, l'Italie, l'Espagne, l'Afrique, etc. Dans la plupart de ces régions chaudes on ne voit guère que le tempérament bilieux pur ou combiné avec le nerveux. On ne le remarque pas davantage dans les climats froids et les régions polaires, à moins que ces pays ne soient habituellement secs. Le régime animal est plus propre au développement du tempérament sanguin que tout autre genre d'alimentation, comme on l'observe chez les Anglais. Le tempérament sanguin est aussi celui qui domine en France, le midi pourtant excepté.

Tempérament sanguin-musculaire ou athlétique. — Lorsqu'au tempérament sanguin se joint un grand développement du système musculaire, il en résulte la variété du tempérament sanguin connu sous le nom de tempérament athlétique ou musculaire, qui offre pour caractère essentiel la vigueur et la force physiques. L'homme doué de cette variété de tempérament sanguin a la tête petite, le cou renfoncé, la poitrine et les épaules larges, les bras vigoureux, un tronc robuste et les saillies musculaires très-prononcées sous la peau. L'athlète est courageux plutôt par instinct que par réflexion; et lorsqu'il est une fois sorti de son flegme habituel, le vif sentiment de ses forces le rend terrible et comme indomptable; il cherche à écraser tout ce qui lui résiste; c'est la force brute et aveugle personnifiée. Ces attributs physiques nous sont représentés par la belle statue de l'Hercule Farnèse. On retrouve encore ces caractères athlétiques dans les portefaix, certains laboureurs, et les ouvriers vigoureux qui mènent une vie fortement exercée en plein air. Le moral de ces individus est bien moins développé que chez les sanguins purs. Leurs sensations et leur sensibilité sont aussi moins vives, et leurs facultés intellectuelles n'ont qu'une étendue et une activité fort médiocres. Aussi leurs passions sont moins vives et leurs vices plus grossiers que ceux des sanguins purs. On rencontrera plutôt chez eux des désordres crapuleux, la débauche du bas étage, l'ivrognerie, des querelles, des rixes, des batteries, etc.

Le point capital est de les guérir de l'ivrognerie, et, ce qui est plus facile, de les en préserver. Quant aux autres passions des sens ou vices de la chair, la sensibilité et l'impressionnabilité étant évidemment moins vives dans les hommes à tempérament athlétique, on éprouvera aussi moins de résistance et de difficulté dans l'emploi des moyens qu'on leur opposera. En outre les hommes de ce tempérament plus apathique se prêteront aussi plus aisément aux mortifications et à la pratique des austérités, et par conséquent on les formera plus promptement et plus facilement à la vertu que les hommes purement sanguins.

§ III

Du tempérament bilieux.

Attributs physiques. La taille est médiocre, la charpente forte; il y a maigreur ou très-peu d'embonpoint; les formes sont bien marquées et rudes ou durement exprimées, les chairs fermes, les muscles vigoureux et saillants, les veines très-apparentes, le visage sec, le teint jaunâtre sur un fond plus ou moins brun, les yeux vifs et étincelants et quelquefois nuancés de jaune, les cheveux noirs, parfois crépus, et tombant de bonne heure. La prédominance du système hépatique ou du foie, qui est l'organe sécréteur de la bile, imprime son cachet à tout l'organisme, et de là la dénomination de tempérament bilieux.

Attributs moraux. — *Facultés intellectuelles, morales et affectives; caractère, passions, goûts, vices et vertus.* L'homme bilieux est doué d'une grande capacité de conception, montre beaucoup d'imagination, un jugement solide et réfléchi, et généralement il a plus de génie que d'esprit. Ainsi il est propre aux sciences et aux méditations fortes et abstraites. Son caractère est ferme et inflexible, ses passions sont fortes et énergiques, plutôt égoïstes et concentrantes qu'affectueuses et expansives : mais sa passion dominante c'est l'ambition, comme l'amour chez le sanguin. Pour la satisfaire il ne recule devant aucun sacrifice ; aucun obstacle n'arrête son courage infatigable; il conçoit les projets les plus hardis, et montre dans leur exécution une activité, une constance et une audace à toute épreuve : *Justum et tenacem propositi virum,* etc. Aucun revers ne rebute son invincible persévérance, qui est souvent couronnée de succès. Les bilieux sont jaloux, défiants, prévoyants, dissimulés, taciturnes, d'un abord sec et brusque, d'un commerce difficile et dur; ils montrent toujours de la rudesse dans leurs manières et de l'âpreté dans leurs procédés. Ils sont vifs, actifs, impérieux, fougueux, emportés, très-irascibles, entêtés et opiniâtres, et généralement on les craint plus qu'on ne les aime. C'est parmi les hommes de ce tempérament qu'on trouve ceux qui ont gouverné ou bouleversé le monde, des usurpateurs ou des conquérants fameux, ou d'audacieux scélérats, c'est-à-dire des hommes qui se sont signalés par de grands exploits ou par de grands crimes, et qui ont été l'admiration ou la terreur de la terre. Tels ont été Alexandre, Jules César, Brutus, Mahomet, Charles XII, le czar Pierre, Cromwell, le cardinal Richelieu, et par-dessus tous Napoléon, qui fut éminemment bilieux. « Observez, dit Richerand, cet homme qui, né d'une famille obscure, végète longtemps dans les rangs inférieurs; de grandes secousses agitent et bouleversent les empires; acteur d'abord secondaire de ces grandes révolutions qui doivent en changer la destinée, l'ambitieux cache tous ses desseins, et par degrés s'élève au souverain pouvoir, employant à le conserver la même adresse qu'il mit à s'en rendre maître. C'est en deux mots l'histoire de Cromwell et celle de tous les usurpateurs. »

Le tempérament bilieux est aussi celui du véritable héros ou même des saints célèbres qui se sont montrés invincibles dans les persécutions, comme saint Athanase et des milliers d'autres.

D'après tout ce qui précède il est facile de reconnaître que les passions dominantes de l'homme bilieux sont l'amour de la gloire et de la célébrité, c'est-à-dire l'ambition et l'orgueil, auxquels on peut joindre la colère, qui est, si on peut le dire, comme sa passion domestique. Quand une fois ces vices sont entrés dans le cœur de l'homme bilieux, il est bien difficile de les en extirper. Il faut aussi plutôt faire la prophylaxie de l'âme comme chez les sanguins, c'est-à-dire qu'il faut chercher à prévenir ces graves désordres par de bons avis et de salutaires pratiques; d'autant plus que les bilieux sont capables de beaucoup de vertu par leur courage et leur constance. Avant tout il faut s'appliquer à leur inspirer l'amour de la vertu; et dès qu'une fois ils en auront goûté les charmes secrets et délicieux, aucun sacrifice ne leur coûtera; ils ambitionneront la vertu, comme leur tempérament, leur caractère et leur génie les auraient portés à ambitionner les honneurs et la gloire : il ne s'agit donc que de leur faire changer l'objet de leur affection. Quelquefois même il sera peut-être nécessaire de refréner leur vive impatience et leur indiscrète ferveur; ils voudraient parfois, dans leurs projets ou leurs rêves utopiques, arriver à la perfection avant de connaître le chemin qui y conduit et les moyens qui en assurent la vraie possession; et par là ils sont d'autant plus exposés à tomber dans l'illusion et à entrer dans de fausses routes, qu'étant naturellement très-impérieux et entiers, ils sont fort attachés à leur sentiment. Au reste, il est certain que leur caractère sournois, sombre, taciturne, dissimulé, défiant et soupçonneux, les rend très-difficiles à conduire, parce que tous ces défauts cachent et couvent toujours chez eux un germe secret et vivant d'orgueil et d'ambition.

Enfin si, Dieu aidant, on est assez heureux pour faire entrer les bilieux instruits et lettrés dans la sainte voie de l'humilité chrétienne (*grande opus!*), ils peuvent en fort peu de temps parvenir à un haut degré de vertu et de sainteté, et devenir même très-propres à conduire leurs semblables dans le chemin de la perfection.

On observe particulièrement le tempérament bilieux dans les pays chauds, dans le midi de la France, en Espagne, en Portugal, etc. Aussi les Provençaux, les Languedociens, les Espagnols, etc., ont généralement le teint jaunâtre et les cheveux noirs. Ce sont là précisément les deux principaux caractères physiques du tempérament bilieux.

Tempérament bilieux-sanguin ou sanguin-bilieux, suivant la prédominance organique ou fonctionnelle. — Il arrive souvent, soit par une disposition innée, organique, soit par l'influence du régime, du genre de vie, des habitudes et surtout du climat, que le système hépatique acquiert, chez certains individus primitivement et naturellement sanguins, une prédominance d'organisation ou d'action très-remarquable. Or l'influence que le foie exerce sur toute l'économie par ses fonctions et ses rapports sympathiques modifiera et contre-balancera nécessairement plus ou moins les mouvements organiques et les saillies prédominantes du tempérament sanguin; et réciproquement, par des causes analogues, le tempérament sanguin peut imprimer au tempérament bilieux ses propres caractères. Ainsi, d'après ces lois physiologiques, cette association synergique de deux systèmes d'organes différents tourne à l'avantage de l'individu. Ces deux tempéraments se modifient, se modèrent et se *retempèrent* réciproquement l'un par l'autre.

On reconnaît un tempérament bilieux-sanguin à un coloris moins vif et moins rouge de la figure, à une physionomie un peu dure, à une légère teinte brunâtre ou foncée de la peau, aux cheveux plus noirs. Les formes sont plus rudement exprimées et les muscles plus saillants. Les sensations sont vives, l'intelligence très-développée, le jugement solide, la mémoire heureuse, l'imagination vive ; en un mot, on observe toutes les qualités de l'esprit bilieux pur, mais plus douces, plus calmes, plus polies et plus attiques. L'esprit, conservant toute sa vigueur, a perdu son âpreté et sa rudesse : il est très-propre à l'étude des sciences exactes, au maniement des grandes affaires, aux combinaisons de la politique, aux négociations diplomatiques, etc. On trouve dans le caractère du bilieux-sanguin la fermeté et la constance jointes à la douceur et à l'aménité. Les passions en général, quoique fortes, énergiques, sont tempérées par la politesse et par le charme des formes sociales. L'amour des plaisirs sensuels et charnels est moins vif et moins impérieux, la tempérance moins difficile; la raison, au moins la raison philosophique, domine davantage les exigences et les désirs de la chair; en somme, il y a plus de ressource pour la vertu. Et, certes, sous tous les rapports, ce tempérament combiné ou mixte est préférable au sanguin et au bilieux pur. Il en est de même pour tous les autres tempéraments combinés ou mixtes dont nous parlerons bientôt. Pour que l'économie humaine soit parfaitement harmonique au physique comme au moral, il faut empêcher autant que possible qu'aucun système d'organes, ou, si l'on veut, un tempérament, n'acquière une trop grande prépondérance sur les autres et aux dépens des autres; car, dans tout état d'association, le superflu de l'un est le nécessaire de l'autre. Les inégalités excessives deviennent toujours l'origine de toutes sortes de désordres et de perturbations. La santé parfaite du corps et de l'âme sera le résultat des mouvements harmoniques de la machine humaine, dont toutes les puissances, dans l'unité physiologique, sont sans cesse maintenues dans une juste et égale pondération. Ainsi le meilleur tempérament serait de n'en avoir aucun, c'est-à-dire qu'alors existerait l'heureuse condition d'un parfait équilibre entre toutes les actions organiques. Ce serait le tempérament tempéré des anciens, *temperamentum temperatum* ou *ad pondus* de Galien. Mais c'est là une perfection idéale ; c'est comme le beau idéal physique ou la beauté typique représentée par le fameux Apollon du Belvédère, dont l'original ou le modèle vivant ne fut nulle part.

§ IV

Du tempérament lymphatique.

Ce tempérament est caractérisé par une taille assez avantageuse, un corps souvent assez volumineux et replet, des chairs molles et une peau lâche, décolorée, blanche et froide, surtout aux extrémités ; des formes très-arrondies, les muscles peu saillants et faibles, les mouvements lents, tardifs et mesurés, le visage ou pâle ou légèrement *rosacé*, mais assez plein ; la physionomie est tranquille, sans ou avec peu d'expression et souvent assez insignifiante ; les yeux sont bleus, ternes, sans feu, le regard flasque et languissant, les cheveux blonds cendrés, roux ou rouges, ou sans couleur, et plats ; la barbe est blonde ou rousse, molle, fort légère, très-peu fournie, tardive, et souvent elle ne se développe que longtemps après la puberté.

Attributs moraux. — *Facultés intellectuelles, morales et affectives, caractère, goûts, passions, vices et vertus.* — Les facultés intellectuelles sont médiocrement développées, l'intelligence est faible, la mémoire infidèle, l'imagination froide, les sensations peu vives : cependant le jugement est droit et sûr. Les affections des lymphatiques sont paisibles et douces, mais sans vivacité et sans énergie. Un esprit de sagesse et de prudence leur donne un caractère excellent et sûr ; une conduite pacifique et modérée, des goûts et des opinions qui sympathisent aisément avec ceux d'autrui. Ils sont naturellement amis du repos tant du corps que de l'esprit, montrent peu de penchant pour les travaux qui demandent beaucoup d'activité, de hardiesse et de grands efforts. Le *dolce far niente* fait leurs plus chères délices. Leur naturel les porte puissamment à l'indolence et à la paresse. Ils sont calmes, doux, humains, compatissants, affables, simples, sans malice, sans ruse, sans duplicité, ennemis du tumulte et des disputes; ils s'émeuvent difficilement. Ils sont froids, insouciants, lents, apathiques, c'est-à-dire peu sensibles, peu irritables et peu impressionnables. Les passions turbulentes et furieuses ne sont pas dans leur nature. On connaît le mot de César sur Antoine et Dolabella, ainsi que sur Brutus et Cassius, quand on lui parlait de leurs projets sinistres à son égard, dont on accusait les deux premiers : *Je ne crains rien des hommes à embonpoint et à belle chevelure* (les lymphatiques); *je redoute bien plus ces hommes au teint jaunâtre et à la face maigre* (les bilieux). Il parlait de ses assassins mêmes. Toutes les passions des lymphatiques sont très-modérées; « et de cette modération dans les désirs, dit un physiologiste moderne, naissent dans bien des occasions ces *vertus de tempérament*, vertus dont, pour le dire en passant, les possesseurs devraient moins s'enorgueillir. » La patience et même la longanimité sont un de leurs principaux attributs. Si les lymphatiques sont peu portés aux plaisirs de la chair, ils aiment encore assez ceux de la table, et surtout ils s'adonnent volontiers aux boissons fermentées et particulièrement à la bière et au genièvre (liqueur faite avec la graine du genévrier), et à l'usage du tabac, qu'ils fument dans les estaminets, les tabagies, comme on le voit dans la Hollande, la Flandre, la Belgique, et dans les tavernes de Londres, tous lieux généralement fréquentés par les gros buveurs de bière et les fumeurs de tabac, lesquels sont presque tous des hommes lymphatiques et *polysarques*.

« Les individus qui présentent ce tempérament, dit Richerand, auquel les anciens donnaient le nom de *pituiteux*, et que nous nommerons *lymphatique*, parce qu'il dépend réellement de l'excès de développement de ce système, ont pour la plupart un penchant insurmontable à la paresse, répugnent aux travaux de l'esprit comme à l'exercice du corps; aussi ne doit-on pas s'étonner de n'en point rencontrer parmi les hommes illustres de Plutarque. Peu propres aux affaires, ils n'ont jamais exercé un grand empire sur leurs semblables; ils n'ont jamais bouleversé la surface du globe par des négociations ou par des conquêtes. Un des amis de Cicéron, Pomponius Atticus, dont Cornélius Népos nous a transmis l'histoire, se conciliant tous les partis qui détruisirent la république romaine dans les guerres civiles de César et de Pompée, nous en offre le modèle. Parmi les modernes, l'indifférent Michel Montaigne, dont toutes les passions étaient si modérées, qui raisonnait sur tout, même sur le sentiment, était vraiment pituiteux. Mais chez lui la prédominance du système lymphatique n'était pas portée si loin qu'il ne s'y joignît une assez grande susceptibilité nerveuse. »

Voici comment s'exprime un autre physiologiste trop célèbre (Cabanis) : « Leurs idées, leurs sentiments, leurs vertus, leurs vices, ont un caractère de médiocrité qui, malgré l'indolence naturelle de ces individus, les rend extrêmement propres aux affaires de la vie; de sorte que, sans se donner beaucoup de mouvement pour rechercher les hommes, ils en deviennent bientôt naturellement les guides, les conseils, et finissent souvent par les gouverner avec une autorité que des qualités plus brillantes ou plus prononcées donnent quelquefois, mais ne permettent guère de conserver longtemps. »

Leur passion dominante est la paresse. Il faut donc chez eux combattre ce vice sans relâche, ou plutôt s'appliquer à le prévenir en les tenant sans cesse en haleine par une vie active, dont tous les moments soient remplis et utilement employés. L'essentiel est donc de leur faire éviter l'oisiveté et le désœuvrement, sans quoi vous les verrez bientôt livrés et abandonnés au vice, à la paresse, la bonne chère, la boisson, et très-probablement à l'onanisme, car leur caractère timide et indolent les portera plutôt aux désordres solitaires auxquels ils sont toujours à même de se livrer. Le principe de ce vice détestable ne sera pas chez eux un excès de sensibilité comme chez un grand nombre d'autres sujets plus ou moins nerveux, mais le seul fait du désœuvrement joint à la bonne chère et à la boisson. Ainsi il y a chez les lymphatiques deux vices capitaux immenses à combattre ou à prévenir, savoir l'onanisme dans la jeunesse, et l'*alcoolisme* ou la passion de la boisson dans l'âge viril.

Et, cela fait, on les formera assez facilement à la vertu, mais à des vertus qui ne demandent pas de grands sacrifices, dont leur flegme apathique les rend incapables. Bien qu'ils soient très-patients, les grands travaux qui demandent beaucoup d'activité et de courage les effraient et les rebutent facilement. Leur humeur paisible, leurs mœurs pures et douces, et leur esprit de modération formeront des lymphatiques des hommes vertueux, de bons citoyens, qui rempliront exactement tous les devoirs de la vie civile et sociale, et constitueront par conséquent de fidèles et bons chrétiens.

On trouvera le type de ce tempérament dans les pays froids et humides, comme par exemple dans la Hollande, qui est la terre classique des lymphatiques. « Tels sont, dit Virey, à divers degrés d'intensité, les habitants des territoires humides et froids, des vallons creux, encaissés entre de hautes montagnes, les peuples des pays bas, fangeux ou marécageux, respirant un air nébuleux, stagnant, et qui subsistent au milieu d'épais brouillards avec des aliments farineux ou pâteux, le laitage et le beurre, le lard, les racines, la pomme de terre, les polenta et autres matières de lente et pénible digestion, en buvant des eaux croupissantes ou de la bière, du quass, etc. Aussi portent-ils souvent un abdomen traînant, bouffi et volumineux. »

Tempérament lymphatique-sanguin ou sanguin-lymphatique, suivant la prédominance organique ou fonctionnelle. — Cette variété ou ce tempérament mixte paraît le plus ordinaire aujourd'hui en Europe. Les individus qui en sont doués tiennent plus ou moins du sanguin ou du lymphatique. Ils ont plus d'embonpoint et les formes plus arrondies que les sanguins purs; leur physionomie est aussi plus fleurie, plus douce et plus animée que le visage pâle et terne des lymphatiques purs; ils ont également les cheveux moins blonds et plutôt châtains.

L'intelligence des sanguins-lymphatiques est médiocre; ils sont incapables de beaucoup d'application; leurs passions sont douces et modérées; ils montrent beaucoup d'égalité dans leur caractère, une gaieté franche, un goût pur; en un mot, ils sont spirituels, enjoués, très-aimables, fort recherchés dans la société, et d'un commerce en général très-agréable. Ils aiment assez les plaisirs, mais avec plus de sagesse et de modération que les sanguins purs. Cependant, malgré ces qualités naturelles, une éducation négligée ou mal dirigée peut faire fausser leur caractère, le rendre froid et égoïste, et former, en un mot, des sanguins-lymphatiques, des sujets superficiels et médiocres, tant sous le rapport intellectuel que moral. Mais à part cette déviation, le moraliste prudent et éclairé les formera plus aisément à la vertu que les sanguins purs, parce que toutes leurs passions sont en général plus modérées, et sont empreintes d'un caractère de flexibilité qu'elles tiennent de l'élément lymphatique.

Quant au tempérament *lymphatico-bilieux*, il est très-rare et mal caractérisé : on peut même douter s'il se montre jamais.

§ V

Du tempérament mélancolique.

Attributs physiques. On peut considérer ce tempérament comme une exagération du tempérament bilieux, plus un excès de sensibilité ; car les nerfs y sont pour autant que la bile. On y remarque une stature élevée, un corps maigre, grêle et sec, une figure pâle ou jaunâtre, allongée, amaigrie, anguleuse et osseuse; le regard est sombre, inquiet et triste, les yeux enfoncés, bruns ou noirs, les cheveux également noirs; les veines sont grosses et très-apparentes. Tous les mouvements des mélancoliques sont lents et compassés; ils marchent courbés et à petits pas, etc.

Attributs moraux. — *Facultés intellectuelles, morales et affectives, caractères, goûts, passions, vices et vertus.* Les mélancoliques ont l'imagination extrêmement vive, mais très-lugubre et fort exaltée, avec une force de mémoire singulière. Leurs idées sont le fruit de leurs méditations continuelles; mais elles sont toutes rembrunies, sombres, extraordinaires, chimériques ou extravagantes. Leurs sensations sont très-vives, profondément et douloureusement ressenties ; ils sont d'une sensibilité exquise ou d'une dureté stoïque; en un mot, ce tempérament offre les plus grandes et les plus singulières aberrations de sensibilité et d'affectibilité. Le caractère du mélancolique est presque toujours soupçonneux, méfiant, difficile, inquiet, rêveur, taciturne, fantasque, morose, misanthrope; il ne se plaît que dans la solitude pour s'y livrer avec liberté à ses éternelles méditations; il fuit les hommes, et souvent par humeur misanthropique déteste la société sans motif et sans sujet raisonnable, et choque tout le monde, hors ses amis, auxquels il est fidèle. Il froisse tous les intérêts, est opiniâtre, intraitable, d'un commerce âpre et dur ou plutôt insupportable. Le mélancolique est très-vindicatif, et souvent il nourrit dans son cœur ulcéré des haines profondes, implacables, éternelles. Aussi on le déteste et on le fuit. Ses passions sont en général véhémentes, explosives et souvent dangereuses; mais il sait les dissimuler et les concentrer. Il poursuit ses idées ou ses projets avec une persévérance, une patience, une ténacité, une opiniâtreté sans égales; et, si les passions de ce tempérament extraordinaire, en quelque sorte accidentel, ne sont pas réfrénées à temps par les principes religieux et une bonne éducation, elles produiront des hommes dangereux et insupportables à la société, ou des êtres bizarres, fantasques et visionnaires, ou même des chefs de partis, de factions, de sectes, des hérésiarques, des tyrans ou des fauteurs de troubles, de conspirations, de révoltes, de révolutions ou de toutes les entreprises qui surpassent en audace et en témérité la portée ordinaire des autres hommes; car ils sont assez souvent doués de talents et de grands moyens d'action sur leurs semblables. Leur langage est plein de force, de feu et d'imagination; c'est celui d'hommes persuadés. Aussi quelquefois ils se montrent comme des hommes inspirés, et de là souvent du fanatisme de plus d'un genre; ils examinent, ils scrutent, ils pèsent tout; les moindres choses sont pour eux des événements; ils se repaissent de chimères ou se forgent des aventures sinistres et dramatiques qui les troublent et les rendent malheureux; enfin ils sont très-disposés à l'hypochondrie et même au suicide, comme nous en avons vu trop d'exemples.

Les caractères de Tibère et de Louis XI ne laissent rien à désirer pour la détermination morale du tempérament mélancolique. « Lisez, dit Richerand, dans les Mémoires de Philippe de Commines et dans les annales de Tacite, l'histoire de ces deux tyrans craintifs, perfides, défiants, soupçonneux, cherchant la solitude par instinct et la souillant par tous les actes de l'atrocité la plus barbare et de la débauche la plus effrénée. La méfiance et la timidité, jointes à tous les déréglements de l'imagination, forment le caractère moral de ce tempérament. Le morceau dans lequel Tacite peint la conduite artificieuse de Tibère lorsqu'il refuse l'empire qui lui est offert après la mort d'Auguste, peut en être donné comme le tableau le plus parfait. *Versæ indè ad Tiberium preces*, etc. » (Tac. *Ann.*, lib. 1.)

On cite encore comme exemples de tempérament mélancolique, au moins quant au moral, le Tasse, J.-J. Rousseau, Zimmermann, Gilbert, etc.

D'après tout ce qui précède, il est aisé de voir que le vice ou plutôt les vices dominants du mélancolique sont un orgueil secret profondément concentré et dissimulé, la jalousie, l'envie, la haine, le désir de la vengeance, une tristesse profonde qui porte au désespoir et même quelquefois au suicide, un attachement excessif à ses propres idées sans déférer au sentiment de personne, une opiniâtreté presque invincible à poursuivre des chimères au préjudice de ses devoirs positifs et réels.

Nul autre peut-être que le mélancolique n'a autant d'efforts à faire pour pratiquer la vertu, bien qu'il soit généralement exempt des vices grossiers de la chair et des plaisirs ou excès de la table. Mais si l'on est assez heureux pour lui inspirer l'amour de la vertu, sa fermeté et sa ténacité pourront le maintenir dans la voie droite, l'y affermir, et même l'y rendre presque inébranlable, pourvu que vous ayez soin de ne pas le laisser dévier ni à droite ni à gauche. Contentez-vous de le conduire à un degré de perfection ordinaire. Vouloir exiger d'un homme de ce caractère un très-haut degré de vertu, ce serait l'exposer à un très-dangereux écueil et à d'interminables scrupules, dont peut-être vous ne le guéririez jamais, et qui enfin lui feraient perdre ou rejeter toute pratique de religion et de piété, en supposant toutefois qu'ils ne le conduiraient pas au désespoir, à la folie ou au suicide.

Nous le répétons, établissez et maintenez le mélancolique dans un degré de vertu ordinaire, et, avec l'aide de Dieu, vous le sauverez. Mais un point essentiel à observer, c'est de l'égayer et de le distraire de ses rêveries et de ses mortelles tristesses, afin de le rendre inaccessible aux scrupules auxquels les mélancoliques sont fort sujets quand ils s'adonnent à la piété. Si vous rencontrez un esprit d'une trempe solide, c'est-à-dire un esprit bien fait et juste, et un jugement droit et sain, quoique souvent emporté et ballotté par les bourrasques d'une imagination fougueuse, vous pouvez, en bridant celle-ci, diriger et pousser sans crainte votre homme vers le but de la perfection et même d'une haute perfection. Mais, encore une fois, préservez-le avec soin des scrupules.

Tempérament mixte, mélancolique-sanguin ou sanguin-mélancolique, suivant la prédominance organique ou fonctionnelle. — On reconnaît cette variété, qui est très-rare, à une physionomie très-expressive, à un regard à la fois vif, doux et attachant. Le teint est peu coloré, le corps offre peu d'embonpoint ; on ne rencontre pas ici la vivacité et l'impétuosité qui caractérisent le tempérament sanguin pur, mais plutôt une certaine lenteur compassée, une sorte de timidité et d'hésitation dans la démarche. Les sensations sont vives, profondes et durables, l'imagination brillante et exaltée, l'attention très-soutenue et la mémoire très-puissante. On remarque aussi une certaine hésitation dans la conduite morale, dans les déterminations et les relations sociales, un peu de rudesse quelquefois dans les procédés, ou, d'autres fois, des démarches irréfléchies, précipitées ou fausses par suite des erreurs de jugement auxquelles ces sortes de sujets sont exposés, à cause de leur aptitude singulière à réaliser les informes et bizarres produits de leur ardente et fougueuse imagination. Du reste leurs passions ou leurs affections sont moins expansives et moins vives, mais plus constantes que celles des sanguins purs; ils sont aussi moins enclins aux plaisirs des sens et de la chair; enfin il y a chez eux plus de ressource pour la vertu, et ils sont plus fermes et plus constants dans le bien que les hommes d'un tempérament sanguin pur.

Tempérament mélancolique-bilieux. — Cette variété, ou plutôt cet état en quelque sorte maladif n'est que l'exagération très-prononcée des tempéraments bilieux et mélancolique. Il est le résultat ordinaire de longues souffrances soit physiques soit morales, de profonds chagrins ou des travaux excessifs de l'esprit, ou enfin d'une piété ou d'une dévotion peu éclairée, fausse et mal entendue.

Cette espèce de tempérament pathologique rend l'homme rude et austère à l'excès envers lui-même, et également dur et farouche à l'égard des autres. Cette condition étrange et anormale peut facilement conduire au dernier degré de misanthropie, amener un désordre, une perturbation mentale ou une lésion affective, et avoir pour résultat final l'homicide ou le suicide.

Il est donc très-important de surveiller de près ces sortes de personnes et de les traiter avec beaucoup de prudence, de patience et de charité, ce que l'on ne pourra faire avec succès qu'après avoir gagné entièrement leur confiance. Et à cet effet il faudra s'appliquer à s'insinuer peu à peu dans leur esprit et dans leur cœur, à s'identifier en quelque sorte avec eux, et ainsi, par cette conduite de douceur et de charité, on gagnera leur affection et leur confiance, on dominera tout leur être moral et intellectuel, et on leur sauvera à la fois l'âme, l'esprit et le corps. Quant à la dernière variété ou le tempérament *mélancolico-lymphatique*, on peut lui appliquer ce que nous avons dit du tempérament lymphatico-bilieux. Comme on révoque en doute l'existence de ce dernier, et que, d'un autre côté, le tempérament mélancolique n'est que l'exagération du bilieux, il s'ensuit que l'existence du tempérament mélancolico-lymphatique est encore plus problématique que le lymphatico-bilieux.

§ VI

Du tempérament nerveux.

Attributs physiques. — Ce tempérament est caractérisé par la prédominance du système nerveux. Les sujets qui en sont doués sont maigres, secs, vifs, alertes, presque toujours en mouvement. Ils ont les cheveux bruns ou noirs, la barbe précoce et bien fournie. Ils offrent une mobilité musculaire singulière et sont par là plus disposés aux mouvements spasmodiques et convulsifs. Enfin ils montrent une sensibilité physique très-vive, qu'exaltent ordinairement encore et la mollesse de l'éducation et les habitudes d'une vie sédentaire.

Attributs moraux. — *Facultés intellectuelles, morales et affectives, caractères, goûts, inclinations, passions, vices et vertus*. On remarque chez les personnes nerveuses une vivacité extraordinaire dans les sensations, une imagination brillante et féconde, un esprit vif et pénétrant, qui saisit promptement les vérités métaphysiques et abstraites. Leur grande activité intellectuelle s'essaie sur tous les sujets, s'exerce dans tous les genres de composition, et souvent avec succès ; leur haute intelligence produit souvent des morceaux sublimes, et quelquefois même elle enfante des chefs-d'œuvre. Ce tempérament est le plus propre à la culture des hautes sciences philosophiques, aux spéculations et aux méditations métaphysiques, aux mathématiques transcendantes, etc. On trouve chez les sujets nerveux la sensibilité, l'impressionnabilité et la susceptibilité au plus haut degré d'exaltation, et tout cela le plus souvent s'allie à une grande et excessive mobilité. Ce dernier attribut leur est aussi naturel que la sensibilité, ce qui fait qu'ils sont souvent incapables de grands travaux soutenus qui demandent une contention d'esprit forte, vive et persévérante. Leur extrême mobilité les distrait et les trouble facilement, ce qui a fait dire à Pascal (dans ses *Pensées*) que « l'esprit du plus grand homme du monde n'est pas si indépendant qu'il ne soit sujet à être troublé par le moindre tintamarre qui se fait autour de lui. Il ne faut pas le bruit d'un canon pour empêcher ses pensées, il ne faut pas le bruit d'une girouette ou d'une poulie. Ne vous étonnez pas s'il ne raisonne pas bien à présent; une mouche bourdonne à ses oreilles, c'en est assez pour le rendre incapable de bon conseil. Si vous voulez qu'il puisse trouver la vérité, chassez cet animal qui tient sa raison en échec et trouble cette puissante intelligence qui gouverne les villes et les royaumes. »

La variabilité et la promptitude des déterminations et des jugements se font particulièrement remarquer chez les femmes nerveuses, dont les volontés, quoique absolues, sont certes bien mobiles et bien changeantes.

Les sujets nerveux ont les passions très-vives et très-mobiles, ressentent profondément et douloureusement les moindres reproches, et sont par conséquent très-sensibles aux injures et aux mauvais traitements, dont ils gardent un éternel et amer souvenir. Leur grande sensibilité et leur caractère mobile les mettent dans l'impérieuse nécessité de chercher toujours et partout des sensations et des émotions nouvelles ; la monotonie leur est en toutes choses insupportable ; ils aiment tous les genres de plaisirs, et généralement tout ce qui peut leur procurer des émotions douces et des sensations agréables et variées. Ils sont en général d'un commerce facile et agréable tant que l'on n'excite pas leur sensibilité, c'est-à-dire leur facile disposition à s'offenser des paroles, des discours ou des actions d'autrui, particulièrement en ce qui peut les concerner. Ils sont d'ailleurs très-délicats sur le point d'honneur, sensibles à l'amitié, aux bienfaits et surtout à la louange. Ainsi n'irritez pas, n'effarouchez pas leur *sensiblerie*, et vous vivrez en paix avec eux.

A combien de dangers n'expose pas un tempérament nerveux pur, pour peu qu'il ait acquis de développement et de prépondérance dans l'économie ! Un excès de sensibilité nerveuse est réellement souvent une source fatale d'amertume capable d'empoisonner toute la vie de l'homme. Cette sensibilité, précoce chez les jeunes sujets de l'un et de l'autre sexe, est souvent le principe et l'occasion d'habitudes funestes et meurtrières, lesquelles non-seulement détruisent la vie dans sa source, mais paralysent encore ou empêchent de naître les nobles attributs qui constituent l'homme, c'est-à-dire les facultés intellectuelles et morales.

On ne saurait jamais assez dire combien il est important

de former l'esprit et le cœur des jeunes gens auxquels est fatalement dévolu un tempérament nerveux pur trop développé. Si l'imagination vient à dominer, si le jugement ne se forme pas ou se fausse, vous n'aurez que des esprits indociles, faux, orgueilleux, avec une sensibilité immense, exaltée, pervertie par le délire impérieux ou extravagant des passions. La folle de la maison, l'imagination, étant devenue la maîtresse, entraînera le cœur dans une commune et inévitable ruine. Dès lors plus d'affections calmes, plus de désirs sincères, plus d'élans purs vers la vertu, parce que le cœur, ne recevant plus rien de l'esprit, plus d'éléments pour ses désirs et ses affections, se refroidit, se dessèche et s'atrophie en quelque sorte faute d'aliment nécessaire. De là un déluge de maux imminents et d'une immense gravité. En vain voudra-t-on s'opposer à ce travers intellectuel ou plutôt à cette perturbation morale par les fastueux enseignements de la philosophie humaine : vain labeur, inutiles efforts! On ne remédiera efficacement à cette déviation ou à cet état d'aliénation du cœur que par la thérapeutique des principes religieux et la puissance d'une éducation chrétienne. Là est toute la ressource, toute la médecine de ces âmes profondément malades, et hors de là il n'est pour elles plus d'avenir, plus de vie, plus de salut. Enfin, après les avoir fait entrer dans la voie de la vérité et de la vertu, il faut sans cesse se rappeler leur excessive sensibilité nerveuse, les ménager avec prudence et discrétion, user à l'égard de ces personnes, si susceptibles sous tous les rapports, d'une grande indulgence, et condescendre charitablement à toutes leurs exigences qui ne dépassent pas les bornes de la raison et de la sagesse chrétienne. Abstenez-vous donc de déprécier à leurs yeux leur dévotion sensible ; ce langage sévère pourrait rebuter facilement ces sortes de personnes, qui ne peuvent vivre sans sentir vivement et profondément, et qui ne sont pas douées d'un caractère ferme et constant comme les bilieux; il faut, au contraire, chercher d'abord à les attirer à la vertu et à la piété par le sentiment plutôt que par des raisonnements secs et austères. Vous n'avez point affaire à d'impassibles et froids philosophes, mais à des âmes brûlantes et sensibles. Leur sensibilité sera pour vous le meilleur levier pour remuer leurs molles âmes, car avant tout il faut qu'elles sentent. Quand l'impression de la foi, de la religion et surtout de l'amour de Dieu aura attendri et préparé convenablement les cœurs, alors vous les porterez plus facilement aux affections vives et pures et aux résolutions fortes et généreuses, et puis vous inclinerez plus aisément aussi la volonté à agir et à les convertir en actes, qui pourront s'élever peut-être jusqu'à l'héroïsme de la vertu et au sommet de la perfection.

Le tempérament nerveux est propre à un très-grand nombre de femmes et d'enfants, comme nous le verrons ci-après. Ce tempérament, qui est moins une constitution naturelle de l'organisme qu'un état factice et adventice, étend aujourd'hui immensément son empire et s'enracine profondément dans l'espèce humaine, surtout depuis près d'un siècle, c'est-à-dire depuis que tant de perturbations sociales et tant de bouleversements politiques ont ébranlé et secoué violemment l'Europe, ou plutôt le monde entier. A cela on peut ajouter une autre cause également puissante, l'extension démesurée d'un luxe effréné et d'une civilisation excessive, qui jette l'homme le plus loin possible des sages lois de la nature.

Un philosophe célèbre, Pascal, nous présente au moral tous les traits du tempérament nerveux au plus haut degré. Néanmoins vers la fin ce tempérament s'est empreint d'une forte teinte mélancolique. Richerand cite encore, comme exemples du tempérament nerveux, Voltaire et Frédéric.

Tempérament nervoso-sanguin. — Cette combinaison est un partage assez flatteur pour une foule de personnes. Ce tempérament mixte est très-commun dans les grandes villes, dans les sommités sociales, parmi les hommes de lettres, les savants, les poëtes, etc. Il est beaucoup plus ordinaire chez les femmes que chez les hommes. On le reconnaît facilement à une figure plus fleurie et plus rose, à des formes plus rondes et à un léger embonpoint qu'on ne rencontre guère dans le tempérament nerveux pur. De plus la sensibilité et les sensations sont un peu tempérées dans leur extrême vivacité; l'humeur est plus gaie et plus enjouée, et le caractère plus franc et plus jovial que dans les nerveux purs.

Au reste, chez les hommes de ce tempérament mixte, l'attrait pour le plaisir est immense et la difficulté pour la vertu à proportion. (Voyez les sanguins purs.)

Tempérament nervoso-bilieux. — On peut considérer ce tempérament mixte comme un diminutif du tempérament mélancolique, mais qui est infiniment préférable à ce dernier, parce que le caractère de rudesse, d'âpreté et d'obstination est tempéré dans le bilieux par une sensibilité douce, quoique vive, mais qui n'a rien de triste, de fâcheux et de sauvage, rien, en un mot, des attributs sinistres du tempérament mélancolique. Il y a ici plus de ressource pour la vertu que chez le tempérament bilieux pur. (Voyez les tempéraments bilieux et nerveux.)

Tempérament nervoso-lymphatique. — Cette variété ou ce tempérament mixte, qui tient à la fois du nerveux et du lymphatique, est commun chez les hommes vifs et spirituels d'une complexion faible, qui sont maigres ou chargés d'un embonpoint factice. L'intelligence est bien développée à raison de l'élément nerveux. On observe très-fréquemment cette combinaison chez les femmes. C'est un tempérament heureux, calme, pacifique, et, selon nous, c'est le plus propre à la vertu. Il n'offre point l'apathie, l'indolence et la paresse des lymphatiques, ni l'excessive sensibilité, l'extrême mobilité et la pétulance du tempérament nerveux. Les passions sont très-modérées; on les combat avec avantage et sans grande peine. Il y a un juste balancement et une pondération réciproque qui forme, selon nous, il faut le répéter, le tempérament parfaitement *tempéré* et équilibré dans de justes proportions organiques et physiologiques. De là aussi une équipondérance parfaite dans le moral, égalité d'humeur et de caractère, calme imperturbable de l'âme, mais sans torpeur et sans apathie. Le sentiment est même vif, mais doux; le cœur est très-sensible aux impressions de la vertu et de la religion; l'esprit vif et pénétrant saisit promptement les vérités; le cœur forme les affections pieuses et saintes que la volonté réduit en actes de vertu de tous les genres.

Si enfin à ce tempérament mixte nerveux-lymphatique il se joint encore une teinte de tempérament sanguin, on aura une combinaison nouvelle qu'un très-grand nombre de physiologistes regardent comme le tempérament le plus parfait qu'on puisse désirer. Il constitue, selon eux, l'homme le plus achevé au physique comme au moral, puisque cette perfection est le résultat de la combinaison des trois principaux systèmes organiques dans les proportions les plus exactes. C'est le tempérament de la plupart des femmes des classes opulentes et aisées de nos modernes cités. C'est le tempérament des gens du grand monde, de la haute société, des amateurs du siècle qui cherchent à plaire ou à briller dans une éblouissante assemblée, à régenter et à dominer dans un salon, comme dit la Bruyère, ou enfin, au bout du compte, à faire promptement leur fortune.

Quant à la dernière variété ou le tempérament nervoso-mélancolique, il est trop peu caractérisé pour l'esquisser même à grands traits. Après tout ce n'est que le tempérament mélancolique, plus un nouveau degré de sensibilité nerveuse; il n'offre donc rien de particulier.

Il est très-rare de rencontrer dans la nature ces différents tempéraments primordiaux avec tous les caractères que nous venons de leur assigner. On peut même dire que nul individu n'offrit jamais peut-être un tempérament dans cette idéale pureté. Ils sont toujours plus ou moins mêlés entre eux ou diversement nuancés les uns par les autres. On aperçoit seulement le fond ou le type primitif du tempérament dominant, et le reste, le plus souvent, est une combinaison variée de quelques traits de plusieurs ou de tous les autres tempéraments.

D'ailleurs l'âge, le genre de vie, la qualité des aliments, les habitudes, les professions, la culture de l'esprit, les études, la direction des idées, les affections morales, les passions, les excès de tous les genres, surtout les climats où l'on se trouve, les lieux qu'on habite, et une foule d'autres circonstances peuvent puissamment influer sur les tempéraments et les changer ou les modifier de mille manières. De là vient que chez les peuples les plus civilisés on trouve tant de tempéraments peu dessinés ou fort mal caractérisés.

Il arrive même quelquefois que le tempérament change complétement; on cite pour exemple fameux J.-J. Rousseau. Cet homme, ajoute-t-on, fut dans sa jeunesse d'un tempérament lymphatico-sanguin, et finit par offrir, à un très-haut degré, tous les attributs d'un tempérament nerveux et même mélancolique, par suite de la fausse direction de ses idées et des tribulations nombreuses que lui attirèrent ses sombres rêveries ou plutôt ses dangereuses erreurs.

Les tempéraments les plus sujets à subir ces sortes de changements sont le nerveux, le lymphatique et le lymphatique-sanguin ou le sanguin-lymphatique, c'est-à-dire ceux qui donnent le moins de fermeté et de constance au caractère de l'individu.

Nous avons dit que les climats exercent une grande influence sur le tempérament humain; c'est ce qu'on remarque particulièrement au sujet du tempérament bilieux, qui est en général celui des habitants des pays méridionaux, comme le tempérament sanguin est l'apanage des peuples du Nord, et le lymphatique celui des régions froides et humides, comme la Hollande, etc. Quant aux autres, comme le nerveux et le mélancolique, ils sont le plus souvent le résultat de l'éducation, des positions sociales, ou d'un excès de civilisation.

§ VII

Du tempérament érotique ou génital dans les deux sexes.

Quoique ordinairement cette espèce de tempérament ne soit point comprise dans la doctrine générale des tempéraments, nous avons cependant cru devoir consacrer un chapitre particulier à l'examen d'un état idiosyncrasique de l'homme que nous appelons *tempérament érotique*, et que d'autres décrivent sous la dénomination de *sens génital*.

Nous n'en esquisserons ici que les traits les plus saillants et les plus faciles à saisir, et surtout les plus propres à conduire à des conséquences pratiques.

Ce tempérament ne présente point d'attributs physiques propres, spécifiques, évidents et saisissables à la première vue, si ce n'est peut-être, d'après Gall, la largeur et le renflement de la nuque. Peut-être aussi y a-t-il des caractères plus certains, comme ceux tirés des tempéraments sanguins et nerveux. Ainsi le tempérament sanguin nerveux, plus une grande sensibilité et une prédominance organique du système sexuel, sont la condition ou la cause immédiate et prochaine du tempérament érotique. Il se décèle ordinairement par l'explosion de toutes les sensations et de tous les penchants qui ne paraissent avoir d'autre objet que l'amour physique, ou du moins d'autre but que la génération.

Ce tempérament se manifeste quelquefois dans toute sa violence chez certains individus d'ailleurs fort recommandables par la sévérité et l'austérité de leurs mœurs. On ne détruit pas à volonté les lois de l'organisme. Sa grande fréquence dans les cités populeuses et chez les peuples corrompus prouve sans doute combien contribuent à son développement les habitudes vicieuses d'une vie désœuvrée et dissolue. Ce tempérament partiel est très-fréquent chez les crétins (êtres dégradés du Valais et autres cantons de la Suisse), si tristement remarquables par des penchants extraordinaires à la lubricité. C'est aussi ce tempérament insolite et anormal qui prédispose si éminemment à ces névroses fatales du système générateur connues sous le nom de *satyriasis* dans l'homme, et de fureur utérine ou *nymphomanie* chez la femme. On a même rencontré des exemples singuliers d'un développement précoce de l'appareil génital dans l'âge le plus tendre, et l'on a trouvé des enfants devenus déjà hommes par leurs attributs virils et l'aptitude parfaite à la génération : tant est grande la puissance de la prépondérance organique dans l'économie humaine ! Mais ces déviations et ces aberrations sont très-peu communes, et nous ne devons les mentionner ici que comme des cas rares et exceptionnels.

« L'érotomanie, dit le célèbre Esquirol, diffère essentiellement de la nymphomanie et du satyriasis. Dans ceux-ci, le mal vient des organes reproducteurs, dont l'irritation réagit sur le cerveau. Dans l'érotomanie, l'amour est dans la tête. Le nymphomane et le satyriaque sont victimes d'un désordre physique; les érotomaniaques sont le jouet de leur imagination. L'érotomanie est à la nymphomanie et au satyriasis ce que les affections vives mais honnêtes du cœur sont au libertinage effréné... » Nous ne pouvons partager en tout point cette opinion d'Esquirol. Nous ne pouvons croire que les affections du cœur, chez les érotomaniaques, soient des affections honnêtes; nous pensons qu'elles sont plutôt de véritables passions plus ou moins déréglées, parce que les affections honnêtes, légitimes, permises, qui ont un but louable, sont douces, calmes et pacifiques, ne troublent pas la raison, et ne rendent pas les personnes folles. Or les affections du cœur qualifiées d'honnêtes par Esquirol sont turbulentes, désordonnées et font perdre la raison; donc ce sont de vraies passions érotiques, déshonnêtes et déréglées, et elles partent par conséquent d'une source impure, comme le prouvent manifestement les exemples cités par Esquirol lui-même. (Voyez le *Dictionnaire des sciences médicales*, t. XIII.) Nous le répétons, l'amour honnête et chaste, qui est le fruit de mœurs pures et chrétiennes, est modéré et réglé par la piété et conçu dans un but juste et légitime; il est donc exempt de toute passion déréglée, et ne trouble jamais la raison ni ne porte atteinte au franc arbitre de l'homme. Les païens avaient regardé l'érotomanie comme une vengeance de Cupidon et de sa mère. Galien accuse l'amour d'être le principe et la cause des plus grands désordres physiques et moraux. Nous ne voulons point invoquer contre les désordres de l'amour physique les témoignages des Pères de l'Église et des moralistes chrétiens. Les philosophes, les poëtes, les orateurs, les médecins même de tous les âges, se sont élevés contre les maux innombrables causés par la funeste passion de l'amour. Nous ne citerons qu'une seule autorité, non suspecte d'ascétisme, celle d'un médecin philosophe, du docteur Virey.

« L'on a calculé, dit-il, que les maladies des organes pulmonaires, comme la phthisie tuberculeuse ou autre, les affections catarrhales, l'asthme, etc., enlèvent plus du sixième de la population de nos contrées. Parmi ces nombreuses victimes, le sexe féminin y entre pour un tiers de plus que les hommes. Cette mortalité sévit principalement entre vingt et cinquante ans, c'est-à-dire pendant l'époque de la plus grande vigueur génitale, dont les abus deviennent d'autant plus meurtriers qu'ils sont plus animés par ces affections de l'appareil pulmonaire. Or, si ces maladies n'attaquent nullement au même degré les nations sauvages et chastes, dans des climats analogues aux nôtres; si elles épargnent les animaux même domestiques parmi nous; si, tout au contraire, on voit ces maux s'aggraver avec la perte des mœurs et par le luxe de notre civilisation, ne devons-nous pas reconnaître que la dissipation du sperme dès la tendre jeunesse, et l'agacement nerveux qui en résulte, sont la ruine et la peste du genre humain? N'est-il pas manifeste que ces affections de la poitrine poussent cruellement aux voluptés et suscitent même des pollutions funestes, comme elles ont commencé par l'effet de l'onanisme? C'est donc l'amour qui traîne à la mort.

« Au contraire, par la chasteté toute l'organisation est affermie; notre âme conserve le feu sacré de la pudeur comme celui de Vesta, un ardent enthousiasme pour de mâles pensées comme pour des actions vives, étincelantes : tant que nous préférons l'honneur à l'utilité, en faisant taire les ignobles intérêts devant l'amour de la gloire, alors elle brille longtemps de l'éclat de la jeunesse; jusque sous les glaces de l'âge elle cultive l'énergie vitale ; elle est riche d'espérance, et se flatte, dans l'avenir même, de chimères ou d'affections romanesques. Tels sont particulièrement les caractères qui ont conservé l'innocence dans leurs amours. Leurs longues années ne sont point désormais dépouillées de verdure et de fraîcheur ; une sève abondante circule encore dans l'économie malgré leurs vieux jours ; ils tiennent de la nature immortelle : *Cruda Deo viridisque senectus.*

« Considérez, au contraire, ces hommes que le monde appelle souvent sages et expérimentés, parce qu'ils ne voient plus la société que dans sa dégradation ou dépouillée de toutes ses qualités honorables ou généreuses. C'est là, dit-on, le positif et la réalité; ils placent avant tout le gain et l'argent. Calculant froidement et le bien et le mal, ils savent au juste ce que rapportent le crime et la vertu. Ils se plient parfaitement aux temps, aux circonstances ; regardant comme duperie les sentiments moraux de l'amour, ils ne sourient qu'à la puissance matérielle des jouissances et de la fortune. Indifférents à tout comme les vieillards, ils n'éprouvent plus qu'avec tiédeur et dégoût toute volupté qui ne rapporte aucun profit direct ; pesant tout au poids de l'or, ils marchandent le cœur humain et l'innocence comme si toute vertu était à prix, tant les sordides intérêts se sont incrustés dans ces entrailles énervées et abâtardies.

« Certes, nous n'ignorons pas combien le siècle, dans sa décrépitude, appelle romanesques et ridicules les héroïques sentiments, la magnanimité du jeune âge. Nulle candeur, nulle franchise, ni cette native fraîcheur de l'imagination, ni cette pudeur, cette virginité de l'âme, n'éclatent en eux désormais. N'est-ce donc pas déjà revêtir avant le temps les tristes livrées de la caducité, de ces âges de dégoût, de mécontentement, d'aversion pour les plus saintes affections qui puissent enchanter notre vie? Comment cette âme défaillante soutiendra-t-elle longtemps et avec énergie une organisation délabrée, quoique jeune encore, mais gangrenée par les jouissances? Semblable à ces arbres encore verts, dont l'intérieur du tronc est pourri, qui ne tardent pas à se couronner de branches mortes et desséchées, ainsi l'homme corrompu étale en vain les décorations de son corps ou plutôt sa parure extérieure; c'est un brillant sépulcre qui ne renferme qu'un cadavre.

« O que l'homme pourrait subsister sain et heureux pendant de longues années s'il savait épargner sur son corps pour agrandir son âme! Il resterait toujours jeune, par la pensée du moins; il descendrait, immortel d'espérance, dans la tombe, après avoir dignement rempli sa destinée et honoré sa carrière sur cette terre.

« Les plaisirs qui lassent le plus promptement ou seulement d'abord, sont ces voluptés sans sel et purement bestiales. La bonne chère qui n'est point assaisonnée des jouissances de l'esprit est de toutes la plus grossière et la plus indigeste. L'amour brutal fatigue et énerve infiniment davantage que celui auquel est mêlé un sentiment moral. Minerve se couvre de son égide contre les traits de l'Amour, disent les philosophes et les poëtes; les Muses sont aussi chastes. La plupart des hommes de génie sont peu portés aux voluptés; au contraire, les individus les moins intelligents s'adonnent à la luxure comme les crétins. Le nègre est passionné en amour, les singes tombent dans une dégoûtante lubricité; ainsi à mesure que les cerveaux se rétrécissent la volupté grandit. »

C'est au tempérament érotique qu'un nombre infini d'individus, chez lesquels une mauvaise éducation et une fausse direction dans les idées et les affections ont laissé la volonté infirme et esclave et l'âme surbordonnée à l'empire des sens, doivent les excès et les désordres les plus déplorables dont ils sont trop souvent les tristes et malheureuses victimes. Enfin, indépendamment d'une organisation fatale et malheureuse, il est encore une foule de causes physiques ou morales capables de favoriser le développement du tempérament ou du sens génital, comme un genre de vie peu réglé, une alimentation succulente, stimulante et incendiaire, l'oisiveté, l'abus des boissons alcooliques, certaines irritations dartreuses, prurigineuses ou autres fixées sur les organes génitaux; les lectures de livres érotiques et romantiques, de productions chevaleresques et aventureuses, la fréquentation des spectacles et des bals, les concerts, les grandes réunions, les assemblées, les compagnies séduisantes et mondaines, etc.

Maintenant que faire pour contre-balancer cette pente fâcheuse au vice et cette loi fatale de la chair qui étouffe l'esprit par son poids accablant? La meilleure médecine ici est une sage prophylaxie tirée des principes moraux et hygiéniques. Sans doute avant tout il faut s'appliquer à inspirer la crainte de Dieu et l'amour de la vertu et des devoirs, et puis recommander particulièrement la fuite des occasions, des causes et des prédispositions éloignées et prochaines ci-dessus exposées; la pratique de la tempérance et d'une exacte sobriété; le travail manuel, l'exercice corporel, une occupation matérielle ou mécanique incessante, la fatigue, quelquefois même la chasse, qui, dans certains cas, a produit les meilleurs et les plus étonnants effets. Diane, comme on sait, est l'ennemie naturelle de Vénus. Un exercice violent étouffe les sentiments érotiques, en faisant naître des sensations plus impérieuses encore, comme un besoin excessif d'alimentation, c'est-à-dire une faim insatiable, avec une propension irrésistible au repos physique.

Le célibat, sans l'emploi de presque tous ces moyens, est moralement impossible chez les individus des deux sexes auxquels est fatalement dévolu, d'une manière native ou adventice, un tempérament érotique et génital. Sans ces conditions indispensables, la continence absolue aurait pour résultat final le satyriasis chez l'homme, et la nymphomanie ou la fureur utérine dans la femme.

CHAPITRE II

INNERVATION. IDIOSYNCRASIES. ANTIPATHIES. SYMPATHIES. INFLUENCE DU PHYSIQUE SUR LE MORAL ET DU MORAL SUR LE PHYSIQUE.

§ I

De l'innervation.

Nous appelons *innervation* l'action ou l'application actuelle de l'influence nerveuse sur les divers systèmes de l'économie, à l'effet d'y maintenir la vie et d'y exciter et entretenir toutes les fonctions organiques ou vitales.

Les centres nerveux et les nerfs sont les instruments de l'innervation, et les cordons nerveux les véhicules de ce qu'on appelle *fluide nerveux*, que les anciens désignaient sous le nom d'*esprit vital* ou d'*esprits animaux*. Quel est ce fluide nerveux? Est-ce un fluide matériel, palpable, saisissable, subtil, invisible, impondérable? ce sont des questions que se font les physiologistes. Mais tous leurs raisonnements sur ce point mystérieux et inscrutable à l'esprit humain ne satisfont point les esprits sévères. Tout cela est donc encore livré à la dispute des hommes et demeure indécis et incompris.

On prétend aujourd'hui qu'il y a identité entre le fluide électrique et le fluide nerveux. Mais, disent Richerand et Bérard, « comment pourrait-on concevoir qu'un fluide, toujours le même, pût être le véhicule d'effets si différents? Et pourtant il n'est pas douteux que les nerfs ne soient doués de facultés entièrement diverses : l'un conduit la lumière, l'autre le son; celui-ci la volonté, celui-là la sensibilité; par cet autre nous digérons : un fluide électrique pourrait-il, quoique identique, suffire à des actions si hétérogènes? »

§ II

Des idiosyncrasies.

L'idiosyncrasie est une disposition individuelle spéciale, qui détermine des effets particuliers, rares, extraordinaires, ou certaines inclinations que n'éprouve pas le commun des hommes.

Pour mieux faire connaître le caractère et la nature des idiosyncrasies, nous en rapporterons quelques exemples des plus authentiques.

Amatus Lusitanus parle d'un Espagnol qui éprouvait des anxiétés, des vomissements et une diarrhée toutes les fois que, même à son insu, on mêlait de la viande à ses aliments. Tissot rapporte qu'un de ses amis ne pouvait, même sans le savoir, prendre la plus petite dose de sucre sans qu'il éprouvât des vomissements. Dejean cite le fait d'un homme sur lequel le miel pris à l'intérieur, ou simplement appliqué à la surface cutanée, agit comme un véritable poison. Le même auteur parle encore d'un homme qui ne pouvait manger quelques fraises sans être bientôt pris de convulsions. Whytt rapporte qu'une femme se trouvait mal lorsqu'elle avalait un peu de noix muscade, ou même lorsqu'on lui en appliquait seulement sur la peau. Gaubius mentionne le fait d'un homme chez lequel le jus de citron appliqué, même à son insu, sur la peau, produisait un frisson général : il est à remarquer que le vinaigre ne déterminait pas le même effet. Preslin parle d'une femme qui ne pouvait avaler la moindre quantité de vinaigre sans éprouver une hémorragie. On a vu des individus qui avalaient avec délices les insectes les plus dégoûtants. Nous avons connu un homme de la classe opulente qui mangeait avec le plus grand plaisir toutes les araignées qu'il pouvait attraper dans son jardin ou qu'on lui apportait. Dans toutes ces dispositions idiosyncrasiques que nous venons de constater nous ne voyons point qu'il y eût antipathie ou répugnance bien certaine et bien prononcée. Maintenant, dans un paragraphe spécial, nous allons rapporter des exemples où la répugnance et l'antipathie se manifestent au plus haut degré.

§ III

Des antipathies.

Les antipathies sont des aversions naturelles et invincibles qu'éprouvent certains individus pour des choses qui n'affectent point désagréablement les autres hommes. Ces aberrations de la sensibilité se rencontrent le plus souvent chez les personnes douées d'une excessive mobilité nerveuse, comme chez les hypocondriaques, les mélancoliques, les femmes vaporeuses, hystériques, les femmes enceintes, etc.

En voici quelques faits : on rapporte dans les Éphémérides des curieux de la nature l'exemple d'une personne qui ne pouvait regarder un corps rouge sans se trouver mal. Buchner et Tissot rapportent qu'un jeune garçon était pris de convulsions épileptiques dès qu'il voyait quelque chose de rouge. On cite l'observation d'une femme qui tombait en syncope à l'aspect d'un lis. Un physiologiste distingué, Prochaska, dit avoir connu une dame qui tombait sans connaissance à l'aspect des betteraves. « Le comte de Caylus, au rapport de Marc, avait les capucins tellement en horreur, qu'il éprouvait une agitation extrême chaque fois qu'il rencontrait un moine de cet ordre. Pour se guérir de cette idiosyncrasie, qui de jour en jour lui devenait plus incommode, puisqu'il rencontrait à chaque instant des capucins, il en fit faire un en bois de grandeur naturelle, qu'il revêtit du costume de l'ordre et qu'il plaça dans son cabinet. Ce moyen réussit. » Les *Transactions philosophiques* rapportent que le chapelain du duc de Bolston éprouvait un sentiment de froid au vertex et au cœur lorsqu'on le forçait de lire le cinquante-troisième chapitre d'Isaïe (c'est-à-dire l'*Histoire de la Passion*), et certains versets du livre des Rois. On trouve dans le recueil dont nous venons de parler le fait d'un soldat qui perdait connaissance lorsqu'il sentait l'odeur de la pivoine. Amatus Lusitanus parle d'un religieux qui à la vue et à l'odeur de la rose éprouvait constamment le même effet : aussi gardait-il exactement sa cellule pendant la saison des roses. A l'instant même où nous traçons ces lignes, une personne fort grave et très-digne de foi nous parle d'une de ses parentes à qui toute odeur quelconque est absolument insupportable, lui cause des accidents nerveux des plus graves, des spasmes suffocants et des convulsions alarmantes. Ces phénomènes lui arrivent constamment dans les églises quand on y brûle de l'encens. Un jour elle aborda une personne qui, à son insu, avait vu pratiquer une saignée, et soudain elle poussa un grand cri en disant : « Oh! quelle odeur de sang tu nous apportes ici! » On rapporte que l'odeur du lièvre faisait évanouir le duc d'Épernon. On a vu des personnes tomber en syncope ou éprouver des convulsions toutes les fois qu'elles se trouvaient dans le voisinage d'un chat. On trouve encore dans les Éphémérides des curieux de la nature l'observation d'un jeune homme qui éprouvait des anxiétés et des suffocations lorsqu'il entendait le bruit que produit l'action de balayer. S'il cherchait à vaincre ses répugnances, il devenait pâle et éprouvait d'abondantes sueurs (1). J.-J. Rousseau rapporte que le son de la cornemuse déterminait chez un Gascon une incontinence d'urine. On cite encore un semblable effet produit par la vielle. Tissot parle d'un homme que la musique faisait tomber dans des convulsions épileptiques. Chez un autre, au rapport de Paulini, la musique déterminait des vomissements. Bayle cite l'observation d'une femme qui s'évanouissait toutes les fois qu'elle entendait le son d'une cloche. On sait que l'harmonica fait évanouir certaines femmes très-nerveuses. Le sens du toucher lui-même offre des antipathies : Haller et Prochaska citent chacun un exemple d'une personne qui ne pouvait toucher une pêche sans éprouver des envies de vomir.

Enfin il existe des idiosyncrasies toutes particulières,

---

(1) Il est souvent dangereux de chercher à vaincre les fortes antipathies. On a vu un enfant tomber dans l'épilepsie pour avoir été forcé de manger du fromage, pour lequel il avait une extrême antipathie.

qui se lient à tout ce qui rappelle le souvenir de l'objet exécré ou en retrace l'image.

Zimmermann, dans son *Traité de l'expérience*, raconte l'anecdote suivante :

« Je me trouvais un jour dans une société où était un Anglais de distinction. Notre entretien tomba sur les antipathies. Je soutins, contre l'avis du plus grand nombre, que l'antipathie est une véritable maladie. Un de nous, Will Mathew, fils du gouverneur de la Barbade, déclara qu'il partageait d'autant plus mon opinion, que lui-même présentait l'exemple de l'aversion la mieux caractérisée contre les araignées. Ses compatriotes se moquèrent de lui ; mais je les assurai que cette antipathie produisait aujourd'hui dans l'âme de M. Mathew l'effet d'une nécessité mécanique. John Murray, depuis duc d'Athol, conçut alors l'idée de former une araignée en cire noire, et de constater si l'antipathie se manifesterait déjà à la seule vue de cette imitation. Il sortit et revint bientôt après avec une araignée en cire qu'il tenait cachée dans sa main. A l'aspect de ce simulacre, M. Mathew, homme très-doux et aimable d'ailleurs, croyant apercevoir un des objets de son aversion, entre en fureur, tire son épée, s'élance rapidement vers un des murs de l'appartement, s'y appuie avec force et fait le plus grand tapage ; tous les muscles de sa face se gonflent, ses yeux roulent dans leurs orbites et son corps devient roide comme marbre. Nous nous jetons sur lui, et, après l'avoir désarmé, nous lui faisons connaître la ruse. L'état de roideur persiste encore quelque temps, et je crains une affection tétanique. Cependant le malade se remet peu à peu et déplore les effets de sa malheureuse antipathie : le pouls est extrêmement fort et accéléré ; toute la surface du corps est couverte d'une sueur froide. Cependant, après l'usage d'un calmant, ces symptômes se dissipent tout à fait sans laisser de suites fâcheuses. Cette antipathie ne doit pas étonner, puisque la Barbade produit les araignées les plus grosses et les plus hideuses. M. Mathew étant né dans cette île, son aversion était fondée. Quelqu'un de la société voulut, après la scène qui venait d'avoir lieu, former sous les yeux de M. Mathew une petite araignée en cire : M. Mathew vit avec sang-froid le travail s'achever; mais nous ne pûmes jamais obtenir que cet homme, qui d'ailleurs n'était pas poltron, touchât l'araignée de cire. Il rejeta également le moyen que je lui proposai pour le guérir de son antipathie, moyen qui consistait à dessiner au crayon diverses parties de l'araignée, à peindre ensuite ces parties et même des araignées entières, selon que la nature les produit. J'aurais voulu qu'après ces premières tentatives il se fût fait présenter des parties d'araignées véritables, puis d'entières, mais mortes, et à la fin des araignées vivantes. Il me semble que de cette manière il serait parvenu à vaincre son aversion. »

§ IV

Des sympathies.

On entend par sympathie la coexistence de deux phénomènes dans deux parties différentes du corps, sous l'influence d'un excitant qui n'a agi que sur une de ces parties. En voici quelques exemples : la titillation de la luette provoque le vomissement ; la présence des vers dans les intestins détermine le prurit du nez comme un calcul dans la vessie produit une démangeaison au bout du gland ; on connaît la sympathie qui existe entre l'estomac et la tête, entre les organes de la génération, le larynx et les oreilles (1), entre l'utérus et les glandes mammaires, etc. Le docteur Montfalcon dit avoir vu une jeune femme qui ne pouvait promener la main sur une étoffe de velours sans tomber en défaillance. Il existe d'autres exemples d'un phénomène semblable. On sait que le chatouillement excite le rire, des larmes, des convulsions et la mort même.

Voici un fait de sympathie si singulière et si extraordinaire, que l'on serait tenté de le regarder comme incroyable ou fabuleux s'il n'était rapporté par les plus graves auteurs; il appartient à Theden : Barthez l'a cité dans ses *Nouveaux Éléments de la science de l'homme*.

« Un malade avait le bras droit paralysé, on lui appliqua un vésicatoire; le stimulant n'agit pas sur l'endroit de la peau où on l'avait appliqué, mais bien sur le bras gauche, au lieu correspondant, qui devint rouge et fut le siége de vives douleurs pendant la durée de l'application du vésicatoire. Cependant la paralysie de ce membre se dissipa et se jeta sur le bras gauche. On appliqua sur celui-ci un vésicatoire dont l'action eut lieu, non pas sur lui, mais sur le bras droit. La paralysie des deux bras guérie, les vésicatoires n'eurent plus rien de particulier dans leurs effets. » (Citation de Montfalcon.)

Enfin on peut en quelque sorte rattacher aux sympathies les douleurs vives qu'éprouvent aux changements de temps les hommes qui ont subi l'amputation d'un membre quand ils rapportent ces douleurs aux membres qu'ils ne possèdent plus : ce n'est proprement là qu'une sensation interne d'un souvenir de vive douleur.

(1) Hippocrate rapporte que les Scythes, par le seul fait de la fréquente équitation, étaient fort sujets à l'impuissance, et que cet état était sans ressource lorsqu'il résistait aux scarifications faites derrière les oreilles.

§ V

De l'influence du physique sur le moral.

On connaît assez les effets remarquables que produisent les divers genres d'alimentation, comme nous l'avons fait voir avec détail dans un autre ouvrage. (*Essai philosophique sur l'influence du régime alimentaire sur la civilisation, les mœurs, l'éducation, la politique, la guerre.*) Ce n'est pas seulement la différence des climats qui fait changer la sensibilité et les mœurs des peuples, comme on le dit toujours, d'après Hippocrate et Montesquieu, mais c'est surtout le régime alimentaire qui amène ces modifications du moral des nations. Ainsi les peuples qui s'abstiennent absolument de chair, comme une grande partie des habitants des pays chauds, surtout de l'Asie, et notamment les brames de l'Inde, sont généralement remarquables par leur douceur de mœurs et de caractère. Au contraire, l'habitude de vivre de chair et de répandre le sang donne aux mœurs un caractère d'âpreté sauvage, pour ne pas dire de dureté féroce. Les animaux carnassiers, violents et irascibles sont toujours disposés et impulsionnés à la férocité et à la rage, comme le tigre, le loup, etc.; tandis que les paisibles herbivores, comme dit Vriey, restent humbles et soumis à l'empire de la crainte ou des affections douces. « Pense-t-on, ajoute le même auteur, que si Néron eût pu être condamné, dans un hospice d'aliénés, à une diète toute végétale, comme de mauvais sujets le sont aux États-Unis, il n'eût pas perdu de la violence de ses passions; qu'il n'eût pas été rendu par la suite peut-être aussi délicat et aussi sensible que le furent les pythagoriciens, les doux brames de l'Inde, devenus les plus humains des hommes? »

Les maladies des viscères abdominaux, particulièrement de l'estomac, des intestins, du foie, de la vessie, etc., portent surtout à la mélancolie et rendent le caractère triste et morose. Les malades voient, comme on dit vulgairement, tout en noir; ils s'observent, ils se tâtent sans cesse, tirent de tout des conséquences sinistres et fâcheuses; enfin souvent ils sont ce qu'on appelle hypocondriaques.

Il est un fait certain, c'est que des purgations fortes ont quelquefois opéré la plus heureuse révolution dans le moral des maniaques ou des mélancoliques. L'évacuation de certaines matières irritantes, d'une bile noire, altérée, épaissie, dont la présence stimulait vicieusement le système nerveux ganglionnaire, a rendu du calme aux malades, a changé ou modifié leurs affections et notablement éclairci et élucidé leurs idées. C'est ainsi qu'on explique les nombreuses guérisons de folie qu'opéraient les anciens médecins à l'aide de l'ellébore, qui n'est qu'un purgatif drastique.

Dès la plus haute antiquité on a attribué à la bile noire ces affections sombres et misanthropiques, ces goûts fantasques et bizarres, cette haine profonde de la société et quelquefois de la vie, ce penchant au suicide qui ne s'est que trop souvent réalisé. Les noms de *mélancoliques* et d'*atrabilaires*, l'un grec, et l'autre latin, sous lesquels on désigne ces sortes de maladies, ne veulent pas dire autre chose, comme chacun sait, que *bile noire*.

On connaît d'ailleurs les connexions sympathiques qui existent entre le foie et le cerveau, et on sait parfaitement aussi que le tempérament bilieux, caractérisé par la prédominance du système hépatique, est précisément le tempérament des ambitieux. (Voyez le tempérament bilieux.) De là l'ambition démesurée de Lysandre, de Sylla, de Marius. Aristote nous rapporte que Lysandre était atrabilaire, et Plutarque nous apprend que Marius avait des varices aux jambes, ce qui annonce en général l'abondance et la stase d'un sang noir, liées souvent à la pléthore veineuse du foie ou de la veine-porte. Napoléon lui-même, qui fut très-bilieux, et qui, comme chacun sait, passe aussi pour avoir eu un peu d'ambition, avait, à ce qu'il paraît, un engorgement du foie très-prononcé.

Nous avons parlé ailleurs des perturbations mentales et affectives produites par l'état de grossesse. Nous ajouterons ici qu'on a vu des femmes devenir fantasques, bizarres, capricieuses et même folles lorsque la menstruation était notablement troublée, ou quand pendant le temps de la lactation le lait venait à tarir subitement.

Nous disions tout à l'heure que les maladies abdominales chroniques impriment au caractère et au moral de l'homme un cachet de tristesse et de mélancolie très-remarquable : nous voyons arriver assez souvent le contraire dans les maladies chroniques des poumons. Il est très-rare que les phthisiques perdent totalement l'espérance; presque jamais ils ne connaissent leur véritable position, et ils partagent rarement l'inquiétude des personnes qui observent et connaissent le mieux leur état. On les voit souvent gais et presque toujours pleins d'espoir; déjà même sur le bord de la tombe ils forment encore des projets pour de longues années. Mais une chose assez remarquable qu'il faut noter ici, c'est qu'en général les hommes atteints de la phthisie pulmonaire ou les poitrinaires sont, tout malades qu'ils sont, assez souvent exposés à éprouver des sensations libidineuses, et quelquefois même ils sont dans une disposition érotique habituelle.

Cet éréthisme nerveux, comme on pense bien, ne

contribue pas peu à user le peu de forces vitales et radicales qui leur restent encore. Il est donc bon d'être prévenu de cette particularité pathologique, afin de ne pas l'attribuer à une cause purement morale. On pense généralement que cette sensation charnelle ou cette disposition érotique est l'effet d'une lésion profonde de la respiration ou d'une asphyxie imminente, induction analogique tirée du phénomène singulier (*seminis emissio*) que l'on observe dans l'asphyxie par strangulation, ainsi que dans le supplice de la pendaison (chez les pendus). On pourrait peut-être encore ajouter ici une autre cause, savoir la compression vive exercée dans le voisinage du cervelet.

§ VI

De l'influence du moral sur le physique.

C'est surtout ici qu'on verra ressortir la haute puissance qu'exerce le moral sur le physique de l'homme. Qui n'a pas vu ces subites explosions des passions turbulentes et furieuses causer les plus grandes perturbations physiques, comme des apoplexies foudroyantes, des convulsions, des attaques épileptiques, hystériques, etc.? Rien de plus ordinaire encore que de voir une frayeur vive déterminer des convulsions, l'épilepsie, la paralysie, etc. A l'époque de nos grandes tourmentes révolutionnaires, les anévrismes du cœur et des gros vaisseaux parurent plus fréquents que jamais, à raison des chagrins violents et de toutes les commotions morales les plus véhémentes et les plus inopinées. La colère, dit Richerand, a donné naissance à la rage et à des morts subites. On sait que des peines morales, des chagrins violents, ont conduit au tombeau un nombre infini d'individus. On voit même assez souvent de petits enfants mourir de chagrin ou plutôt de jalousie, quand ils s'aperçoivent que leur mère montre de la prédilection pour d'autres enfants de leur âge, leurs frères ou leurs sœurs. Une crainte excessive et la terreur aggravent singulièrement l'état des plaies et disposent à la gangrène, tandis que la joie et l'espérance en favorisent la cicatrisation. Une joie excessive et inattendue a quelquefois été suivie d'une mort prompte. On rapporte qu'après la bataille de Cannes une mère, désolée de la perte de son fils qu'elle croyait tué, fut transportée d'une joie si excessive en le revoyant vivant qu'elle expira sur-le-champ. Nous avons vu, dit le célèbre Hallé, un homme qui, absous contre son attente par un jugement révolutionnaire, fut frappé aussitôt d'un délire qui fut suivi d'une fièvre nerveuse fort grave, qui se termina heureusement le vingtième jour. Dans sa convalescence, apercevant un mouchoir, il l'inonda de ses larmes : ce mouchoir appartenait à sa femme, dont il était éloigné, et qu'il avait cru ne jamais revoir. Il fut alors entièrement rétabli.

Une espérance ferme et inébranlable et l'enthousiasme de la confiance peuvent imprimer au système nerveux un ressort, un ton de vitalité et de force synergique immense et presque en quelque sorte incommensurable, au point de ranimer et de revivifier, pour ainsi dire, la nature défaillante d'un moribond. Un homme ayant subi une grande opération chirurgicale se mourait d'une hémorragie que rien n'avait pu arrêter. Son médecin arrive et le trouve à l'extrémité. « Ah! Monsieur, dit le malade, je suis perdu : je perds tout mon sang. — Vous en perdez si peu, reprit le docteur avec un grand sang-froid et un ton rassurant, que dans une heure vous serez saigné. » L'idée d'une saignée chez un homme qui se croit exsangue opère sur son moral la plus heureuse révolution; le sang s'arrête, et le malade se trouve hors de danger. Un négociant, apprenant la nouvelle d'une banqueroute qui le ruinait, tomba dans une stupeur mortelle. Bouvard, jadis fameux médecin de Paris, arrive et formule ainsi son ordonnance : *Bon pour trente mille francs chez mon notaire*. Ce fortifiant guérit sur-le-champ ce malade foudroyé, comme le congé délivré à un soldat nostalgique mourant le fait partir à l'instant pour regagner les foyers paternels. Tout le monde sait que des personnes sont mortes d'un excès de joie, tels sont particulièrement Diagoras, Sophocle, Léon X. Un condamné entend prononcer sa grâce, et il tombe mort. Un rire excessif fit périr Zeuxis et le philosophe Chrysippe.

Par contre, un chagrin excessivement violent ou l'impression d'une douleur immense a pu décomposer la figure, et jusqu'à faire blanchir en vingt-quatre heures les cheveux d'un prisonnier.

Voici à ce sujet un fait bien extraordinaire rapporté par M. le docteur Descuret dans sa *Médecine des passions*.

« On sait que dans quelques parties de la Sardaigne la chasse des nids d'aigles et de vautours est l'une des principales ressources des paysans nécessiteux, et qu'ils s'y livrent avec autant d'audace que de persévérance.

« En 1849, trois jeunes frères qui exerçaient ce genre d'industrie ayant aperçu dans les environs de San-Giovani de Domus-Novas un vaste nid d'aigle au fond d'un précipice, résolurent de s'en emparer et tirèrent au sort qui irait le chercher. Le danger n'était pas seulement dans la possibilité d'une chute de plus de cent pieds, mais encore dans l'agression des oiseaux de proie que pouvait renfermer cet abîme.

« Celui des trois frères que le sort avait désigné pour une si périlleuse entreprise était un beau jeune homme d'environ vingt-deux ans, d'une force athlétique et ne reculant jamais devant les difficultés. Ayant donc hardiment mesuré des yeux la profondeur qu'il doit parcourir, il se ceint d'une corde à gros nœuds, que ses frères se chargent d'abaisser ou de hisser à volonté; puis, muni d'un sabre bien affilé, il descend dans le précipice et arrive heureusement jusqu'à l'interstice qui recèle le nid objet de ses vœux. Ce nid contient quatre aiglons à plumage isabelle-clair : c'est un trésor pour le jeune montagnard, et son cœur palpite de joie à la vue d'un si riche butin. Mais le plus difficile n'est pas accompli, il faut remonter avec cette proie, et c'est là surtout que se trouve le péril. Déjà la voix du jeune chasseur a retenti joyeusement dans les cavités sonores du précipice, déjà la corde se meut dans un mouvement ascensionnel, lorsque tout à coup il se voit assailli par deux aigles énormes, qu'il reconnaît à leur fureur et à leurs cris pour le père et la mère des petits dont il s'est emparé. Alors s'engage une lutte épouvantable : le sabre dont il se sert avec une grande dextérité suffit à peine pour le garantir de leurs coups; pour comble de maux, la corde qui le soutient au-dessus des profondeurs de l'abîme est soudain ébranlée par un choc violent. Le malheureux lève les yeux et s'aperçoit que dans ses évolutions multipliées le tranchant de son sabre a coupé une partie de cette corde. Comprenant l'immensité de son danger, il demeure un instant immobile de frayeur, un frisson glacial parcourt tout son corps, et l'on conçoit à peine comment au milieu d'une telle émotion il eut la force de ne pas lâcher prise et de continuer à se défendre. Cependant la corde monte toujours, et des voix amies l'encouragent; mais il est hors d'état de leur répondre, et quand il atteint le bord du précipice avec le nid d'aigle, qu'il n'a pas abandonné, ses cheveux, auparavant d'un beau noir d'ébène, sont devenus si complétement blancs, que ses frères eux-mêmes ont peine à le reconnaître. »

Un prêtre polonais m'a dit qu'il avait vu, en 1830, un de ses compatriotes, prisonnier politique, dont les cheveux ont complétement blanchi après une nuit de séjour dans la prison.

J'ai vu un jeune homme très-nerveux qui, presque en vingt-quatre heures, est quelquefois comme décomposé et méconnaissable.

Je me souviens d'avoir lu, il y a environ une vingtaine d'années, je ne sais plus où, le récit d'une expérience bien extraordinaire faite, je crois, en Italie. Voici la substance de cette singulière histoire :

On avait livré aux médecins un homme condamné à mort, à l'effet de faire sur cet individu des expériences physiologiques tendant à prouver et à constater authentiquement le pouvoir immense de l'imagination. On voulait donc savoir si l'idée ou plutôt la conviction intime de l'existence actuelle d'une hémorragie mortelle, qui ne serait pourtant que fictive, pourrait réellement faire mourir une personne. Voici comment on procéda à l'expérimentation : on banda exactement les yeux au condamné et on l'attacha par les quatre membres sur une table solidement fixée. Cela fait, on piqua les pieds et les bras à l'endroit où l'on saigne ordinairement, avec une simple plume à écrire, comme pour simuler l'opération de la saignée, et en même temps on fit partir des quatre points piqués quatre petits jets d'eau produisant absolument le bruit du sang qui sort d'une veine ouverte. Au même instant un des assistants dit à son voisin, tout bas, mais de manière cependant à pouvoir être entendu du patient : « Quel beau sang ! c'est bien dommage qu'un tel homme doive mourir en perdant tout son sang ! » Tout cet appareil, ces préparatifs et surtout les piqûres des quatre membres, le bruit d'un liquide reçu dans des vases et les paroles prononcées et entendues firent une telle impression sur le condamné, qu'il mourut en effet d'*hémorragie blanche*, c'est-à-dire sans avoir répandu une seule goutte de sang. Je ne puis garantir l'authenticité de ce fait, bien que je ne le croie pas absolument impossible chez quelques sujets.

Une feuille de papier pliée en quatre, et apportée de l'Amérique ou des Indes, est présentée à une femme, et soudain, au bout d'une minute, voilà que cette femme pâlit, chancelle, s'affaisse et tombe privée de l'usage de tous les sens, si ce n'est même de la vie, comme on en cite des exemples. Quel agent invisible, quelle puissance magique a donc ici subitement foudroyé et paralysé la force nerveuse de cette personne si forte et si bien portante d'ailleurs? Est-ce quelque émanation toxique, un poison subtil échappé du papier qui l'a frappée, comme le semblent croire les nègres et les sauvages? Non certes, le papier n'est point ici la cause productrice du phénomène nerveux; c'est un produit immatériel et spirituel; c'est la pensée humaine qui, portée sur les ailes de la matière, a traversé les mers et a révélé à une mère la mort tragique de son fils unique.

Un des effets les plus délétères et les plus fréquents des passions violentes c'est l'altération de nos humeurs. On a vu quelquefois la jaunisse se manifester subitement à la suite d'un violent accès de fureur; on a vu également un paroxysme de colère convertir à l'instant le lait doux et sucré d'une nourrice en un poison funeste et mortel. Il est très-probable que la salive d'un homme ou d'un animal en fureur qui mordent d'autres individus, contracte des qualités en quelque sorte toxiques et vireuses, au point que la rage peut en être la suite : et en général plus l'animal est en colère, plus sa salive est délétère et vénéneuse.

C'est ce qu'on observe particulièrement dans la morsure de la vipère; sa blessure est bien plus dangereuse lorsque l'animal a été fortement irrité, ou qu'on a à dessein excité ou provoqué sa colère.

CHAPITRE III

RACES DE L'ESPÈCE HUMAINE. PROBABILITÉS DE LA VIE HUMAINE. LONGÉVITÉ. DÉCROISSEMENT DE L'HOMME. AGE DE RETOUR. VIEILLESSE. DÉCRÉPITUDE. MORT. PUTRÉFACTION.

§ I

Races de l'espèce humaine.

Nous admettons, d'après Lacépède, quatre races principales de l'espèce humaine, savoir : l'arabe-européenne, la mongole, la nègre et l'hyperboréenne. On peut, si l'on veut, y en ajouter une cinquième, formée par les peuples de l'Amérique : mais nous verrons plus bas que les Américains ne peuvent constituer qu'une simple variété. Il est inutile de faire observer que toutes ces races sont sorties d'une seule et unique souche.

La race arabe-européenne, caucasienne ou blanche. — Les caractères principaux de la race arabe-européenne, qui est composée des habitants de l'Europe, de l'Arabie, de l'Asie Mineure, de l'Égypte, de la Syrie, etc., sont : un visage à peu près ovale, un front plus ou moins proéminent ou saillant en avant, avec un angle facial de 80 à 90 degrés; un nez long, droit ou aquilin, des cheveux longs, une peau plus ou moins blanche. On rencontre surtout ces caractères principaux dans le nord de l'Europe, chez les Suédois, les Finlandais, etc., dont la peau offre une blancheur remarquable et dont les cheveux sont longs et d'un blond clair. Les peuples du midi de l'Europe, comme les Espagnols, les Portugais, les Grecs, les Turcs d'Europe, ont généralement le teint plus ou moins brun et les cheveux noirs. Les Français paraissent tenir le milieu entre les peuples du nord et ceux du midi de l'Europe.

La race mongole olivâtre ou chinoise. — Elle présente un front plat, peu proéminent, et les yeux fixés un peu obliquement en dehors avec un angle facial qui ne dépasse jamais 80 degrés; le visage est large et carré, ou il représente une espèce d'ovale dans un sens transversal, c'est-à-dire d'une pommette à l'autre, et les joues par conséquent sont plus ou moins saillantes. Cette race comprend une très-grande partie de l'immense population de l'Asie, les Chinois, les Tartares, les Cochinchinois, les Japonais, les Tonquinois, les Siamois, les peuples de l'Inde, de la presqu'île du Gange, etc. etc. Elle est la plus nombreuse de toutes les races de l'espèce humaine.

La race nègre, éthiopienne ou africaine. — Elle est remarquable par la coupe oblique du visage et son angle facial très-peu ouvert (70 degrés). Les nègres ont le front étroit et aplati, le nez épaté et écrasé, les lèvres très-épaisses, les pommettes saillantes, les mâchoires et la bouche avancées, la peau très-noire, épaisse, grasse, comme huileuse, les cheveux courts, fins, crépus, cotonneux et frisés, etc.

La race hyperboréenne. — Elle occupe le nord des deux continents et est formée par les Lapons, les Groënlandais, les Samoïèdes, les Ostiaques, les Esquimaux, etc. Elle offre un visage plat, une couleur généralement jaunâtre ou olivâtre, la taille très-raccourcie. « Cette portion dégradée de l'espèce humaine, dit Richerand, tient évidemment du climat ses caractères distinctifs. Luttant sans cesse contre l'inclémence d'un ciel rigoureux et l'action destructive d'un froid glacial, la nature, enchaînée dans ses mouvements, rapetissée dans toutes ses dimensions, ne peut produire que des êtres dont l'imperfection physique explique l'état presque barbare. »

La race américaine. — Elle se compose des peuples du nouveau monde. Cette race, ou plutôt cette variété, doit être considérée comme formée par la transmigration des peuples du nord de l'Asie ou de ceux de l'Océanie, comme il est facile de le prouver par la conformité d'organisation, de couleur, de langage, de costumes et de mœurs, que l'on remarque entre les Américains primitifs et indigènes et les peuples du nord de l'Asie, les Tartares-Mongols, ainsi que les habitants du Groënland et de la Sibérie. On a même reconnu que le fidèle compagnon de l'homme, ce véritable *philanthrope*, le chien enfin, puisqu'il faut l'appeler par son nom, est chez les Américains du Nord de la race des chiens que l'on rencontre dans la Sibérie.

Nous ne parlerons pas ici des albinos de l'Afrique, de l'Asie, de l'Océanie, ni des crétins de la Suisse ; ce sont des êtres infirmes et dégradés, en petit nombre, qui sous aucun rapport ne peuvent occuper une place dans le cadre des variétés de l'espèce humaine.

Quant aux êtres humains qu'on a appelés *géants* et *nains*, il serait trop long et trop en dehors de notre sujet d'examiner ici physiologiquement et philosophiquement cette ancienne et difficile question.

Nous nous contenterons de faire remarquer qu'aujourd'hui on n'admet point l'existence des géants comme race ou variété de l'espèce humaine, ou comme pouvant constituer de véritables peuplades. On ne peut, en effet, regarder comme tels les Patagons, dont la stature n'excède guère celle des Européens de plus d'un tiers de mètre. Les Patagons ont en plus ce que les Lapons nous offrent en moins. La taille de ces derniers n'est que d'un mètre trente centimètres à un mètre cinquante centimètres. On ne doit donc aujourd'hui admettre comme peuplades de prétendus géants que celles dont la taille dépasse la stature ordinaire d'un tiers ou tout au plus d'un demi-mètre. Et dès lors, comme nous l'avons déjà dit, il n'y a plus de peuples de géants proprement dits.

Quant aux individus que l'on peut appeler *géants*, ce sont des hommes isolés, fort rares, à taille extraordinaire, comme par exemple de trois mètres et plus. Ce sont, si l'on veut, des espèces de monstruosités par excès. Il ne répugne nullement à la science d'admettre de cette manière l'existence des géants. Goliath était haut de six coudées et un palme : c'est environ trois mètres cinquante centimètres. Og, roi de Bazan, avait un lit de fer de neuf coudées de long ou de cinq mètres. Pline, au rapport de Virey, cite le géant Gabbare, vu à Rome sous l'empereur Claude, et qui avait neuf pieds neuf pouces de haut. Martin vit à Rouen, en 1572, un Piémontais haut de plus de neuf pieds. Gaspard Bauhin cite un Suisse qui avait huit pieds. Stoller rapporte qu'un Suédois, garde du corps du roi de Prusse Guillaume Ier, avait huit pieds et demi. Suivant le même auteur (Virey), la version de la Bible par les Septante traduit les mots *Nophel* et *Giboor* (au pluriel Nephilim et Gibborim), qui désignent les géants, par l'expression d'hommes violents, cruels et scélérats, tels que Nemrod. Saint Jean Chrysostome semble confirmer cette opinion lorsqu'il dit, dans son homélie sur la Genèse, que sous le nom de géants l'Écriture n'entend parler que des hommes d'une force corporelle extraordinaire. Saint

Cyrille d'Alexandrie, Théodoret, etc., paraissent être du même sentiment.

Nous n'avons nul dessein de parler ici de toutes les fameuses histoires de géants que nous raconte dom Calmet; nous nous contenterons de dire qu'il rapporte, d'après Plutarque, que le général romain Sertorius étant en Afrique y vit le squelette d'Anthée, qui avait soixante pieds de long, d'autres disent soixante coudées; que Pline parle du squelette d'*Orion* ou d'*Otus*, de quarante-six coudées ; que le squelette du roi Teutobochus, découvert en Dauphiné en 1613, avait vingt-cinq pieds et demi de long, et dix de large aux épaules; on assure, dit encore dom Calmet, qu'en Bohême on découvrit une tête humaine si grosse, que deux hommes ne pouvaient la porter, et des jambes longues de vingt-cinq pieds. Le même savant rapporte encore qu'en Sicile on découvrit dans une vaste caverne un squelette de géant dont chaque dent pesait neuf livres, et que le bâton que ce squelette tenait à la main était garni d'une masse de plomb pesant quinze cents livres. Tout cela passe sans la moindre réflexion. Voici pourtant un fait qui va passer au creuset de la *critique*. Les Athéniens en faisant des fouilles trouvèrent un tombeau de cent coudées de long et un squelette proportionné à cette longueur. On lisait sur l'épitaphe que ce géant s'appelait Macrosiris et qu'il avait vécu cinq mille ans. « Mais, ajoute
« notre critique, s'il n'y a pas faute dans le texte de
« Phlégon, qui raconte ce fait, il est à craindre qu'on
« ne lui ait imposé aussi bien sur la longueur du tom-
« beau que sur l'âge de Macrosiris. » Il n'y a ici autre chose à *craindre*, suivant nous, si ce n'est qu'en écrivant une pareille page nous n'ayons abusé de l'attention et de la patience de nos lecteurs; nous leur en demandons pardon.

Pour ce qui regarde les nains, on doit en admettre

l'existence par cela même qu'on reconnaît l'existence des géants : car si un concours de conditions et de circonstances physiques, physiologiques et hygiéniques, a pu déterminer une élongation de taille ou une stature gigantesque, la réunion des causes contraires doit produire un effet opposé, c'est-à-dire une contraction et un raccourcissement extraordinaire de la taille humaine. En voici, d'après Virey, quelques exemples : Fabrice de Hilden a vu un nain de quarante pouces; les *Transactions philosophiques* en citent un autre de trente-huit pouces; Gaspard Bauhin parle d'un nain de trois pieds. Le fameux Bébé, nain de Stanislas, roi de Pologne, avait trente-sept pouces. L'ancien journal de médecine en rapporte d'autres qui n'avaient que vingt-huit pouces. Cardan affirme en avoir vu de deux pieds seulement de haut, et Demaillet, consul au Caire, en a vu un qui ne dépassait pas dix-huit pouces. Enfin Birch en cite un de seize pouces, et qui pourtant était âgé de trente-sept ans; c'est un des plus petits qu'on ait pu rencontrer. Ainsi, d'après ces faits, la mesure de la taille humaine peut se balancer entre deux termes extrêmes, dont la moyenne sera entre un mètre soixante-six centimètres et deux mètres.

§ III

De la longévité.

LA VÉRITABLE CLEF DE LA LONGÉVITÉ HUMAINE, OU POSSIBILITÉ DE PROLONGER LA VIE DE L'HOMME JUSQU'A PRÈS D'UN SIÈCLE, FONDÉE SUR UNE LOI DE L'ORGANISME TOUT RÉCEMMENT DÉCOUVERTE (1).

> *Si vis frui longâ vitâ,*
> *Subscripta serva mandata.*

Il est un fait certain : c'est que l'espèce humaine est entrée, depuis longtemps déjà, dans une voie de dégénérescence, et que la quantité et l'intensité de la vie de l'homme, depuis le règne presque universel du sensualisme, sont sensiblement diminuées et en baisse continue.

Le sensualisme et le luxe effréné sont les deux chancres qui dévorent aujourd'hui la société française : c'est une vérité qui saute aux yeux de tout le monde, excepté de ceux qui sont les tristes victimes de cette philosophie sensualiste et bestiale, ou de l'*animalisme*.

Le luxe est le produit du sensualisme, de la vanité et de la frivolité. La religion et la morale catholiques peuvent seules réprimer ces vices ruineux ; et, en ce sens, il est parfaitement exact de dire que la religion est le principe et la mère de la richesse, et que l'irréligion est la ruine des peuples et la principale cause du *paupérisme*. *Regnantibus impiis ruina hominum.* (Prov., xxviii, 12.)

---

(1) Cette loi aurait pu avoir son parfait accomplissement autrefois en temps convenable, mais plus aujourd'hui, car l'espèce humaine est maintenant trop dégénérée pour cela.

Des milliers, pour ne pas dire des millions de bras sont occupés, à l'heure qu'il est, à fabriquer sans relâche, pendant 365 jours de l'année, des objets de luxe, des colifichets de femmes, ô honte! au lieu de se livrer à l'agriculture, qui nourrit les hommes et qui les rendrait moraux et heureux. Que les peuples soient donc avant tout religieux et sérieusement laborieux, et ils seront aisés et heureux. « Cherchez le royaume de Dieu et sa justice, et le reste vous sera donné par surcroît » Toute l'économie politique et sociale est dans ce mot incompris. Hors de là il n'y a que mensonge, déception et ruine. Revenons.

Pourquoi l'homme, comme le fait l'animal, ne vit-il pas toute sa vie, sa vie physiologique pleine et entière? Parce qu'il ne peut se résoudre à vivre physiologiquement et sobrement, c'est-à-dire à ne manger et à ne boire que dans la juste mesure de ses vrais besoins, comme le font généralement tous les animaux, même les animaux domestiques. Il est un fait certain : c'est que presque tous les hommes mangent trop et au delà de leurs vrais besoins physiologiques, ce que, je le répète, ne font point les espèces animales.

Qu'est-ce que l'homme normal et physiologique? c'est un composé des quatre éléments suivants :

1° L'élément physique ; 2° l'élément intellectuel; 3° l'élément moral ; 4° l'élément social.

Pour satisfaire aux besoins de ces quatre éléments, il est nécessaire de recourir aux moyens appropriés à la nature respective de chacun d'eux.

Premièrement pour l'élément physique, il faut adopter un régime alimentaire approprié à l'exigence de sa nature, c'est-à-dire qu'il faut user d'un régime mixte composé de deux repas seulement par jour, et un seul mets à chaque repas. *Porro unum est necessarium.* On connaît le vieux dicton : *Semel comedere in die, angelorum est; bis eodem die, hominum; frequentius, brutorum.* Un de ces repas sera composé de viande ou de poisson, et l'autre de végétaux, de légumes, de fécules, etc., parce que l'homme, par la disposition anatomique de ses dents et de son système digestif, est prédestiné à se nourrir à la fois de substances animales et végétales. De cette manière, il y aura toujours parfaite homogénéité dans la composition du chyle, du sang et de toutes les humeurs de l'économie. Cependant, pour ne pas trop effaroucher les gastrolâtres, ou du moins les gastronomes, on pourrait leur accorder de la viande aux deux repas, attendu que le pain qui les accompagne tient lieu de l'élément végétal ou des légumes; et pour complément de nourriture, on pourrait y ajouter des pommes de terre, et ainsi ils auront un repas complet et suffisamment confortable. Il va sans dire que la soupe ou le potage est maintenue et ne compte pas pour un mets *normal*; ce n'est qu'une espèce d'entrée ou de mets préparatoire. — Pour la boisson, elle sera composée de moitié d'un liquide fermenté et de moitié d'eau (1). Il sera bon de rester toujours, comme on dit, un peu *sur son appétit*, afin que le besoin d'alimentation se fasse sentir vivement à chaque repas. Cette

---

(1) Toute espèce d'alcool ou produit de distillation quelconque est sévèrement interdite, et cela pour cause. L'*alcoolisme* fait aujourd'hui des ravages incroyables en France et même dans toute l'Europe. Mais cette horrible plaie enrichit le trésor; on la laissera donc s'agrandir et ronger peu à peu toute la nation. Les cafés et les cabarets se multiplient dans les campagnes au delà de toute croyance et de toute prévision. On y compte presque autant de cafés et de cabarets que de maisons, tandis qu'il y a trente à quarante ans, à peine rencontrait-on un ou deux cafés dans chaque bourg. Et notez que chaque café est aujourd'hui doté d'un journal qui distribue abondamment aux intelligences affamées de cynisme le pain quotidien du scandale, c'est-à-dire une pâture immonde aussi dégoûtante qu'impie. Il y aurait ici à signaler une autre plaie, le *nicotianisme*, qui finira par abrutir ou abêtir toute la nation française, ou plutôt toute l'Europe.

parole paraîtra peut-être un peu dure aux hommes de bonne chère : *Durus est hic sermo !* Que voulez-vous ! la santé et la longévité sont à ce prix. L'école de Salerne a dit : *Pone gulæ metas, et erit tibi longior ætas.* Aujourd'hui, dans notre siècle de matérialisme, de sensualisme et de positivisme, on veut du positif pour arriver vite au plaisir et à la jouissance. On n'attribue de la réalité positive qu'à ce qui se voit, se palpe, se pèse, se mesure. On n'a plus d'entrailles que pour l'or, d'aspirations que pour le bien-être matériel, le plaisir, la volupté. Mangeons et buvons, car demain nous mourrons : *Comedamus et bibamus, cras enim moriemur.*

Voilà où en est aujourd'hui la grande masse des pauvres humains ! Mais revenons à notre régime de diététique. Aux moyens qu'on vient d'indiquer on ajoutera quelque exercice corporel, quelque travail manuel, des exercices physiques quelconques, courses, promenades, chasse, etc. Pour les hommes de peine, trois repas pourront être nécessaires.

Deuxièmement. Une bonne partie de la journée sera employée à l'étude ou à des lectures sérieuses pour nourrir l'élément intellectuel.

Troisièmement. Pour satisfaire aux besoins de l'élément moral, se présentent naturellement différents exercices de piété et de religion. On y joindra, comme complément nécessaire, la répression des passions, qui produira infailliblement le calme, la paix, la sérénité de l'âme, en un mot, une parfaite ataraxie normale.

Quatrièmement. Pour répondre aux exigences de l'élément social, on fera les visites de bienséance, de charité ou d'affaires nécessaires.

Voilà en peu de mots toute la clef de la macrobie ou de la longévité humaine. Entrons néanmoins dans quelques détails, sinon absolument nécessaires, du moins utiles et opportuns et qui viendront parfaitement appuyer la nouvelle doctrine.

Buffon avait fait un grand pas vers la vérité lorsqu'il disait : « La durée de la vie peut se mesurer en quelque façon par celle du temps de l'accroissement. Un animal qui prend en peu de temps tout son accroissement périt beaucoup plus tôt qu'un autre auquel il faut plus de temps pour croître. » Il dit de l'homme : « L'homme qui ne meurt pas de maladie vit partout quatre-vingts ou cent ans. »

« Il y a, dit M. Flourens, bientôt une quinzaine d'années que j'ai commencé une suite de recherches sur la loi physiologique de la durée de la vie, soit dans l'homme, soit dans quelques-uns de nos animaux domestiques. Le résultat le plus frappant de ce travail, ainsi qu'on le verra tout à l'heure, est celui-ci, savoir que la durée normale de la vie de l'homme est d'un siècle.

« Une vie *séculaire*, voilà donc ce que la Providence a voulu donner à l'homme. Peu d'hommes, il est vrai, arrivent à ce grand terme; mais aussi combien peu d'hommes font ce qu'il faudrait faire pour y arriver ! Avec nos mœurs, nos passions, nos misères, l'homme ne meurt pas, il se tue. » (*Longévité humaine*, p. 40.)

Porphyre assure qu'on n'attribuait la longévité des bramanes arrivant à 150 ans, comme celle des brames d'aujourd'hui, qu'à leur extrême sobriété, qui se contente du seul régime végétal. Prosper Alpin rapporte à une cause semblable la longévité des Égyptiens. Les anciens, dit Huguet, ne parvenaient à ces âges prodigieux qui nous étonnent, que parce qu'ils se contentaient d'un régime sobre composé de simples végétaux. Épicure lui-même fut sobre, au rapport de saint Jérôme. Zénon, par l'abstinence, vécut quatre-vingt-dix ans; et, d'après Platon, Hérodic dut ses cent années de vie à sa sobriété et à sa tempérance. On connaît assez les âges extrêmes des Pères du désert d'Égypte, des solitaires de la Thébaïde, qui ne vivaient que de légumes, de figues, de dattes, etc. On connaît également la longue vie des esséniens, des gymnosophistes de l'Inde, etc.

Haller, qui a rassemblé un grand nombre d'exemples de longues vies, en compte plus de mille, de cent à cent dix ans; soixante, de cent dix à cent vingt ans; vingt-neuf, de cent vingt à cent trente; quinze, de cent trente à cent quarante; six de cent quarante à cent cinquante; un, de cent soixante-neuf.

A l'époque du dernier recensement, il y avait, dans le haut Canada, ayant cent ans et plus, quatorze hommes et dix-neuf femmes. Dans le bas Canada, il y avait quarante centenaires, vingt hommes et vingt femmes. Dans l'ouest du Canada, il y avait, de l'âge de quatre-vingt-dix à cent ans, cent quatre-vingt-dix-huit hommes et deux cent neuf femmes; dans l'est du Canada, de quatre-vingts à quatre-vingt-dix ans, mille soixante-onze hommes et huit cent soixante-trois femmes. Eu égard à la faible population de ces contrées, ces chiffres sont très-remarquables.

Un document officiel publié recemment en Russie prouve combien les latitudes septentrionales sont favorables à la longévité. Dans un des derniers recensements faits par ordre du gouvernement on voit qu'il est mort en Russie dix vieillards qui avaient plus de cent dix ans, et un qui avait cent trente ans. En moyenne on compte mille soixante-trois centenaires dans l'empire russe. Ce même document rappelle que dans le district de Polosk un homme était parvenu à l'âge de cent soixante-huit ans. Il avait vu sept souverains sur le trône de Russie, et se rappelait très-bien la bataille de Pultava, en 1709, où il avait combattu comme soldat dans les rangs des Russes. Il est mort au commencement de ce siècle.

L'aîné de ses fils avait alors quatre-vingt-seize ans, et le plus jeune quatre-vingt-deux. — Un nommé de la Haye, mort à cent vingt ans, avait parcouru à pied les Indes, la Chine, la Perse et l'Égypte. Nous avons rapporté dans notre *Physiologie catholique et philosophique*, 3e édition, un fait de longue vie très-remarquable et très-authentique, le voici : Jenkins, qui vécut cent soixante-neuf ans (c'est celui probablement dont parle Haller), était un pauvre pêcheur qui traversait encore à cent ans les rivières à la nage. On l'appela un jour en témoignage pour un fait passé depuis cent cinquante ans, et il comparut avec ses deux fils, dont l'un avait cent deux ans et l'autre cent. On voit encore aujourd'hui, dans l'église de Bolton, près de Richemont, dans l'Yorkshire, son épitaphe, posée en 1670, époque de sa mort. — Thomas Pare, paysan anglais, mourut à l'âge de cent cinquante-deux ans, et même d'une manière inopinée ; car ayant été comblé de faveurs royales, il interrompit sa sobriété tutélaire et rencontra la mort au sein de l'abondance. — Tout le monde connaît l'histoire du célèbre Cornaro. Sa sobriété est devenue proverbiale ; aussi il a vécu plus d'un siècle. A trente-cinq ans, ses médecins ne lui donnaient plus que deux ans de vie, et néanmoins il en vécut plus de cent, grâce à son excessive sobriété. — L'homme qui ne meurt pas de maladie, dit Buffon, vit partout de quatre-vingt-dix à cent ans. On ne saurait croire, dit M. Réveillé-Parise, combien une petite santé bien conduite peut aller loin.

Le directeur du bureau central de la statistique donne les renseignements suivants sur neuf personnes qui jouissent actuellement, dans la république du Chili, de la plus grande longévité :

A Talea, Jose-Maria Bustos, âgé de cent trente-trois ans ;

A Quilota, Augustin Romero, âgé de cent vingt-un ans ;

A Melipilla, Bartolla-Allende, âgée de cent vingt ans ;

A Coclema, Josepha Garcia, âgée de cent vingt ans;

A Santiago, Augustina Norata, âgée de cent vingt ans;

A Santa-Rosa-de-los-Andes, Jouan-Antonio Celedon, âgé de cent vingt-un ans, veuf, et nouvellement remarié avec une femme de quatre-vingt-dix-huit ans;

A San-Fernando, Maria de la Cruz Sandobal, âgée de cent vingt ans, actuellement remariée en secondes noces;

A Santa-Rosa-de-los-Andes, Clara Tapia, deux fois mariée, âgée de cent dix-huit ans;

Au Parral, Remigio Mandureira, célibataire, âgé de cent dix-huit ans. (*Mercurio del Vapor*, journal de Valparaiso, octobre 1855.)

Voilà de nombreux exemples de longévité dans un pays qui compte à peine un million d'habitants.

Il résulte de tous les faits qui précèdent que l'homme bien constitué et placé dans des conditions hygiéniques, physiques et morales, favorables et convenables, vit souvent près d'un siècle et quelquefois davantage.

La durée totale de la vie peut se mesurer, dit Buffon, par celle du temps de l'accroissement. L'homme, qui est trente ans à croître, vit quatre-vingt-dix à cent ans; le chien, qui ne croît que pendant deux à trois ans, ne vit que dix à douze ans. Il en est de même de la plupart des autres animaux.

Voilà bien les rapports établis, la loi indiquée; mais la juste mesure de ces rapports n'était pas encore fixée, et pour cela il fallait donner le signe physique du terme de l'accroissement. Ce signe, qui a échappé à l'œil pénétrant de Buffon, M. Flourens l'a découvert : il consiste *dans la réunion des os à leurs épiphyses*. Voilà la loi (1).

---

(1) On entend ici par *épiphyses* des éminences osseuses unies au corps des os au moyen d'un cartilage. L'animal (il n'est question ici que des mammifères) cesse de croître quand les épiphyses sont soudées aux os et que le cartilage a disparu.

« Tant que les os ne sont pas réunis à leurs épiphyses, l'animal croît, dit M. Flourens; dès que les os sont réunis à leurs épiphyses, l'animal cesse de croître. Dans l'homme, cette réunion des os et des épiphyses s'opère à vingt ans. Elle se fait dans le chameau à huit ans; dans le cheval à cinq ans, dans le bœuf à quatre ans, dans le lion à quatre, dans le chien à deux, dans le chat à dix-huit mois, dans le lapin à douze, dans le cochon d'Inde à sept, etc. Or l'homme vit quatre-vingt-dix à cent ans, le chameau en vit quarante, le cheval vingt-cinq, le bœuf quinze à vingt; le lion vit environ vingt ans, le chien de dix à douze, le chat de neuf à dix; le lapin vit huit ans, le cochon d'Inde de six à sept, etc. » (P. 94.) — Un mot sur l'âge de l'éléphant. Quelques auteurs ont prétendu que l'éléphant vit de quatre à cinq cents ans; Aristote dit deux cents; d'autres, cent trente, cent quarante, cent cinquante; Buffon, au moins deux cents; Cuvier, près de deux cents. On trouve dans les *Transactions philosophiques* l'histoire d'un jeune éléphant qui mourut à trente ans, et dont les épiphyses n'étaient pas encore soudées. On peut donc être sûr, et sûr de ce moment même, dit M. Flourens, que l'éléphant vit plus de cinq fois trente, c'est-à-dire plus de cent cinquante ans.

« L'homme, dit M. Flourens, est vingt ans à croître, et il vit cinq fois vingt ans, c'est-à-dire cent ans; le chameau est huit ans à croître, et il vit cinq fois huit ans, c'est-à-dire quarante ans; le cheval est cinq ans à croître, et il vit cinq fois cinq ans, c'est-à-dire vingt-cinq ans, et ainsi des autres. » (P. 95.)

Ces faits et ces considérations préliminaires nous conduisent naturellement à une grande question de physiologie philosophique, c'est-à-dire à la prodigieuse longévité des patriarches antédiluviens.

Cette longévité antédiluvienne est un fait reconnu par

toute l'antiquité. Indépendamment de l'histoire sacrée, l'histoire profane et la Fable nous en fournissent des monuments et des preuves. Homère fait dire à Nestor que la longueur de sa vie n'est rien en comparaison de celles des anciens héros. Josèphe allègue le témoignage de Manéthon, de Bérose, de Mochus, d'Hestius, de Jérôme l'Égyptien et des auteurs des antiquités phéniciennes. Il dit aussi qu'Hésiode, Hécatie, Hellonicus, Acusilaüs, Éphorus et Nicolaüs ont attesté que les anciens vivaient *mille ans*.

La loi anatomico-physiologique tout récemment découverte, dans son application générale, nous paraît donc vraie et applicable aux âges génésiaques : c'est-à-dire que les patriarches antédiluviens n'ont commencé à engendrer que fort tard, ayant presque tous déjà plus d'un siècle, c'est-à-dire lorsqu'ils étaient arrivés au terme de leur parfait accroissement, comme les hommes d'aujourd'hui, qui ne commencent généralement à engendrer qu'à vingt ans : ces âges avancés étaient l'époque de la loi des épiphyses de ce temps-là. Entrons dans quelques détails.

En vertu de la nouvelle doctrine, les patriarches antédiluviens ont dû mettre un siècle et demi ou près de deux siècles, c'est-à-dire le cinquième de la durée de leur vie totale, pour obtenir leur parfait accroissement. Eh bien ! c'est précisément ce qui a eu lieu généralement ; et notez que ce temps de près de deux siècles d'accroissement et d'affermissement de la machine humaine n'était pas un laps de temps trop long ; un tel fondement n'était pas trop solide pour soutenir le poids d'une vie de près de mille ans.

Mais voici des faits qui viennent parfaitement à l'appui de la nouvelle doctrine qui donne la raison d'être de la prodigieuse longévité des patriarches antédiluviens. L'Écriture dit que Mathusalem, ce grand doyen d'âge de tout le genre

humain, engendra Lamech à l'âge de cent quatre-vingt-
sept ans, et qu'il en vécut neuf cent soixante-neuf. Or
cent quatre-vingt-sept, c'est à très-peu près le cinquième
de neuf cent soixante-neuf. Après Mathusalem, dans l'ordre de la longévité, se présente Jared, qui engendra
Hénoch à l'âge de cent soixante-deux ans, et qui en vécut
neuf cent soixante-deux. Après Jared vient Noé, qui engendra Sem, Cham et Japhet à l'âge de cinq cents ans, et
qui en vécut neuf cent cinquante. Il y a ici, chez Noé,
une notable différence en plus, et c'est la seule dans la
Bible. Elle n'est nullement contre la nouvelle loi physiologique; il aurait dû normalement engendrer à cent quatre-
vingt-dix ans ou à peu près; s'il a engendré fort tard, à cinq
cents ans, c'est à peu près comme on voit aujourd'hui des
hommes engendrer à soixante, à soixante-dix et même
à quatre-vingts ans, au lieu de le faire de vingt à trente
ans. Après Noé, suivant l'ordre de la longévité, vient
Adam, qui a vécu neuf cent trente ans, et qui a engendré
Seth à cent trente ans, après avoir engendré Caïn et Abel
peu de temps après sa création. Seth, à son tour, qui vécut
neuf cent douze ans, engendra Énos à cent cinq ans. Caïnan engendra à soixante-dix ans Malaleel, et en vécut
neuf cent dix. Énos engendra Caïnan à quatre-vingt-dix
ans, et en vécut neuf cent cinq. Malaleel engendra à soixante-
cinq ans Jared, et en vécut huit cent quatre-vingt-
quinze. Hénoch, déjà mentionné, engendra à soixante-
cinq ans Mathusalem, aussi déjà mentionné, et en vécut
(*ici-bas*) trois cent soixante-cinq. Lamech, fils de Mathusalem, engendra Noé, déjà mentionné, à cent quatre-
vingt-deux ans, et n'en vécut que sept cent soixante-dix-
sept. Si celui-ci est mort assez *jeune*, c'est probablement par
l'effet de quelque maladie accidentelle. Nous ne parlons
pas de plusieurs autres qui ont commencé à engendrer
fort *jeunes*, comme à quatre-vingt-dix, soixante-dix ans,

et même encore au-dessous : mais c'est là l'exception de la règle, comme on voit de nos jours des enfants précoces et très-forts engendrer à l'âge de seize, quinze et quatorze ans : c'est dans la même proportion, ou à peu de chose près. Si des hommes de quatre-vingt-dix et de soixante-dix ans et même au-dessous ont pu engendrer à cet âge, c'est qu'ils étaient aussi déjà *pubères* et précoces. Il faut ici noter surtout que l'Écriture établit que tous les patriarches antédiluviens n'ont commencé à engendrer qu'à l'âge ci-dessus indiqué, c'est-à-dire à peu près vers la fin du premier cinquième de la durée totale de leur vie, excepté pourtant Adam, qui a pu engendrer immédiatement ou peu de temps après sa création, parce qu'il n'a pas été engendré, mais créé à l'état d'adulte parfait. Il a engendré Caïn et Abel après son expulsion du paradis terrestre, et Seth à cent trente ans. L'Écriture ne dit nulle part que tous ces patriarches, excepté Adam, eussent déjà engendré avant les époques ci-dessus indiquées; mais elle a bien soin de dire que tous ont ensuite, après leur première procréation, engendré des fils et des filles, *genuerunt filios et filias*. On ne sait combien, mais probablement en très-grand nombre, vu la nécessité de la multiplication du genre humain.

Après Noé, qui vécut neuf cent cinquante ans, la durée de la vie humaine a successivement et notablement diminué. Sem, son fils, ne vécut que six cents ans; Arphoxas, fils de Sem, trois cent trente-huit; Salé, son fils, quatre cent trente-trois; Héber, fils de Salé, quatre cent soixante-trois; Phaleg, fils d'Héber, deux cent trente-neuf; Réu, son fils, deux cent trente-neuf; Sareg, son fils, deux cent trente; Nachor, son fils, cent quarante-huit; Tharé, fils de Nachor, deux cent cinq; Abraham, fils de Tharé, cent soixante-quinze, et Sara, sa femme, cent vingt-sept; Isaac, fils d'Abraham, cent quatre-vingts; Jacob, fils d'Isaac, cent quarante-sept; Joseph, fils de Jacob, cent dix ans; Moïse, cent vingt, et Marie, sa sœur, environ cent trente; Josué, cent dix; Tobie père, cent deux; Tobie fils, quatre-vingt-dix-neuf.

Quant au chiffre de l'époque de la procréation, il s'est aussi sensiblement abaissé jusqu'à celui de trente-cinq et même jusqu'à trente et vingt-neuf, à peu près dans la même proportion descendante que le chiffre de la durée de la vie de l'homme. On comprend assez qu'on ne peut exiger ici une exactitude mathématique; l'exactitude morale et générale en pareille matière suffit à l'objet principal de la théorie. Nous avertissons que jusqu'ici nous n'avons suivi que la Vulgate. Si cependant l'on ne trouvait pas un rapport assez exact entre les chiffres qui indiquent l'époque de la génération et ceux de la vie totale, comme par exemple chez Seth, qui vécut neuf cent douze ans, et qui n'en avait que cent cinq quand il engendra Énos, dans ce cas il y a un moyen facile de faire tout concorder de la manière la plus complète et la plus satisfaisante : vous n'avez qu'à suivre la version des Septante, et vous ajouterez cent ans à cent cinq. On peut appliquer la même règle à quelques autres patriarches antédiluviens et à tous les patriarches postdiluviens qui ont engendré fort jeunes, comme à trente et trente-cinq ans, et aussi qui n'ont vécu que deux, trois ou quatre cents ans. En ajoutant avec les Septante cent ans à l'âge qui a précédé leur première procréation, on dépasse le chiffre normal; et ces jeunes patriarches rentrent alors dans la condition de Noé, qui n'a engendré qu'à cinq cents ans. A l'aide de cette méthode, la nouvelle doctrine reçoit une complète application, et elle ne souffre que deux légères exceptions dans toute la Bible : celle de Caïnan, qui engendra à soixante-dix ans, et celle de Malaleel, à soixante-cinq. D'ailleurs, en ajoutant avec les Septante cent aux deux chiffres soixante-dix et soixante-cinq, vous aurez cent soixante-dix et cent soixante-cinq, qui seront dans un rapport convenable et suffisant avec les âges de ces patriarches (neuf cent dix et huit cent quatre-vingt-quinze).

Au reste, on doit se souvenir qu'il n'y a rien d'absolu en histoire naturelle, en physiologie humaine et en physiologie comparée. Cependant on peut dire qu'ici, avec la Vulgate, nous avons la certitude morale, et avec les Septante la certitude numérique et mathématique. Et après tout, le fond de la chose qu'est-il dans cette controverse ? C'est la solution de ce grand problème de physiologie : pourquoi cette tardive procréation chez les patriarches antédiluviens ? Grâce à la nouvelle loi physiologique, on ne s'étonnera plus désormais de voir des hommes de cent ans et plus n'être pas encore capables d'engendrer. Et la raison, c'est parce qu'ils n'étaient pas encore *pubères*; ils étaient à peu près comme nos enfants de dix, douze et quatorze ans.

Cette différence de calcul dont nous venons de parler ne tombe que sur les années qui précèdent la première procréation, et non sur la durée de la vie totale, qui demeure toujours la même et suivant les Septante et suivant la Vulgate. Les cent ans que les Septante mettent de plus dans la vie du père avant la naissance du fils, ils les mettent de moins après. Au surplus, l'Église nous laisse parfaitement libres sur la question des dates. « Elle ne rejette, dit M. Rhorbacher, ni l'un ni l'autre comput ; elle laisse aux savants à discuter quel texte mérite, sous ce rapport, la préférence, ou quel moyen il y a de les concilier. En autorisant parmi les versions latines celle qui est connue sous le nom de Vulgate, elle autorise implicitement la chronologie abrégée de l'hébreu, sur laquelle cette version a été faite. Mais la version grecque des Septante est également autorisée, et par les apôtres, et par les conciles, et par les Pères, qui la citent. On peut donc également suivre sa chronologie, plus longue. Et de fait, l'Église romaine, en l'annonce de la fête de Noël au martyrologe, compte cinquante-deux siècles depuis la création du monde à la naissance de Jésus-Christ, tandis que les partisans de la chronologie hébraïque n'en comptent ordinairement que quarante. » (*Histoire universelle de l'Église.*)

Maintenant surgit une autre grave question, à savoir si les années des patriarches étaient bien des années comme les nôtres. L'impiété du xviiie siècle, qui a fait des efforts sataniques pour détruire la religion en cherchant à la saper par sa base, a voulu faire croire que c'étaient seulement des années lunaires. Elle a fait accréditer cette énorme sottise comme une opinion sage et raisonnable, et aujourd'hui même cette absurdité trouve encore de l'écho chez les gens du monde qui se croient raisonnables et instruits. Il est donc important de réduire à néant cet impertinent mensonge philosophique. Voici comment l'auteur que nous venons de citer réfute cette funeste erreur : « Ces années ne vont donc être que des lunes. Sur ce pied, les neuf cent trente ans, les neuf cent douze, les neuf cent soixante-neuf, les neuf cent cinquante, les six cents, les quatre cent soixante-quatre, les cent soixante-quinze, que l'Écriture dit que vécurent Adam, Seth, Mathusalem, Noé, Sem, Héber, Abraham, se réduiront à la mesure plus raisonnable de soixante-dix-sept ans, soixante-seize, quatre-vingts, soixante-dix-neuf, cinquante, trente-neuf et quatorze avec quelques mois en plus ou en moins. Sans doute il n'y a dans ces âges rien d'extraordinaire ; ce qui l'est un peu, c'est qu'Abraham soit dit mort dans une heureuse vieillesse, lui qui ne vécut que cent soixante-quinze lunaisons, en tout quatorze ans et sept mois. Ce qui l'est encore plus, c'est quand il entendit Dieu lui promettre à l'âge de cent ans que, cette année-là même, sa femme, Sara, qui en avait quatre-vingt-dix, lui donnerait un fils; il se mit à rire, aussi bien qu'elle, de se voir père et mère si jeunes; car lui n'avait encore que huit ans et quatre mois, et elle sept ans et demi. Ce qui ne paraîtra pas moins plaisant, c'est qu'Énos, Caïnan, Malaleel, Héber, Phaleg, Nachor, qui, dans l'hébreu, sont dits avoir engendré à l'âge de quatre-vingt-dix, de soixante-dix, de soixante-cinq, de trente-quatre, de trente, de vingt-neuf ans, auront eu des enfants à l'âge de sept ans et demi, de cinq ans dix mois, de cinq ans cinq mois, de deux ans dix mois, et même de deux ans cinq mois. Et comme à une époque où l'on convient que les années des Hébreux étaient semblables aux nôtres la mère des Machabées rappelle au plus jeune de ses fils qu'elle l'avait allaité pendant trois ans, il faudra conclure que les graves personnages, tels que nous aimons à nous représenter les anciens patriarches, avaient des fils et des filles avant qu'ils fussent eux-mêmes sevrés. Ce n'est pas tout; Adam, qui, suivant le texte original, engendra Seth à cent trente ans, l'aura engendré à dix ans dix mois. Mais avant la naissance de Seth, Caïn avait tué Abel. Quand il commit ce meurtre, il faut supposer à Caïn au moins vingt à trente ans. Il sera donc né vingt ou trente ans avant Seth, par conséquent une dizaine d'années pour le moins avant son père. Voilà ce que disent implicitement ces doctes railleurs du vulgaire chrétien. » (*Ibid.*)

On a eu le front de citer à l'appui de cette chronologie insensée deux savants du premier ordre, Bochard et Michaëles; et ces savants célèbres reconnaissent avec tout le monde que les années des patriarches étaient ce que tout le monde appelle des années, des années vraies et solaires.

Enfin, pour surabondance de preuves, un dernier mot décisif et péremptoire. Il est toujours certain et avoué de tout le monde que du temps d'Abraham on avait l'usage des années solaires comme aujourd'hui. D'après ce calcul, Abraham a vécu cent soixante-quinze ans, et cet âge d'Abraham est démontré possible par l'âge de Hinkens rapporté plus haut, qui a vécu cent soixante-neuf ans, dans notre temps, c'est-à-dire en 1670. Donc, du temps d'Abraham, les années étaient solaires comme celles d'aujourd'hui. Tharé, père d'Abraham, vécut deux cent cinq ans sous le même comput qu'Abraham. On n'a jamais vu un pareil chiffre dans nos temps modernes. Donc, encore une fois, les années de l'époque antédiluvienne étaient de vraies années solaires comme celles d'aujourd'hui. On demandera peut-être comment les hommes antédiluviens ont pu vivre des siècles avec de simples végétaux. La réponse est fort simple : l'usage de la chair les aurait tués sous le tropique, où tout le genre humain était rassemblé avant le déluge, comme aujourd'hui les Anglais carnivores sont décimés sous le climat brûlant de l'Inde.

Il résulte donc de l'exposé des faits bibliques que ces âges prodigieux des patriarches antédiluviens trouvent leur parfaite explication et leur raison d'être dans la grande loi physiologique découverte tout récemment par M. Flourens; et que par conséquent ces âges, qui paraissent fabuleux aux esprits légers et superficiels, sont une vérité incontestable acquise à la science, et qui demeure irréfutable, parce qu'elle repose sur l'anatomie et la physiologie, c'est-à-dire sur la nature de l'homme physique.

Il ressort encore du même fait biblique que l'espèce humaine prise en masse, dans sa généralité, baisse et dégénère visiblement grâce à mille genres d'excès, à un excès effréné de luxe et de civilisation, aux ravages des passions, à la grande diminution du sentiment religieux, de la foi et de la pratique de la religion dans la masse des peuples chrétiens, au caractère de mollesse des mœurs de tout le monde, aux effets innombrables de l'intempérance et de la débauche, en un mot, au sensualisme moderne. Ajoutez à tout cela toutes les maladies nouvelles, inconnues aux anciens, et la dégénération des races par les alliances les plus malheureuses et les plus antiphysiologiques.

On peut ajouter que les forces humaines ont relativement baissé. C'est ce que prouvent les monuments historiques, c'est-à-dire les armures de nos aïeux, des anciens Gaulois et même des chevaliers du moyen âge. Ces armures de géants que l'on trouve dans nos musées ne sont plus en proportion avec les forces de nos guerriers modernes. Voici ce que dit à ce sujet un poëte de nos jours :

> Quelquefois en touchant ces armures massives
> Que les vieux arsenaux conservent pour archives,
> Masses d'armes, brassarts, cuirasses, boucliers,
> Que portaient autrefois nos aïeux chevaliers,
> Nous sommes étonnés de ce harnois de guerre
> Qu'à peine notre bras peut soulever de terre,
> Et nous nous demandons si chez l'homme d'alors
> La taille était plus haute et les muscles plus forts?
> N'en doutons pas : leurs fils, triste progéniture,
> Ont déchu, par degrés, de force et de stature,
> Et toujours d'âge en âge ils iront décroissant,
> Grâce au germe de mort infiltré dans leur sang.
> De là vient cette race infirme, abâtardie,
> Ce peuple d'avortons, qu'attend l'orthopédie ;
> De là ces jeunes gens déjà cadavéreux,
> A la poitrine étroite, au front pâle, à l'œil creux,
> Qui pensent rehausser leur type ridicule
> En encadrant leurs traits d'une barbe d'Hercule.
>
> (BARTHÉLEMY.)

Revenons. Tous les hommes qui de nos jours ont vécu fort longtemps, menaient une vie pauvre, laborieuse, très-frugale et très-simple. Ils étaient généralement exempts de ces passions turbulentes, furieuses et haineuses qui brisent tant d'existences; en un mot, ils se faisaient tous remarquer par une constante et parfaite ataraxie. Et dès qu'ils ont voulu changer leur genre de vie, ils ont promptement succombé : témoin ce paysan Thomas Pare, ci-dessus mentionné.

Mais on dira sans doute : David disait il y a trois mille ans : *Dies annorum nostrorum septuaginta anni. In potentatibus octoginta anni : et ampliùs eorum labor et dolor.* (Ps. LXXXIX.) Mais faites attention que David était roi, et que très-peu de rois arrivent à soixante-dix ans. Louis XIV a été un rare exemple. D'ailleurs l'Écriture nous dit aussi dans un autre passage que les jours de l'homme sont de *cent ans* au plus : *Numerus dierum hominum ut multùm* CENTUM ANNI. (Eccli., XVIII, 8.) Voilà donc pour le fond la nouvelle loi de la longévité d'accord avec les saintes lettres. On a vu plus haut les raisons et les causes de la grande diminution de la vie humaine dans nos temps modernes.

Mais ne pourrait-on donc pas rétablir l'ordre primitif en rétablissant les conditions primordiales de longévité humaine ? Nous répondons que non ; parce que l'espèce humaine d'aujourd'hui est trop dégénérée et n'est plus susceptible d'être ramenée à son vrai type, son type primordial de longévité physiologique. Cependant on peut tâcher et s'efforcer d'y tendre et de s'en rapprocher le plus qu'il sera possible. Ce qui nous paraît certain, c'est que plus on s'approchera des règles ci-dessus exposées, plus on s'approchera aussi du terme de cent ans; et ce qui reste également certain et incontestable, c'est que la durée moyenne de la vie humaine sera augmentée à proportion qu'on suivra les préceptes et les règles ci-dessus exposés.

Si l'on avait connu cette grande loi physiologique des épiphyses, les savants et les philosohpes se seraient épargné bien des explications inutiles sur la grande longévité des patriarches antédiluviens. Ils n'en auraient pas cherché la cause hors de l'homme, en l'attribuant à la pureté de l'air, à l'excellence des fruits de la terre, à quelques vertus particulières des herbes et des plantes et à la force des sucs de la terre. Il fallait en chercher la cause dans l'homme, dans la loi de son organisme, ou plutôt dans *la loi des épiphyses et de l'accroissement et de l'affermissement prolongé*. Figurez-vous la force, la dureté, la résistance vitale d'un corps qui a mis près de deux siècles à se développer, se durcir, se tremper et se retremper toujours. Voilà la vraie et seule raison d'être de la grande longévité des patriarches antédiluviens.

Haller et Buffon admettent la possibilité des *longues vies* d'avant le déluge; mais ils l'expliquent par des opinions et des systèmes qui au fond n'expliquent rien.

Maintenant on demandera peut-être quel pouvait être le but de ces longues vies antédiluviennes. Josèphe dit que Dieu avait donné aux patriarches cette longue vie afin qu'ils eussent le temps de perfectionner les sciences géométriques et astronomiques. Pour nous, nous pensons que ç'a été pour faciliter et assurer la tradition de la révélation primitive.

Les personnes qui voudront suivre sérieusement les règles de diététique ci-dessus exposées sont moralement sûres, sinon d'arriver à un âge très-avancé, du moins d'atteindre un chiffre de vie supérieur à leurs chiffres respectifs portés sur le tableau ci-après exposé.

Des probabilités de la vie humaine. — L'homme, comme on sait, meurt à tout âge : rien n'est plus incertain et plus variable que la durée de la vie humaine. On a cherché à connaître les degrés de ces variations, et on a établi ce qu'on appelle les probabilités de la vie humaine, c'est-à-dire que l'on a constaté, par l'observation, sur combien d'années de vie peut compter celui qui en a déjà un nombre déterminé.

D'après les calculs les plus exacts faits sur un nombre immense de décès et de naissances, il a été constaté, dit Buffon, que près d'un quart du genre humain meurt dans les premiers onze mois de la vie ; que le tiers du genre humain périt avant d'avoir atteint l'âge de vingt-trois mois; que la moitié du genre humain périt avant l'âge de huit ans et un mois; que les deux tiers du genre humain périssent avant l'âge de trente-neuf ans; et qu'enfin les trois quarts du genre humain périssent avant l'âge de cinquante et un ans.

« Un homme, dit Buffon, âgé de soixante-six ans, peut parier de vivre aussi longtemps qu'un enfant qui vient de naître ; et, par conséquent, un père qui n'a point atteint l'âge de soixante-six ans ne doit pas compter que son fils qui vient de naître lui succède, puisqu'on peut parier qu'il vivra plus longtemps que son fils. »

Voici, du reste, d'après le même auteur, un tableau de la durée probable de la vie humaine, calculée depuis un an jusqu'à quatre-vingt-cinq ans. On y verra qu'un enfant qui vient de naître ne vivra que huit ans; qu'un enfant d'un an atteindra la trente-troisième année, etc.

AGES	DURÉE DE LA VIE		AGES	DURÉE DE LA VIE	
ANS	ANNÉES	MOIS	ANS	ANNÉES	MOIS
0	8	0	43	20	4
1	33	0	44	19	9
2	38	0	45	19	3
3	40	0	46	18	9
4	41	0	47	18	2
5	41	6	48	17	8
6	42	3	49	17	2
7	42	3	50	16	7
8	41	6	51	16	0
9	40	10	52	15	6
10	40	2	53	15	0
11	39	6	54	14	6
12	38	9	55	14	0
13	38	1	56	13	5
14	37	5	57	12	10
15	36	9	58	12	3
16	36	0	59	11	8
17	35	4	60	11	1
18	34	8	61	10	6
19	34	0	62	10	0
20	33	5	63	9	6
21	32	11	64	9	0
22	32	4	65	8	6
23	31	10	66	8	0
24	31	3	67	7	6
25	30	9	68	7	0
26	30	2	69	6	7
27	29	7	70	6	2
28	29	0	71	5	8
29	28	6	72	5	4
30	28	0	73	5	0
31	27	6	74	4	9
32	26	11	75	4	6
33	26	3	76	4	3
34	25	7	77	4	1
35	25	0	78	3	11
36	24	5	79	3	9
37	23	10	80	3	7
38	23	3	81	3	3
39	22	8	82	3	3
40	22	1	83	3	2
41	21	6	84	3	1
42	20	11	85	3	0

Il est bon de faire observer ici que depuis Buffon la durée moyenne de la vie humaine est augmentée d'environ trois ans (1). La table de mortalité dressée avant l'époque de la révolution française ne donnait alors pour terme moyen de la vie humaine que vingt-huit ans trois quarts, tandis qu'aujourd'hui la durée moyenne de notre existence est de trente et un ans trois cinquièmes, c'est-à-dire que la vie générale en France est prolongée pour chaque individu d'environ trois années. Autrefois, dit Virey, sur cent personnes, dix-huit seulement parvenaient à l'âge de soixante ans ; aujourd'hui vingt-trois atteignent cet âge. On attribue cette prolongation de vie à la vaccine, à l'aisance générale qui résulte de l'extension de l'industrie et de l'activité françaises ; aux progrès de l'agriculture, à la division des propriétés, qui rend les fortunes moins inégales et qui procure un bien-être matériel plus général : de là des nourritures meilleures et plus abondantes, l'absence des famines et des maladies épidémiques graves qui en sont la suite ordinaire (ces causes et les suivantes, à la vérité, ne sont pas nouvelles), de meilleurs tissus pour les vêtements, des habitations plus commodes et plus saines, etc. etc.....

Nous l'avons dit et répété, l'abstinence, la sobriété et la tempérance sont incontestablement le principe et la source de la santé et de la longue vie. *Qui abstinens est, adjiciet vitam.* (Eccli. xxxvii, 34.) Il faut rappeler ici une remarque du célèbre Cornaro, qui a vécu plus d'un siècle : ce noble vénitien fait remarquer qu'en suivant un régime sévère et régulier il se trouva presque insensible aux graves événements, aux malheurs ou aux accidents inévitables de la vie, qui d'ordinaire affectent

---

(1) D'après John Sinclair, la vie de la femme est en général plus longue de deux ou trois ans que celle de l'homme.

péniblement ceux qui ne vivent pas avec la même régularité. Et cela se conçoit aisément : l'homme sobre et tempérant pratique ordinairement d'autres vertus encore : il est sage, modéré, prudent, résigné et soumis aux décrets de la divine Providence ; son âme s'est trempée de bonne heure dans une éducation fortement morale ; en un mot, le plus souvent l'homme tempérant est un vrai sage, un philosophe chrétien qui demeure debout et calme au milieu des ruines : *Impavidum ferient ruinæ...* Aucune tempête terrestre ne le renverse, aucun événement humain ne l'abat, parce qu'il est établi ferme sur le roc inébranlable de la foi... Voyageur d'un jour dans des régions étrangères, il regarde tous les événements de la vie, qu'on appelle malheurs, comme des accidents du voyage. Il continue sa marche sur la route du temps, et ne s'arrête que lorsqu'il est entré dans le repos de sa véritable et éternelle patrie.

D'après Haller, les anciens Suédois parvenaient à un âge très-avancé ; mais depuis que les enfants se sont relâchés de la tempérance de leurs pères, ils n'atteignent plus cette grande longévité. Il en est de même des Norwégiens, dont la vie diminua à raison des excès qu'ils firent en boissons alcooliques. Autrefois on les voyait se livrer, à soixante-dix ans, à la culture de leurs terres, tandis qu'aujourd'hui ils sont énervés à cinquante.

La longévité, suite du jeûne et de la tempérance, est donc un fait remarquable acquis à l'hygiène et prouvé par l'expérience de tous les temps. Dans une apologie du jeûne, on a compté la vie de cent cinquante anachorètes pris sous tous les climats et en différents siècles. Ce calcul a donné onze mille cinq cent quatre-vingt-neuf ans, ou, pour chacun, la durée moyenne de soixante-seize ans trois mois. Cent cinquante académiciens, pris parmi les sciences et les lettres, n'ont présenté que dix mille cinq cent onze ans ou soixante-neuf ans deux mois d'une vie moyenne. Ainsi le jeûne et l'abstinence sont encore plus propres à la longévité que la vie calme et régulière des hommes de lettres ou des personnes qui cultivent leur intelligence.

On peut encore rattacher à ces aperçus statistiques de longévité le tableau suivant, fait d'après un relevé d'un certain nombre de professions. Il a été dressé par M. Casper. Il donne le nombre de personnes sur cent ayant atteint leur soixante-dixième année.

Professions.	Nombres proportionnels.
Théologiens.	42
Agriculteurs.	40
Commerçants ou manufacturiers.	35
Soldats	32
Commis	32
Avocats	29
Artistes	28
Professeurs.	27
Médecins.	24

Ce qui frappe d'abord dans ce tableau, c'est la longévité des théologiens. Elle s'explique, ce nous semble, assez naturellement par le genre de vie qu'ils mènent habituellement, c'est-à-dire qu'ils joignent à des mœurs douces, paisibles et exemptes de passions tristes, dépressives ou turbulentes, des habitudes de piété, d'ordre, de tempérance et de sobriété... Mais ce qui ne frappera peut-être pas moins, c'est de voir que les pauvres médecins, tous livrés au soin de prolonger la vie des autres, se trouvent placés tout à fait au bas de l'échelle macrobiotique, tandis que les théologiens ou les prêtres occupent l'extrémité opposée.

Que conclure de là, sinon qu'en général ces deux classes de personnes sont sans doute placées dans des conditions physiques et morales diamétralement opposées? Cependant nous ne prétendons pas donner cette conclusion comme rigoureusement et constamment vraie.

Le mouvement de la vie mesuré, modéré et réglé par le jeûne et l'abstinence, ou du moins par les règles de diététique ci-dessus indiquées, ralentit nécessairement le cours de nos années, le rend plus uniforme, plus calme, et par là fait naître aussi moins de maladies aiguës graves qu'une alimentation copieuse, irritante et échauffante. Il ne faut donc pas être étonné de l'extrême longévité des anciens anachorètes ou des Pères du désert. On sait d'ailleurs assez que le jeûne et l'abstinence favorisent singulièrement la continence et la pratique de la chasteté. De là vient que la résorption perpétuelle de la partie la plus vitale du sperme conserve et augmente même notablement les forces radicales de l'organisme et la puissance de l'économie animale; et si alors on n'observe pas toujours ce déploiement extérieur ou cette pétulante expansion des forces physiques, du moins le philosophe contemple avec satisfaction, dans l'homme sobre, tempérant et chaste, la sagesse, la paix, la sérénité, l'énergie, la macrobie ou la longévité.

Un genre de vie frugal influe donc puissamment sur l'état physique et moral de l'homme, et lui ouvre la voie à la plupart des vertus, comme la tempérance, la modération, la prudence, la chasteté, la sagesse, la douceur, le calme, l'égalité de caractère et d'humeur, la pitié, la commisération; et, n'en doutez pas, c'est en partie à cette vie sobre et frugale que les philosophes païens ont été redevables de toutes leurs vertus morales. Nous disons en partie; car nous pensons qu'ils n'auraient jamais pu atteindre à cette élévation morale sans le secours des lumières de la raison, et surtout des débris de la révélation primitive. Nous ferions un volume si nous voulions rapporter tous les témoignages des philosophes païens en faveur de la tempérance, de la mortification des sens et des passions. On sait que leur grande maxime morale était de souffrir et de s'abstenir, *sustine et abstine*. Nous nous contenterons de citer un passage de Porphyre. Ce philosophe nous enseigne que « le seul moyen de parvenir à la fin à laquelle nous sommes appelés, c'est de nous occuper de Dieu, de nous détacher du corps et des plaisirs des sens. Si les hommes, ajoute-t-il, étaient plus sobres et plus mortifiés, ils seraient moins injustes, moins mécontents de leur sort et bien moins sujets aux maladies... Ce sont les désirs inquiets, les besoins factices, les habitudes tyranniques qui tourmentent les hommes ; en y résistant, ils seraient plus vertueux et plus heureux. » (*Traité de l'abstinence.*)

Le régime abstème et pythagorique rend les peuples plus doux et plus humains, adoucit et épure les mœurs, et est éminemment propre à apaiser l'effervescence des passions et à diminuer la férocité des caractères. Les romanciers et les poëtes qui veulent peindre l'innocence de mœurs d'une famille, ou présenter un peuple vertueux et doux, ne manquent pas ordinairement de ne mettre sur leur table que des fruits, du lait et du miel ; tandis que les cyclopes, grands mangeurs de viande, nous sont dépeints par Homère comme des hommes affreux. « Il est certain, dit Rousseau, que les grands mangeurs de viande sont en général plus cruels et plus féroces que les autres hommes. » Il aurait pu ajouter qu'ils sont aussi en général plus stupides que spirituels. Cette remarque de Jean-Jacques n'est pas dénuée de fondement, et semble même se confirmer par ce que l'on observe chez les animaux. Toutes les espèces animales féroces sont carnassières et ne vivent que de massacres, comme le lion, le tigre, le loup, etc., sans excepter même le chien, et surtout le chat, qui a le plus d'affinité avec le tigre. Si ces animaux domestiques et apprivoisés nous paraissent d'un naturel assez doux, c'est que l'état de captivité et de domesticité, et la qualité de leur nourriture, qui est autant végétale qu'animale, en les retirant de leur état de nature primitive, les ont fait plus ou moins dégénérer de leurs espèces primordiales… Voyez d'un autre côté les animaux herbivores et ruminants : ils sont en général d'un naturel tout différent, offrent des mœurs douces, paisibles, dociles. On les dompte très-facilement ; ils sont esclaves et rampants, tremblent même devant un enfant.

Il en est de même, toute proportion gardée, parmi les hommes. Les individus habitués par état à répandre le sang des animaux et à se nourrir abondamment de leur chair n'offrent pas la même douceur de mœurs que ceux qui cultivent la terre et qui se nourrissent de ses productions. L'âme des premiers s'endurcit plus facilement, et s'empreint à la longue d'un certain caractère d'âpreté brutale, pour ne pas dire de férocité sauvage. Les hommes de crime, les assassins, les meurtriers, ou ceux qui ont tristement figuré comme instruments sanguinaires dans les massacres révolutionnaires, sortaient souvent de la classe de ces individus abrutis par l'intempérance et la débauche ; ils étaient carnassiers, durs, cruels, sans pitié, sans entrailles.

Les peuples frugivores des pays chauds et les nations intratropicales, où la nature déploie toute la magnificence de la plus exubérante végétation, sont d'un naturel très-doux ; ils sont paisibles, humains et hospitaliers, parce qu'ils ne vivent généralement que d'aliments doux, de fruits, de dattes, de bananes, de figues, de jujubes, de cocos, de fécules, de cassaves, de riz, de mil, etc.…

Mais peu à peu, sans nous en apercevoir, nous sortons des limites de notre sujet : c'est signe qu'il faut finir, et nous finissons. (Voyez pour plus de détails notre *essai philosophique* sur l'influence comparative du règne végétal et du règne animal sur le physique et le moral de l'homme, ou aperçu général sur l'influence que le régime alimentaire peut exercer sur la civilisation, les mœurs, l'éducation, la politique, la guerre, chez les différents peuples du globe.)

§ IV

Décroissement de l'homme. Age de retour. Vieillesse et décrépitude.

La décroissance du corps suit à peu près la même marche que son accroissement. Si l'homme met près de quarante ans à atteindre son *summum* de forme et de développement, il lui faut à peu près le même espace de temps pour se préparer à descendre dans la tombe et rentrer dans la poussière, d'où il est sorti (1). Toute la machine humaine, si artistement, si divinement travaillée et ornée, à peine arrivée à son apogée de force et de beauté, marche, comme tout ce qui respire sous le soleil, à sa ruine et à sa dissolution. Tant il est vrai, comme dit l'apôtre saint Jacques, que la vie de l'homme n'est qu'une vapeur légère qui ne paraît qu'un instant, *vapor ad modicum parens*.

Le corps maigrit, les formes perdent leur rondeur et leur élasticité par l'affaissement du système graisseux ou adipeux; quelquefois cependant on observe un état con-

---

(1) La durée totale de la vie, dit Buffon, peut se mesurer en quelque façon par celle de l'accroissement. Le chien, qui ne croît que pendant deux ou trois ans, n'en vit que dix ou douze; l'homme, qui est trente ans à croître, vit quatre-vingt-dix ou cent ans. Les poissons vivent des siècles, parce qu'ils mettent à se développer un grand nombre d'années.

traire, un embonpoint incommode se développe et enchaîne en quelque sorte la puissance musculaire; des rides sillonnent le front et le visage, les cheveux grisonnent et blanchissent, les dents s'ébranlent et tombent, surtout celles de la mâchoire inférieure, ce qui fait paraître le menton plus allongé. La caducité ne tarde pas à succéder à la vieillesse. On voit le vieillard se courber par l'affaiblissement des muscles érecteurs du tronc et par le poids des viscères, qui fait fléchir en avant la colonne vertébrale; le dos se voûte, la taille diminue, le corps se dessèche, se racornit; les cartilages et les artères se durcissent et s'ossifient même; le phosphate calcaire prédomine, se dépose sur les organes et enraye enfin le jeu des rouages de toute la machine humaine.

D'un autre côté, le moral s'affaisse sous le poids de la masure de boue qui s'écroule et tombe en ruines de toutes parts; la décrépitude physique amène le marasme moral, l'homme intellectuel s'efface et tombe dans la nullité de l'enfance. Incapable d'asseoir et de lier ses idées, de juger et de vouloir, il est réduit à une vie toute végétative, dort, mange, boit, bave, et termine, en un mot, son existence comme il l'a commencée.

§ V

De la mort.

Tout est emporté par le torrent des âges; la marche rapide du temps précipite fatalement nos jours vers l'éternité. Aucune puissance créée ne peut arrêter cette marche: on ne jette point, comme on dit, l'ancre dans le fleuve de la vie. Ainsi l'homme, les animaux, les végétaux, c'est-à-dire tous les êtres de la création terrestre qui ont reçu le don de la vie, doivent nécessairement mourir ; c'est une loi universelle dans la nature vivante. Les minéraux seuls ne meurent pas ; ils ne peuvent mourir parce qu'ils ne peuvent vivre. Tout être vivant devient donc inévitablement la proie de la mort. Ainsi la vie est à la fois le principe et la raison de la mort ; mais ce changement d'état appelé *mort* n'est, physiquement parlant, que la nuance d'un état précédent. La mort et la vie nous arrivent à notre insu et sans que nous en ayons la connaissance. On est, pour ainsi dire, physiologiquement mort avant d'avoir rendu le dernier soupir, parce que généralement on n'a plus le sentiment de son existence ni la conscience du *moi*, bien qu'on respire encore. Le moment précis de la séparation de l'âme et du corps nous est absolument insaisissable, de la même manière qu'il nous est impossible de percevoir l'instant précis où l'on entre en plein sommeil et où l'on perd momentanément le sentiment de son existence. Ainsi, d'après cela, on meurt peu à peu comme on s'endort, sans avoir probablement la conscience du moment précis de son trépas.

« Pourquoi donc, s'écrie Buffon, craindre la mort, si l'on a assez bien vécu pour n'en pas craindre les suites ? Pourquoi redouter cet instant, puisqu'il est préparé par une infinité d'autres instants du même ordre, puisque la mort est aussi naturelle que la vie, et que l'une et l'autre nous arrivent de la même façon, sans que nous le sentions, sans que nous puissions nous en apercevoir ? Qu'on interroge les médecins et les ministres de l'Église, accoutumés à observer les actions des mourants et à recueillir leurs derniers sentiments ; ils conviendront qu'à l'exception d'un très-petit nombre de maladies aiguës, où l'agitation causée par des mouvements convulsifs semble indiquer les souffrances du malade, dans toutes les autres on meurt tranquillement, doucement et sans douleurs : et même ces terribles agonies effraient plus les spectateurs qu'elles ne tourmentent le malade; car combien n'en a-t-on pas vus qui, après avoir été à cette dernière extrémité, n'avaient aucun souvenir de ce qui s'était passé, non plus que de ce qu'ils avaient senti! Ils avaient réellement cessé d'être pour eux pendant ce temps, puisqu'ils sont obligés de rayer du nombre de leurs jours tous ceux qu'ils ont passés dans cet état duquel il ne leur reste aucune idée.

« La mort n'est donc pas une chose aussi terrible que nous nous l'imaginons; nous la jugeons mal de loin; c'est un spectre qui nous épouvante à une certaine distance, et qui disparaît lorsqu'on vient à en approcher de près ; nous n'en avons donc que des notions fausses ; nous la regardons non-seulement comme le plus grand malheur, mais encore comme un mal accompagné de la plus vive douleur et des plus pénibles angoisses...

« Lorsque l'âme vient s'unir à notre corps, avons-nous un plaisir excessif, une joie vive et prompte qui nous transporte et nous ravisse? Non, cette union se fait sans que nous nous en apercevions : la désunion doit donc s'en faire de même sans exciter aucun sentiment. »

Il y a plus, la mort n'est pas sans quelques charmes pour certaines personnes. Haller affirme que très-souvent il a été à même de surprendre sur les lèvres des mourants un doux et agréable sourire (*non sine blando subrisu*), avec l'expression de l'espérance la plus vive. Une semblable mort, ajoute-t-il, est vraiment le dernier et le plus puissant désir du sage. Un jésuite célèbre, Suarez, dit, peu avant d'expirer : *Non putabam tam dulce, tam suave esse mori :* « Je ne croyais pas qu'il fût si doux et si agréable de mourir. » M. Simmons, au rapport de M. Devay, affirme que William Hunter, étant près d'expirer, dit à son ami M. Combe : S'il me restait encore assez de force pour tenir une plume, j'écrirais combien il est facile et agréable de mourir (1). « La mort n'est la terreur des terreurs, ajoute M. Devay, que pour l'homme pervers dont l'agonie est troublée, parce qu'elle est le terme d'une existence toute de désordres moraux et physiologiques. »

Mécanisme de la mort physique de l'homme. — La vie de relation, ou du moins la vie sensitive s'éteint la première. La sensibilité des organes des sens s'émousse, et ceux-ci deviennent bientôt insensibles à toutes sortes d'impressions. L'extinction des sens est successive : l'odorat et le goût s'effacent les premiers ; les yeux s'obscurcissent et prennent une expression morne et sinistre ; la vue se trouble et s'éteint ; l'ouïe subsiste encore. Voilà sans doute pourquoi, comme le fait remarquer Richerand, les anciens, pour s'assurer de la réalité de la mort, étaient dans l'usage de pousser de grands cris aux oreilles du mort. Enfin le toucher est le sens qui s'éteint le dernier, puisqu'après l'abolition de tous les autres on voit le mourant s'agiter sur sa couche, promener ses bras machinalement, changer à tout moment de posture, parce que, dans sa vaine et anxieuse lutte contre la mort, la nature n'en trouve plus de commode. La voix s'éteint également, et tous les mouvements volontaires cessent en même temps. Cependant les principales fonctions de la vie de nutrition, la circulation et la respiration subsistent encore ; mais bien-

---

(1) On prétend que la syncope, qui est une image fidèle de la mort, n'est pas quelquefois sans quelque douceur ou quelque plaisir. Revenu d'une syncope qu'il avait éprouvée dans une chute de cheval, Montaigne regrettait l'espèce de sentiment de plaisir que lui avait fait éprouver cet anéantissement passager de la vie. Voici ce que dit à ce sujet le docteur Chamberel : « Le sentiment de douce langueur et de paix profonde que je me souviens avoir éprouvée moi même dans une syncope semblable, dont j'ai toujours ignoré la durée, et qui me survint, sans cause connue, en me promenant à la campagne, à l'âge de vingt-deux ans, dans un état de santé parfaite, ne m'a laissé que le regret de n'avoir pas franchi alors le passage de l'éternité, et n'a pas peu contribué à me réconcilier avec l'idée généralement si effrayante de la mort, dont la syncope me paraît être une fidèle image.

tôt aussi elles vont s'éteindre et terminer la vie générale. La circulation s'arrête peu à peu depuis les vaisseaux les plus éloignés du cœur jusque dans cet organe lui-même. La respiration, insensiblement ralentie, s'arrête tout à fait et pour toujours, après une forte expiration souvent accompagnée d'un soupir. Dès lors, le poumon ne livrant plus passage au sang que les veines caves rapportent au cœur, ce liquide séjourne dans les cavités droites de cet organe, et la circulation finit par où elle a commencé. C'est, en effet, le battement de l'oreillette droite du cœur qui, chez l'embryon, constitue le premier mouvement ou le mouvement initial de cet organe; c'est aussi le dernier ou le mouvement final de l'homme agonisant. Ainsi les cavités droites du cœur sont ce qu'on appelle en physiologie le *primum vivens* et l'*ultimum moriens*. Voilà en peu de mots le mécanisme de la mort naturelle, dans laquelle on voit la vie s'éteindre de la périphérie au centre, tandis que dans la mort accidentelle, c'est toujours la cessation de l'action du cœur et du cerveau qui en est le principe et la cause première, c'est-à-dire qu'ici la mort a lieu en sens contraire, ou du centre à la circonférence.

Mort intellectuelle. — Ordre dans lequel s'opère l'abolition des facultés intellectuelles : la raison s'éteint la première; le moribond perd la faculté de former et de combiner des jugements et d'associer des idées ou de les comparer, afin d'en saisir les rapports. La mémoire s'éteint bientôt après. Le mourant méconnaît ses proches et ses plus intimes amis, et perd, comme on dit, avec la parole, toute connaissance, tout souvenir et tout sentiment moral; bref, l'être intellectuel et moral n'est plus.

§ VI

De la putréfaction du corps humain.

Ici se termine l'histoire de la vie de l'homme. Jetons un dernier regard sur les débris de l'édifice humain ; contemplons encore un instant cet habitacle terrestre que l'âme vient de quitter. Encore quelques jours, et cette magnifique demeure d'un esprit ne nous offrira plus que le spectacle d'une étrange et déplorable ruine. Ce corps élégant, ce chef-d'œuvre d'organisation, n'est plus qu'un objet d'horreur, un repoussant *cadavre,* c'est-à-dire, selon les racines du mot, une chair morte abandonnée aux vers, CA*ro* DA*ta* VER*mibus.* Ce corps est donc maintenant soumis à la puissance de la pourriture et rangé dans la compagnie des vers; *putredini dixi : Pater meus es; Mater mea, et soror mea, vermibus.* (Job.) Il est tombé sous l'empire fatal des lois physiques et chimiques. Un ordre de phénomènes nouveaux va maintenant se dérouler aux yeux de la science : tout va changer de forme et de nature ; la matière va subir de nouvelles transformations, ses principes provenant de la décomposition putride entreront comme éléments dans la composition de nouveaux êtres organisés, et ainsi successivement ils passeront de la matière organique à la matière inerte, et de celle-ci à la matière organisée. Cette circulation d'éléments matériels est, suivant l'expression de Becker, un mouvement perpétuel, un cercle éternel, *circulus æterni motûs.* C'est la métempsycose de la matière.

Phénomènes et mécanisme de la putréfaction.— L'absence de la vie, une température au-dessus de dix degrés Réaumur, l'humidité, le contact de l'air : voilà les conditions et les circonstances qui font développer la fermentation putride. Voici, du reste, un léger aperçu sur la putréfaction en général, d'après Fourcroy et Boissieu : « Lorsque les circonstances propres à établir la putréfaction se trouvent réunies, les matières animales se ramollissent si elles sont solides, deviennent plus ténues si elles sont liquides; leur couleur s'altère et tire plus ou moins vers le rouge brun et le vert foncé; leur odeur surtout prend un caractère très-remarquable; après avoir été un instant fade, elle contracte une fétidité insupportable; une odeur ammoniacale temporaire s'y mêle bientôt et lui ôte un peu de son excessif désagrément; mais elle persiste, en grande partie du moins, presque pendant tout le temps de la putréfaction. Les liquides se troublent et se remplissent de flocons; les parties molles se fondent et se transforment en une espèce de gelée et de putrilage; on observe un mouvement lent, un boursouflement léger, qui soulèvent la masse et qui sont dus à des bulles de fluides élastiques qui se dégagent en petite quantité à la fois. Outre le ramollissement général de la substance animale solide, il s'en écoule une sérosité de diverses couleurs qui va en augmentant; peu à peu toute la matière fond, le boursouflement cesse, la couleur se fonce; à la fin l'odeur devient souvent comme *aromatique* et se rapproche même de ce qu'on nomme *ambrosiaque* (odeur d'ambre). Enfin la substance animale diminue de masse; ses éléments s'évaporent et se dissolvent; il ne reste qu'une sorte de terre grasse, visqueuse, encore fétide. Tels sont les phénomènes que présente une matière animale en putréfaction à l'air libre; mais dans des vaisseaux clos, et que Boissieu divise en quatre temps : 1° *tendance à la putréfaction*, qui n'offre qu'une altération légère dans la consistance et la couleur, et dont l'odeur est appelée *relent*; 2° *la putréfaction commençante* : le ramollissement est plus grand, la sérosité commence à s'échapper des fibres relâchées ; leur couleur est plus altérée, et l'odeur déjà putride ; 3° *la putréfaction avancée* : l'odeur, toujours fétide, est plus ou moins ammoniacale ; la matière dissoute en putrilage est plus ou moins foncée en couleur ; elle a perdu beaucoup de son poids par le dégagement d'une grande quantité de principes volatils ; 4° *la putréfaction achevée* : il n'y a plus d'odeur ammoniacale ; la fétidité est beaucoup diminuée ou nulle ; une odeur *aromatique* la remplace souvent ; la matière animale a perdu la plus grande partie de son volume et toute apparence de son organisation ; il ne reste plus qu'un *terreau animal* brun noirâtre, gras sous les doigts. » (*Dictionnaire des sciences médicales.*)

La décomposition putride donne naissance à une foule de produits gazeux, tels que l'hydrogène carboné, sulfuré, phosphoré ; à l'ammoniaque, à l'acide carbonique et à diverses autres substances qu'il est inutile de mentionner ici.

Le cadavre humain, livré à l'agent septique de la putréfaction, se réduit donc à la longue en une poussière froide et insensible, formée par les sels calcaires et terreux que fournissent les os. Quant aux chairs que les vers ont dédaignées, elles se changent en une substance grasse qu'on n'a pu définir encore, et qui jusqu'à ce jour est demeurée sans nom. Voilà donc à quoi se réduit le corps du roi de la création, à ce quelque chose sans nom ; voilà à quoi se réduit ce corps que la grande masse des humains a tant caressé, flatté et idolâtré ; voilà enfin à quoi se réduisent la beauté, la jeunesse, les grandeurs, les dignités, les richesses, les plaisirs et toutes les illusions et les vanités du monde. Tout est donc vanité ! *Vanitas vanitatum, omnia vanitas !* s'écrie l'Ecclésiaste. Oui, tout est vanité sous le soleil, hors une seule chose, savoir : *connaître, aimer et servir Dieu,* suivant le langage étonnamment profond du catéchisme. Voilà la plus haute, la plus sublime philosophie; c'est là toute la destinée de l'homme, c'est, en un mot, tout l'homme, *hoc est omnis homo.* (Eccl.)

FIN DE LA PHYSIOLOGIE CATHOLIQUE

HYGIÈNE

CODE ABRÉGÉ
D'HYGIÈNE PRATIQUE

Non vivere sed valere vita est.
(Martial.)

L'hygiène est une branche très-importante de la médecine, qui a pour objet la conservation de la santé.

La matière de l'hygiène se compose de tout ce qui environne et entoure l'homme, de ce qui entre dans son corps, de ce qui en sort, et enfin de tout ce qui règle, modère ou excite l'activité de son physique et de son moral.

Ces divers objets ont été classés, définis et formulés de la manière suivante : 1° *circumfusa*, choses environnantes, comme l'air ; 2° *applicata*, choses appliquées, comme les vêtements ; 3° *ingesta*, choses ingérées dans le corps, comme les aliments et les boissons ; 4° *excreta*, choses expulsées du corps par les organes excrétoires ; 5° *gesta*, exercice ou actions exercées par des mouvements volontaires ; 6° *percepta*, toutes les choses qui regardent le moral de l'homme, les fonctions sensoriales, intellectuelles, morales et affectives

CHAPITRE 1

CIRCUMFUSA, choses environnantes.

Nous comprenons sous cette dénomination l'air atmosphérique et tout ce qui en fait partie, comme les fluides impondérables, l'électricité, le calorique, la lumière, etc.; les vapeurs aqueuses, les gaz, les miasmes, les émanations de toute espèce; les révolutions et les perturbations atmosphériques, les météores, les vents, les orages, les pluies, le brouillard; les eaux, les lieux, les habitations, etc. Nous allons passer en revue les principaux points de ces divers objets.

§ 1

De l'air comme objet hygiénique.

Quant aux qualités physiques et chimiques de l'air, du calorique et de la lumière, nous renvoyons le lecteur au chapitre de la respiration et de la calorification, et à ce que nous avons dit sur la lumière en parlant de la vision.

L'homme ne vit pas seulement de pain ou d'autres aliments solides et liquides, mais encore et même surtout d'air. Si cet élément vital, ce *pabulum vitæ*, comme dit Hippocrate, est impur ou vicié, c'est en vain que vous êtes soumis à un bon régime alimentaire; votre santé ne tardera pas à s'altérer plus ou moins, suivant le degré de viciation ou d'intoxication de l'air que vous respirez. D'un autre côté, voyez et admirez la robuste santé et la belle carnation des gens de la campagne, mal et grossièrement nourris, mais respirant un air fortement oxygéné, et surtout pur de toute émanation septique ou putride. Le travail, sans doute, contribue puissamment au développement de leurs forces et au maintien de leur santé; mais cependant on constate le même état de santé chez leurs enfants, qui ne travaillent pas encore, et qui sont soumis au même régime alimentaire qu'eux. Quelle différence entre ces enfants et ceux des riches de nos opulentes cités! Ceux-ci trop souvent sont pâles, frêles, grêles, et ont la fibre molle et lâche, quoiqu'ils, ou plutôt parce qu'ils vivent dans l'abondance et la bonne chère.

Il serait inutile de faire ressortir ici toute la fâcheuse influence des qualités hygrométrique et thermométrique de l'air. Tout le monde sait, en effet, qu'un air humide est toujours plus ou moins malfaisant, surtout un air stagnant, froid et humide; on n'ignore pas non plus qu'une température trop élevée, outre qu'elle est énervante par les exhalations cutanées qu'elle détermine, affaiblit encore l'activité des fonctions digestives et relâche le ressort de toute l'économie.

On connaît également les effets si communs des transitions brusques du chaud au froid. Le froid subit supprime la transpiration et détermine un *raptus* interne, c'est-à-dire refoule vers l'intérieur le sang que la chaleur extérieure avait attiré dans les vaisseaux capillaires de la peau; de là trop souvent résulte un frisson plus ou moins violent, suivi d'une congestion sur les membranes muqueuses et séreuses, les poumons, les muscles, les articulations, qui produit des coryzas, des rhumes, des catarrhes, des fluxions de poitrine, des pleurésies, des rhumatismes, etc.

L'air est souvent vicié par des émanations, des effluves, des miasmes et une foule de gaz ou de vapeurs qui se dégagent de la terre, des marais, ou de la putréfaction des matières animales et végétales; par des principes contagieux et surtout des exhalaisons des corps vivants, c'est-à-dire des miasmes les plus délétères et les plus toxiques, qui se forment dans des lieux circonscrits et fermés où un grand nombre de personnes séjournent plus ou moins longtemps. C'est ce qu'on observe particulièrement dans les prisons, les vaisseaux, les casernes, les hôpitaux et quelquefois même dans les églises, surtout dans quelques églises de campagne qui n'offrent qu'une seule porte pour l'entrée et la sortie de l'air. Il faudrait au moins dans ce cas qu'une fenêtre mobile ou ouvrante, placée à l'extrémité opposée à la porte, pût s'ouvrir au besoin, afin de mieux renouveler l'air intérieur de l'église, et d'en chasser la perpétuelle humidité.

Enfin on peut affirmer en général que l'air est tout à fait irrespirable, délétère et mortel dans les lieux où la bougie s'éteint, soit par défaut d'oxygène, soit par la présence du gaz acide carbonique pur ou mêlé à d'autres gaz délétères.

« Il est peut-être dangereux, dit un célèbre chimiste (Thénard), de descendre dans des cavités ou des cavernes qui n'ont point été visitées depuis longtemps, et où l'air ne se renouvelle point; on ne doit le faire qu'en portant devant soi des bougies allumées et attachées à l'extrémité d'un long bâton. Si la bougie brûle et si l'air est sans odeur, on peut y descendre avec sécurité; mais si la lumière de la bougie pâlit ou si l'air a une odeur d'œufs pourris, il faut auparavant renouveler l'air au moyen d'un fourneau plein de charbons allumés, qu'on disposera à l'entrée de la cavité, et au cendrier duquel on adaptera un tuyau qui plongera très-avant dans la cavité même. »

On rencontre le même danger dans les caves ou les lieux où il existe des liquides dans un état de fermentation, comme le vin, la bière, le cidre, etc. Cette fermentation, comme on sait, dégage constamment une grande quantité de gaz acide carbonique, qui asphyxie si le gaz délétère se trouve en quantité notable. Il peut se former aussi des gaz dangereux au fond de certains puits abandonnés ou qui depuis longtemps n'ont pas été curés.

Parmi les agents de désinfection il y en a qui ne font que masquer les mauvaises odeurs, comme sont les fumigations aromatiques et balsamiques, toutes les eaux spiritueuses, le camphre, le vinaigre aromatique dit des *quatre voleurs*, etc.; l'odorat, il est vrai, n'est plus affecté désagréablement, mais les miasmes ne sont pas détruits et continuent d'exercer toute leur funeste influence sur les systèmes respiratoire et cutané. Il faut pourtant convenir que ces fumigations aromatiques ne sont pas absolument inutiles, parce que, comme dit le célèbre Hallé, elles excitent le système nerveux et l'activité générale de l'organisme. De plus elles peuvent favoriser les exhalations cutanées et muqueuses, et exciter les sécrétions bronchique et nasale.

D'autres moyens de désinfection n'agissent sur l'air infecté qu'en le chassant ou qu'en le déplaçant; tels sont les ventilateurs ou les feux flambants, qui renouvellent l'air par le courant qu'ils établissent ou accélèrent. Mais aucun moyen désinfectant n'égale en puissance et en certitude les fameuses fumigations guytoniennes, c'est-à-dire les vapeurs du chlore dégagées selon le procédé de Guyton-Morveau. A cet effet on mêle ensemble dans un vase de terre cuite deux parties d'oxyde de manganèse en poudre et dix parties de chlorhydrate de soude (sel de cuisine), et l'on verse sur le mélange six parties d'acide sulfurique qu'on a étendu auparavant de quatre parties d'eau. Pour une salle de six mètres de long sur trois de large, complétement évacuée, il faudrait cent quarante grammes de sel de soude (sel commun), vingt-cinq grammes d'oxyde de manganèse, quatre-vingts grammes d'acide sulfurique et cinquante grammes d'eau. On doit fermer exactement les portes et les fenêtres et ne rentrer dans l'appartement que le lendemain. On a soin d'enlever tous les objets en fer, parce que les vapeurs chloriques les oxyderaient ou les rouilleraient.

C'est à l'aide de ces fumigations, qui détruisent complétement toutes sortes de miasmes, que l'on purifie les salles d'hôpital, les infirmeries et les autres lieux semblables. On pourrait également y avoir recours pour certaines exhumations (1) dans les caveaux ou souterrains

(1) Voici un fait qui prouve combien il peut être dangereux de faire des exhumations : « La *Gazette de santé* du 10 février 1774 rapporte que le seigneur d'un village, à deux lieues de Nantes, étant mort, on crut, pour placer son cercueil plus honorablement, devoir en déranger plusieurs, entre autres celui d'un de ses parents décédé trois mois auparavant. Une odeur des plus fétides se répandit dans l'église; quinze des assistants moururent peu de temps après : les quatre personnes qui avaient remué les cercueils succombèrent les premières, et six curés, présents à cette cérémonie, manquèrent de périr. »

« Dans tel lieu de sépulture, dit Marc, les cadavres se putréfient avec une promptitude extrême, tandis que dans tel autre ils résistent pendant des siècles à la destruction. Ces phénomènes tiennent, dans la règle, à des différences appréciables de température et du sol. Ainsi les cadavres se décomposeront aisément dans un terrain gras, humide, et dans une température chaude, surtout lorsque les fosses seront peu profondes. Ils résisteront plus longtemps dans un sol sablonneux, sec, et dans une température froide, ou dans une température à la fois très-chaude et très-sèche. Les déserts sablonneux et brûlants de l'Afrique, et les régions les plus froides de notre globe, en fournissent de nombreux exemples. »

Parmi les onze cadavres qui, dans le nombre de soixante exhumés à Dunkerque en 1783, se sont trouvés en entier, on en voyait trois entièrement desséchés et momifiés. On ne peut ici attribuer cette conservation à la nature du sol et de l'exposition, puisque à côté de ces espèces de momies il se trouvait des cadavres entièrement putréfiés. Il faut donc attribuer ce phénomène, dit Marc, à une disposition ou à une constitution particulière des corps eux-mêmes, ou peut-être à l'usage long et

sépulcraux, mais en graduant convenablement le dégagement du gaz, afin qu'on n'en soit pas incommodé. On en userait de même dans les appartements ou les infirmeries qui ne peuvent être évacués; en un mot, on ne doit faire dégager les vapeurs de chlore que dans une mesure convenable, qui ne provoque pas notablement la toux des malades. On pourrait même dans ce cas, c'est-à-dire lorsque les malades supporteraient difficilement l'effet irritant et suffocant du chlore, remplacer ce dernier gaz par les vapeurs nitriques, comme on le pratique en Angleterre. Pour cela on met dans un vase convenable du nitrate de potasse, sur lequel on verse de l'acide sulfurique, de chacun quinze grammes par exemple, pour une chambre de trente-cinq mètres cubes de capacité, c'est-à-dire trois mètres vingt-cinq centimètres sur chaque dimension. Si l'on opère sur une plus grande capacité, on multiplie les capsules avec les mêmes proportions; car si l'on augmentait les quantités des substances dans le même vase, aussitôt la chaleur produite ferait dégager des vapeurs rousses, nitreuses, d'une odeur suffocante insupportable. C'est donc toujours à froid qu'il faut décomposer le nitrate de potasse.

On sent assez que les fumigations ne peuvent agir que sur des masses d'air renfermées, circonscrites et infectées par des miasmes contagieux ou des émanations septiques ou putrides; car dans les circonstances opposées ou lorsqu'il existe une influence épidémique générale qui infecte

---

immodéré des boissons spiritueuses ou de l'eau-de-vie. Ce médecin légiste célèbre fait remarquer que « les conditions personnelles qui influent sur la marche de la décomposition, soit en la favorisant, soit surtout en l'arrêtant, ne se prêtent, dans beaucoup de cas, à aucune explication, et que l'on ne peut supposer leur existence que par la seule raison qu'aucun effet ne se produit sans cause. Ainsi nous savons, depuis un petit nombre d'années, que les cadavres des personnes empoisonnées par l'arsenic se tannent, pour ainsi dire, et résistent à la putréfaction. »

toute l'atmosphère, on ne peut guère se flatter de maintenir pures les pièces désinfectées, attendu que les chambres ou les salles purifiées contractent une nouvelle infection par leur communication avec l'air extérieur.

§ 11

De l'influence du fluide électrique sur le système nerveux; des orages et du tonnerre.

Beaucoup de personnes très-nerveuses à l'approche des orages éprouvent un malaise inexprimable, des maux de tête, la migraine, de l'oppression, des douleurs vagues, des lassitudes, des inquiétudes, etc. Toutes ces perturbations nerveuses doivent être attribuées à la grande accumulation de fluide électrique dans l'asmosphère, c'est-à-dire au défaut momentané de l'équilibre entre l'électricité atmosphérique et celle du globe.

Lorsqu'on se trouvera actuellement sous le nuage électrique, on doit bien se garder de chercher des abris sous les arbres ou dans les églises; car, comme on sait, ce sont toujours la cime des arbres et les flèches qui surmontent les clochers, et en général tous les points culminants, et notamment les sommités ou les pointes métalliques qui reçoivent la décharge électrique de la foudre. Il faut également éviter d'établir un courant d'air par une marche précipitée, surtout lorsqu'on est à cheval ou en voiture. Il vaut mieux s'arrêter, descendre de cheval, s'isoler et recevoir toute la pluie, que de s'exposer à être foudroyé; il serait même encore plus sûr alors de ne pas se servir de parapluie, dont la pointe ou sommité métallique qui le surmonte est très-propre à attirer le fluide ou la décharge électrique. Dans les maisons, on aura grand soin de tenir fermées les portes et les fenêtres des appartements, surtout lorsqu'on se trouve actuellement sous la nuée électrique. On a vu des personnes foudroyées au moment où elles ouvraient les fenêtres pour regarder le temps.

Nos pères avaient coutume de sonner les cloches dans l'espoir d'éloigner le tonnerre; mais cette pratique produit précisément un résultat contraire à celui qu'on en attend. On a vu plusieurs fois les cloches mises en branle jeter des étincelles, ce qui prouve qu'elles attiraient la surcharge électrique des nuages voisins, et il est souvent arrivé que la foudre ainsi attirée est descendue le long des cordes et a tué les sonneurs. L'histoire de l'Académie des sciences (année 1719) nous apprend qu'en 1718 le tonnerre tomba dans la basse Bretagne sur vingt-quatre églises où l'on sonnait les cloches dans le but de l'éloigner, tandis que les églises voisines, où l'on n'avait pas sonné, furent épargnées. Fodéré, célèbre médecin hygiéniste et légiste, affirme qu'on a calculé que, « dans l'espace de trente-trois ans, le tonnerre a frappé trois cent quatre-vingt-six clochers et tué cent trois sonneurs. » Un siècle après l'événement de la basse Bretagne, dans la séance de l'Académie de Paris du 3 janvier 1820, on a lu un mémoire adressé par un vicaire général de Digne, qui annonce que le 11 juillet 1819 on sonnait dans le village de Château-Vieux, à l'occasion d'une cérémonie religieuse; qu'un orage éclata et que la foudre tomba sur l'église pendant qu'on sonnait, tua neuf personnes et en blessa quatre-vingt-deux plus ou moins grièvement.

« Quand le temps est orageux durant qu'on voyage, dit Fodéré, il faut calculer l'éloignement du tonnerre avant de quitter le gîte : on doit estimer que le nuage électrique est proche quand le bruit suit immédiatement l'éclair :

qu'il est à cent soixante-treize toises de distance quand on peut compter une seconde ou un battement de pouls entre l'éclair et le bruit ; si l'on peut en compter deux, le redoutable nuage est à trois cent quarante-six toises ; il est à six cent quatre-vingt-douze toises si vous en comptez quatre, et ainsi successivement. Ce calcul est fondé sur la différence qu'il y a entre le mouvement de la lumière et celui du son : celle-là parcourt dans une minute environ quatre millions de lieues, et celui-ci ne parcourt dans le même temps que dix mille trois cent quatre-vingts toises. »

C'est en asphyxiant que la foudre tue les hommes et les animaux. On est frappé de la commotion électrique, et on tombe à terre sans avoir rien vu ni entendu, sans même avoir eu le temps d'avoir peur ; ainsi tout le danger est passé dès qu'on voit l'éclair ou qu'on entend la détonation. Le lieu le plus sûr de la maison pour se garantir contre le tonnerre, c'est la cave ; car la foudre ordinairement ne traverse pas les voûtes, mais suit plutôt les conducteurs métalliques : la pierre est peu conductrice du fluide électrique. Mais le moyen préservatif le plus efficace de tous, c'est sans contredit le paratonnerre bien confectionné, bien surveillé et bien entretenu. Il serait à souhaiter qu'il y en eût un sur tous les clochers et sur toutes les flèches : mais, si cela ne peut avoir lieu, qu'on fasse du moins en sorte que les extrémités des croix ne se terminent pas en pointes, mais plutôt en boules, qui n'attirent pas le fluide électrique comme les premières.

Voici du reste les principales qualités que doivent avoir tous les paratonnerres : « L'aimant tutélaire ne nous garantit de la foudre qu'en soutirant en silence le fluide électrique des nuées orageuses, et il faut qu'au moyen de conducteurs métalliques ce fluide aille se perdre dans le réservoir commun de l'électricité, c'est-à-dire dans le sein de la terre. Ainsi, loin d'écarter la foudre, les paratonnerres l'attirent pour la diriger : ils seraient beaucoup plus dangereux qu'utiles si les conducteurs n'étaient pas bien construits et convenablement isolés. Leur pointe doit être en laiton doré, parce que celles en fer s'oxydent facilement et perdent en partie leur propriété conductrice. Les verges doivent s'élever verticalement à dix ou douze pieds au-dessus du faîte du bâtiment, et leur extrémité inférieure doit être parfaitement réunie avec la tige métallique destinée à conduire l'électricité; toutes les parties saillantes ou métalliques du toit doivent être en communication avec le conducteur principal; la partie inférieure de ce conducteur doit être écartée des fondations de la maison et entrer de deux ou trois pieds dans un sol humide ou dans l'eau. Enfin, chaque paratonnerre n'ayant d'action que dans un rayon de trente à quarante pieds, il est nécessaire d'en établir un plus ou moins grand nombre, selon l'étendue des bâtiments qu'on veut préserver. » (Briand.)

Deux mots sur les foudres que les savants de nos jours appellent *foudres intelligentes, vengeresses, moqueuses, railleuses et bouffonnes*, c'est-à-dire, en d'autres termes, *foudres diaboliques*.

On lit dans le *Pays*...: « A Angoulême (sous Charles VI) le tonnerre tomba sur l'église des Capucins, qui étaient à matines, et éteignit toutes les lampes. Saisis de terreur, les pères s'enveloppèrent la tête dans leurs capuchons, se prosternèrent et prièrent pour éloigner la foudre. Insensiblement l'orage cessa. Quand vint le jour ils priaient encore. Ouvrant alors les yeux en tremblant, et faisant de grands signes de croix, ils s'aperçurent *qu'ils n'avaient plus leur barbe. Le tonnerre les avait rasés tout aussi proprement que le plus habile perruquier.* »

« Que signifie, dit M. de Mirville, toute cette chevelure

enlevée à deux personnes et accrochée, ainsi que leurs sabots, au haut de l'arbre qui les abritait? »

Cela signifie qu'il faut vous défier de ces ricaneurs qui vous dépouillent par les deux bouts, la tête et les pieds.

Des savants ont vu de nos jours des foudres se promener sur la poudre et la respecter, tout en brûlant seulement les tonneaux qui la contenaient.

§ III

Positions topographiques, cimetières, habitations, latrines, etc.

On sait assez que les lieux secs et élevés sont les sites les plus salubres ; c'est parmi les montagnards qu'on trouve le plus d'exemples de longévité. On n'ignore pas non plus que les régions basses, humides, comme les marais, les pays aquatiques où abondent les mares et les étangs sont ordinairement les lieux où règnent les maladies lymphatiques, les scrofules, les fièvres intermittentes, etc. Les étangs et les mares considérables qui perdent leurs eaux pendant l'été et laissent leurs vases à découvert sont des sources de fièvres graves continues ou intermittentes. Le rouissage du chanvre et du lin, pratiqué non loin des habitations, peut être également une cause de maladies plus ou moins graves. Il est toujours dangereux de séjourner l'été, même de passer une nuit dans les lieux voisins de tous ces foyers de miasmes et d'émanations septiques. Il suffit de passer une nuit dans les marais Pontins de la campagne de Rome pour être sur-le-champ atteint de la fièvre, parce que la nuit, pendant le sommeil, l'absorption est plus active que pendant le jour, comme nous l'avons déjà vu ailleurs. Le voisinage des eaux courantes n'a par lui-même rien d'insalubre; ces eaux renouvellent l'air par le courant qu'elles établissent, lequel quelquefois arrête la marche d'une épidémie. Les maladies que l'on voit régner souvent sur le bord des rivières doivent être attribuées aux inondations qu'elles causent, c'est-à-dire aux espèces de marais qu'elles forment sur les terres adjacentes. Nous ne pouvons et ne devons qu'indiquer ici toutes ces choses généralement assez connues de la plupart de nos lecteurs. Passons à l'examen des cimetières.

Les cimetières doivent être placés dans les lieux élevés, bien exposés et ouverts au nord et loin des habitations. L'étendue ou la grandeur du cimetière doit être le triple de l'espace que demandent les inhumations de chaque année, puisqu'il faut en général, suivant l'estimation commune, trois ans pour la décomposition putride d'un cadavre enterré de un mètre trente-quatre centimètres à un mètre soixante-sept centimètres de profondeur. Si les fosses sont plus profondes, la décomposition putride est plus lente, et par conséquent il faut attendre plus longtemps avant de pouvoir y creuser de nouvelles fosses; si elles sont moins profondes, les miasmes putrides pénètrent facilement à travers une couche mince de terre et finissent par infecter l'atmosphère du cimetière. Les fosses de la profondeur ci-dessus indiquée doivent être séparées entre elles par un mètre trente-quatre centimètres de distance, et par la moitié de cette distance aux extrémités. Ces évaluations, quant au fond, sont faites d'après le travail sur les inhumations par le docteur Monfalcon.

On éloignera autant que possible les cimetières des fontaines et des puits. On pourra les entourer de quelques plantations d'arbres, pourvu toutefois qu'elles ne fassent pas de massif qui arrête ou intercepte le courant des vents et ne rende trop stagnant l'air des cimetières. La haute végétation, particulièrement celle des arbres et des arbustes, est un puissant moyen *eudioplastique* que la nature emploie pour détruire les influences nuisibles de l'air. Les végétaux purifient l'air en absorbant le gaz acide carbonique incessamment produit par la combustion et la respiration de tout ce qui brûle et respire sur le globe; ils décomposent ce gaz, prennent le carbone qui leur est nécessaire pour leur nutrition, et mettent par là l'oxygène en liberté, dont nous profitons, c'est-à-dire que l'acte de la végétation, dans le vaste laboratoire de la nature, change un gaz délétère et mortel en un principe éminemment salutaire et bienfaisant : or ce principe c'est l'air vital, c'est l'oxygène. La partie verte des végétaux, d'après les expériences d'Igenhousz, confirmées par celles de Saussure, verse à la lumière solaire du gaz oxygène dans l'atmosphère, et à l'ombre, au contraire, du gaz acide carbonique : il faut donc donner aux plantations une exposition directe au soleil. Il est fort utile aussi de planter autour des eaux stagnantes des arbres à grand feuillage qui s'élèvent beaucoup et rapidement, tels que les peupliers de Hollande. Ces plantations opposent une espèce de barrière à l'expansion des miasmes qui se dégagent des eaux ou des marais qu'elles entourent, et de plus elles les absorbent avec les vapeurs aqueuses de l'air ambiant. Ce sont des forêts qui garantissent Rome des redoutables effluves des marais Pontins.

Nous terminerons ce que nous avions à dire sur les cimetières par une citation de Fodéré sur ce point important.

« J'étais, dit ce médecin, au village de la Bresse, département des Vosges, au mois d'octobre 1819, commune sans médecin ni officier de santé : suivant ma coutume j'en allai visiter l'église, qui est placée sur une hauteur qui domine les habitations d'alentour; je trouvai le cimetière, qui entoure l'église, tout bosselé par nombre de corps récemment enterrés et qui ne reposaient tout au plus qu'à moitié sous terre, parce que la proximité du roc ne permet pas de faire des fosses plus profondes. Au bas de ce cimetière était une mare dont l'eau était très-bourbeuse. En descendant, je m'adressai à un groupe de paysans pour leur demander s'il avait régné chez eux une maladie : sur leur réponse affirmative, je leur représentai que, d'après les lois, le cimetière devait être transféré loin du village, et que je ne doutais pas que leurs épidémies ne tirassent leur origine du peu de profondeur des sépultures et des eaux stagnantes qui étaient au bas de l'église. Ils me répondirent unanimement que leur curé ne le leur avait jamais dit ; que quant à eux ils n'étaient pas lettrés, que le maire et les adjoints ne l'étaient pas non plus, et que c'était à monsieur le curé d'avertir le maire de ce qui pouvait nuire à la population. Plus loin, dans la commune de Girarmer, je trouvai les fontaines publiques sortant immédiatement du pied du cimetière, qui est pareillement autour de l'église... O lumières tant vantées des temps actuels! ô chimères pour lesquelles on se déchire! ô réalités auxquelles on ne pense pas! »

Des habitations. — Autant que possible elles doivent être construites sur des lieux élevés, auxquels les effluves malfaisants ne montent pas ordinairement. Si l'on est forcé de bâtir ou de fixer sa demeure dans le voisinage d'eaux stagnantes, de lacs, de marais ou d'autres foyers de miasmes putrides, il faut choisir un lieu placé au-dessous de leur vent, c'est-à-dire au sud de ces divers lieux. Si vous vous établissiez au nord des marécages, etc., il en résulterait que le vent chaud du midi, en passant sur les effluves malfaisants, en favoriserait le dégagement, les dilaterait, leur donnerait de l'expansion et viendrait infailliblement infecter l'atmosphère de votre habitation ; tandis que le vent qui soufflera du nord sera loin d'offrir les mêmes inconvénients ou plutôt les mêmes dangers. Placez-vous successivement au-dessous du vent, au nord et au sud d'une voirie, et votre odorat vous avertira aussitôt de l'immense différence de ces deux rumbs de vent. C'est par le même principe (qu'on ne suit pas toujours dans la pratique) que l'exposition la plus salubre des croisées des appartements est en général celle vers l'est et le nord, plutôt que celle qui donne sur le midi.

Cependant les personnes nerveuses, sèches, irritables, sensibles et prédisposées aux affections de poitrine, à la phthisie, etc., se trouveront mieux dans les lieux bas, exposés au midi, dont l'air, sans être chargé d'impuretés, est plus humide, plus calme et plus doux; car, comme on sait, le froid est l'ennemi des nerfs. C'est ainsi que certains phthisiques très-nerveux et très-secs s'accommodent quelquefois très-bien de l'air doux, humide et épais des étables.

Après avoir parlé des inconvénients attachés à l'exposition des habitations, il faut dire quelques mots sur les dangers qui proviennent de l'humidité inhérente à leur mode de construction et à la nature de leurs matériaux. Autant que possible, les habitations doivent être construites au-dessus du sol, pour se préserver d'une perpétuelle et dangereuse humidité.

Au rapport de Hallé et de Nysten, on trouve dans certaines contrées, en Bretagne principalement, des villages entiers dont les maisons sont creusées à moitié dans le sol; aussi les épidémies y produisent des effets terribles. La plupart des petites fermes sont aussi creusées en partie sous le sol; elles sont en outre entourées de fumier, dont l'eau, en s'infiltrant dans la terre, les rend humides et infectes. Quelle que soit d'ailleurs la nature des matériaux employés, il y a toujours du danger à habiter trop tôt les maisons nouvellement construites.

Voici comment s'exprime Fodéré sur la même matière : « On sait très-bien depuis longtemps que l'humidité est ce que notre espèce a le plus à redouter, et cependant, dans la plupart des provinces de France, l'on voit encore dans les campagnes les plains-pieds des maisons au-dessous du niveau du sol, le toit arrivant jusqu'à terre; l'intérieur obscur, sale, humide et sans courant d'air ; les alentours de la chaumière garnis de fumier et baignés d'eaux croupissantes et infectes ; les rues boueuses, non pavées, enfoncées, arrêtant les roues des voitures, qui font sortir des ornières profondes ces gaz affreux, origine de tant de maladies. Oh! que ne puis-je placer l'image d'une de ces taupinières dans les salons dorés de tous les palais, avec les enfants pâles et bouffis accroupis au soleil, et ce puits à côté rempli d'eau immonde, seule boisson de ces tristes habitants ! C'était là ce que Delille eût dû peindre en vers frappants à tous les gens du monde, au lieu de chanter les châteaux, les parcs, le café et les échecs dans son *Homme des champs.* »

Enfin, en fait de matériaux, il faut toujours choisir les plus denses et qui absorbent le moins l'humidité. Les constructions en briques bien cuites sont toujours préférables à celles qui sont faites avec des pierres molles et poreuses, qui absorbent très-facilement l'humidité atmosphérique.

Des latrines. — On évitera avec soin de construire les fosses d'aisance dans le voisinage des caves, des puits et des citernes. Les médecins hygiénistes recommandent aussi ordinairement ou plutôt constamment d'éloigner les latrines des appartements ou du principal corps de logis. Quant à nous, nous sommes presque tenté d'émettre ici une opinion contraire, et ce qui paraîtra peut-être bien singulier, de donner le conseil d'établir les lieux d'aisance le plus près possible de la cuisine de la maison, et cela uniquement dans le but de les rendre parfaitement inodores, et par conséquent incapables de devenir insalubres. A cet effet, nous proposons le procédé de Darcet; en voici un extrait abrégé tiré du *Manuel d'hygiène* par le docteur Briand (1826).

« Ce procédé consiste à dilater l'air dans le tuyau d'évent, de manière à y établir un courant qui, venant du conduit des lunettes et passant par la fosse, entraîne les mauvaises odeurs. Il suffit pour cela de faire communiquer avec le tuyau d'évent le conduit d'une cheminée voisine où il y ait souvent du feu, et l'expérience, ainsi que les lois de la physique, démontrent qu'on n'a pas à craindre que cette communication permette aux gaz ou aux odeurs de refluer par la cheminée. Celle-ci peut même, sans qu'il y ait lieu à avoir la moindre inquiétude sous ce rapport, servir à la fois d'évent et d'appel, ainsi que cela a été pratiqué à Paris pour les latrines publiques de la rue des Filles-Saint-Thomas, qu'on a fait communiquer avec la cheminée du restaurateur qui est au coin de la rue Vivienne, sans qu'on éprouve dans cette maison la moindre odeur. S'il n'y a pas à proximité de cheminée qu'on puisse utiliser à cet effet, on peut faire ouvrir dans l'évent le tuyau d'un poêle ou d'un fourneau placé à peu de distance, ou, ce qui est plus facile encore, il suffit de mettre dans le tuyau d'évent un petit lampion ou une simple veilleuse. La place que doit occuper l'appel dépend de la hauteur de l'évent : en général il doit être au-dessus du premier tiers de ce tuyau ou au plus à la moitié. Lorsqu'on emploie ce procédé, dont la réussite est infaillible, on doit laisser les lunettes habituellement découvertes, afin que le courant d'air ait lieu librement; par la même raison, ces lunettes doivent être plutôt petites que grandes, puisqu'il est reconnu en physique qu'un courant est d'autant plus rapide que le diamètre de son conduit est plus petit. »

« Dans les constructions nouvelles des maisons, dit Mérat, il faudra que les architectes aient le plus grand soin de s'arranger de manière qu'une cheminée fasse l'évent et le rappel. La police devrait même les obliger à construire d'après ce procédé ; ils peuvent être sans inquiétude sur les odeurs qui pourraient revenir par les cheminées : la chose est impossible. On a remarqué qu'une cheminée bien chauffée pouvait faire l'appel pendant trois jours, lors même qu'on n'y ferait pas de feu, et si on en fait tous les jours, une très-petite quantité peut y suffire. » Il faut que l'ouverture du tuyau d'évent soit largement évasée dans la fosse, et à peu près égale à la somme de toutes les aires ou ouvertures des lunettes. »

Voici les principaux avantages qui résulteront de l'adoption du procédé de Darcet : 1° les maisons ne seront plus infectées de mauvaises odeurs qui en rendent l'habitation très-désagréable ; 2° des gaz délétères ou des miasmes dangereux ne compromettront plus la santé des personnes qui les habitent ; 3° on pourra avoir des cabinets d'aisance dans les appartements même, en ayant soin, au moyen de vasistas, d'établir un courant d'air suffisant ; 4° le courant d'air continuel préviendra le méphitisme des fosses et le danger d'asphyxie (par l'hydrogène sulfuré) pour les vidangeurs ; 5° dans les hôpitaux on pourra multiplier les latrines et les mettre plus à la portée des malades sans craindre d'incommoder les voisins ; 6° ce procédé pourra trouver particulièrement son application dans les maisons très-nombreuses, comme les séminaires, les colléges, les communautés, etc.

CHAPITRE II

APPLICATA, choses appliquées

VÊTEMENTS, BAINS, LOTIONS, FRICTIONS, ETC.

§ I

Vêtements.

On appelle vêtements tout ce qui est destiné à préserver le corps des impressions trop vives du froid, de la chaleur et de l'humidité de l'atmosphère, et à voiler en même temps les nudités, comme l'ordonne la loi de la décence et de la pudeur chez toutes les nations de la terre, sans même excepter les peuplades sauvages.

Les deux principales propriétés qu'il importe de considérer dans la matière des vêtements sont la faculté plus ou moins conductrice du calorique et celle d'absorber la matière de la transpiration ou de la sueur. Les tissus dont la trame est lâche et poreuse, qui renferment de l'air dans leurs mailles ou interstices, sont en général mauvais conducteurs du calorique, et sont par conséquent les vêtements les plus chauds : telles sont les étoffes de laine plus ou moins grossières, les tricots, les fourrures, etc. Les tissus fins, lisses, serrés et surtout les végétaux, qui ne renferment point d'air, laissent passer plus facilement le calorique et sont par là même ce qu'on appelle moins chauds : tels sont les vêtements confectionnés avec le lin, le chanvre, le coton, la paille, etc.

Les vêtements de laine, outre qu'ils sont mauvais conducteurs du calorique et par conséquent chauds, offrent encore l'avantage d'absorber insensiblement la matière de la transpiration ou de la sueur, et de ne la laisser échapper que par une évaporation lente et graduée : de là résulte l'avantage considérable de ne pas donner lieu à un refroidissement subit, inconvénient grave que produit le prompt desséchement du linge mouillé. Il est évident d'après cela que les tissus laineux immédiatement appliqués sur la peau sont beaucoup plus sains que ceux du linge ou du coton. Ces derniers, c'est-à-dire ceux fabriqués avec du coton, comme la percale et le calicot, sont plus chauds que le linge de toile, et nous paraissent plus sains parce qu'ils absorbent mieux la matière de la transpiration et exposent moins au refroidissement subit; mais, nous le répétons, les tissus de laine l'emportent sur tous les autres, et sont nécessaires aux personnes qui transpirent beaucoup ou qui sont exposées à de fréquentes vicissitudes atmosphériques. Les vêtements de laine en contact immédiat avec la peau produisent encore sur elle une excitation légère, qui entretient et régularise les fonctions cutanées, à la manière des frictions sèches; c'est une légère friction continue : ainsi donc rien de plus sain que les gilets de flanelle, auxquels on peut ajouter les chaussons du même tissu. A l'aide de ces moyens éminemment prophylactiques ou hygiéniques on se préservera d'une multitude de maux qui proviennent des dérangements des fonctions cutanées, entre lesquels on peut placer en première ligne les rhumatismes, les névralgies, les catarrhes pulmonaires, sans parler d'une foule de maladies aiguës, comme des fluxions de poitrine, des pleurésies, des crachements de sang, des catarrhes aigus, qui trop souvent conduisent à la phthisie pulmonaire, ou du moins en sont la cause déterminante ou occasionnelle.

Si les vêtements de laine sont les plus chauds et les plus propres au maintien de la santé, ils ont pourtant l'inconvénient grave d'absorber les miasmes qui se dégagent des personnes atteintes de maladies contagieuses ou putrides, comme de typhus, de peste, etc.; dans ce cas, les meilleurs préservatifs sont les enduits résineux, auxquels les miasmes ne s'attachent pas comme aux tissus laineux. C'est d'après ce principe que dans les épidémies pestilentielles les médecins se sont revêtus de surtouts de taffetas ou de toile cirée, ou plutôt d'un habillement complet de cette espèce d'étoffe, depuis les souliers enduits de poix jusqu'au chapeau couvert de toile cirée.

La couleur des vêtements n'est pas non plus une chose tout à fait indifférente. Les tissus blancs ou incolores réfléchissent la chaleur et ne l'absorbent pas, tandis que les vêtements noirs produisent un effet contraire. C'est d'après cette donnée que dans les pays chauds on fait usage d'étoffes blanches ou décolorées. Cependant on pourrait se servir avec avantage de vêtements blancs, même pendant l'hiver, parce que par leur surface interne ils réfléchissent et conservent le calorique propre du corps et ne le transmettent point à l'extérieur comme les étoffes noires. D'un autre côté, si l'on n'est pas exposé aux rayons solaires, les vêtements noirs pourraient convenir pendant les chaleurs, tant que la température atmosphérique est sensiblement au-dessous de celle du corps, par la raison qu'ils laissent échapper une partie de la chaleur qui nous incommode.

Quant à la forme que doivent avoir les vêtements, nous ne devons point ici nous en occuper. Nous nous bornerons à signaler les inconvénients et les dangers même de toute partie de vêtement qui exerce sur nos organes une forte constriction circulaire, comme les cravates, les corsets, les jarretières, etc.

Des cravates trop serrées ont déterminé quelquefois des congestions cérébrales, des hémorragies nasales, des vertiges, des étourdissements et jusqu'à l'apoplexie elle-même. Il est pourtant important de garantir la région de la gorge ou le larynx contre l'impression froide et humide de l'atmosphère, surtout chez les personnes qui par état exercent beaucoup leurs organes vocaux, comme les hommes qui parlent en public, les avocats, les orateurs, les prédicateurs, etc. Il importe donc extrêmement d'éviter toutes les causes de refroidissement de cette partie du corps si éminemment sensible aux vicissitudes atmosphériques. A cet effet, le meilleur vêtement guttural sera une cravate de laine, de coton, ou de tout autre tissu chaud ou mauvais conducteur du calorique, mais suffisamment large et fort peu serrée. Enfin il importe surtout de ne pas exposer au froid le cou actuellement très-chaud ou couvert de sueur. Voici un exemple frappant du danger auquel on s'expose en se découvrant imprudemment la gorge; il est rapporté par Percy : « Un régiment d'infanterie voyageait par un temps orageux et excessivement chaud. Les soldats étaient haletants et n'en pouvaient plus : le commandant leur permit d'ôter leur col, qu'ils attachèrent, selon l'usage, au bras gauche. Après avoir traversé une plaine brûlante, on entra dans une gorge ouverte au vent du nord-ouest (c'était dans les Vosges); on ne songea pas à faire remettre le col, et le lendemain il fallut envoyer à l'hôpital Saint-Charles, à Nancy, soixante-seize hommes ayant diverses phlegmasies, mais dont le plus grand nombre était affecté d'angine inflammatoire; et les jours suivants on y en conduisit plus de trois cents autres, non moins malades que les premiers. »

Les hommes qui exercent beaucoup les organes vocaux ont besoin plus que personne de tenir constamment les pieds chauds au moyen de bas de laine ou de chaussons de laine ou de taffetas gommé (ce dernier surtout s'emploie pour l'entretien de la transpiration); et surtout il est nécessaire de se tenir le cou bien chaudement. Une douce chaleur entretient la souplesse et l'élasticité du larynx, nourrit et fortifie la voix et affermit la parole. Peu de parties, nous le répétons, sont plus sensibles que le larynx à l'impression de l'air frais et des courants d'air : cette susceptibilité est l'effet de nos habitudes sociales et de la mollesse de notre éducation physique. Les anciens ne connaissaient pas l'usage de la cravate ; ils ne se serraient pas le cou avec une étoffe nouée par devant ou agrafée par derrière ; ils laissaient libre cette partie du corps où, comme dit Percy, passent tant de vaisseaux et où sont situés tant d'organes qu'on ne gêne jamais impunément. En se décolletant imprudemment quand on a chaud, on s'expose au danger évident de contracter un rhume fâcheux, une angine grave ou peut-être une esquinancie foudroyante; à être pris d'aphonie ou d'extinction de voix subite: tous maux plus ou moins graves, et qui peuvent conduire à la phthisie laryngée ou trachéale. Une autre cause bien plus fréquente encore des faiblesses de la voix ou plutôt de l'irritation de la glotte ou du larynx, c'est la fatigue excessive de ces organes : de là les laryngites chroniques qui résistent le plus souvent aux traitements les plus actifs et les plus rationnels.

Il ne faut jamais exercer de constriction sur la poitrine, ni laisser cette partie plus ou moins découverte. Ce grand principe d'hygiène trouvera plus particulièrement encore son application chez les personnes du sexe féminin; combien de femmes n'ont pas été victimes des modes à la fois ridicules, extravagantes et immorales ! Les *corps balcinés*, ces véritables cuirasses, comme dit Buffon, les corsets, ces cages étroites que la frivolité a inventées pour empêcher la taille de se déformer, ont dans la réalité causé plus de difformités qu'ils n'en ont jamais prévenu. Il est une multitude de femmes qui n'ont jamais eu recours à tous ces moyens meurtriers, et qui ne se tiennent pas moins bien droites et présentent une taille bien faite et parfaitement normale. D'ailleurs les hommes sont-ils plus contrefaits que les femmes? Ils le sont beaucoup moins sans contredit.

Tous ces moyens mécaniques, très-mal conçus et plus mal appliqués encore, ont le grave inconvénient de faire prendre à la poitrine une forme toute différente de celle que la nature lui donne, et de gêner par là le développement et le jeu des poumons (ce qui prédispose éminemment aux crachements de sang et à la phthisie). De plus ils paralysent et atrophient plus ou moins les muscles du dos, lesquels n'ayant plus la force de maintenir le tronc dans sa rectitude naturelle et convenable, celui-ci subit une inclinaison en avant, que favorise encore le poids des viscères abdominaux; le thorax suit le même mouvement vicieux, et de là un sentiment de fatigue et de tiraillement pénible, qui annonce que la poitrine a besoin d'être soutenue, et ne peut plus se passer d'un appui étranger, factice et misérable, mais devenu en quelque sorte nécessaire. Or c'est ce qui fait croire au vulgaire que la nature de la femme demande ce secours, et c'est aussi ce qui consacre et perpétue le préjugé et la mode, toujours plus puissants que le bon sens et la raison.

Qu'on ne pense pas que ces détails soient déplacés dans un livre destiné au clergé. Ils pourront dans l'occurrence servir aux pasteurs pour les mettre à même de donner aux mères de famille de sages et utiles avis sur l'éducation physique et morale de leurs enfants.

Nous ne parlons pas ici du maillot, de ce triste vêtement de la première enfance, dans lequel on lie, on garrotte, on ligature, on torture ces petites créatures humaines de la manière la plus contraire, non-seulement aux lois de la saine physiologie, mais encore aux règles du bon sens et de la raison. Que n'a-t-on pas dit et écrit contre le maillot? Cependant presque partout la routine continue stupidement ce que le préjugé a commencé aveuglément, et l'on demeure sourd aux pleurs et aux cris des malheureux enfants, et tout cela chez la nation la plus civilisée et la plus éclairée de la terre? Ces reproches sont durs, il est vrai, mais ils sont mérités; une expérience journalière les justifie pleinement. « Aussitôt, dit Gardien, qu'on délivre de leurs langes les enfants qui sont ainsi serrés, on les voit sourire; s'ils pleurent, leurs larmes cessent aussitôt, et ils annoncent le contentement qu'ils éprouvent d'être délivrés de cette pression incommode par la sérénité qu'on remarque sur leur visage, et en agitant leurs bras et leurs jambes en tout sens. » Mères aveugles, ouvrez donc enfin les yeux sur vos plus chers intérêts; écoutez le cri de l'instinct, la voix de la nature, et ne soyez plus insensibles aux pleurs amers du fruit de vos entrailles.

Autre inconvénient à signaler. Un lien constrictif, une ligature circulaire, la jarretière, en un mot, est souvent une cause active et incessante des diverses infirmités qui se manifestent aux jambes, comme varices, ulcères, gonflement, etc. Il faut que ces sortes de constrictions soient le plus lâches possibles, et opérées par des liens élastiques et larges, afin de ne pas s'opposer au retour du sang veineux et des humeurs lymphatiques, et de ne pas donner lieu par là aux maux et aux accidents ci-dessus mentionnés.

Il est inutile de parler de la chaussure; car tout le monde

sait assez que ce sont les chaussures qui causent les cors, les durillons, les chevauchements des orteils, l'ongle entré dans la chair ou l'ongle incarné, comme on dit. Le meilleur moyen de prévenir cette dernière et bien gênante infirmité, c'est de couper les ongles carrés ou carrément, et non pas arrondis comme ceux des mains.

Nous terminerons ce paragraphe par deux mots sur la coiffure des hommes, c'est-à-dire sur le chapeau. Cette espèce de vêtement de chef doit en général être léger, afin de ne pas trop échauffer la tête, mais néanmoins confectionné de manière à pouvoir l'abriter des intempéries atmosphériques. Une des principales qualités du chapeau est d'avoir la forme spacieuse et élevée, afin de mieux garantir la tête contre les accidents extérieurs, et de renfermer dans l'intérieur de la forme un plus grand volume d'air destiné à faciliter l'évaporation de la matière de la transpiration. Car si, au contraire, la forme est basse, étroite, ronde et exactement appliquée sur la tête, elle absorbera abondamment la chaleur extérieure et la transmettra immédiatement au cuir chevelu; de plus, il résultera de cette conformation vicieuse que le défaut d'air entre la tête et les parois du chapeau sera un obstacle à l'évaporation de la matière de la transpiration, laquelle, retenue dans les cheveux, échauffera encore plus ou moins la tête, y causera de la gêne, de l'embarras, de la douleur, etc. Ajoutez à cela les inconvénients attachés à la suppression brusque de la transpiration, ce qui arrivera souvent, pour ne pas dire toutes les fois qu'on sera obligé de se découvrir. De là des rhumes, des maux de gorge, des extinctions de voix, des rhumatismes, des névralgies, des migraines, etc. Les formes basses, rondes et petites font quelquefois, comme dit Percy, « l'effet d'une ventouse, et causent une chaleur et des maux plus ou moins insupportables. J'ai vu, dit le même auteur, des dragons revenant d'une manœuvre un peu longue ne pouvoir ôter leur casque, parce que les téguments échauffés et tuméfiés en remplissaient le fond. »

D'après ce qu'on vient de dire, il est aisé de voir que les chapeaux à trois cornes, soit ecclésiastiques, soit militaires, sont précisément ceux qui, selon nous, auraient le plus besoin de subir une certaine modification. Or ce changement consisterait principalement à rehausser la forme du chapeau de huit à neuf centimètres; alors la tête s'échaufferait sensiblement moins, en raison de la plus grande mesure d'air (assez mauvais conducteur du calorique) qui se trouverait entre le cuir chevelu et la paroi supérieure du chapeau, et de la facilité avec laquelle se ferait l'évaporation de la matière de la transpiration. La forme anguleuse et plate serait préférable à la forme convexe et ronde, en ce sens qu'elle augmenterait encore l'espace intérieur, qu'elle n'est point convergente, et qu'elle offrirait peut-être plus de solidité et plus de résistance aux chocs extérieurs.

Quant au bord du chapeau ecclésiastique, il serait plus convenable, sous le rapport hygiénique, qu'il fût fort large, de dix à douze centimètres, non relevé, mais entièrement rabattu, afin de mieux garantir et protéger les yeux ou la vue contre la réflexion d'une lumière trop vive, et particulièrement les oreilles et la nuque contre le vent, le froid et la pluie. De cette manière, ce chapeau différerait encore assez du chapeau laïque, par sa forme, qui serait moins élevée, et par son bord plus large et circulairement rabattu; et surtout il serait conforme aux principes de l'hygiène, et contribuerait puissamment à préserver des graves maladies du larynx, des extinctions ou faiblesses de voix, des laryngites chroniques, qui conduisent quelquefois à la phthisie laryngée, et ont très-souvent pour résultat l'abolition ou du moins la suspension plus ou moins longue des fonctions vocales, c'est-à-dire, pour les ecclésiastiques, l'impuissance de remplir leurs principaux devoirs, comme ceux de prêcher, de faire le catéchisme, etc.

Nous avons dit ailleurs que les chapeaux blancs sont moins chauds que les noirs; nous ajouterons que si l'on était exposé à toute l'ardeur d'un soleil brûlant, un mouchoir blanc étendu sur le chapeau ou immédiatement sur la tête serait un préservatif contre l'insolation.

§ II

Bains, lotions, frictions, etc.

On distingue les bains, sous le rapport de la température, en bains chauds (de 25 à 30 degrés R.), bains tièdes (de 20° à 25° + 0 (1)), et bains frais (de 15° à 20° + 0), et en bains froids (de 10° à 15° + 0). On administre quelquefois des bains au-dessous de 10° et plus souvent au-dessus de 30°; mais alors ils cessent d'être hygiéniques et rentrent dans le domaine de la thérapeutique.

Les bains chauds rougissent plus ou moins la peau, en augmentent la chaleur, précipitent la circulation et la respiration, portent le sang à la tête, au visage, provoquent la sueur, etc.; ils peuvent très-facilement déterminer l'apoplexie chez les personnes très-sanguines, auxquelles ils ne conviennent jamais. Ils sont fort utiles pour exciter le système cutané et même toute l'économie chez quelques sujets lymphatiques ou scrofuleux; pour combattre les affections cutanées chroniques et atoniques, des rhumatismes chroniques, etc. : dans tous ces cas on les rend

(1) Et même dans la *pratique* jusqu'à 29; cela dépend beaucoup des dispositions individuelles.

plus stimulants et plus actifs en les rendant sulfureux par l'addition d'une certaine quantité de sulfure de potasse.

Les bains tièdes sont les bains hygiéniques proprement dits. Ils sont relâchants et calmants ; ils apaisent l'excitation du système cutané, calment l'irritation nerveuse, tempèrent la chaleur du sang, et sont en général très-utiles aux personnes sèches, irritables, nerveuses, hypocondriaques, etc. Ils conviennent éminemment après de grandes fatigues soit du corps, soit de l'esprit, et produisent un sentiment de bien-être remarquable. Enfin leur effet le plus général et le plus constant est d'entretenir les fonctions cutanées, en nettoyant et en assouplissant convenablement le système dermoïde. On sait que les bains tièdes sont débilitants.

Les bains frais et froids se prennent ordinairement à la température atmosphérique dans les rivières, les lacs, les étangs, etc. Ils sont en général frais, puisque communément on les prend l'été, lorsque la température est déjà assez élevée (natation). Les bains froids sont ordinairement domestiques; on n'y reste que de cinq à dix minutes, rarement davantage, et souvent moins. On doit toujours sortir de l'eau avant le second frisson, ou au plus tard lorsqu'il va commencer. Les bains frais et surtout les froids, étant toujours suivis d'une réaction générale, sont par conséquent toniques, excitent et fortifient toute l'économie, combattent avec avantage les affections nerveuses chroniques et asthéniques, comme la chorée ou danse de Saint-Gui, etc. Les bains froids ne conviennent pas aux personnes sèches, irritables, nerveuses, ni dans aucune irritation nerveuse aiguë, intense; car le froid est ennemi des nerfs. Ils sont également nuisibles aux vieillards et aux personnes sanguines disposées à l'apoplexie, ainsi qu'à ceux qui ont la poitrine faible, délicate, qui sont menacés d'hémoptysie, de crachement de sang, qui sont affectés de toux, de palpitations ou de maladies du cœur, etc.

Les bains de mer sont ordinairement frais ou de 15° à 20° + 0; ils sont plus stimulants que les bains à l'eau ordinaire, en raison de la grande quantité de substances salines que contient l'eau de la mer; sa densité et son mouvement ondulatoire ajoutent encore à ses propriétés. Ils conviennent dans les cas où l'on emploie les bains frais.

Nous ne parlerons pas ici des bains de vapeur et d'eaux minérales, qui appartiennent plutôt à la thérapeutique qu'à l'hygiène.

Les lotions. — En hygiène, les lotions ne se pratiquent ordinairement que sur les parties habituellement découvertes, comme la figure et les mains. Le savon simple doit ici tenir lieu de tous les cosmétiques.

Les personnes sujettes aux engelures peuvent, dans le but de les prévenir, faire des lotions toniques avec de l'eau-de-vie simple ou camphrée, ou toute autre eau spiritueuse, comme l'eau de Cologne, etc. On se lavera également avec de l'eau très-froide, ou l'on se frottera avec de la neige. Surtout on évitera les transitions brusques du chaud au froid, et particulièrement du froid au chaud.

Les personnes, comme les médecins et les prêtres, qui par devoir sont exposées à se trouver dans des foyers de contagion ou au milieu des malades atteints d'affections septiques et putrides, doivent prendre des précautions hygiéniques ou prophylactiques, comme celles entre autres de se laver souvent les mains et la figure avec du fort vinaigre, du vinaigre dit des *quatre-voleurs*, ou plutôt avec de l'eau fortement chlorurée, comme la solution faite avec trente à quarante grammes de chlorure de chaux, fondus dans un litre d'eau de fontaine ou de rivière. C'est là sans contredit le meilleur désinfectant, puisqu'il détruit directement les miasmes, tandis que les autres ne font que les masquer. On pourrait même aussi s'en laver la bouche, mais en l'affaiblissant et en l'étendant convenablement dans l'eau commune. On mettrait aussi de l'eau chlorurée non affaiblie dans son mouchoir, afin d'en respirer de temps en temps la vapeur par le nez. On en ferait des aspersions dans les chambres ou même sur les lits des malades, ou sur des objets infectés ou contagiés. De plus on aura soin de ne pas avaler sa salive toutes les fois qu'on se trouve dans des lieux infectés.

Les lotions purement aqueuses et les immersions dans l'eau simple de tous les objets contagiés sont déjà elles seules un bon moyen d'arrêter les progrès de la contagion et d'empêcher la communication des maladies pestilentielles. Ces seules observations justifient pleinement l'institution des purifications légales et les nombreuses ablutions prescrites par Moïse dans un climat très-chaud, où la corruption facile des substances animales, la transpiration abondante et l'odeur qui l'accompagne et la suit, sont autant de causes d'insalubrité que les lotions fréquentes détruisent ou empêchent infailliblement. « Moïse, comme le fait observer Hallé, a fait de la propreté un précepte de religion, et a mieux aimé la porter jusqu'au scrupule le plus minutieux que risquer de la laisser négliger dans les circonstances importantes. » Il était nécessaire de rendre la propreté obligatoire pour un peuple qui a toujours montré si peu de disposition ou d'inclination à cette vertu domestique.

Voici comment s'exprime sur l'hygiène mosaïque un écrivain philosophe peu suspect d'ascétisme, le docteur Virey :

« J'ouvre la loi de Moïse, qui fut un grand homme, même aux yeux des païens. N'a-t-il point recommandé des rites salutaires aux Hébreux, soit pour la propreté, en éloignant toute souillure relativement aux morts, aux lépreux, aux vêtements, soit pour choisir des aliments purs ou exempts de matières facilement corruptibles sous un climat chaud, telles que le sang, soit afin de rejeter ceux de difficile digestion, comme le lard, les poissons muqueux et sans écailles, les reptiles, les bêtes carnassières dont la chair est fétide et putrescible, ainsi que les viandes d'animaux morts de maladie? L'abstinence des liqueurs fermentées chez les lévites qui s'approchent du tabernacle, les attentions pour les femmes enceintes, les jeûnes destinés à rétablir la vigueur des viscères digestifs ou propres à débarrasser d'impuretés l'appareil intestinal, la défense de cohabiter avec une femme souillée, l'observation du repos du sabbat afin de vaquer à des exercices pieux, la sanctification de l'union des deux sexes, et tant d'autres préceptes de netteté, de sagesse, de bonté, jusqu'au jubilé septénaire en faveur des infortunés; enfin l'établissement des lois les plus humaines, pour un peuple qualifié tant de fois de dur et revêche : tout ne prouve-t-il pas que l'empire d'une religion arrache les nations à la barbarie ou soustrait les hommes à l'état d'animalité primitive? Ils furent inspirés par la Divinité, sans doute, ces législateurs sacrés qui, j'ose le dire, continuèrent l'œuvre de la création en perfectionnant sa plus noble créature ; car quiconque fait du bien aux mortels devient le ministre de la Providence et l'apôtre d'un Dieu. »

Enfin nous terminons tout ce chapitre par un mot sur les frictions hygiéniques et l'indication d'un excellent dentifrice. Les frictions consistent à se frotter vivement, soit tout le corps, soit quelques-unes de ses parties, avec la main nue ou armée d'une brosse, ou d'une flanelle sèche ou imbibée de quelque liqueur alcoolique, ou chargée de la matière de quelque fumigation fortement aromatique. A l'aide des frictions on stimule le système cutané et l'on active les fonctions ; on favorise la circulation, la calorification et la nutrition. Les frictions sont utiles aux sujets lymphatiques, à peau molle, flasque et décolorée ; aux enfants scrofuleux, rachitiques; aux vieillards débiles, froids, affectés de douleurs goutteuses ou rhumatismales chroniques, etc.

Quant au moyen d'entretenir en bon état la bouche et surtout les dents, les meilleurs sont l'esprit de cochléaria et la teinture de gaïac étendue d'eau; ou de l'eau chlorurée faible ou largement étendue dans l'eau commune. (Voyez page 457.) Voici la composition d'une poudre dentifrice qui réunit à la fois toutes les qualités de l'innocuité et tous les éléments de succès (elle est de Cadet de Gassicourt) : sucré tamisé, charbon pulvérisé, de chaque trente grammes; poudre de quinquina, quinze grammes; crème de tartre, six grammes; poudre de cannelle, un gramme.

CHAPITRE III

INGESTA, choses ingérées. (Aliments, boissons.)

§ I

Des aliments.

On entend par aliment toute substance animale ou végétale qui, introduite dans le corps de l'homme, est destinée à le nourrir.

Substances alimentaires tirées du règne animal.

Elles sont composées de fibrine, de gélatine, d'albumine et d'osmazôme. La fibrine forme le tissu propre des muscles. Ce sont les muscles, comme on sait, qui constituent la chair ou viande proprement dite; la gélatine forme ce qu'on appelle la gelée : elle provient de la peau, du tissu cellulaire, des membranes, des tendons, des ligaments, des cartilages et des os eux-mêmes; l'albumine est ce principe qui se coagule dans l'eau bouillante et qui offre un aspect blanchâtre : le blanc d'œuf n'est que de l'albumine : l'osmazôme est la base du bouillon et lui donne sa saveur et son odeur agréables. C'est aussi l'osmazôme qui forme sur les viandes rôties cet enduit brunâtre, luisant, très-sapide, qu'on appelle *rissolé*.

Aliments qui ont pour base la fibrine unie à la gélatine. — Ce sont les *chairs blanches* qui sont privées d'osmazôme, comme le veau, etc. Dans les jeunes quadrupèdes domestiques la gélatine n'est qu'un suc gluant, visqueux et glaireux. Le veau de bonne qualité (de quatre à cinq mois) est rafraîchissant et convient aux personnes irritables et sanguines. Il y a des individus auxquels l'usage du meilleur veau fait éprouver constamment des diarrhées. Les chairs de l'agneau et du chevreau sont aussi un peu glaireuses; cependant leur gélatine est plus consistante et fournit une fort bonne gelée : néanmoins les estomacs faibles et les convalescents s'en accommodent assez mal.

Après les chairs rafraîchissantes que nous venons d'indiquer, nous plaçons celles qui sont tendres, blanches, gélatineuses, sans être visqueuses ni glaireuses : telles sont celles des jeunes volailles, du poulet, des jeunes lapins, des perdreaux, etc.; ce sont là les viandes qui conviennent le mieux aux convalescents et aux estomacs faibles, surtout la chair du poulet : elle est tendre sans être molle, et elle est gélatineuse sans viscosité. C'est un des premiers mets dont les médecins permettent l'usage aux convalescents.

On peut rapprocher des viandes blanches quelques poissons de mer, comme les saxatiles, les merlans, les soles, les limandes, et plusieurs poissons de rivière, comme la perche, la carpe, si elle n'est pas trop grasse. Tous ces poissons se digèrent très-bien et très-promptement.

Les grandes volailles comme les chapons, les poulardes, les poules d'Inde, dont la chair blanche est pénétrée de graisse, sont plus difficiles à digérer et ne conviennent point aux convalescents. On peut assimiler à ces viandes quelques poissons gras, comme l'anguille, la carpe grasse, l'alose, dont la digestion est également lente et difficile. Le saumon, que l'on peut encore ranger ici, est plus nourrissant, mais aussi d'une digestion plus difficile encore.

Après cette catégorie de viandes blanches viennent se placer le lapin adulte, le dindon et tous les oiseaux de basse-cour qui ont passé leur jeunesse et qui n'ont point été engraissés : leurs chairs sont plus fermes, surtout celles des mâles, et elles se digèrent parfaitement. Les poissons qui s'y rapportent le plus sont ceux qui ont la chair compacte et serrée comme le brochet, la tanche, le barbeau, le maquereau, la morue, la raie, dont la chair, comme on sait, n'est tendre qu'après une longue mortification.

Le célèbre Hallé, qui fut sans contredit le plus grand médecin-hygiéniste de France, et auquel, quant au fond, nous empruntons cet ordre et cette classification des aliments, Hallé, disons-nous, place ici comme viande blanche, c'est-à-dire peu colorée, la chair du porc, fort dense, fort résistante et fort indigeste, mais d'ailleurs salubre, et qui nourrit beaucoup ceux qui la digèrent bien, comme les gens de la campagne et les hommes de peine. Si les cuisses de cochon salées et fumées (jambons) sont rouges, c'est un effet purement accidentel, comme tout le monde sait. La santé du porc résiste difficilement à l'influence des climats chauds. On sait que Moïse a interdit la chair de cet animal. Il est fort sujet aux hydatides, que l'on croyait autrefois avoir quelque analogie avec la lèpre ou la *ladrerie*. A la chair de porc il faut joindre, parmi les poissons, la chair de l'esturgeon et du thon, et de quelques autres grands poissons du genre des scombres.

Chairs colorées dans lesquelles la fibrine est pénétrée d'osmazôme. — On ne distingue que deux sortes de chairs colorées : celles qui le sont médiocrement, et celles qui le sont à un degré éminent ou qui sont presque noires, c'est-à-dire qu'il faut ici distinguer les grands animaux des petits et les quadrupèdes des oiseaux. La première division nous offre le bœuf et le mouton. La chair de ces animaux fait, avec le pain, la principale nourriture des nations européennes. Ces viandes sont éminemment nutritives et restaurantes, et conviennent à toutes les personnes qui se trouvent dans leur état de santé ordinaire. Les oiseaux que l'on peut rapporter à cette division sont le pigeon, la perdrix, le canard, etc.

« Pour ce qui regarde les proportions et l'ordre dans lesquels ces aliments peuvent convenir aux estomacs faibles des convalescents, après les viandes douces et légères des poissons saxatiles, du poulet, du lapereau et du perdreau, la chair tonique, mais aussi légère, du pigeon est la première qu'on puisse donner, et quand l'estomac a repris de la force et qu'il s'est exercé en digérant les volailles adultes, le mouton tendre doit précéder l'usage du bœuf. Ce que nous disons est pour les convalescents des maladies aiguës qui n'ont pas énervé le ton de l'estomac, et après lesquelles il faut des sucs doux et dont la digestion ne soit pas accompagnée de beaucoup de chaleur; car il est, au contraire, des états de faiblesse de ces viscères dans lesquels les viandes toniques doivent avoir la préférence sur les autres, et l'on peut bien dire alors que leurs qualités ont quelque chose de médicamenteux. » (Hallé.)

Quant aux animaux dont la chair est plus colorée ou plus foncée, on remarque particulièrement le chevreuil, le daim, le sanglier et surtout le lièvre, dont la viande est véritablement noire. A l'égard des oiseaux nous avons la caille, la bécasse, la bécassine, la macreuse, la sarcelle, la poule d'eau, le pluvier et les petits oiseaux du genre des passereaux, qui ont généralement la chair très-brune. Aucun oiseau aquatique, dit le savant Hallé, n'a la chair d'un noir plus foncé que la macreuse. Suivant le même auteur, la saveur de tous ces oiseaux a d'autant plus de force que l'intensité de leur couleur est plus grande. Si leur chair a une saveur plus forte et une couleur plus foncée, il s'ensuit qu'elle est plus animalisée et plus échauffante que celle des volailles de basse-cour : c'est au moins la conclusion qu'en tirent aujourd'hui tous les médecins. Il ne faut donc désormais pas trop assimiler la nature des oiseaux aquatiques, comme les macreuses, les poules d'eau, etc., à celle des poissons.

Manière générale de préparer les viandes. — Les principaux modes de préparation consistent à faire rôtir les chairs, les bouillir, les cuire à l'étuvée ou les faire frire, etc.

Les viandes non faites, visqueuses et glaireuses, doivent toujours être rôties. L'agneau, le chevreau, le cochon de lait, ne peuvent guère être mangés à l'état de *bouilli*. Le rôti conserve toutes les parties solubles de la chair; il est plus tonique et plus nourrissant que le *bouilli*, qui a fourni au bouillon sa gélatine et son osmazôme. Les viandes cuites à l'*étuvée*, où elles conservent tout leur jus, sont très-nourrissantes et très-faciles à digérer. La *friture* nuit à beaucoup d'estomacs faibles et paresseux. Le roux offre de plus grands inconvénients encore. Les limites étroites de ce petit travail d'hygiène, et plus encore son objet, nous interdisent ici de plus amples détails culinaires assez connus d'ailleurs (1).

Aliments qui ont pour base l'albumine. — Ce sont les œufs des gallinacés, ceux de poissons et plusieurs mollusques acéphales. Le blanc d'œuf est de l'albumine pure. Dans le jaune l'albumine est unie à une huile grasse et à une matière colorante jaune que l'on croit être du fer. Les œufs, comme tout le monde sait, sont très-nourrissants, et contiennent sous un petit volume beaucoup de matière nutritive. Comme les œufs de poule sont un aliment léger et très-nutritif, ils conviennent beaucoup aux personnes convalescentes et aux gens épuisés. Les œufs de poisson ont beaucoup d'analogie avec ceux des oiseaux ; un très-grand nombre paraissent manquer d'albumine et ne contiennent que le jaune. Les œufs de tortue sont beaucoup recherchés par les marins. — Quant aux mollusques albumineux, comme les huîtres, les moules, etc., les premières, crues et non marinées ni cuites surtout, se dissolvent très-promptement et se digèrent parfaitement; souvent des malades qui ne peuvent supporter aucune

---

(1) On ne doit jamais rien laisser refroidir dans des vases de cuivre, fussent-ils même étamés; car l'étamage, comme le fait observer le docteur Guersent, n'inspire qu'une sécurité souvent dangereuse : « C'est une espèce de voile très-léger qui nous cache le danger plutôt qu'un véritable préservatif. » On voit toujours à la loupe, dans une casserole nouvellement étamée, beaucoup de points rouges qui ont échappé à l'étamage. Les passoires et les écumoires sont aussi très-dangereuses, à cause de leurs trous, où il se forme souvent du vert-de-gris. Il ne faudrait pas non plus mettre des robinets de cuivre aux tonneaux de vin, de cidre, de bière et de vinaigre, ou, si l'on y a recours, il faut avoir l'attention de jeter les premiers flots de liquide, qui emportent le vert-de-gris du robinet.

nourriture les digèrent très-bien. — Les huîtres paraissent convenir beaucoup aux individus menacés de phthisie pulmonaire ou atteints d'affections catarrhales; elles sont bonnes depuis le mois de septembre jusqu'au mois d'avril. Pour les moules, dont la chair est indigeste, on doit surtout s'en abstenir pendant les mois de mai, juin, juillet et août; de là est venu cette espèce de proverbe populaire que les moules et les huîtres ne valent rien dans les mois où il n'entre pas d'R; c'est, en effet, pendant ces quatre mois, ou l'été, que les moules sont véritablement vénéneuses et causent une espèce d'empoisonnement. On attribue communément ces accidents aux petits astéries ou étoiles de mer qui se trouvent dans ces mollusques aux époques ci-dessus indiquées; quoi qu'il en soit, on les fait cesser par l'administration d'un vomitif et des boissons acides ou vinaigrées.

Aliments qui ont pour base la matière caséeuse, c'est-à-dire le lait, le beurre et le fromage.

Le *lait* est un liquide animal, blanc, opaque, doux et plus ou moins sucré. Il est composé de matière caséeuse, de matière butyreuse, de sucre de lait, d'eau, de différents sels, tels que l'hydrochlorate, phosphate et acétate de potasse, de lactate de fer, d'acide lactique, etc. Ces principes se trouvent dans le lait de la femme, de la vache, de la brebis, de la chèvre, de l'ânesse et de la jument. Le lait de vache abandonné à lui-même se sépare en trois parties : la crème, qui vient à la surface; le caséum, qui se coagule peu à peu sous la crème, et le sérum ou le petit-lait, qui forme environ les neuf dixièmes du lait entier. Le sérum tient donc en suspension les matières caséeuse et butyreuse, dont il forme une sorte d'émulsion animale qui est le lait pur. En général les matières butyreuse et caséeuse sont en plus grande quantité dans le lait des animaux ruminants, comme la vache, la chèvre, la brebis, tandis que le lait des non-ruminants offre plus de matière sucrée. — Le lait d'ânesse ressemble beaucoup à celui de femme, dont il a la consistance, l'odeur et la saveur. — Le lait de brebis donne plus de crème que le lait de vache et fournit un caséum plus gras et plus visqueux : on en fait les fromages de Roquefort. — Le lait de chèvre a beaucoup d'analogie avec le lait de vache ; il passe pour être le plus excitant de tous les laits. — Le lait de jument contient beaucoup de sucre et peu de matière caséeuse et butyreuse : il est par conséquent peu nourrissant.

Le lait est la nourriture spéciale du premier âge. Il est en général mieux digéré lorsqu'il est associé à quelque substance féculente ou farineuse. Il convient surtout aux personnes délicates, maigres, sèches, nerveuses, irritables, prédisposées aux irritations de la poitrine ou des voies digestives, pourvu toutefois qu'il soit bien digéré : alors il nourrit et engraisse. Communément l'usage du lait doit être interdit aux individus trop lymphatiques, d'une complexion molle, lâche, humide, pituiteuse, scrofuleuse, cachectique, etc. Le lait est un aliment approprié à un grand nombre de vieillards secs et irritables, dont les organes digestifs ne sont pas encore trop affaiblis.

Pour conserver le lait et pour en prévenir ou du moins retarder l'ascescence, on est dans l'usage de le faire bouillir ; mais un moyen plus sûr et plus commode, c'est de le rendre légèrement alcalin au moyen d'une légère dose de bi-carbonate de soude, comme un demi-gramme par litre de lait. Cette quantité suffit pour le conserver pendant trois jours, même pendant l'été ; on en met un peu plus quand on veut le conserver plus longtemps :

cette addition n'a aucun inconvénient ; elle paraît même favoriser la digestion du lait.

Le *beurre*. C'est une substance huileuse concrète, formée, suivant M. Chevreul, de stéarine, d'élaïne, d'acide butyrique ou de principe odorant et d'une matière colorante qui ne lui est pas naturelle : elle vient du souci, du safran ou de l'alkékenge qu'on y mêle. Le beurre frais est un aliment agréable, très-sain, nourrissant et adoucissant, plus facile à digérer que les huiles, et qui convient presque à tous les estomacs, même à ceux qui rejettent ou digèrent difficilement le lait. Le beurre n'engendre pas un excès de bile, comme on le prétend faussement d'après un préjugé populaire ; il rend plus nourrissants et plus faciles à digérer les légumes auxquels on le mêle dans l'art culinaire.

Le *fromage*. Toutes les espèces de fromage ont pour base, cela va sans dire, la matière caséeuse, qu'on obtient aisément par la décomposition spontanée ou artificielle du lait. La matière caséeuse encore imprégnée du petit-lait s'appelle le *caillé*. Cette matière, ou le caillé égoutté, forme le fromage blanc ou le fromage mou, qu'on assaisonne avec du sucre ou du sel, pour le rendre plus facile à digérer. Il est très-léger et très-rafraîchissant. Le fromage à la crème ou fait avec le lait non écrémé est plus doux, plus gras et plus indigeste que le premier, et plus que celui-ci il a besoin de l'assaisonnement du sucre et du sel.

Les fromages de garde plus ou moins salés ou alcalescents sont propres à exciter les forces digestives, et ont quelque analogie avec les aliments de haut goût et fortement animalisés. Quelques-uns sont mous, humides et déliquescents, comme ceux de Brie, de Livarot, de Marolles ; d'autres sont secs, très-excitants et toniques, tels que ceux de Hollande, de Gruyères, de Roquefort, etc.

Substances alimentaires tirées du règne végétal.

Aliments farineux. — Ils ont toujours pour base la fécule ou le principe amylacé. Cette matière féculente, de quelque plante qu'elle provienne, est toujours identique, tant pour les qualités physiques que pour les propriétés chimiques. Nous avons déjà vu ailleurs que les aliments farineux sont très-nourrissants, produisent beaucoup de chyle et un sang abondant, épais et plastique : ils conviennent donc éminemment aux personnes faibles et épuisées.

Fécules presque pures. — Les graines céréales ou les graminées nous offrent la fécule en très-grande abondance ; elle est presque entièrement pure dans l'orge et dans le riz mondés. L'orge contient donc une quantité considérable de matière féculente, mais très-peu de gluten, ce qui le rend impropre à la panification. Or il faut savoir que le gluten, qui est le principe et la condition essentielle de la panification, est un principe immédiat des végétaux composé d'oxygène, d'hydrogène, de carbone, et, de plus, d'azote, comme les substances animales : aussi on le range parmi les principes animaux ou du moins végéto-animaux. On le trouve dans presque toutes les céréales, mais surtout dans le froment. Il est solide, mou, grisâtre, collant, très-visqueux, très-élastique et d'une odeur spermatique. Exposé à l'action de la chaleur, il se comporte comme les matières animales, fournit du carbonate d'ammoniaque, se putréfie et exhale une odeur animale et putride. Revenons à l'orge. On trouve dans cette céréale, outre sa grande quantité de fécule, un principe mucilagineux qui la rend adoucissante et rafraîchissante. La germination, comme on sait, y fait développer un principe sucré qui détermine la fermentation vineuse et constitue la base de la bière. — Le *riz*. Il n'existe point de plante sur la terre qui nourrisse un plus grand nombre d'hommes que cette précieuse graminée. Aucune semence connue ne contient autant de fécule que le riz, et n'est par conséquent aussi éminemment nutritive. Sur cent parties de riz on en trouve quatre-vingt-seize de fécule, mais point de gluten, et par conséquent le riz est absolument impropre à la panification. Pour être tout à fait salubre, comme toutes les substances farineuses, il doit être très-cuit et presque réduit en bouillie, sans quoi toute la fécule se gonfle plus ou moins dans l'estomac et dans les intestins. — Après l'orge et le riz on peut placer le *maïs* pour l'abondance et la pureté de la fécule : c'est donc également un aliment très-nourrissant. — Les *millets* peuvent être mis dans la même catégorie. Nous ne parlons pas ici des fécules orientales ou exotiques, telles que le *sagou*, qui provient de la tige de plusieurs espèces de palmiers; le *salep*, fait avec les bulbes de divers *orchis*; l'*arrowroot*, tirée de la racine du *maranta Indica*, etc. : toutes ces fécules ne sont pas supérieures à nos fécules indigènes. Voilà les principaux farineux où la fécule est très-abondante, presque pure et sans gluten, et qui tous par conséquent sont incapables d'être panifiés ou convertis en pain.

Fécules unies à une substance vénéneuse. — Ce sont celles du *manioc*, de la *bryone* et de l'*arum*. On les traite par l'eau, qui emporte le principe âcre et vénéneux et laisse au fond du vase la fécule insoluble dans l'eau froide. C'est du manioc (*jatropha manihot*) qu'on tire la *cassave* et le *tapioka* ou le sagou blanc. Toutes ces fécules sont très-salubres et très-nutritives. Dans les céréales on ne connaît guère que l'*ivraie* qui récèle un principe malfaisant ou toxique; dans les légumineuses on cite les graines de cytise.

Fécules unies à un principe sucré. — On les trouve dans

l'avoine, le blé noir ou sarrasin, etc., et, parmi les légumineuses, dans les haricots, les pois, les gesses, les vesces, les lentilles, etc.; mais il faut remarquer que dans presque toutes les céréales et légumineuses le principe sucré est bien plus sensible avant la maturation de la graine qu'il ne l'est à l'époque de leur maturité parfaite. Au reste, ces sortes de fécules sont adoucissantes et nourrissantes; mais, en raison de leur principe sucré, elles ont l'inconvénient de fermenter dans les voies digestives, et de causer des aigreurs et des flatuosités. — L'*avoine* parfaitement dépouillée de sa balle est nourrissante, grasse et très-adoucissante pour la poitrine. — La galette de *sarrasin* bien préparée est assez bonne, nourrit bien, et est légèrement tonique. On a vu certains estomacs dégoûtés et fatigués de toute espèce d'aliments supporter parfaitement le blé noir. On sait que le sarrasin forme en grande partie la nourriture des gens de la campagne de la basse Normandie et de la haute Bretagne. — La *châtaigne*. C'est un excellent fruit féculent où le principe sucré est très-abondant. C'est un très-bon aliment, qui nourrit un grand nombre d'habitants du midi de la France. Suivant Hallé, la lentille et le haricot rouge sont, de tous les farineux légumineux, les plus digestibles, les moins venteux, et qui occasionnent le moins dans l'estomac ce sentiment de gonflement et de plénitude qu'y causent la plupart des autres graines de la même classe : il leur attribue une certaine propriété tonique, en raison de la matière extractive et colorante que renferment ces graines féculentes. L'expérience paraît confirmer la vérité de ces assertions.

Fécules unies à une huile grasse. — Ce sont les semences émulsives, comme les amandes, les cucurbitacées, quelques crucifères, les noix, les avelines, le pavot blanc, le cacao, etc. Ces substances féculentes grasses sont moins nourrissantes que les précédentes, excepté le cacao, dont, à l'aide du sucre, on fait le chocolat : c'est ce qu'on appelle mal à propos *chocolat de santé*. On doit lui préférer celui qui est aromatisé avec un peu de cannelle et de vanille; cette addition d'aromates excitants le rend plus facile à digérer. Souvent on ajoute à la pâte du chocolat de la fécule, de l'amidon ou de la farine : ainsi altéré, le chocolat est plus nourrissant, mais aussi plus lourd et plus indigeste, parce que la substance féculente qu'on y a mêlée ne se cuit pas suffisamment et ne fait pas avec le cacao et le sucre un tout parfaitement homogène. Le chocolat est très-nourrissant et très-salubre si on le digère bien; mais très-souvent aussi c'est un aliment lourd, pesant, indigeste, ou du moins d'une digestion très-longue, surtout si on le prend au lait. Tous les farineux dont nous avons parlé jusqu'à présent ne forment point pâte, et sont par là généralement *impanifiables*.

Fécules unies à un mucilage visqueux. — On rencontre cette fécule dans la fève de marais, le seigle et la pomme de terre. La *fève de marais* se combine très-bien avec la farine de froment pour la panification, et même seule elle fermente et lève aussi assez bien pour en faire une espèce de pain. Ce qu'il y a de certain, c'est que la fève de marais, qui contient de l'azote, est très-nourrissante. — Le *seigle*, comme on sait, fait pâte liée, fermente, lève et se panifie assez bien, quoiqu'il ne paraisse pas contenir de gluten ou du moins fort peu; c'est donc le mucilage visqueux qui tient ici lieu de gluten. Le pain de seigle est moins nourrissant que celui de froment ; il passe pour relâchant et rafraîchissant, et on le conseille aux personnes chargées d'embonpoint. — La *pomme de terre*. Ce précieux tubercule nous fournit un des aliments les plus utiles et les plus salutaires, en raison de la grande quantité de fécule qu'il contient et des nombreuses et faciles préparations auxquelles il se prête. C'est de plus une immense ressource en temps de disette, et un bienfait de la Providence pour préserver l'Europe de ces horribles famines qui l'ont jadis si souvent désolée. La pomme de terre, dit Virey, « est une moisson souterraine préservée par la nature contre les tempêtes et les calamités du ciel (1). » La pomme de terre, à l'aide de son mucilage visqueux très-abondant, est susceptible de faire une pâte parfaitement liée. Il paraît même, dit Hallé, qu'il est nécessaire d'ajouter à cette pâte, quand on veut en faire du pain, une nouvelle portion de fécule, tant le mucilage est abondant. Cette pâte fermente, lève et forme un pain d'assez bonne qualité.

Fécules unies au gluten. — Cette heureuse circonstance ou cette condition essentielle de la parfaite panification ne se rencontre que dans le froment. Toutes les espèces de froment contiennent les matières féculente et glutineuse dans des proportions convenables à la fermentation panaire et à la plus parfaite panification. Le pain de froment est le plus léger, le plus nourrissant et le plus facile à digérer : aussi c'est l'aliment qui sert le plus généralement à la nourriture des peuples de l'Europe. Le gluten, qui fait lever la fécule, s'altère pendant la fermentation panaire, et paraît perdre son caractère de substance animale.

« Quand le pain est bien levé, disent Hallé et Nysten, par conséquent léger, intimement pénétré et altéré par une fermentation parfaite, il nourrit plus promptement, mais il nourrit moins. Ces qualités dépendent soit de celle du levain, soit de la manière dont cette pâte est pétrie, soit de la nature de la farine employée. Ce qui contribue à rendre le pain léger diminue la faculté nutritive : alors

---

(1) C'est fort bien ; mais malheureusement depuis quelques années une tempête souterraine a frappé la pomme de terre.

il se dissout mieux, se digère plus promptement et nourrit mieux les personnes faibles ; mais il nourrit beaucoup moins ceux dont les organes digestifs jouissent de toute leur vigueur : le besoin et la faim renaissent bien plus promptement. Il paraît donc que plus la matière glutineuse s'est altérée, moins le pain est nourrissant ; et ceci est une preuve de la faculté nutritive de cette substance, qui, insoluble par elle-même, devient soluble par son union avec la fécule, et contribue à augmenter la propriété nourrissante de la farine et du pain. » La qualité du pain est nécessairement relative : les hommes de peine, les habitants des campagnes, habitués à se nourrir de gros pain à peine ou mal fermenté, s'accommoderaient mal du pain blanc et léger des boulangers des villes ; il n'apaiserait leur faim que momentanément : par contre, il est bien probable que les délicats et voluptueux Sybarites de nos opulentes cités supporteraient difficilement le pain grossier des gens de la campagne. — Il est inutile de faire observer que le pain azyme, c'est-à-dire sans levain et non fermenté, est lourd et indigeste, et cause souvent de brûlantes acidités; c'est cependant cette sorte de pain que mangent encore, à ce qu'il paraît, un grand nombre d'habitants de Naples et d'Espagne.

Aliments végétaux mucilagineux. — Plus le mucilage que contiennent ces végétaux est visqueux et abondant, comme dans les malvacées, plus il est difficile à digérer. En général, ces plantes sont légères, adoucissantes, tempérantes et rafraîchissantes, mais fournissent peu de matière nutritive : telle est la famille des arroches, dans laquelle se trouve l'*arroche*, la *bette*, la *blette*, l'*épinard*, etc. — Après les arroches viennent les plantes de la famille des pourpiers et des ficoïdes, où le mucilage est encore uni à une plus grande quantité d'eau que dans les arroches. Les diverses laitues étiolées peuvent être rangées ici; elles ont toutes besoin d'assaisonnement, qui les rende plus faciles à digérer. On regarde la laitue comme un peu calmante et narcotique. Galien, dit-on, en mangeait habituellement le soir pour se délivrer d'une fatigante et pénible insomnie. — Les diverses espèces de chicorées sont plus ou moins amères, et par conséquent légèrement toniques; et à ce titre elles sont salutaires si on les digère bien. — Les jeunes pousses de l'asperge sont aussi un aliment très-bon, très-léger, et qui se digère parfaitement. Cette plante, comme on sait, agit spécialement sur les voies urinaires, et en conséquence elle est réputée diurétique. Son effet le plus certain est de donner aux urines une grande fétidité, que l'on corrige aisément, et qu'on change même en l'odeur de la violette en versant quelques gouttes d'essence de térébenthine dans le vase destiné à recevoir les urines. — L'*artichaut* peut aussi trouver sa place ici; il a une saveur un peu relevée, mais délicate et légèrement sucrée. Il est facile à digérer et paraît également, comme l'asperge, exciter légèrement la sécrétion urinaire.

Quant aux racines alimentaires à mucilage doux, on remarque les *scorsonaires*, les *salsifis*, les *topinambours*, etc. Ces derniers sont assez venteux et se digèrent moins bien que les premiers. On trouve du mucilage sucré dans la *carotte*, le *panais*, le *navet*. Ces racines sont très-nourrissantes, agréables et saines. Le navet cependant, qui appartient à une autre famille (crucifères), est très-flatulent, propriété qu'il partage avec beaucoup d'autres plantes de la même famille. — La *betterave* contient plus de sucre que toutes les autres racines; mais aussi elle contient plus d'eau que la carotte et le panais, ce qui la rend moins nourrissante. Toutes les autres racines crucifères, comme le petit radis, le radis noir, la rave, sont plus stimulantes que leur congénère le navet, sont aussi flatueux et beaucoup plus difficiles à digérer que lui. Toutes les crucifères, en raison de leur principe âcre et volatil, sont antiscorbutiques, et conviennent par conséquent aux personnes scorbutiques, pituiteuses ou sujettes à d'abondantes sécrétions glaireuses. Le principe volatil des alliacées, quoique de nature différente, possède à peu près la même propriété.

Enfin les dernières plantes crucifères qui nous restent à signaler nous sont fournies par le genre *chou;* ce sont toutes les espèces et les variétés de choux. Toutes ces plantes, plus ou moins azotées, sont nourrissantes et nous donnent un aliment salubre et agréable. On prépare par la fermentation acéteuse des choux la *choucroûte* ou le *sauer-kraut* des Allemands : c'est un aliment de facile digestion, tonique, stimulant et éminemment antiscorbutique.

Nous ne parlerons pas ici des *champignons.* Nous nous contenterons de dire avec M. le docteur Briand, « qu'il vaudrait mieux que tous les champignons indistinctement fussent bannis de nos tables, puisque tous sont indigestes, et que tous peuvent dans certaines circonstances devenir malfaisants, soit par l'effet de certaines qualités du sol, soit à raison de la température régnante, de la saison ou de l'âge. L'examen des caractères botaniques et une longue expérience ne peuvent pas même rassurer complétement, puisque l'on voit des gens qui croyaient ne pas pouvoir s'y tromper être victimes de leur sécurité. » Quant aux *truffes,* elles sont lourdes et deviennent souvent la source d'une multitude d'indigestions ou d'indispositions plus ou moins graves.

Aliments végétaux composés de sucs mucoso-gélatineux unis au principe sucré sans ou avec acide. — Ce sont les fruits succulents sucrés. — Le *sucre* existe dans presque toutes les substances alimentaires et surtout dans un très-grand nombre de végétaux ; soit qu'il provienne de la canne ou de la betterave, ses propriétés alimentaires sont absolument identiques ; il est doué d'une qualité nutritive incontestable. Les nègres des colonies se nourrissent presque exclusivement de *vézou* (suc de canne tel qu'il est obtenu par expression) ; il est pourtant certain que le sucre ne pourrait seul suffire à l'alimentation des mammifères et de l'homme. Pris en quantité modérée, comme excitant léger, le sucre semble favoriser la digestion des autres substances alimentaires et surtout du chocolat, du lait et de quelques fruits froids, tels que les pêches, les fraises, etc. Un verre d'eau sucrée, pris quelques heures après un repas copieux, paraît aussi faciliter les fonctions de l'estomac et hâter le travail digestif.

Nous ne pouvons entrer ici dans le détail relativement à la nature et aux diverses qualités des fruits. Nous nous bornons à dire que les fruits sont plus ou moins nourrissants, suivant la proportion respective de leur partie mucilagineuse ou gélatineuse, et de leur principe sucré : ainsi les plus nourrissants sont ceux qui contiennent le plus de sucre et le plus de principe mucilagineux ou gélatineux, comme les figues, les dattes, les prunes sucrées, les abricots, les pommes, certaines poires, les raisins très-mucilagineux et très-sucrés, etc. Au contraire les moins nourrissants sont ceux où l'eau est dans la plus forte proportion : tels sont les cerises, les oranges, les citrons, les pêches, les groseilles, les airelles, les mûres, les fruits des cucurbitacées, etc. ; tous ces derniers sont plus ou moins rafraîchissants, à raison de la quantité d'eau et d'acide qu'ils contiennent.

Assaisonnements. — Le sel est sans contredit le plus nécessaire et le plus usité de tous. Il relève la saveur des aliments et active puissamment la digestion stomacale. Les autres assaisonnements actifs et stimulants tels que les acides (vinaigre, citron, verjus), les crucifères âcres (moutarde, raifort sauvage), les alliacées (ail, échalottes, etc.), ne doivent être employés en général qu'en petite quantité. Pris modérément, ils aiguillonnent l'appétit, facilitent la digestion et conviennent particulièrement aux personnes lymphatiques, scrofuleuses, scorbutiques, aux constitutions molles chargées d'embonpoint, pituiteuses, glaireuses, etc.

On connaît assez les assaisonnements aromatiques, le poivre, le girofle, la cannelle, le gingembre, la muscade, etc. Ces substances, qui sont des stimulants diffusibles, produisent à certaine dose de la chaleur dans les voies digestives, accélèrent la circulation et portent de l'éréthisme dans toute l'économie : ils ne conviennent donc pas aux individus sanguins et pléthoriques, aux personnes irritables et nerveuses, et généralement à tous ceux dont l'estomac ou la poitrine est dans une disposition irritative ou inflammatoire habituelle; ils peuvent donc être utiles aux personnes qui se trouvent dans des conditions opposées, c'est-à-dire aux constitutions faibles, molles et lymphatiques, où il y a langueur et torpeur digestive habituelles. Plus on avance vers les pays chauds, plus l'usage de ces assaisonnements aromatiques devient nécessaire, de même que pendant les chaleurs très-fortes et très-prolongées : dans tous ces cas, ces stimulants contribuent à donner du ton aux organes digestifs affaiblis et énervés par l'effet débilitant d'une très-haute température et d'excessives sueurs.

Il est encore quelques plantes moins excitantes que l'on emploie assez fréquemment, comme le thym, la sarriette, le romarin, le persil (1), le cerfeuil, l'estragon, la pim-

---

(1) Qu'on prenne bien garde de ne pas confondre le persil avec la ciguë des jardins (*œthusa cynapium*), qui a souvent causé les accidents les plus graves. L'odeur spécifique seule du persil, que tout le monde

prenelle et surtout le laurier. Mais il ne faut pas confondre avec ce dernier le laurier-cerise, dont on emploie souvent les feuilles pour aromatiser le lait et les crèmes, et pour leur donner la saveur agréable de l'amande. On ne doit se permettre l'emploi de cette sorte d'assaisonnement qu'avec une extrême prudence, car ces feuilles perfides recèlent le poison le plus subtil et le plus dangereux que l'on connaisse en Europe ; c'est ce poison terrible, c'est-à-dire l'acide hydrocyanique ou prussique, qui communique au lait la saveur de l'amande : une seule feuille doit presque toujours suffire, et mieux vaudrait y renoncer absolument.

Nous terminerons ce paragraphe par deux mots sur les assaisonnements huileux. La meilleure de toutes les huiles est sans contredit l'huile d'olive. Après vient l'huile de pavot, connue sous le nom d'*huile d'œillet*. Cette dernière, quoique extraite des graines de pavot, ne contient aucun principe narcotique ou somnifère et jouit d'une parfaite innocuité. Quant à l'huile de noix, elle a l'inconvénient de rancir facilement. Nous avons parlé ailleurs du beurre.

§ II

Des boissons.

La *boisson* est tout liquide qu'on introduit dans les voies digestives pour réparer les parties fluides de notre corps. (Hallé.)

Nous considèrerons d'abord les boissons comme liquides propres à étancher la soif, et en second lieu comme

---

connaît, suffit pour éviter une funeste méprise. L'odeur de l'*æthusa cynapium* est faible et légèrement vireuse, et surtout elle est très-différente de celle du persil.

liquides propres à exciter les organes digestifs ou toute l'économie, et à favoriser la dissolution des aliments solides.

Boissons comme moyen d'apaiser la soif. — (Voyez *soif*, page 183.) L'*eau*. C'est la plus simple, la plus nécessaire et la plus abondante de toutes les boissons. L'eau a été longtemps regardée comme un élément. Tout le monde sait aujourd'hui qu'elle est formée de 88,29 parties d'oxygène et de 11,71 d'hydrogène. L'eau, pour être parfaitement salubre, doit être claire, limpide, inodore, légère et imprégnée d'une certaine quantité d'air. Si elle ne contient point d'air en dissolution, elle est fade et désagréable comme l'eau distillée et celle qu'on a fait bouillir, qui sont privées d'air atmosphérique. De plus l'eau normale ne doit être ni acide, ni salée, ni piquante, ni atramentaire, comme dit Nysten ; elle ne doit contenir qu'une très-faible quantité de sulfate de chaux. Les eaux séléniteuses (*crues*), c'est-à-dire celles qui contiennent de fortes proportions de ce sel calcaire, comme les eaux de puits, ne cuisent pas les légumes, tels que les haricots, les pois, les fèves, et ne dissolvent pas non plus le savon, qui s'y caillebotte. L'eau ne doit point être puisée généralement dans les étangs, les mares et les marais, où il y a toujours plus ou moins de matières végétales ou animales en putréfaction, ou du moins des produits gazeux qui en sont le résultat ordinaire. Pour rendre ces eaux potables et saines, il faut les faire bouillir, et après, lorsqu'elles se sont refroidies, il faut les agiter fortement dans l'atmosphère pour leur restituer l'air que l'ébullition avait fait dégager ; il faut enfin les filtrer à travers du sable ou mieux à travers du charbon en poudre qui, en retenant comme filtre les corpuscules étrangers, absorbe encore les gaz fétides ou la mauvaise odeur des eaux.

Les meilleures eaux sont celles de sources non séléniteuses; celles de rivière dont le cours est rapide et qui coulent sur un lit de sable ou de roc, celles de pluies reçues et conservées dans les citernes; on laisse échapper ordinairement l'eau de la première ondée, à cause des impuretés dont elle est chargée. La meilleure manière de conserver l'eau sur mer c'est de charbonner fortement l'intérieur des tonneaux destinés à la recevoir. Les eaux de puits doivent être rangées après les pluviales, pour les raisons déjà ci-dessus exposées. Enfin viennent en dernière ligne les eaux de glace et de neige, lesquelles, quoi qu'on en ait dit, ne sont point absolument insalubres, mais seulement fades et plates, parce qu'elles ne contiennent pas d'air. On a cru que l'usage de l'eau de neige déterminait le développement des goîtres; mais on n'observe pas cette maladie dans beaucoup de cantons élevés des Alpes où cependant les habitants ne boivent que de l'eau de neige ou de glace. Jadis l'inspection le plus souvent superstitieuse des entrailles des animaux, a pu être dictée quelquefois par un motif juste et raisonnable, alors qu'elle devenait un indice de l'influence des eaux sur la santé des êtres vivants. Vitruve nous apprend que les anciens consultaient le foie des animaux pour juger de la salubrité des eaux du pays. On sait, en effet, que souvent le volume et les obstructions du foie et de la rate sont produits par la mauvaise qualité des eaux ou l'insalubrité des pâturages marécageux.

Les sucs acidulés et sucrés d'un grand nombre de fruits, suffisamment étendus d'eau commune, étanchent très-bien la soif et mieux même que l'eau pure. Nous l'avons déjà dit ailleurs : quand on voyage pendant les grandes chaleurs, rien souvent n'apaise plus facilement ou plus utilement la soif qu'une très-légère dose d'eau-de-vie pure ou mêlée avec un peu d'eau.

Boissons par infusion aqueuse. — Le *thé* et le *café*. Le thé est une boisson fort en usage dans les pays humides et brumeux comme l'Angleterre, la Hollande, etc. Le thé contient une substance astringente qui tient du tannin, mêlée à un aromate particulier. Il favorise la transpiration et excite légèrement l'action de l'estomac par le principe aromatique qu'il contient, ou plutôt, au moins en certains pays, il débilite les organes digestifs par l'excessive abondance de son véhicule aqueux, surtout si on le prend en grande quantité et pur, c'est-à-dire non coupé avec du lait.

Il est certain que le thé produit un effet particulier sur le système nerveux : quand on le prend trop fort, il cause souvent, chez des personnes très-nerveuses, de l'agitation, des insomnies, des spasmes et un tremblement général. Mais ces accidents n'ont pas lieu ordinairement si l'infusion est légère; elle agit alors à la manière des antispasmodiques.

Le *café*. C'est une infusion tonique et excitante qui stimule doucement les organes digestifs et favorise par conséquent la digestion stomacale et même l'élaboration digestive générale; et comme le principe aromatique et l'huile empyreumatique que la torréfaction a développés dans la fève arabique sont des stimulants diffusibles, il en résulte que l'usage du café produit une excitation de toute l'économie ou une augmentation d'activité de tous les organes et surtout du cerveau : de là l'insomnie et l'agitation générale qui ont lieu ordinairement chez les personnes nerveuses ou chez ceux qui ne sont pas habitués à l'usage du café. Le lait, qu'on associe souvent au café, en corrige la trop grande activité, et celui-ci à son tour favorise la digestion du lait. Le café, comme on sait, est l'excitant spécial des fonctions intellectuelles. Cette délectable et hilarante boisson, comme disent les poëtes, excite l'esprit engourdi, fait germer et croître les idées et laisse en paix la raison. Le café, disait le fameux médecin Barthez, me *débétise*. Un autre médecin célèbre, Zimmermann, dans ses travaux excessifs ne pouvait s'en passer, et par modération n'en prenait que quatre tasses par jour : mais aussi quelle santé! quelle fin! s'écrie M. le docteur Réveillé-Parise. « Le malheur est, continue cet auteur, que l'habitude une fois prise on ne peut plus s'en passer, malgré les maux qu'on en ressent et qu'on cherche à déguiser. Les Indiens disent de l'eau-de-vie : *c'est boire du feu*; ce feu brûle leurs entrailles, et ils continuent à en avaler.

« Depuis Fontenelle on répète par moquerie que le café est un poison lent. Eh bien! qu'importe qu'il soit lent si c'est un poison en effet. Son mode d'action est certainement, infailliblement, celui d'un poison, toutes les fois qu'il n'est pas en rapport avec une organisation donnée. On ne saurait nier que le café est en général un stimulant énergique du système nerveux, qu'il active la circulation, qu'il échauffe le sang, qu'il le détermine au cerveau, qu'il agite, qu'il produit l'insomnie, qu'il irrite l'estomac et ôte l'appétit, qu'il occasionne des tremblements, qu'il maigrit, etc.; en un mot, qu'il excite les forces, mais ne les répare pas. Demandez maintenant s'il est un poison ou non. Son effet principal est de pousser à l'extrême la constitution nerveuse et d'affaiblir l'énergie musculaire; c'est là son danger, et danger d'autant plus perfide qu'on ne l'aperçoit pas. On l'a déjà dit, le café tue en caressant. »

Si généralement le café nuit aux personnes sèches, nerveuses, irritables et en même temps très-vives, mobiles et sanguines, il peut être utile et même salutaire aux individus lymphatiques, mous, pituiteux, glaireux, apathiques, chez lesquels surtout on remarque un état de lenteur et de torpeur non moins physique qu'intellectuel et moral. Ainsi, le café tantôt est bienfaisant, tantôt est nuisible ; car en hygiène et en médecine rien n'est ni ne peut être absolu : tout est essentiellement et nécessairement relatif aux circonstances et aux individualités. Nous terminons l'article du café par une dernière citation du spirituel auteur de l'Hygiène des hommes de lettres : « Il est même certains tempéraments qui se trouvent bien de son emploi (du café) ; ce sont les personnes lymphatiques, disposées à l'obésité, ayant besoin d'excitants artificiels. Si donc votre esprit est naturellement engourdi, paresseux, enfoncé dans la graisse, noyé dans la sérosité, excitez-le par le café, puisez vos inspirations dans ce dangereux Hippocrène. Mais, au nom de votre santé, éloignez de vos lèvres la coupe enchanteresse, si la nature vous a doué d'une organisation irritable, nerveuse, vibratile, si l'imagination est inflammable ; bien plus encore quand il y a tendance aux congestions sanguines, cérébrales, dispositions hémorroïdaires, susceptibilité gastrique, etc. Plaignons du reste le penseur qui a besoin de ce stimulant artificiel ; à coup sûr son esprit manque par lui-même de vigueur et d'étendue. Les grands hommes de l'antiquité ne connaissaient pas le café, et cependant leur puissant génie a-t-il failli ? ne sont-ils pas encore nos guides et nos modèles ? »

Des boissons fermentées. — *Le vin, la bière, le cidre, le poiré.*

Des vins. — Les vins de raisins ou les vins proprement dits sont des liquides d'une saveur agréable un peu amère et chaude, d'une odeur aromatique, plus légers que l'eau. Ils sont composés d'alcool, de matière sucrée, d'acide malique, tartrique, acétique, de tartrate acidule de potasse ou tartre, d'une matière colorante extractive plus ou moins amère et en partie résineuse. Hors l'alcool, qui est le produit de la fermentation vineuse, tous ces matériaux se trouvent tous formés dans le raisin. Quant à l'alcool, il provient de la décomposition de la matière sucrée qui a lieu pendant la fermentation ; mais ce grand phénomène chimique ne décompose pas d'abord toute la quantité du sucre contenu dans le moût ; il en reste encore une certaine proportion non décomposée, parce que l'alcool déjà formé s'oppose à la fermentation ultérieure sensible. Quelquefois, outre ces divers principes, le vin contient de l'acide carbonique, ce qui le rend mousseux ; c'est ce qui a lieu toutes les fois qu'on le met en bouteille avant que la fermentation soit achevée. La même chose se pratique à l'égard des autres boissons spiritueuses ou vineuses, comme la bière, le cidre, etc.

On peut diviser les vins de la manière suivante :

Première classe. Vins dans lesquels l'alcool (l'esprit-de-vin), la matière sucrée, la matière colorante, les acides malique et acétique, et le tartre, se trouvent dans les proportions convenables pour en faire une boisson tonique, fortifiante, agréablement et modérément alcoolique : tels sont en général les vins de Bourgogne. Ils sont amis de l'estomac et très-favorables à la digestion.

Deuxième classe. Vins modérément alcooliques, mais très-chargés de tartre et de matière colorante extractive : tels sont ceux de Bordeaux, de Grave, de Pontac. Le vin de Bordeaux est éminemment ami de l'estomac, et, comme celui de Bourgogne, il est très-favorable à la digestion. Les vins de la Champagne méridionale, bien fermentés, ceux du Bar et du Rhin très-vieux, conviennent aussi à beaucoup d'estomacs. On sait que les vins du Rhin n'acquièrent leur perfection qu'au bout de quinze à vingt ans.

Troisième classe. Vins dans lesquels l'alcool prédomine :

tels sont ceux d'Espagne, de Malaga, d'Alicante, de Rota; la plupart de ceux de Portugal et d'Italie; de Madère, des Canaries; les vins du Languedoc et du Roussillon, bien fermentés, tels que ceux de la Ciotat, de Frontignan, de Lunel, de Condrieux, de Rivesalte; ceux de Tavel, de Tokai, de Chypre, de Chio, etc. Ces vins très-généreux, contenant beaucoup d'alcool et souvent encore beaucoup de matière sucrée, stimulent fortement l'estomac, accélèrent le travail digestif, augmentent promptement la circulation et la chaleur; en un mot, ils sont diffusibles et cordiaux. Ils conviennent, en petite quantité, aux estomacs faibles et paresseux, et sur la fin des repas : ce sont, comme on sait, des vins de dessert; ils ne conviennent pas aux personnes sanguines, irritables et *inflammables*, dont la circulation s'accélère par la moindre excitation.

Quatrième classe. Vins peu alcooliques, mais chargés d'acide carbonique et d'une matière mucilagineuse sucrée qui retient cet acide : ces vins sont mousseux, comme le vin blanc de Champagne et celui d'Arbois en Franche-Comté. Leur action est prompte et vive, mais peu durable, et ils échauffent peu; ils sont pétillants, piquants et agréables.

Cinquième classe. Vins peu alcooliques, mais acidulés par les acides malique et acétique : tels sont les vins du Bar, du Rhin et de la Moselle, qui ne sont pas encore dépouillés de leur âpreté et de leur tartre; tels sont encore, mais inférieurs aux premiers, la plupart des vins des environs de Paris, ceux de la Brie et quelques-uns de l'Orléanais, quand ils sont mal préparés. Tous ces vins acides désaltèrent bien, mais excitent fort peu l'estomac, et sont propres à causer des aigreurs et des coliques; ils ne conviennent pas aux estomacs faibles et glaireux. Les vins acides ont encore la funeste propriété de favoriser la formation de la gravelle et de la pierre.

On emploie spécialement les vins de la première classe comme toniques; ceux de la deuxième, comme toniques et astringents; ceux de la troisième, comme cordiaux; ceux de la quatrième et de la cinquième, comme diurétiques ou propres à exciter la sécrétion des urines. Or tous les vins blancs ont plus ou moins cette réputation.

Chaque espèce de vin, indépendamment des effets généraux de toutes les boissons fermentées, produit des effets particuliers suivant la mesure de ses principes immédiats, et surtout suivant la proportion d'alcool, du mucososucré, de la matière colorante extractive, des acides, du tartre et du principe volatil qu'elle contient : mais toutes excitent, fortifient et nourrissent plus ou moins. Voici comment s'exprime à ce sujet un médecin légiste et hygiéniste célèbre, Fodéré : « Les qualités de fortifier et de nourrir sont assez prouvées par ce qu'on voit tous les jours arriver à plusieurs malades dont l'existence n'est soutenue que par quelques cuillerées de vin; par l'exemple d'hommes naufragés qui n'ont eu pendant un assez long espace de temps qu'un peu de vin pour toute alimentation, et entre autres les naufragés de la frégate *la Méduse*, qui ont vécu treize jours avec ce seul secours; par l'observation que les buveurs consomment très-peu de substances solides, et par celles des paysans et de tous les hommes de peine, qui supportent beaucoup mieux la fatigue avec de mauvais aliments et un peu de vin, qu'avec une bonne nourriture, mais sans vin; enfin par la nécessité, pour ainsi dire instinctive, où se trouvent les habitants des pays froids et des pays humides de recourir aux liqueurs fermentées pour jouir de quelque énergie et combattre efficacement l'influence de leur climat. » Mais, comme le mal se trouve toujours à côté du bien, ces bons effets du vin sont plus que balancés par les maux innombrables qui résultent de son déplorable abus. Nous ne voulons pas mentionner ici les désordres moraux que produit l'usage immodéré du vin, nous en avons parlé dans un autre ouvrage ; nous ne voulons signaler que les principales perturbations physiques, ou plutôt les maux véritables et souvent irrémédiables causés par l'abus du vin, lequel devient alors un véritable poison lent, et d'autant plus dangereux et plus perfide qu'il est plus doux et plus agréable. Or ces maux sont : les inflammations chroniques des organes digestifs, en un mot, toutes sortes de phlegmasies et d'obstructions ou d'affections organiques des viscères abdominaux, qui amènent presque toujours une hydropisie incurable et une mort prématurée, c'est-à-dire vers l'âge de cinquante et quelques années. Si l'on dépasse cet âge, on n'arrivera à la vieillesse qu'accompagné de la goutte, de la gravelle, de la pierre, du tremblement, de la paralysie, etc. ; et, stupidement courbé sous le poids de la honte et du déshonneur, on finira sa triste existence dans l'imbécillité, l'abrutissement et le mépris. Voilà la belle fin des ivrognes !

« Les effets du vin pris en excès, dit Fodéré, sont encore plus dangereux chez les femmes que chez les hommes. Au physique, il détruit la beauté; il rend la peau sombre, rude, tachetée ; il dérange la menstruation et produit la stérilité ; chez les nourrices ; il altère le lait et en fait une sorte de poison pour l'enfant. Au moral, il abrutit entièrement la femme, lui enlève toute modestie et toute pudeur, lui donne une voix et des mœurs hommasses, détruit sa sensibilité et jusqu'au sentiment de l'amour maternel. » Ailleurs le même auteur ajoute encore ceci : « Si l'on me demandait mon avis sur la nécessité du vin dans l'état de santé, et lors de son emploi comme moyen hygiénique, je répondrais franchement avec Platon et d'après les maux que je sais qu'il cause, qu'on ferait beaucoup mieux de ne pas y accoutumer les enfants, et que nous n'avons besoin de cette excitation factice que lorsque nous approchons de la vieillesse. »

Nous terminerons cet article par l'exposition de la théorie sur la bonification des vins opérée par l'action seule du temps ou le cours des années, et l'indication d'un moyen propre à faire reconnaître la sophistication des vins.

« Les vins n'acquièrent qu'au bout de quelque temps toutes les qualités dont ils sont susceptibles, et ils finissent ensuite par s'altérer. Il y en a, et ce sont les plus faibles, qui au bout de six mois, un an, ont toute l'énergie qu'ils doivent avoir; mais il y en a d'autres qui continuent à se bonifier pendant un grand nombre d'années : cette propriété se remarque dans les vins qui sont riches en mucoso-sucré ou en matière extractive et en tartre; en effet, le sucre qui a échappé à la première fermentation en éprouve une seconde, qui se fait lentement, et le convertit peu à peu en alcool : à mesure que les proportions de l'alcool augmentent, ce tartre ou tartrate acidule de potasse n'étant pas soluble dans ce liquide, se précipite, et en se précipitant il entraîne une partie de la matière colorante extractive. Voilà pourquoi les vins rouges en vieillissant deviennent moins amers, moins acides et plus chauds. C'est parce que le tartre n'est pas soluble dans l'alcool que les vins généreux en contiennent très-peu : tels sont les vins d'Espagne, qui ont l'avantage de se conserver très-longtemps ; aussi le dépôt qu'ils précipitent en vieillissant n'est sans doute que du mucilage plus ou moins coloré, suivant que le vin lui-même est plus ou moins foncé en couleur, tandis que les vins de Bordeaux, qui sont très-chargés de tartre, précipitent une grande quantité de cette substance à mesure qu'ils vieillissent. Le fermentation, insensible, est continuellement ralentie par la présence de la matière extractive colorante du tartre. Voilà pourquoi les vins de Bordeaux ne perdent que lentement leur âpreté, et que les vins du Rhin n'acquièrent toute la perfection qu'ils peuvent avoir qu'au bout de dix, vingt ans ; ces derniers sont surtout très-chargés d'acide tartrique. » (Hallé et Nysten.)

Moyen très-simple de reconnaitre la sophistication des vins. — « Il est notoire que les vins naturels ont la propriété d'être miscibles à l'eau sans se décomposer, et que les meilleurs vins sont ceux qui, comme on le dit, la supportent plus facilement ; il ne l'est pas moins que tous les vins (à l'exception des vins doux connus sous le nom de vins de liqueurs) sont spécifiquement plus légers que l'eau. Or ce sont là deux propriétés que n'ont pas les vins artificiels. Pour s'assurer de la sincérité du vin, on fait l'expérience suivante : Sur un verre d'une grandeur suffisante et rempli d'eau, on met une petite planche de bois ayant un trou dans son milieu (1); on place ensuite une fiole remplie du vin qu'on veut éprouver dans ce trou, de manière que son goulot plonge dans l'eau. Si le vin est naturel, il n'en tombera aucune goutte ; mais s'il est artificiel ou s'il a été frelaté par le mélange d'une substance qui le rend spécifiquement plus pesant que l'eau, on le voit se mêler à cette dernière, se décomposer, l'alcool s'unir à l'eau, le sucre et l'extractif se précipiter au fond du verre ; et comme il en résulte un vide dans la fiole, la pression que l'atmosphère exerce sur la surface de l'eau dans le verre fait monter celle-ci dans la fiole en place du vin. Les vins de

---

(1) Cette planchette est tout à fait inutile, ou plutôt elle n'est propre qu'à faire manquer l'expérience. Il suffit de plonger directement dans l'eau le goulot de la fiole exactement pleine et bouchée avec le bout du doigt indicateur, et aussitôt on voit se précipiter au fond de l'eau les matières étrangères au vin et plus pesantes que lui : vous n'avez pour cela qu'à ajouter à du vin pur et *sincère* un peu de sirop coloré ou de mélasse, et vous verrez sur-le-champ ces matières plus pesantes se séparer du vin et tomber au fond de l'eau.

liqueurs saturés de sucre, tels que ceux de Lunel et de Frontignan, sont ordinairement spécifiquement plus pesants que l'eau, et l'on voit dans cette expérience qu'une partie gagne le fond de ce liquide, mais sans que le reste se décompose. Lorsque l'eau est devenue assez sucrée, il faut répéter l'expérience avec du nouveau vin, et pour lors il reste dans la fiole. » (Fodéré.)

De la bière. C'est une boisson produite par la fermentation de l'orge, qu'on a fait germer pour y développer le principe sucré, et torréfier pour lui donner de la couleur et de l'amertume. Mais c'est surtout à l'aide du houblon qu'on donne à la bière son amertume, sa saveur et son arome. La bière contient de l'alcool, une matière sucrée, un extrait amer et aromatique (provenant du houblon), de l'acide acétique, de la fécule et une matière végéto-animale très-abondante (ferment). Elle forme la boisson d'un grand nombre de peuples du Nord, de l'Angleterre, de l'Allemagne, de la Hollande, de la Belgique, de la Flandre, etc. La bière faite dans tous ces pays est une boisson très-salubre et très-nourrissante. On reproche même aux fortes bières de Louvain (*pieterman*) d'être trop nourrissantes et un peu lourdes, à cause de la farine de froment, d'avoine ou de seigle qu'on ajoute ordinairement à la drèche. Les bières fortes et généreuses de Bruxelles (*faro*) sont moins nourrissantes, mais plus capiteuses : leur odeur et leur saveur piquante et alcoolique les rapprochent un peu de certains vieux cidres ou poirés très-forts et très-alcooliques de la Normandie. Les meilleures doubles bières de Paris et d'Amiens sont beaucoup plus faibles et beaucoup inférieures sous tous les rapports. On sait assez d'ailleurs que les meilleures bières de France ne peuvent être comparées aux bières même ordinaires de la Flandre et de la Belgique. Mais les fameux *porters* anglais l'emportent sur toutes les autres bières connues, par leurs bonnes qualités, leur force et leur générosité. C'est, dit le docteur Guersent, une liqueur beaucoup plus nourrissante que nos meilleurs vins et tout aussi enivrante. Les *ailes* anglaises sont aussi fort estimées.

Un effet assez singulier des bières fortes, brunes ou blanches de la Flandre et de toute la Belgique, c'est un sentiment d'irritation très-vive sur la vessie et le canal de l'urètre avec des envies fréquentes d'uriner, etc. Un peu d'eau-de-vie suffit pour faire disparaître sur-le-champ cette incommodité passagère.

Quant à ce qu'on appelle les *petites bières*, c'est une boisson qui étanche très-bien la soif et d'une manière durable. Elle excite la sécrétion des urines. Tous les auteurs de médecine ou d'hygiène en recommandent l'usage aux goutteux et aux calculeux. On la regarde comme très-utile pour prévenir la formation des calculs urinaires. En général, on rencontre moins de calculeux dans les pays où l'on boit habituellement de la bière que dans ceux où l'on fait usage du vin ou du cidre.

Du cidre et du poiré. La première de ces boissons, comme on sait, se prépare avec le suc de pommes (pommé), et la seconde avec celui de poires. On trouve dans ces deux liquides plus de matière sucrée que dans la bière; ils offrent aussi beaucoup d'acide malique, qu'on ne rencontre pas dans la bière; ils contiennent également de l'acide acétique, mais point de tartre.

Les cidres nouveaux sont en général doux, laxatifs et venteux; mais à mesure que la seconde fermentation détruit le mucilage sucré, le cidre cesse d'être doux, il devient piquant et quelquefois un peu amer. Il est alors ce qu'on appelle *paré*, et constitue une boisson salubre et fortifiante. Les cidres doux et mousseux sont ceux qu'on a mis de suite en bouteille avant qu'ils aient subi la fermentation secondaire : ils ne valent pas les cidres parés.

Les gros cidres faits avec très-peu d'eau ou même sans eau ne parent souvent qu'au bout de huit à dix mois : ils sont très-alcooliques, stimulants et toniques. Ils se rapprochent des vins de Champagne non mousseux et paraissent même plus forts. En coupant ces gros cidres parés avec plus ou moins d'eau, on en fait des *cidres moyens* au degré de force qu'on désire avoir. Enfin on fait ce qu'on appelle les *petits cidres*, par première ou seconde presse; ils sont très-faibles et servent de boissons rafraîchissantes.

« L'usage répandu presque partout, dit M. le docteur Guersent, est de ne pas mettre en bouteille le cidre ordinaire nécessaire à la consommation journalière, et on tire chaque jour au même tonneau. Il en résulte que le liquide, restant longtemps en vidange, s'altère plus ou moins promptement. Le premier genre d'altération consiste dans un changement de couleur en brun verdâtre, avec diminution sensible de toutes les qualités sapides de cette boisson. Lorsque ces changements se manifestent, on dit ordinairement que le cidre se *tue*. On a cherché en vain la véritable cause de cette altération et les moyens d'y remédier. On sait seulement que les cidres des pays humides et froids et ceux qui sont mélangés y sont plus exposés que d'autres.

« Un autre genre d'altération spontanée qui se rencontre très-fréquemment dans les cidres de mauvaise qualité, et même dans les bonnes espèces lorsqu'elles ont été longtemps en vidange, est la fermentation acéteuse. L'acide acétique est souvent développé en si grande quantité dans ces boissoins, qu'elles ressemblent à du vinaigre étendu dans de l'eau.

Quant au *poiré*, il est un peu plus alcoolique et moins sucré que le cidre; il s'altère cependant plus promptement : il irrite davantage le système nerveux et cause souvent des coliques ou du moins des douleurs d'entrailles sourdes

14*

et chroniques. C'est en général une boisson bien inférieure au cidre. On prépare pourtant quelquefois des poirés fort agréables, et qu'on prendrait pour des vins blancs d'assez bonne qualité.

La piquette. C'est une boisson de qualité inférieure préparée ordinairement avec les marcs de raisins qui ont passé au pressoir, auxquels on ajoute quantité suffisante d'eau : c'est la boisson du pauvre. De tout temps, comme dit Percy, les riches ont bu le vin, et le pauvre la piquette; mais ceux-ci, sobres par nécessité, ont de tout temps aussi joui d'une meilleure santé que les riches. Toutes les boissons principales ou majeures comme le vin, la bière, le cidre, etc., ont leur piquette ou leur produit secondaire (*potus secundarius*). Il est, du reste, peu de fruits avec lesquels on ne puisse faire de la piquette. Les cormes ou sorbes, seules (1) ou mêlées à d'autres fruits, comme ceux du cornouillier, de l'aubépine, de l'azérolier, du néflier, du pruneller, de l'arbousier unedo, les mûres sauvages, les myrtilles ou airelles, les baies du troëne, de genièvre, etc.; tous ces fruits, et d'autres encore, peuvent donner de bonnes piquettes, surtout si l'on y ajoutait quelques substances féculentes provenant de céréales, ou de quelques racines farineuses, ou quelques mélasses ou miels inférieurs.

Nous terminerons l'article des boissons proprement dites par l'indication d'une boisson fort usitée en Russie, qu'on appelle *fuass* ou *kwas*. Au rapport de Percy (2), « la moitié des habitants de la France boit de l'eau, et il n'y a pas un muzig russe qui n'ait du kwas à ses repas. C'est la boisson populaire, ou plutôt c'est la boisson nationale, car les grands et les riches boivent aussi du kwas; c'est

---

(1) Ce qui fera du *cormé* ou du *sorbé*.
(2) Chirurgien en chef des armées françaises sous Napoléon Ier.

par lui qu'on débute à table, et quand on a chaud, c'est avec un grand verre de kwas qu'on aime à se rafraîchir et qu'on se désaltère le mieux. On a beau dire que l'eau est la boisson la plus naturelle, la plus salubre, la plus propre à entretenir l'homme en état de santé; malheur au peuple réduit à boire de l'eau ! En supposant qu'il en soit plus doux, plus docile, il en devient peut-être aussi plus dissimulé, plus perfide, et on prétend qu'il dégénère plus facilement, ce que pourtant l'observation n'a pas encore confirmé. Il faut à l'homme des boissons fermentées; on en trouve le goût et l'habitude jusque dans les peuplades les plus sauvages; et si les Romains avaient leur *accentatum*, nos ancêtres avaient leur *cervoise*, qui leur donnait de la force, de l'embonpoint et de la gaieté. »

Les prisonniers français accoutumés en Russie au kwas en préparaient eux-mêmes, et ils trouvaient qu'il les fortifiait, les nourrissait, les engraissait et les préservait des maladies. C'est aussi, dit Percy, l'opinion qu'en ont les Russes, qui, sains, boivent du kwas pour se conserver en cet état, et qui, malades, boivent encore du kwas pour se guérir. Le seigneur russe imite en cela ses vassaux : il craindrait pour sa santé s'il passait quelques jours sans boire du kwas.

Voici, d'après Percy, une manière simple et commode de faire du kwas, imitée sur le procédé que l'on suit en Russie :

« Il faut avoir une feuillette contenant cent vingt ou cent trente bouteilles et la choisir propre et exempte de toute mauvaise odeur; on y fera brûler, si l'on veut, un bout de mèche de soufre, après quoi on la tiendra bien bouchée pendant quelques heures. Ensuite on y introduira par la bonde, au moyen d'un cornet de carton mince ou d'un fort papier, quinze livres de bonne farine de seigle moulue un peu fin et mêlée avec le son; on y introduira de même, mais sans cornet et peu à peu, trois livres de seigle en grain qu'on aura fait germer dans une étuve quelconque ou en le tenant au-dessus d'un four de boulanger, et le mouillant de temps en temps avec un peu d'eau tiède. On versera dans la futaille avec un entonnoir environ vingt pots d'eau chaude. On bouchera et on agitera la feuillette à la façon des tonneliers quand ils rincent un tonneau, et, s'il est possible, on la placera à peu de distance du foyer ou dans tout autre lieu un peu chaud, sinon on se contentera de la mettre à l'abri de la pluie et du froid. De six en six heures, on y versera la même quantité d'eau chaude et on remuera de même. Le vase étant rempli, on le laissera vingt-quatre heures sans y toucher, après lequel temps on y fera entrer un bâton propre et solide avec lequel on mêlera et brouillera ce qu'il renferme, opération qui sera répétée deux ou trois fois le jour pendant une huitaine, et qu'on cessera pour laisser reposer le mélange et clarifier la liqueur : ce qui ne demande que quatre ou cinq jours. Alors on soutirera en perçant au tiers inférieur de la feuillette, au-dessous duquel tiers se trouvent précipités la farine et le grain.

« Le kwas tiré au clair, mais conservant toujours ce qu'on appelle un œil un peu louche, comme le petit-lait non filtré, est transvasé dans un baril bien propre, où l'on attend qu'il ait fermenté complétement et qu'il se soit ultérieurement éclairci pour le mettre en bouteilles ou en cruches. Conservé quelque temps dans les unes ou dans les autres, il acquiert une saveur vineuse, un piquant plus ou moins agréable. C'est dans cet état que peuvent le boire les personnes qui ont le moyen d'attendre et qui ne font pas du kwas leur boisson ordinaire ; les autres le boivent au tonneau même, où elles le tirent à mesure qu'elles en ont besoin.

« On donne aux plus pauvres gens la lie du tonneau,

sur laquelle ils passent de l'eau chaude, et dont ils obtiennent encore une sorte de piquette assez sapide et très-salubre. Les fèces ayant été ainsi lavées, sont réservées pour les bestiaux, à qui elles profitent beaucoup.

« Telle est notre manière de préparer le kwas, et on peut l'adopter en toute sécurité. Quelquefois les Russes ajoutent au leur une poignée de menthe ou une pincée de baies de genièvre pour l'aromatiser; nos prisonniers français aiment mieux y mettre un peu de thym. Nous préférons, pour la nôtre, les sommités de verveine arbuste (*verbena citridora*), ou de la plante dite citronnelle (*artemisia pontica*); ce qui lui donne un petit goût de citron et le bouquet de la limonade. L'addition du sucre ou de la cassonade achève d'en faire une liqueur assez gracieuse; mais c'est alors une liqueur de luxe, et nous n'avons voulu parler que d'une boisson commune et populaire qui ne revient pas à deux centimes le litre.

« Il est pénible de voir les ouvriers, surtout ceux de la campagne, dans la saison la plus chaude et au milieu des plus rudes travaux, ne boire que de l'eau, et souvent quelle eau ! A peine peuvent-ils y mêler quelques gouttes d'un mauvais vinaigre, et le plus ordinairement c'est avec de l'eau de puits que, baignés de sueur, ils étanchent imprudemment leur soif sans cesse renaissante ; s'ils sont loin de leur habitation, ils n'ont que de l'eau échauffée et nauséabonde qui, à la vérité, ne les expose pas, comme celle qui sort du puits, aux angines, aux pleurésies, etc., mais qui ne calme pas leur soif et ne fait qu'augmenter leur débilitante sueur. S'ils avaient, comme les Russes et comme la plupart des peuples septentrionaux, leur cruche remplie de kwas, ils s'abreuveraient plus sainement et plus agréablement, et ils conserveraient mieux leur force et leur activité.

« C'est ainsi qu'on en use dans le nord de la France,

où généralement on boit très-peu d'eau pure, et où les faneurs et les moissonneurs ne manquent jamais d'emporter avec eux la provision pour la journée, soit de petit-lait aigre, soit de petite bière, soit d'une espèce de kwas qu'on appelle dans le pays bouillie ou bouilli.....

« Quant à la bouillie, que nous pourrions qualifier de kwas français, nous regrettons qu'elle ne soit connue et usuelle que dans deux ou trois de nos départements, où elle rend de si grands services aux habitants, tandis que dans le reste de la France on n'a pas encore eu l'industrie de se procurer cette boisson ni d'en préparer une équivalente. Telle est l'apathique habitude des pays à vin ou à cidre que, quand l'un ou l'autre vient à manquer, on y boit de l'eau toute l'année, sans songer à suppléer à ces productions, ordinairement et surtout depuis quelque temps si éventuelles et si variables...

« On nous saura gré, sans doute, de communiquer à son tour la recette de la bouillie; il en est plusieurs, mais celle qui suit nous a paru à l'essai la meilleure de toutes.

« On prépare quelques jours d'avance, avec trois ou quatre poignées de farine de froment, une masse de levain comme pour faire du pain.

« Il faut avoir deux tiers d'hectolitre de son de la même farine, lequel on a passé étant bien sec par un gros tamis.

« On laisse tremper ce son pendant une heure dans de l'eau froide; après quoi on le retire et on l'exprime fortement pour le faire bouillir durant le même temps, dans un chaudron avec vingt ou vingt-cinq litres d'eau.

« On fait passer cette décoction toute chaude par un tamis clair (lequel ne pourra désormais servir qu'à cet usage). Elle sera reçue dans un vase assez grand pour la contenir, et on l'y laissera reposer jusqu'à ce qu'elle se soit aux trois quarts refroidie.

« Arrivée à l'état de tiédeur, on y démêlera peu à peu

le levain dont il a été parlé, faisant en sorte qu'il s'y fonde entièrement et exactement.

« Le tout sera entonné dans une barrique propre, dans laquelle on versera quarante ou quarante-cinq litres d'eau tiède ; car la quantité de bouillie qui résultera de cette composition doit être de soixante-dix litres.

« On peut, au bout de trois ou quatre jours, commencer à faire usage de cette boisson, qui continue d'être potable tant qu'elle ne prend pas une couleur laiteuse.

« La lie est excellente pour en préparer une autre dose; on en passe par le tamis consacré à cette manipulation environ deux litres, qu'on mêle avec le levain, et la bouillie suivante en devient bien meilleure.

« Pour la bonifier de plus en plus, on jette dans le chaudron, au moment de l'ébullition, quelques douzaines de pommes aigrelettes, coupées par quartiers, si la saison a permis de se procurer ces fruits ; sinon on met dans la barrique, lorsque la décoction encore chaude y a été introduite, deux ou trois citrons découpés et ayant leur écorce.

« La tonne doit être placée à la cave ou dans un lieu frais; la bouillie s'y conserve bonne pendant plusieurs mois, pourvu que, ayant commencé à en tirer, on continue de le faire au moins de deux jours l'un.

« Le résidu, comme celui du kwas, convient beaucoup aux bestiaux, qui en sont très-avides.

« Les pommes de terre cuites à l'eau, écrasées avec leurs pellicules et pétries avec de la farine dans une certaine proportion, puis délayées dans une plus ou moindre quantité d'eau chaude qu'on agite de temps en temps pendant cinq ou six jours, fournissent encore un kwas qui n'est point à dédaigner.....

« Qu'on interroge, dit Percy en concluant son article sur le kwas, les milliers de Français qui ont été prisonniers de guerre en Russie ; ils diront que, s'ils ont eu le bonheur de revoir leur patrie, c'est en grande partie au kwas qu'ils en sont redevables. »

Liqueurs et préparations alcooliques. — *L'eau-de-vie.* C'est le produit de la première distillation du vin, de la bière, du cidre, du poiré, et en général de tous les végétaux qui contiennent du sucre. On appelle *alcool* ou *esprit-de-vin* le produit de la seconde ou troisième distillation.

L'homme aurait dû se contenter du vin, de la bière, du cidre et autres boissons fermentées faites avec les céréales qui croissent sur tous les points du globe habitables. Ces précieux dons de la divine Providence devaient et pouvaient suffire à tous les besoins réels de l'espèce humaine.

La découverte de l'eau-de-vie et de l'alcool ne date que du xive siècle; l'homme a donc pu s'en passer pendant un très-grand laps de temps, non-seulement sans inconvénients, mais encore avec de grands et signalés avantages. Et quels avantages immenses que de s'éviter une foule de maladies organiques des voies digestives, et surtout ces affreux squirrhes et cancers de l'estomac devenus si fréquents de nos jours (1), ces inflammations chroniques des intestins, en un mot, ces engorgements et ces obstructions presque toujours suivis d'hydropisie et d'une mort prématurée et certaine. Nous ne parlerons pas ici de l'état de dégradation et d'abrutissement dans lequel l'abus de l'eau-de-vie jette un si grand nombre d'individus; car cet abus est bien autrement dévastateur et pernicieux que celui du vin et des autres boissons vineuses.

Cette liqueur de *feu*, comme l'appellent les sauvages, brûle et empoisonne l'espèce humaine jusque dans les plus

---

(1) C'est surtout à l'habitude de prendre l'eau-de-vie à jeun ou pendant l'état de vacuité de l'estomac, qu'il faut attribuer le développement du squirre, du pylore ou du cancer de l'estomac.

lointaines régions de la terre; et on peut dire sans exagération que les Européens ont fait aux Indiens et aux sauvages deux présents bien funestes, savoir: celui de la poudre pour tuer leurs semblables, et celui de l'eau-de-vie pour se tuer eux-mêmes.

Mais, puisque l'homme a fait pour son malheur la découverte de l'eau-de-vie, il faut au moins en dire deux mots en passant.

Les eaux-de-vie que l'on dit être les meilleures sont celles d'Aix, de Cognac, de Montpellier, d'Orléans, etc. — On retire des cerises ou des merises une liqueur alcoolique appelée *kirchenwasser*, qui doit sa saveur d'amande à un peu d'acide hydrocyanique ou prussique. — La distillation de la mélasse provenant du sucre de canne fermenté produit le *rhum* ou *tafia*: c'est l'eau-de-vie de sucre. La distillation du riz fermenté fournit la liqueur que les Arabes appellent *arack*. En Europe on donne le nom de *rack* à l'eau-de-vie de grain. On retire aussi, comme on sait, de l'eau-de-vie de la pomme de terre.

L'eau-de-vie et toutes les nombreuses liqueurs que l'on en fait à l'aide du sucre et des substances aromatiques (*ratafias*), prises en très-petite quantité, peuvent être utiles quelquefois pour exciter les forces vitales engourdies, ou à titre d'assaisonnement pour stimuler l'estomac et favoriser les fonctions digestives, surtout chez des sujets d'une constitution molle, lymphatique, glaireuse, dont l'estomac est, pour ainsi dire, engourdi, froid et paresseux. De plus, à très-petites doses, elles ont la propriété de diminuer la soif, comme nous l'avons dit ailleurs, de modérer l'abondance de la sueur dans les climats chauds et d'exciter en même temps les organes digestifs. L'eau-de-vie peut aussi quelquefois apaiser momentanément le sentiment pénible ou le tourment de la faim. Mais on ne saurait trop le dire et le redire, dans l'usage ordinaire de la vie on doit être extrêmement réservé sur l'emploi des liqueurs et surtout de l'eau-de-vie. Et ne croyez pas, suivant le préjugé répandu dans le monde, que l'eau-de-vie pure soit préférable à toutes les autres liqueurs alcooliques, qu'elle soit plus saine et jouisse d'une innocuité qu'elle est bien loin d'avoir. Nous affirmons avec Mérat (1), la raison et l'expérience, que la proposition contraire doit être établie et maintenue. En effet, l'eau-de-vie récente est très-chaude et très-forte; celle qui est vieillie est moins brûlante, mais toujours assez forte pour agir avec beaucoup d'énergie sur la muqueuse de l'estomac, et y produire par conséquent à la longue de vives et dangereuses impressions. L'action des liqueurs est nécessairement moins vive et moins irritante, puisque l'âcreté de l'eau-de-vie y est tempérée et adoucie par le sucre et d'autres ingrédients aqueux ou acidules, ou mucoso-sucrés, ou légèrement amers ou aromatiques. L'usage de l'eau-de-vie mitigée et adoucie des liqueurs a donc nécessairement moins d'inconvénients que celui de l'eau-de-vie toute pure.

Nous ne dirons rien ici de la sobriété, de la tempérance, du jeûne, de l'abstinence et du régime alimentaire des peuples, comme moyens de moralisation et de civilisation; nous en avons parlé suffisamment dans un autre ouvrage. Nous ferons seulement quelques réflexions hygiéniques sur l'intempérance et la vie sensuelle et voluptueuse.

(1) Auteur de l'article *Liqueurs de table*, du *Dictionnaire des sciences médicales*.

§ III

**Quelques réflexions hygiéniques sur l'intempérance
et la vie sensuelle et voluptueuse.**

L'homme intempérant, tout livré à l'empire de la chair et du sang, s'abandonne presque toujours à l'attrait grossier des impulsions animales, aux passions abrutissantes, aux actions basses et dégradantes. Il est prodigue, dissipateur, turbulent, colère, fougueux, déréglé, libertin, débauché, etc.

Non-seulement l'intempérance est la mère de toutes les passions animales et honteuses, mais elle est encore le tombeau de l'intelligence. Rien, en effet, n'éteint le feu de l'imagination, ne dégrade la mémoire, ne fausse le jugement et ne rend plus stupide que les excès continuels de la bonne chère et du vin. Les grands mangeurs sont ordinairement de petits penseurs ; leur esprit est comme suffoqué sous la graisse et le sang ; il est comme frappé de vertige et étourdi par les vapeurs délétères des boissons alcooliques ; et n'est-il pas littéralement vrai que l'intempérant ou l'ivrogne noie sa raison dans le vin ?

Voyez ce qui se passe en général chez les hommes intempérants. Vous verrez chez tous ces gros mangeurs, ces gastrolâtres polysarques, pour peu qu'ils soient sanguins, vous verrez, dis-je, succéder à leurs vastes ingurgitations de chairs et leurs amples libations bachiques une foule de maux plus ou ou moins graves, tels que des apoplexies, des paralysies, des hémorragies, des hémoptysies ou crachements de sang ; la goutte, les anévrismes, les fièvres aiguës, etc. Lorsque je vois, disait Adisson, ces tables couvertes de tant de mets, je m'imagine voir la goutte, l'hydropisie, la fièvre, la léthargie et la plupart des autres maladies cachées en embuscade sous chaque plat. « Voyez, dit Sénèque, quel mélange de plats divers, destinés à passer par le même gosier, ont été imaginés par le luxe... Que de cuisiniers et de pâtissiers, de valets s'empressent de tous côtés pour servir un souper! Combien d'hommes un seul ventre met en mouvement!... » Voyez, dit Horace, qui lui-même par parenthèse n'était pas toujours un modèle de sobriété et de tempérance, voyez les visages pâles des intempérants : le corps, surchargé de nourriture et fatigué d'excès, appesantit l'esprit et rend terrestre ce souffle divin qui nous anime. Il semble avoir copié le Sage lorsqu'il ajoute : « Au lieu que l'homme sobre se couche, s'endort et se lève sain et dispos pour reprendre ses fonctions. « *Somnus sanitatis in homine parco. Dormiet usque mané, et anima illius cum ipso delectabitur.* (Eccli., XXXI, 24.) « Nous avons, a dit Diderot, deux ordres de personnes dans la société, les médecins et les cuisiniers, dont les uns travaillent sans cesse à conserver notre santé, et les autres à la détruire; avec cette différence que les derniers sont plus sûrs de leur fait que les premiers. » (*Encyclopédie*, art. *Assaisonnement*.)

Si l'intempérance habituelle ne cause pas toujours toutes les graves maladies que nous avons ci-dessus énumérées, elle ne laisse pas de faire éprouver aux gastronomes et aux gourmands de profession une foule d'incommodités fâcheuses, comme des flatuosités habituelles, des éructations nidoreuses, une haleine forte et repoussante, mauvaise digestion, coliques (*vigilia*, *cholera et tortura viro infrunito*) (Eccli., XXXI, 23); gonflement abdominal, borborygmes, obstructions du foie, squirrhe de l'estomac, excrétions fétides comme celles des animaux carnassiers; douleur et pesanteur de tête, assoupissements, palpitations, oppression habituelle, fièvres putrides déterminées par leurs humeurs putrescibles; en un mot, leur corps, et surtout leur ventre, est la sentine et le cloaque de presque toutes les maladies et des maux les plus dégoûtants et les plus meurtriers, qui, dans tous les cas, leur préparent une vieillesse orageuse, précoce et cachectique. *Plus occidit gula quàm gladius*, dit un Père de l'Église. *Multos morbos mala fercula fecerunt*, ajoute Sénèque (1).

Cependant, en dépit de tous les graves enseignements et des hautes leçons de l'antique sagesse, l'intempérance, la gourmandise et la volupté resteront éternellement à la mode. Les médecins auront beau crier au gourmand et à tous les Apicius modernes : Soyez sobres, faites diète, asseyez-vous à la table de Pythagore, mangez des légumes et des fruits, ils leur répondront sans cesse avec les Juifs dans le désert : *Nauseat anima nostra super isto cibo levissimo*. Ils se boucheront les oreilles, et répéteront leur éternel refrain : *Affer, affer*; il nous faut des marmites pleines de viandes : *Ollas carnium*. (Exod.) Qui ne connaît les effroyables orgies de Vitellius ou d'Héliogabale, qui engloutirent toutes les richesses de l'empire romain, pour lui donner en échange tous les vices et toutes les maladies. Dût-on nous accuser de sortir de notre sujet, nous ne pouvons nous empêcher de donner ici, d'après

---

(1) Les vices, et particulièrement celui de l'intempérance, engendrent et augmentent une foule de maux physiques. C'est à quoi font allusion ces paroles remarquables de M. de Maistre : « Les vices moraux peuvent augmenter le nombre et l'intensité des maladies jusqu'à un point qu'il est impossible d'assigner ; et réciproquement le hideux empire du mal physique peut être resserré par la vertu jusqu'à des bornes qu'il est tout aussi impossible de fixer. »(*Soirées de Saint-Pétersbourg*, t. II, p. 59.)
Les vertus et surtout la tempérance doivent donc produire un résultat contraire, c'est-à-dire empêcher ou diminuer les maux physiques. Aussi Hufeland a dit, dans sa *Macrobiotique :* « On peut considérer la religion comme un moyen de prolonger la vie. »

Virey, un petit échantillon de ces extravagantes et inconcevables folies et excès dont les païens seuls sont capables. « A quelque degré que les modernes aient poussé le luxe gastronomique, il n'y a rien de comparable, dans nos festins les plus recherchés, à l'extravagance avec laquelle les Romains engloutissaient au milieu de leurs orgies les productions les plus rares de l'univers alors connu ; ils y dévoraient les revenus de plusieurs royaumes. Mais aussi c'était le peuple-roi, *populum latè regem*, qui avait commencé par la vie des Curius et des Caton, avec la galette, le chou et le navet.

« Donnons une idée de cette intempérance effrénée, inconcevable, l'une des principales causes de la décadence de leur empire.

« Le *cœna* ou le souper était surtout le repas le plus complet. On apportait aux convives, mollement étendus sur des lits, *triclinia*, les premières tables, chargées de hors-d'œuvre, *salsamenta, apiastra, falselares, abyrtaca*, et des anchois, diverses herbes confites au verjus, etc., pour exciter l'appétit.

>   Qualia lassum
> Pervellunt stomachum, siser, alec, fæcula Coa.
>   (*Horat.*, l. II, sat. VIII.)

« On y joignait des huîtres, des oursins, spondyles, pélorides et autres coquillages. Ensuite on servait une énorme quantité de toute espèce de viandes, gibiers, poissons, légumes, comme on en peut voir un exemple dans la satire de Pétrone, où il décrit le luxe de Trimalcion. Il y avait jusqu'à sept services, et vers la fin on apportait le dessert et les pâtisseries avec de vastes coupes pour boire largement les vins vieux les plus exquis et diversement aromatisés. Lucullus, surnommé Xerxès *Toga-*

tus, fit préparer sur-le-champ un repas de quarante mille francs à Pompée et à Cicéron.

« On cite parmi les gourmands célèbres Hortensius, Fabius *Gurges* ou le Gouffre, Messalinus Cotta, le tragédien Æsopus, etc. Apicius, après avoir dépensé plus de douze millions de nos francs, valeur actuelle, en ses repas, croyait mourir de faim lorsqu'il ne lui restait plus qu'environ un million trois cent mille francs.

« Tout cela est peu en comparaison des extravagances de plusieurs empereurs romains. On connaît les débauches de Marc-Antoine, qui faisait servir jusqu'à huit sangliers entiers par repas de peu de personnes. Vitellius dépensait près de quatre-vingt mille francs par jour, et il ne lui était pas rare de donner des festins de cent mille écus. (Suétone, Vitellius, ch. xiii.) Dans un seul repas donné impromptu à son frère, il y avait sept mille oiseaux et deux mille poissons de choix. A la dédicace d'un vaste plat d'or, celui-ci contenait des cervelles de paons et des langues de phœnicoptères, etc., le tout recueilli par des vaisseaux envoyés exprès vers le détroit de Gibraltar, et des cohortes de chasseurs jusqu'aux monts Krapaks; aussi ce seul plat revenait à plus de deux cent mille francs. Que dire des folies de Caligula? Domitien fait assembler le sénat pour décider à quelle sauce on doit apprêter un énorme turbot; sous Commode et d'autres empereurs les esturgeons s'apportaient sur table avec la pompe triomphale. Œlius Verus faisait des prodigalités inouïes dans ses repas, où il dépensait jusqu'à six cent mille sesterces ou quatre-vingt-dix mille francs; mais Héliogabale, ce monstre d'extravagance en tout genre, semble avoir surpassé tous les autres, au rapport de Lampride : chacun de ses repas coûtait à l'État plus de huit cent mille francs, et il y avait plusieurs plats qui valaient cent quarante mille francs. On n'en sera pas surpris si l'on considère qu'il faisait mettre ensemble jusqu'à six cents cervelles d'autruches, les talons grillés d'un grand nombre de jeunes chameaux (Hérodianus, lib. IV); qu'il voulait des plats de langues seules de perroquets ou de rossignols et de barbillons, de poissons rares. Il mettait à prix l'invention de nouveaux mets; il voulut même faire apprêter, dit-on, jusqu'à de la chair humaine et des excréments, pour savourer tout ce qu'il était possible de connaître dans la nature. »

Qui pourra nous dire tous les maux qu'engendrent dans les sommités sociales ce luxe effréné et toujours croissant, qui, dans la réalité, n'est que le fruit d'une civilisation poussée jusqu'à ses dernières limites! « Et pour parler des maux qu'enfante le luxe, dit Tourtelle, combien de maladies ne voit-on pas éclore de l'inaction dans laquelle il entretient le corps et l'âme; de ces dangereuses habitudes que contracte le riche indolent de ne respirer que l'air étouffé de ses appartements, de ne sortir qu'en voiture, de veiller la nuit et de dormir le jour, de n'user que d'aliments succulents et de boissons spiritueuses, de se livrer sans ménagements à tous les genres de voluptés, même les plus criminelles; de l'ennui auquel le condamnent ses richesses, et qui seul rend l'existence d'abord insipide et ensuite douloureuse et pénible; enfin d'une foule de plaisirs factices qu'il substitue aux véritables jouissances. » (*Éléments d'hygiène.*)

Avez-vous jamais pénétré dans ces somptueux palais des Sybarites de nos opulentes cités? Vous y verriez que la volupté leur a fait changer la nuit en jour : *Noctem verterunt in diem.* (Job.) Mais ce n'est certes pas là le *jour que le Seigneur a fait*; c'est l'œuvre de l'homme, ou plutôt c'est le jour de l'ennemi de l'homme. Et, en effet, quelles sources de peines, de chagrins et de maux physiques sans nombre que ces spectacles, ces bals(1), ces jeux, ces veilles énervantes, ces sensations exaltées, ces émotions vives, ces passions ardentes, ces prestiges, en un mot, de toutes les illusions et de toutes les vanités!!! Ajoutez-y encore le fastueux étalage des parures les plus mondaines, les enchantements d'une voluptueuse et enivrante harmonie, les entretiens érotiques : bref, toutes les séductions et toutes les pompes réunies et rehaussées par le vif éclat de mille flambeaux parfumés. Cette exaltation nerveuse et sensoriale sans cesse renouvelée émousse, épuise la sensibilité humaine, paralyse l'énergie musculaire et anéantit la puissance de l'innervation interne, ganglionnaire, nutritive. De là le collapsus général, la langueur, la torpeur et l'affaissement de toute l'économie, qui ordinairement succèdent à cette surexcitation nerveuse et à ces paroxysmes de presque toutes les passions. Enfin, épuisé de plaisir et de lassitude, triste, morose, la pâleur sur la figure et l'amertume dans le cœur, on se retire et on se couche à l'approche de l'aurore, au moment où l'homme actif et laborieux reprend ses travaux avec sa gaieté. N'allez pas intempestivement troubler le repos de ces personnes fondues dans la mollesse et l'édredon; laissez-les dormir leur long et pénible sommeil, *dormiunt somnum suum*. A midi il ne fait pas encore jour dans ces sombres et voluptueuses demeures; on n'y commence presque à s'éveiller que lorsque le pauvre va se jeter sur son grabat de misère, sans peut-être avoir pu obtenir les miettes de la table de ces riches rassasiés de tous les biens : car, il faut le dire, là trop souvent avec la volupté habitent l'égoïsme, la dureté de cœur et l'insensibilité d'entrailles, vices

(1) Nous ne parlerons pas ici de ces tristes nudités qui font gémir la pudeur et gronder la sagesse, et qui sont si souvent, dans les bals d'hiver, la cause déterminante des phthisies pulmonaires ou trachéales.

propres au voluptueux et au mauvais riche de l'Évangile. Faut-il s'étonner, après tout cela, d'y rencontrer tant d'êtres efféminés, cacochymes, pâles, blafards, décolorés, étiolés, émaciés, quoique mangeant souvent et ne digérant jamais. Aussi ils deviennent bientôt la pâture précoce de presque toutes les maladies.

Voilà cependant ce que le vulgaire stupide appelle le parfait bonheur. Mais il ne s'imagine pas que la plupart des riches mondains ou les heureux du siècle rencontrent sur la route de la vie tous leurs ennemis en embuscade, tels que les secrets et dévorants soucis, les peines les plus cuisantes et des douleurs sans remèdes, causées par toutes les perturbations et dépravations de la sensibilité; les mille et un accidents nerveux, des vapeurs cruelles, des transes affreuses, des spasmes violents, des suffocations hystériques et des souffrances nouvelles, inconnues, que la médecine n'a pu qualifier encore. « Les plaisirs, dit Bossuet, ont amené dans le monde des maux inconnus au genre humain; et les médecins nous enseignent d'un commun accord que les funestes complications des symptômes et des maladies qui déconcertent leur art, confondent leur expérience, démentent si souvent leurs anciens aphorismes, ont leur source dans les plaisirs. » (*Sermon sur l'amour des plaisirs.*) Il est à remarquer que Bossuet adressait ces mémorables paroles à la cour voluptueuse et sensuelle de Versailles; on ne sait que trop quel essor ont pris depuis toutes les maladies convulsives et hystériques, ou plutôt toutes les perturbations nerveuses qu'on observe aujourd'hui, surtout chez les femmes amollies par le luxe et la volupté.

Mais qu'observe-t-on chez les hommes? Des maux non moins nombreux ni moins terribles, et entre autres, indépendamment de la plupart de ceux déjà ci-dessus énumérés, un vide affreux de l'âme, un inexorable ennui qui les poursuit sans relâche, le terrible *tædium vitæ*, les affections ou les attaques spléeniques, la mélancolie, et surtout l'hypocondrie des oisifs et des riches, devenue si fréquente aujourd'hui, grâce à la mollesse et au luxe, c'est-à-dire à l'excès de notre civilisation. Nous allons terminer ce paragraphe par l'histoire d'un riche hypocondriaque, qui est peut-être unique dans les fastes de la médecine. Elle est tirée des fragments psychologiques sur la folie, par M. le docteur Leuret.

« L'observation que je vais rapporter, dit M. Leuret, suffira pour donner une idée complète de l'hypocondrie dont je vais parler (de l'hypocondrie qu'engendrent le luxe et l'oisiveté). Le malade qui en fait le sujet est un homme parfaitement en état d'analyser ses sensations et d'en rendre un compte exact. Comme la plupart des hypocondriaques de sa classe, il est riche, et sa principale occupation a toujours été de se rendre la vie douce et tranquille. Pour se soustraire aux embarras d'une famille, aux obligations qu'impose l'éducation des enfants, il ne s'est pas marié; pour que l'administration de sa fortune ne lui donnât que le moins de soucis possible, il n'a conservé de son héritage aucune propriété foncière, et il a placé son argent en rentes sur l'État dans les différents pays qui lui offraient le plus de garanties; pour n'avoir à exercer aucune surveillance de ménage, il a presque toujours habité dans les hôtels garnis et mangé chez le restaurateur. Entièrement libre de ses actions, il aurait pu voyager, et son désir d'observer l'eût porté à visiter au moins les villes capitales de l'Europe; mais le voyage, quelque commodément qu'on le fasse, n'est pas toujours sans fatigue, et puis l'on n'est pas sûr de trouver à chaque gîte un dîner bien servi, une chambre commode et un bon lit. Son esprit est très-cultivé, son jugement parfait, son cœur excellent; mais comme le repos lui est plus cher que tout le reste, dans chacune de ses actions ou de ses affections il a grand soin de repousser tout ce qui pourrait l'inquiéter et seulement l'émouvoir. Sa règle politique est d'approuver tous les gouvernements, et de laisser faire ceux qui dirigent, fût-on serf en Russie ou esclave chez les Turcs... Je pourrais ajouter bien d'autres détails, j'en ai dit assez; on comprend que tous ces soins ont eu pour but le repos : voici où l'amour du repos l'a conduit.

« Il n'a aucune relation au dehors de la maison qu'il habite; dans cette maison même c'est à peine s'il en conserve quelques-unes. Il est quelquefois six mois sans sortir; lorsqu'il sort, c'est en voiture ou toujours accompagné d'une personne qui puisse lui porter secours dans le cas où il en aurait besoin. Pendant la promenade, il est très-rare qu'il descende de voiture, et quand cela arrive, il faut que la personne dont il est accompagné se tienne tout près de lui; il ne traverserait pas une place ou un pont; à peine s'il traverserait une rue. Sur une place il est comme au milieu d'un désert, où tout manque à celui qui a besoin de tout.

« A défaut de douleur réelle, il a trouvé dans ses sensations des causes de souffrance auxquelles il a voulu échapper : au lieu de réagir et de combattre, il a fui. La première impression que produit le froid est pénible : pour ne pas lutter, il est couvert de vêtements; bientôt un air seulement rafraîchi lui a paru aussi insupportable que le froid, et il lui a opposé le même préservatif; puis, dans la crainte de se refroidir, il est resté habillé aussi chaudement l'été que l'hiver. La société impose des devoirs, ne fût-ce que de simple politesse : il a quitté la société et s'est renfermé dans une chambre, de laquelle il ne sort presque pas. Dans sa chambre, un homme qui a l'esprit cultivé peut s'instruire encore, ou au moins se distraire par quelque occupation sédentaire : travailler, lire, exigent de l'attention, et l'attention de l'activité : il est resté oisif. Que faire alors? S'ennuyer et dormir... S'il est éveillé, afin que la lumière ne puisse blesser sa vue, il ne laisse pénétrer chez lui qu'un demi-jour. Se déshabiller est une peine : d'abord il se déshabille aussi tard que possible, puis il se couche tout habillé, puis il ne se couche plus. Le jour et la nuit, assis sur un fauteuil, le coude appuyé sur une table, les pieds sur un tabouret, il reste immobile. Il mange pourtant, car il est obligé de manger lui-même, mais à des heures irrégulières, parce qu'il ne faut pas le déranger quand il dort; s'il demande son repas, on doit l'apporter à l'instant, fût-on au milieu de la nuit...

« La langue n'a pas de terme pour dire ses tourments... Il y a un mur d'airain entre le monde et lui; il n'est plus qu'un squelette; sa tête n'a que la charpente osseuse; il ne sait plus distinguer les odeurs; ce qu'il mange n'a aucune saveur; il respire comme un soufflet; s'il marche, il lui paraît qu'il a des jambes de coton; s'il se repose, tout le gêne, son fauteuil, sa table, son tabouret, ses habits; s'il veut dormir, il n'a qu'un demi-sommeil, pendant lequel sa maladie continue, s'aggrave et le poursuit; chaque jour apporte pour lui de nouveaux tourments; il est comme un vase qui se remplit goutte à goutte, et dont toutes les gouttes sont des torrents de maux... On ne veut pas le croire; mais il ne faut pas le contredire. Il doit mourir d'une mort horrible... Qu'on ne le tourmente pas, qu'on le laisse en paix...

« Pour se guérir..., il a consulté plusieurs somnambules, il s'est coiffé d'un bonnet de taffetas ciré, il a pris des remèdes homœopathiques et un bain égyptien; il s'est fait frictionner avec la brosse électrique... » (*Fragments psychologiques sur la folie.*)

Le premier remède à opposer à tous ces maux dont on vient de dérouler le tableau dans ce paragraphe, c'est l'exacte observation des lois de l'hygiène, car il est évident qu'elles ont toutes été plus ou moins violées.

CHAPITRE IV

EXCRETA, choses expulsées du corps.

On appelle *excrétions* toutes les matières solides ou liquides qui doivent être expulsées du corps, dans un but de bien-être et de conservation. Le mot excrétion exprime aussi l'action par laquelle ces matières sont rejetées hors de l'économie.

Les humeurs excrémentitielles, les évacuations alvines, l'excrétion urinaire, les transpirations cutanée et pulmonaire, les perspirations des différentes membranes ou surfaces muqueuses, etc., constituent les excrétions journalières et habituelles. On peut y ajouter les excrétions intermittentes et périodiques, telles que les menstrues; les évacuations éventuelles, comme la sueur; celles qui dépendent de certains états ou périodes de la vie, comme l'excrétion spermatique, les lochies, l'excrétion laiteuse ou la lactation; les évacuations artificielles ou supplémentaires des excrétions dépuratrices, comme les exutoires, les cautères ou fonticules, l'excrétion nasale provoquée et entretenue par la poudre de tabac, etc.

Comme nous avons parlé déjà de la plupart de ces excrétions dans la deuxième partie de la *Physiologie*, au chapitre des *Sécrétions*, nous n'y reviendrons pas. Seulement nous ajouterons que relativement aux excrétions intestinales, la constipation gêne toujours plus ou moins la circulation abdominale par la pression qu'exercent les matières fécales sur les vaisseaux sanguins ; et ainsi de proche en proche, le sang, entravé dans son cours, tend à stagner vers les parties supérieures, comme la poitrine et surtout la tête : de là, comme on sait, un grave inconvénient pour les personnes sanguines, pléthoriques, et par conséquent plus ou moins prédisposées à l'apoplexie. De plus la présence des matières stercorales indéfiniment retenues peut déterminer une irritation locale, laquelle à son tour sera souvent l'occasion d'une réaction sympathique du système cérébral ou de la tête.

Toutes les purgations, dites de précaution, doivent être généralement proscrites. L'on ne doit pas se purger si l'appétit existe et que l'on se porte bien. Ces purgatifs pris intempestivement sont des moyens perturbateurs qui irritent toujours plus ou moins le tube intestinal et troublent souvent les fonctions digestives. On ne doit pas se laisser séduire par le nombre de selles que fait excréter l'agent purgatif, et croire que ces humeurs devaient être nécessairement expulsées : elles sont le pur et inévitable effet de l'action irritante du purgatif et non la cause actuelle ou prochaine de quelque maladie. Sous l'empire des remèdes purgatifs, ces évacuations ont toujours lieu plus ou moins chez tout le monde, et même chez les personnes les mieux portantes et les plus dépourvues de bile ou d'humeur quelconque.

Une autre remarque importante à faire, c'est sur l'excrétion urinaire : il faut éviter autant que possible une excessive réplétion de la vessie. On a vu assez souvent une extrême distension du réservoir urinaire être suivie d'une paralysie immédiate de la vessie et d'une rétention subite d'urine. Nous avons déjà dit ailleurs que cette pression, par excès de réplétion vésicale, détermine souvent les pollutions nocturnes. D'un autre côté, l'on sait qu'un long et habituel séjour de l'urine dans la poche urinaire favorise beaucoup la formation de la gravelle et de la pierre, comme on l'a souvent observé chez les hommes de lettres qui, trop absorbés dans leurs travaux, ne pensent point ou négligent de satisfaire à d'importuns et distrayants besoins.

Nous allons maintenant présenter quelques considérations touchant plusieurs sortes d'excrétions que nous n'avons pas encore eu l'occasion d'examiner avec quelque détail. La première qui se présente, c'est l'excrétion ou l'évacuation spermatique. Aucune déperdition de toutes les humeurs de l'économie n'est aussi promptement et aussi profondément énervante et épuisante que les pertes ou évacuations séminales.

Tout le monde sait, en effet, à quels graves désordres physiques et moraux conduisent les excès érotiques et vénériens. Pour peu que les sujets soient nerveux, sensibles et impressionnables, ils seront très-enclins à l'amour physique et très-exposés à devenir les victimes des honteux plaisirs et des charnelles voluptés. Que n'a donc point à craindre un sujet dont l'imagination est ardente et inflammable, et le cœur sensible et affamé d'émotions érotiques! Il est toujours en présence de son ennemi, toujours exposé à ses traits brûlants. Il est vrai, cet ennemi n'est qu'un enfant, mais cet enfant a un bandeau sur les yeux et une torche à la main; il danse en riant sur le bord des abîmes embrasés, et y précipite sans pitié les imprudents qui s'en approchent. Est-il, en effet, un châtiment plus terrible que celui qui suit l'infraction d'une des plus saintes lois de la nature. Si de simples déperditions nocturnes, ou seulement des pollutions diurnes inaperçues et insenties, jettent dans l'abattement et la prostration, et même conduisent quelquefois au tombeau d'infortunés jeunes gens, quelle immense perturbation physique et morale ne doivent pas causer des excès vénériens et onaniques, accompagnés de tout l'ébranlement nerveux qui leur donne un caractère d'activité tout particulier et éminemment pernicieux et destructif de toute l'économie !

« Toute perte de semence, dit M. le docteur Réveillé-Parise, épuise l'économie, et par la soustraction de cette liqueur, pure essence du sang, élaborée à grands frais par la nature, et par les ébranlements nerveux qui accompagnent son émission. *Omne animal triste post coitum*; la loi est positive, et elle doit l'être : pourquoi cela ? c'est qu'il y a un arrière-goût d'anéantissement dans le plaisir passé, mais surtout dans celui qui transmet le don de l'existence. Tout animal, après le coït, a donné avec effort une portion de sa vie; le reste est la part de la mort. Remarquez bien, en effet, que chez les anciens *Libitina* était la déesse des plaisirs et la déesse des funérailles, Vénus ou Proserpine, la Vénus homicide qui donne et ôte la vie. »

Ce qui frappe au premier aspect dans les individus qui ont éprouvé de grandes pertes séminales, c'est un état général de langueur, de faiblesse et de maigreur. On voit une figure pâle, étiolée, amaigrie, flasque, quelquefois comme plombée, livide; des yeux caves, ternes, cernés, abattus, larmoyants, sales; des lèvres décolorées, une physionomie sans feu, sans expression, triste, honteuse; un regard éteint, morne; une marche chancelante, mal assurée, pendant laquelle les articulations, privées de synovie, font entendre des craquements réitérés. Ajoutez à ces premiers traits une voix faible, voilée, enrouée, tremblotante; toux sèche, oppression, essoufflement et fatigue au moindre mouvement; palpitations, diminution de la vue, maux de tête, vertiges, tremblements, crampes douloureuses, mouvements convulsifs, comme épileptiques, et quelquefois l'épilepsie véritable; douleurs générales dans les membres ou fixées derrière la tête, à l'épine du dos, à la poitrine, au ventre; grande faiblesse dans les reins, quelquefois un engourdissement presque universel; d'autres fois, fièvre lente, hectique, consomptive; dérangement dans les fonctions digestives, digestion nulle ou très-difficile, nausées, vomissements, perte de l'appétit ou un appétit vif avec une maigreur toujours croissante; lassitude que le repos ne dissipe pas; quelquefois la taille se dérange, le corps se courbe, se voûte, et souvent on voit toutes les apparences de la phthisie pulmonaire. Enfin ce corps qu'embellissaient les charmes de la jeunesse et les roses du printemps ne présente plus aux regards épouvantés que l'aspect d'un repoussant cadavre.

Le moral ne subit pas une moindre dégradation. Les coupables victimes du libertinage perdent la mémoire et l'intelligence; deviennent stupides, sots, imbéciles, sombres, tristes, mélancoliques, hypocondriaques, timides, indolents, lâches, paresseux; montrent de l'inégalité dans le caractère, de l'indifférence ou même de l'aversion pour les plaisirs honnêtes et légitimes; ils recherchent la solitude, paraissent préoccupés dans un silence niais et stupide; sont incapables d'études et d'application d'esprit, et, pour tout dire en un mot, ils sont d'une nullité complète.

Enfin, pour achever ce noir et triste tableau, nous ajouterons que le libertin, et particulièrement l'onaniste ou le masturbateur (que nous avons particulièrement en vue ici), après avoir traversé plus ou moins ces diverses phases, finit par tomber dans un marasme affreux et dans une décrépitude dégoûtante. Considérez-le maintenant, cet être abruti et dégradé; voyez-le, courbé sous le poids du crime et de l'infamie, traînant dans l'ombre un reste de vie matérielle et animale. Le malheureux! il a péché contre Dieu, contre la nature et contre lui-même. Il a violé les lois du Créateur, a défiguré l'image de Dieu dans sa personne et l'a changée en celle de la bête, *imago bestiæ*. Il s'est même ravalé au-dessous de la brute, et comme elle il ne regarde plus que la terre; son regard hébété ne peut plus s'élever jusqu'au ciel; il n'ose plus élever son front ignominieux et déjà marqué au sceau de la réprobation; il s'enfonce peu à peu dans la mort, et une dernière crise vient enfin violemment l'arracher à la douleur, à la honte et à l'infamie. Voilà les affreux résultats du libertinage.

Tous les onanistes, sans doute, ne sont pas aussi rigoureusement traités et ne meurent pas des suites de leurs criminels excès; on peut même dire qu'il n'y a que le petit nombre qui y succombe. Cependant dans ce petit nombre pourront se trouver tôt ou tard les masturbateurs qui persévèrent dans leur funeste habitude. « Il y a, dit M. le docteur Deslandes, des *circonstances inconnues, occultes, insaisissables*, qui font que l'on supporte inégalement l'abus des plaisirs. Ces remarques sont d'une haute importance et méritent d'être bien comprises. Il est clair que devant elles il n'y a plus de sécurité possible pour le masturbateur; en vain il chercherait des encouragements en se comparant à d'autres ou à soi-même, en se disant d'un camarade : S'il avait eu ma constitution, s'il eût été aussi fort que moi, sa santé serait encore bonne, il n'aurait pas succombé; ou encore en se disant : Pourquoi craindrais-je ce que j'ai déjà fait impunément? Ce langage ne lui est plus possible du moment qu'il sait que rien n'indique d'une manière certaine qu'on vaille mieux ou autant qu'un autre, même qu'on vaille ce qu'on valait. Il n'y a donc pas moyen de se faire illusion par des comparaisons rassurantes, quand on est bien pénétré de la vérité de ces considérations ; aussi est-ce parce qu'une foule de jeunes gens les ignorent, parce qu'ils s'estiment meilleurs que ceux-ci et aussi bons que ceux-là, qu'il y en a tant qui éprouvent le regret de s'être abusés. » (*Onanisme*, par M. Deslandes, page 54, 1835.)

Quoi qu'il en soit, toujours est-il qu'il n'en est aucun qui n'offre quelques-uns des traits du tableau que nous venons d'esquisser. Tous sont donc déjà punis, tous subissent un châtiment proportionné à leurs désordres ou plutôt à leurs crimes, et ceux qui en réchappent s'en ressentent plus ou moins le reste de leurs jours ; leur tempérament est aussi assez souvent plus ou moins ruiné ou débilité, et ils ne fourniront jamais une longue carrière, en supposant qu'une maladie chronique grave, dont peut-être ils devront le germe à l'onanisme, ou une maladie aiguë à laquelle ils résisteront bien moins que d'autres, ne tranche pas le fil de leurs jours au milieu de leur course. Ils pourront aussi devenir très-facilement les premières victimes dans les épidémies graves, en raison de leurs mauvais antécédents et de la détérioration de leur complexion. Souvent enfin ils demeurent sujets à des pollutions nocturnes ou diurnes, qui les énervent, les rendent impuissants, tristes, moroses, mélancoliques, hypocondriaques, en un mot, répandent sur toute leur vie un grand fond d'amertume ou empoisonnent le reste de leurs tristes jours.

Mais, afin que l'on ne nous accuse pas d'avoir exagéré les dangers causés par l'onanisme, ou d'en avoir tracé un tableau trop chargé, et, pour ainsi dire, pittoresque ou poétique, nous allons rapporter quelques passages sur les tristes suites du libertinage, extraits des livres des plus grands maîtres de l'art, et que l'on peut regarder avec raison comme les docteurs et les pères de la médecine.

Hippocrate, le père et le prince de la médecine, dit que « les libidineux n'ont pas de fièvre, et, quoiqu'ils mangent bien, ils maigrissent et se consument. Ils croient sentir des fourmis descendre de la tête le long de l'épine. Toutes les fois qu'ils vont à la selle ou qu'ils urinent, ils perdent abondamment une liqueur séminale très-liquide; ils sont inhabiles à la génération et ils sont souvent occupés de l'acte vénérien dans leurs songes. Les promenades, surtout dans les routes pénibles, les essoufflent, les affaiblissent, leur procurent des pesanteurs de tête et des bruits d'oreilles; enfin une fièvre aiguë termine leurs jours. » (Consomption dorsale.) (*De Morbis*, lib. II, c. XLIX, Foës, p. 479.)

« Les jeunes gens prennent et l'air et les infirmités des vieillards; ils deviennent pâles, efféminés, engourdis, paresseux, lâches, stupides et même imbéciles; leurs corps se courbent, leurs jambes ne peuvent plus les porter; ils ont un dégoût général; ils sont inhabiles à tout; plusieurs tombent dans la paralysie. » (Arétée, *de Signis et Caus. dius. morb.*, lib. II, c. v.)

« Les émissions fréquentes de semence relâchent, dessèchent, affaiblissent, énervent et produisent une foule de maux : des apoplexies, des léthargies, des épilepsies, des assoupissements, des pertes de vue, des tremblements, des paralysies, des spasmes, et toutes les espèces de gouttes les plus douloureuses. (Lomnius, *Comment. de sanit. tuend.*, p. m. 37. Citations de Tissot.)

« La trop grande perte de semence, dit Boerhaave, produit la lassitude, la débilité, l'immobilité, des convulsions, la maigreur, le dessèchement, des douleurs dans les membranes du cerveau, émousse les sens et surtout la vue ; donne lieu à la consomption dorsale, à l'indolence et à diverses maladies qui ont de la liaison avec celle-ci. » (*Instit.*, p. 766.)

« Après de longues pollutions nocturnes, suivant Hoffmann, non-seulement les forces se perdent, le corps maigrit, le visage pâlit, mais de plus la mémoire s'affaiblit; une sensation continuelle de froid saisit tous les membres, la vue s'obscurcit, la voix devient rauque; tout le corps se détruit peu à peu; le sommeil, troublé par des rêves inquiétants, ne répare point, et l'on éprouve des douleurs semblables à celles qu'on ressent après qu'on a été meurtri par des coups. » (*Consult.*)

« Les jeunes gens de l'un et de l'autre sexe qui se livrent à la lascivité ruinent leur santé en dissipant des forces qui étaient destinées à amener leur corps à son point de plus grande vigueur, et enfin ils tombent dans la consomption. » (Ludwig, *Instit. physiol.*)

« Une trop grande dissipation de semence affaiblit le ressort de toutes les parties solides; de là naissent la faiblesse, la paresse, l'inertie, les phthisies, les consomptions dorsales, l'engourdissement et la dépravation des sens, la stupidité, la folie, les évanouissements, les convulsions. » (Kloekhof, *de Morb. anim. ab. infir. med. cereb.*)

« Cette abominable pratique, il serait difficile de la peindre avec des couleurs aussi affreuses qu'elle le mérite; pratique à laquelle les jeunes gens se livrent sans connaître toute l'énormité du crime et tous les maux qui en sont les suites déplorables. L'âme se ressent de tous les maux du corps, mais surtout de ceux qui naissent de cette cause meurtrière. La plus noire mélancolie, l'indifférence pour tous les plaisirs honnêtes, le sentiment de leur misère, le désespoir d'en être les artisans volontaires, la nécessité de renoncer au bonheur du mariage, sont les idées bourrelantes qui contraignent ces malheureux à se retirer du monde, fort heureux si elles ne les portent pas à terminer eux-mêmes leur triste existence. » (Levis, *A practical essay upon the tables dorsalis*. Citation de Tissot.)

Campe, célèbre auteur allemand, s'exprime ainsi :

« Toutes les suites funestes qui accompagnent le vice de l'impudicité en général s'attachent encore plus particulièrement et d'une manière immédiate à ces écarts honteux qu'on nomme *onanisme*. On n'a pas besoin de grandes réflexions pour se convaincre combien ce vice est contraire aux vues de la nature. La constitution de notre corps et le développement encore imparfait de ses organes dans un âge peu avancé ne permettent pas de douter du mal irréparable que ce vice entraîne après lui. Dès lors la nature ne fait plus rien pour le perfectionnement du corps : elle abandonne son ouvrage, qui languit et dépérit. Les aliments que le corps prend pour sa conservation n'étant point digérés convenablement, ne fournissent plus de sucs restaurateurs, mais produisent des humeurs viciées, qui engendrent mille maladies, et deviennent même un nouveau stimulant pour ce vice honteux.

« Aussi la santé, ce bien inestimable sans lequel il ne peut exister de bonheur, est bientôt détruite. Je n'ai jamais pu voir sans indignation des enfants mutiler de gaieté de cœur de jeunes arbrisseaux qui venaient de s'élancer, pleins de vigueur, du sein maternel de la terre ; mais mon cœur s'est brisé lorsque j'ai vu de jeunes enfants, se mutilant de leurs propres mains, détruire ainsi le plus bel ornement de la création. »

« Le masturbateur, dit encore un médecin allemand, Gottlieb Vogel, en vient insensiblement à perdre tout ce qu'il avait reçu de facultés morales; il acquiert un extérieur hébété, sot, lascif, embarrassé, triste, mou ; il devient paresseux, ennemi et incapable de toute fonction intellectuelle ; toute présence d'esprit lui est interdite; il est décontenancé, troublé, inquiet aussitôt qu'il se trouve en compagnie ; il est au dépourvu et même aux abois s'il lui faut seulement répondre à un enfant : son âme affaiblie succombe sous la moindre tâche. Sa mémoire s'altérant tous les jours de plus en plus, il ne peut comprendre les choses les plus communes, ni lier ensemble les idées les plus simples ; les plus grands moyens et les plus sublimes talents se trouvent bientôt anéantis ; des connaissances précédemment acquises s'oblitèrent, l'intelligence la plus exquise devient nulle et ne donne plus aucun produit ; toute la vivacité, toute la fierté, toutes les qualités de l'âme par lesquelles ces malheureux subjuguaient ou attiraient ci-devant leurs semblables, les abandonnent et ne leur laissent plus d'autre partage que le mépris ; le pouvoir de l'imagination a pris fin pour eux ; il n'y a plus aucun plaisir qui les flatte ; mais en revanche tout ce qui est peine et malheur sur le reste du globe semble leur être propre ; l'inquiétude, la crainte, l'épouvante, qui sont leurs seules affections, bannissent toute sensation agréable de leur esprit. Les dernières crises de la mélancolie et les plus affreuses suggestions du désespoir finissent ordinairement par avancer la mort de ces infortunés, ou bien ils tombent dans une entière apathie, et, ravalés au-dessous des animaux qui ont le moins d'instinct, ils ne conservent de leur espèce que la figure. Il arrive même très-souvent que la folie et la frénésie la plus complète sont ce qui se manifeste d'abord.

« Selon le docteur Franck, les masturbateurs sont non-seulement à charge à la société, mais même dangereux. Aussi ce médecin célèbre invite-t-il les gouvernements à faire exercer sur eux la surveillance la plus active.

« Il est à ma connaissance dans une certaine ville, ajoute Gottlieb Vogel, un célibataire âgé de vingt-cinq ans, que la masturbation a d'abord rendu fou furieux, mais qui depuis longtemps est dans l'état de l'imbécillité la plus absolue. Ce malheureux ne profère jamais une seule parole ; il se laisse traiter comme s'il était entièrement privé de vie ; il ferme les yeux dès qu'il voit quelqu'un ; il a la plus grande partie du jour la tête penchée en avant, et se tient assis en cette attitude sur une chaise. Son unique occupation est de se frotter le pouce et l'index l'un contre l'autre ou de déchirer une carte en je ne sais combien de petits morceaux. Son visage est pâle, défait, allongé ; mais, malgré cette situation déplorable, il ne passe ni jour ni nuit sans se livrer à la masturbation. » (Citation de Doussin-Dubreuil.)

Dans l'*Onania* anglais, rapporté par Tissot, nous lisons :

« Toutes les facultés intellectuelles s'affaiblissent, la mémoire se perd, les idées s'obscurcissent, les malades tombent même quelquefois dans une légère démence; ils ont sans cesse une espèce d'inquiétude intérieure, une angoisse continuelle, un reproche de leur conscience si vif, qu'ils versent des larmes. Ils sont sujets à des vertiges ; tous leurs sens, mais surtout la vue et l'ouïe, s'affaiblissent ; leur sommeil, s'ils peuvent dormir, est troublé par des rêves fâcheux.

« Les forces du corps manquent entièrement : l'accroissement de ceux qui se livrent à ces abominations avant qu'il soit fini, est considérablement dérangé. Les uns ne dorment point du tout, les autres sont dans un assoupissement presque continuel. Presque tous deviennent hypocondriaques ou hystériques et sont accablés de tous les accidents qui accompagnent ces fâcheuses maladies : tristesse, soupirs, larmes, palpitations, suffocations, défaillances. L'on en a vu cracher des matières calcaires. La toux, la fièvre lente, la consomption, sont des châtiments que d'autres trouvent dans leurs propres crimes.

« Les douleurs les plus vives sont un autre sujet de plaintes des malades : l'un se plaint de la tête, l'autre de la poitrine, de l'estomac, des intestins, de douleurs rhumatismales, quelquefois d'un engourdissement douloureux dans toutes les parties de leur corps dès qu'on les comprime le plus légèrement.

« L'on voit non-seulement des boutons au visage, c'est un symptôme des plus communs, mais même de vraies pustules suppurantes sur le visage, dans le nez, sur la poitrine, sur les cuisses; des démangeaisons cruelles de ces mêmes parties, etc. »

L'onanisme cause également de grands ravages dans l'autre sexe: s'ils nous frappent moins, c'est parce qu'ils sont moins connus et moins avoués. On les observe, comme dans le sexe masculin, depuis la plus tendre enfance jusqu'à un âge très-avancé. Voici les caractères ou les symptômes principaux auxquels on pourra reconnaître la masturbation dans le sexe féminin : état général de langueur, de faiblesse, de maigreur; absence de la fraîcheur, de la beauté, du coloris du teint, du vermillon des lèvres et de la blancheur des dents, qui sont remplacés par une figure pâle, amaigrie, bouffie, flasque, plombée; un cercle bleuâtre autour des yeux, qui sont enfoncés, ternes et sans éclat; un regard triste, languissant, éteint, etc.; toux sèche, oppression, essoufflement au moindre exercice, apparence de phthisie commençante; assez souvent la menstruation subsiste, au moins au commencement, ce qui éloigne aussitôt l'idée d'attribuer l'altération de la santé à la suppression ou au dérangement du flux menstruel, et peut devenir un indice de vice. Assez souvent il existe des fleurs blanches qui résistent ordinairement à tous les moyens pharmaceutiques. Il n'est pas rare de voir la taille se dévier ou subir une déformation totale. Le moral s'affecte comme dans l'autre sexe : il survient de la tristesse, de la mélancolie; on recherche la solitude, on montre de l'indifférence, de l'aversion pour les plaisirs honnêtes et légitimes, et une foule d'autres caractères communs aux deux sexes. « Les femmes, dit Tissot, livrées à cette luxure périssent misérablement ses victimes... Le mal paraît même avoir plus d'activité dans le sexe que chez les hommes... Les femmes sont plus particulièrement exposées à des accès d'hystérie ou de vapeurs affreux, à des jaunisses incurables, à des crampes cruelles de l'estomac et du dos, à de vives douleurs du nez, à des pertes blanches, dont l'âcreté est une source continuelle de douleurs les plus cuisantes ; à des chutes, à des ulcérations de matrice, et à toutes les infirmités que ces deux maux entraînent : à des prolongements et à des dartres du clitoris, à des fureurs utérines, qui leur enlèvent à la fois la pudeur et la raison, les mettent au niveau des brutes les plus lascives, jusqu'à ce qu'une mort désespérée les arrache à la douleur et à l'infamie. »

Enfin nous terminerons cette matière par un passage d'un auteur qui, quoique étranger aux sciences médicales, ne s'élève pas contre le libertinage avec moins de force que les médecins et les hygiénistes :

« Les philosophes matérialistes, qui ne voient dans l'homme que ses sens, montrent tous une aversion insurmontable pour la chasteté, et cela seul prouverait combien leur doctrine est pernicieuse et fausse, même à ne la considérer que dans ses rapports avec la vie présente. Car, avant d'être un devoir moral, la chasteté est une loi de conservation que la nature impose à tous les êtres vivants ; et, si elle est même un devoir pour l'être moral, c'est en partie parce qu'elle est une loi pour l'être physique. Hors quelques courts moments destinés à la reproduction, les animaux sont chastes par instinct, sans quoi il y a longtemps que les espèces auraient péri. Loin que l'union des sexes ait le plaisir pour fin, le plaisir voulu, recherché comme fin, contrarie directement les vues de la nature dans cette union, et tend même à éloigner un sexe de l'autre en introduisant des mœurs infâmes, trop communes chez les anciens, et justifiées, conseillées par les philosophes mêmes. *O la vile créature que l'homme! et abjecte, s'il ne se sent soulever par quelque chose de céleste!* (Montaigne.)

« Pour peu qu'on ait conservé, je ne dis pas de conscience, de goût pour la vertu, de respect pour soi-même, mais de prévoyance et de raison, il est inouï qu'on s'abuse au point de mettre le bonheur dans une passion brutale qui conduit tôt ou tard au dernier excès de la misère et de l'avilissement. Que l'ardente jeunesse, en contemplant les suites affreuses du déréglement des sens, apprenne à réprimer des penchants funestes, toujours aisément maîtrisés par une volonté forte.

« Le premier effet, l'effet inévitable des habitudes voluptueuses, est de lier les puissances de l'âme et d'en exclure toute autre pensée que celle de vils plaisirs dont elle s'est rendue l'esclave. Distrait par des désirs sans cesse renaissants, obsédé d'impurs fantômes, l'esprit perd sa vigueur et sa fécondité; tout s'altère et dépérit, la mémoire s'éteint, le caractère s'énerve, le cœur se dessèche. On ne sait plus aimer, ni compatir, ni répandre les délicieuses larmes de l'attendrissement. Le visage même s'empreint d'une expression dure et repoussante. Des traits heurtés et morts annoncent que la source des doux sentiments, des pures émotions, des joies innocentes, est tarie.

« On dirait que la vie s'est réfugiée tout entière dans les organes; mais les organes mêmes s'usant bientôt, les infirmités, les maladies, les souffrances accourent en foule. J'ai vu, et le souvenir m'en sera toujours présent, j'ai vu de ces malheureuses victimes d'une passion dévorante offrir, à la fleur de l'âge, la dégoûtante image d'une complète décrépitude: le front chauve, les joues hâves et creuses, le regard plein d'une tristesse stupide, le corps chancelant et comme courbé sous le poids du vice, épuisés de vie, de pensées, d'amour, déjà hideusement en proie à la dissolution ; à leur aspect on croyait entendre les pas du fossoyeur se hâtant de venir enlever le cadavre. » (*Indifférence en matière de religion.*)

Autres excrétions. Un mot sur le fluide ou l'excrétion prostatique. C'est un liquide légèrement visqueux sécrété par le corps glanduleux qu'on appelle *prostate*, qui se trouve, comme nous l'avons vu plus haut, vers le col de la vessie, et qui entoure la première portion du canal de l'urètre. Cette glande n'existe pas chez la femme. L'humeur prostatique sert à lubrifier le canal urétral et à faciliter le passage du sperme, auquel elle se mêle et lui sert en quelque sorte de véhicule. On prétend que la sortie du fluide prostatique chez les eunuques est accompagnée d'une sensation à peu près analogue à celle que détermine l'excrétion de la liqueur séminale. On n'y découvre, du reste, aucun animalcule spermatique. L'excrétion ou l'humeur prostatique forme en grande partie la matière des pollutions des eunuques et peut-être des impubères, et enfin de ce que, en matière de morale, les théologiens appellent *distillation*.

Une matière sébacée, caséiforme, s'amasse ordinairement autour de la couronne du gland chez ceux qui négligent les soins de propreté. Cette matière blanche et plus ou moins concrète décèle sa présence par quelques durillons ou quelques nodosités plus ou moins dures, qui peuvent causer du prurit, des excoriations ou inflammations douloureuses, et quelquefois même une espèce d'écoulement très-incommode.

Excrétion nasale. Nous ne parlerons ici que de l'excrétion nasale déterminée et entretenue par la poudre de tabac. L'usage de cette poudre est, dans le principe, généralement inutile, quelquefois stupéfiant ou dangereux, et toujours immonde et dégoûtant.

Souvent, ou par légèreté ou par imitation, ou par d'autres motifs plus ou moins frivoles, on contracte la sale habitude d'emplir ses narines de la poudre irritante du tabac ; ou du moins c'est dans le but de faire cesser quelque coryza ou un léger mal de tête, dont le temps seul aurait bientôt fait justice : le mal se dissipe, on se félicite du *succès* et on continue le remède le reste de sa vie. L'habitude prise s'enracine profondément dans l'économie, et devient enfin une impérieuse nécessité et un tyrannique besoin. Nous avons dit que l'usage de la nicotiane est quelquefois dangereux : des milliers de faits sont là qui l'attestent hautement. Le tabac déprave ou détruit l'odorat, et par son action stupéfiante il peut, pris avec excès, engourdir et ralentir les fonctions intellectuelles, et surtout affaiblir ou troubler la mémoire. L'irritation continuelle de la muqueuse nasale a déterminé plusieurs fois le développement des polypes. Fourcroy cite même un cas de cancer du nez attribué à l'usage du tabac.

« Le tabac, suivant Mérat, énerve et affaiblit les tissus, surtout le nerveux, qu'il ébranle ; de là des tremblements dans les membres, qu'on observe assez constamment chez ceux qui en font abus, la diminution des forces, l'amaigrissement et même la consomption, qu'on voit arriver chez les grands priseurs, et surtout chez les femmes, par la quantité de salive qu'il fait sécréter, ce qui épuise et dessèche. Ces habitudes jettent parfois les sujets dans une espèce d'imbécillité. J'ai connu des priseurs intrépides qui étaient dans une sorte d'abattement continuel, qui, la bouche béante et les narines étoupées d'une croûte noire de cette poudre, ne savaient que fouiller sans cesse dans leur tabatière, et conservaient tout juste assez d'instinct pour cette action machinale. Il en est de l'abus du tabac comme de celui de toutes les jouissances par irritation, comme de la masturbation, de l'abus des femmes, des liqueurs fortes, etc., et l'on doit encore être étonné de ne pas lui voir causer des accidents plus nombreux ; il faut toute la puissance de l'habitude et les doses faibles qu'on en prend habituellement pour en diminuer les mauvais effets. »

Il serait superflu de chercher à prouver que l'usage de cette plante *âcre*, *sale* et *puante*, comme l'appelle le docteur Mérat, contamine plus ou moins tous ceux qui s'en farcissent incessamment les narines. Chacun sait, en effet, que rien n'est plus commun que de voir une certaine excrétion stillatoire maculer la plupart des objets qui tombent sous l'organe nasal des grands consommateurs de l'immonde petun. « Nous ajouterons, dit encore Mérat, aux inconvénients du tabac, la mauvaise odeur de l'haleine et celle du corps, des hardes, dont il imprègne ceux qui en font usage, et la malpropreté produite par les liquides colorés de cette substance, qu'ils laissent couler par les voies buccales et nasales. » Ajoutez à tous ces inconvénients celui des continuelles émonctions, qui finissent souvent par irriter plus ou moins le nez et la membrane nasale, sans parler des congestions cérébrales qu'elles peuvent favoriser ou déterminer.

L'usage de la pipe n'expose pas à de moins graves inconvénients, ou plutôt à des dangers réels et positifs. Murray rapporte l'exemple de deux frères qui périrent d'apoplexie, l'un pour avoir fumé de suite dix-sept pipes, et l'autre dix-huit. L'excrétion excessive ou la grande déperdition de salive jette les grands fumeurs dans l'épuisement, le dessèchement et la consomption : ajoutez à cela qu'ils sont très-sujets au cancer de la lèvre inférieure. Nous ne parlons pas ici d'une autre manière d'user du tabac, qui est bornée à un petit nombre d'individus grossiers et le plus souvent livrés à des habitudes ignobles et crapuleuses. Cet usage dégoûtant produit des effets plus actifs, et par conséquent plus nuisibles encore à la santé que les deux autres.

Si la poudre irritante du tabac est quelquefois utile, c'est qu'elle établit dans les fosses nasales une espèce de cautère ou d'exutoire, et à ce titre elle peut alléger et soulager plus ou moins la tête, les yeux, etc. Ceci nous fournit l'occasion de dire un mot sur les cautères, ou les suppurations ou excrétions artificielles. On établit les cautères, exutoires, fonticules ou vésicatoires, dans le but de détourner des organes internes une fluxion ou irritation morbifique. Mais il ne faut pas croire que ces divers émonctoires ne soient utiles que par la sécrétion purulente qu'ils déterminent et qu'il faille par conséquent faire suppurer les cautères et les vésicatoires le plus abondamment possible; ce serait là une erreur grossière et même dangereuse, en ce sens qu'une suppuration abondante et incessante, chez un sujet faible ou épuisé, peut contribuer à entretenir l'état d'épuisement et de faiblesse, ou à en opérer la consommation. Les médecins, par ces sortes de stimulations extérieures, se proposent particulièrement de produire une fluxion externe en vertu de ce principe de thérapeutique : *Ubi stimulus, ibi fluxus* ; ou d'exciter dans un lieu déterminé un surcroît de vitalité, un afflux de sang, en un mot, une action irritante et dérivative, ou une fluxion artificielle plus forte que celle qu'on a en vue de faire cesser, et c'est encore d'après cet axiome : *Duobus doloribus simul abortis, vehementior obscurat alterum.*

On croit généralement dans le monde que l'on ne peut jamais supprimer des cautères établis depuis plus ou moins longtemps. C'est une autre erreur qu'il faut également détruire, puisqu'elle est souvent la seule raison pour laquelle les personnes qui pourraient retirer de bons effets d'un cautère se refusent à son emploi. Sans doute il ne faut jamais supprimer brusquement un exutoire établi depuis longtemps et suppurant abondamment; mais pour cela on choisit l'époque opportune des chaleurs, afin qu'une transpiration plus abondante supplée à l'excrétion supprimée. Dans le même but on pourra prendre quelques bains et se purger une ou deux fois. Enfin la suppression d'un exutoire sera toujours sans danger si on prend les précautions que nous venons d'indiquer, et que d'ailleurs il soit certain que les motifs qui l'ont fait établir n'existent plus.

CHAPITRE V

GESTA, actions exercées. Exercice en général.
Exercice actif. Gymnastique. Exercice passif. Gestation.

§ 1

Exercice en général.

> « Celui qui croit se procurer de la santé en vivant dans l'inaction est aussi peu sensé que celui qui se condamnerait au silence pour perfectionner sa voix. » (PLUTARQUE.)

L'homme étant doué d'une force musculaire considérable et de membres robustes, il s'ensuit qu'il est, avant toute institution sociale, organiquement prédestiné à une vie active et laborieuse; et que par conséquent une existence oisive et casanière serait un état anormal et opposé à la nature humaine : cela est évident.

Il résulte donc déjà de la seule organisation de l'homme que l'exercice vigoureux du corps ou le travail est plutôt commandé que conseillé par la nature, et qu'il est par conséquent une nécessité physiologique ou une loi de l'organisme humain avant d'être un précepte de l'hygiène.

D'ailleurs l'homme, même dans son état d'innocence et de justice originelle, n'a-t-il pas reçu de Dieu l'ordre formel de travailler? *Posuit eum in paradiso voluptatis, ut operaretur et custodiret illum* (Gen.); et après sa chute n'est-il pas encore bien plus rigoureusement assujetti à la dure loi du travail corporel? *In laboribus comedes... In sudore vultus tui vesceris pane* (Gen.) « Tu mangeras ton pain dans le travail et à la sueur de ton front. »

Le travail, que nous considérons ici comme la dernière nuance ou le *summum* de l'exercice corporel, est une puissance hygiénique du premier ordre, qui exerce sur toute l'économie, et particulièrement sur la vie nutritive, la plus salutaire influence. Voyez les hommes qui mènent une vie dure, active et laborieuse : ils sont rarement chargés du fardeau d'un incommode et inutile embonpoint, lequel, comme on sait, est généralement un caractère de faiblesse et d'asthénie; ils sont vifs, vigoureux, alertes, courageux, infatigables et invincibles à la guerre : tels étaient les Lacédémoniens, les Spartiates, les anciens Romains, etc. Les organes de ces sortes d'individus sont fermes et résistants, leur système musculaire très-développé; les solides dominent évidemment sur la masse des liquides, et, on ne voit guère chez eux de tempéraments mous et lymphatiques. Ils jouissent de la vie dans toute sa plénitude; ne connaissent point les maladies corporelles, à moins qu'elles ne soient externes et traumatiques. Dans les beaux jours de leur république, les anciens Romains, laborieux, actifs et sobres, furent six cents ans sans avoir de médecins; mais les richesses et les délices de l'Asie vaincue ne tardèrent pas à les amollir, et par conséquent à leur rendre nécessaire le ministère des médecins. Si vous nous demandez comment faisaient les Romains sans médecins quand ils tombaient gravement malades, nous vous répondrons : *Ils mouraient*; ou nous dirons encore avec un spirituel hygiéniste moderne : « En est-il besoin (de médecin) quand on est chaste et tempérant, quand les besoins sont bornés et les mœurs graves, quand l'amour de la patrie domine toute autre passion vive? A cette époque il y avait un Jupiter de bois au Capitole, et les vainqueurs des rois vivaient de légumes. » Au reste, que les médecins de nos jours se rassurent, ces beaux jours de simplicité et de frugalité de la république romaine ne reviendront plus, grâce à tous nos progrès et surtout à nos intempérances, qui sont aujourd'hui trop incrustées dans notre moderne et délicate nature pour céder la place à ces antiques vertus des Curius, des Fabricius, des Caton, etc., c'est-à-dire à la frugalité, la sobriété, la tempérance, l'amour du travail, et surtout du premier et du plus utile des arts, l'agriculture.

On peut dire que l'agriculture est la source la plus certaine et la plus pure des richesses pour l'État et pour la société; qu'elle est un principe et une cause de bien-être, de mœurs, de vertus et de bonheur pour les citoyens qui s'adonnent à cette utile et honorable profession; l'agriculture est de plus un puissant moyen de civilisation et même de moralisation, par conséquent de prospérité, de paix et d'ordre public.

Si nous vantons ici en passant l'agriculture (1), c'est qu'elle est le travail proprement dit de l'homme, et son exercice corporel par excellence. Son art nourricier et ses admirables compagnes, la tempérance et la sobriété, sont le principe et la condition de la santé et de la longévité, non-seulement des individus, mais encore des peuples entiers. Le travail et la sobriété sont, en effet, les nerfs des nations et la sûre condition de leur durée. Tant que les Romains ont été actifs, laborieux et sobres, ils ont été invincibles : et ils n'ont été vaincus par les barbares du Nord qu'après l'avoir été par la mollesse, le luxe et l'intempérance.

Parmi toutes les institutions humaines qui ne subsistent et ne se conservent que par la puissance éminemment conservatrice de ces vertus morales, il faut particulièrement remarquer l'état monastique. On sent assez que nous n'avons en vue ici que les seuls ordres *travaillants*, c'est-à-dire l'institution monastique telle qu'elle existait dans les premiers siècles du christianisme, alors que le travail des mains en était une partie essentielle, ou du moins en quelque sorte le fondement principal, en ce sens qu'il était fait dans l'esprit de pénitence et sanctifié par la prière. Et, en effet, y a-t-il une meilleure pénitence corporelle que celle du travail, imposée à l'homme prévaricateur par Dieu lui-même ! Le patriarche des moines de l'Occident, saint Benoît, déclare à ses disciples qu'ils seront *véritablement* religieux quand ils vivront du travail de leurs mains (2), comme les apôtres et les anciens soli-

(1) Voyez ce que nous avons dit sur l'agriculture comme carrière nouvelle à ouvrir à la jeunesse, dans les *Pensées d'un Croyant catholique*.

(2) J'entends ici par travail des mains toute espèce honnête d'industrie exercée dans un esprit religieux, et uniquement pour faire vivre la communauté, pour aider à faire vivre les pauvres et pour exercer l'hospitalité envers tout le monde.

taires : *Tunc vere monachi sunt si labore manuum suarum vivunt, sicut et patres nostri et apostoli.* (Reg., cap. XLVIII.) On sait assez combien l'apôtre saint Paul se livrait aux travaux manuels. Ces mains que vous voyez, dit le docteur des nations, m'ont fourni tout ce qui m'était nécessaire et à ceux qui sont avec moi. *Scitis quoniam ad ea quæ mihi opus erant et his qui mecum sunt ministraverunt manus istæ.* (Act., XV-XXIV.) Saint Bernard affirme que le travail des mains, la retraite et la pauvreté sont les titres d'honneur et les ornements de la vie solitaire : *Labor et latebræ et voluntaria paupertas, hæc sunt monachorum insignia, hæc vitam solent nobilitare monasticam.* (Epist. XLII.) Dans une autre lettre le même docteur s'exprime ainsi sur la vie admirable et toute *sociale* des anciens solitaires : *Laborabant manibus suis, et de labore suo pauperes pascebant, esurientes ipsi, de vastitate eremi urbium carceres alebant : et infirmos, et in quibuslibet necessitatibus positos sustentabant, viventes de labore suo et habitantes in labore manuum suarum.* (Epist. ad fratres de Monte Dei.)

Disons donc maintenant deux mots en passant sur le travail monastique de nos temps modernes.

Une institution cénobitique où le précepte du travail manuel est exactement gardé résistera à l'action du temps, qui détruit tout, c'est-à-dire qu'elle subsistera tant que le travail sera religieusement maintenu, parce que le travail est un préservatif assuré contre toute espèce de relâchement et de désordre. On sait que c'est l'inobservation de cette règle fondamentale qui dans tous les temps a amené la décadence et la ruine de l'état monastique. Au contraire, à la faveur du travail tout s'anime, tout s'embellit, tout s'accroît et se conserve ; à la faveur du travail, de cette grande loi de l'hygiène, de cet exercice vital, les religieux acquièrent activité, force, santé et longévité; à la faveur du travail les règles monastiques sont observées, la discipline régulière maintenue et les vœux parfaitement gardés et accomplis; à la faveur du travail enfin les religieux pourront partager leur pain, fruit de leur sueur, avec les pauvres du pays, recueillir, habiller, nourrir le voyageur nécessiteux et indigent, et donner avec joie et charité l'hospitalité à tous.

Voulez-vous contempler le développement actuel et l'évolution successive de toutes ces choses, allez visiter les plages stériles et brûlantes de l'Afrique : vous y verrez ce que peut le travail persévérant d'hommes patients et courageux, qui, en fait de travail, avancent toujours et ne reculent jamais; vous y verrez ce que peuvent les efforts réunis qui tendent tous et toujours au même but, et qui sont toujours dirigés par une seule et même volonté; vous y verrez ce que peut une société ou une grande famille agricole qui ne meurt pas, dont les intérêts ne sont jamais divisés ni le patrimoine partagé ou dissipé, et qui offre par conséquent tous les éléments du succès et toute la garantie d'avenir désirable; vous y verrez un établissement modèle pour le travail, l'industrie, et surtout pour l'agriculture et l'horticulture; vous y verrez la pratique parfaite de l'hygiène et de toutes les vertus morales et sociales; vous y verrez la frugalité, la tempérance, la sobriété, la prévenance, l'honnêteté, la charité; vous y verrez santé, longévité, gaieté, joie, paix et bonheur; vous y verrez un asile hospitalier toujours ouvert non-seulement aux hommes du pays, mais encore de tous les pays, *urbi et orbi*; oui, à tous, sans distinction de croyance, de secte, de religion ou de nation : à l'Arabe, au Musulman, au Turc, au Juif, au Grec, au Barbare, à l'Anglais, au Français, etc. La charité chrétienne est universelle; elle est toute à tous, et elle ne voit dans les hommes que des frères de la grande famille humaine, qui ont tous le même père, Dieu ; vous y verrez enfin un foyer de moralisation et de vraie civilisation, en un mot, un puissant lien social ; car il est aujourd'hui irréfragablement prouvé, et prouvé par le fait, que les ordres monastiques *travaillants* et hospitaliers, considérés au point de vue politique, sont des institutions éminemment utiles à la société, et que par conséquent il serait dans l'intérêt bien compris des gouvernements non-seulement de les protéger, mais encore d'en favoriser la propagation, afin d'en assurer la haute et salutaire influence sur de plus grandes masses sociales.

Abolissez le travail des mains, et bientôt tous ces avantages disparaîtront ; abolissez le travail des mains, le sûr gardien des règles et des vœux monastiques, et bientôt vous verrez les uns et les autres infailliblement renversés et violés. Quand on ne travaillera plus, les aliments grossiers, privés du délicieux assaisonnement de la faim, deviendront fades et insipides ; on dira aussi avec les Apicius modernes et les Juifs dans le désert : *Nauseat anima mea super isto cibo levissimo.* (Num.) L'apôtre saint Paul dit que ceux qui ne veulent pas travailler ne doivent pas manger : *Qui non vult operari non manducet,* et ceux-ci mangeront non-seulement sans travailler, mais il leur faudra encore une table mieux servie et presque somptueuse ; il leur faudra donc des mets plus délicats, plus recherchés et par conséquent plus dispendieux, plus chers : les règles sur l'austérité de la nourriture seront violées et le vœu de pauvreté fortement ébranlé, celui d'obéissance gravement compromis, et celui de chasteté en grand péril. Et, en effet, sans l'exercice conservateur du travail, un monastère aisé tombera nécessairement dans le relâchement et le désordre, comme l'inexorable histoire nous l'apprend d'une manière si triste et si douloureuse. La bonne chère, le défaut d'abstinence et de jeûne, la mollesse, la délicatesse, la recherche dans les habits, dans l'ameublement, l'ennui, le dégoût (1), le défaut de retraite, le désœuvrement, l'oisiveté, la paresse, toute la phalange satanique enfin viendra fondre impitoyablement sur l'édifice monastique, le démolira de fond en comble comme Jérusalem, et n'y laissera pas pierre sur pierre. Tout cela est littéralement vrai; tout cela s'est vu il y a soixante ans, comme tout le monde sait, et tout cela se voit encore de nos jours dans un royaume voisin.

Mais comme il ne m'appartient pas de m'élever avec quelque force contre les religieux qui ne travaillent pas comme ils y sont obligés, j'emprunterai pour un instant les paroles de celui qui certes avait acquis le droit et l'autorité de stigmatiser le vice et surtout l'énorme vice de la paresse. Écoutez l'oracle et le tonnerre de Clairvaux : Levez-vous, solitaire lâche et paresseux, ceignez vos reins, chassez l'oisiveté, excitez vos forces engourdies par l'inaction, remuez vos mains et vos bras, exercez-vous au travail. *Surge, præcingere, tolle otium, exere vires, complosus explica manus, excitare.* (S. Bern. 1, 11, 12, nov. edit.)

Résumé et conclusion. Sans le travail : misère, ennui, dégoût, tristesse, trouble, apathie, torpeur, immobilité, langueur, faiblesse, maladie et malheur.

Avec le travail : ressources suffisantes pour la commu-

---

(1) Dans le sens littéral, lire, prier et méditer sans interruption, c'est-à-dire sans travail manuel, est une chose impossible à la plupart des hommes et contraire à leur nature. D'ailleurs les jeûnes et les veilles (en supposant qu'ils soient encore pratiqués), joints aux méditations et aux lectures continuelles, exalteront nécessairement le système nerveux, l'imagination et la tête, feront tomber les religieux dans de creuses rêveries, et dans toutes sortes d'illusions et d'hallucinations, et peut-être dans quelque chose de pis encore... Pour ceux qui auront la tête encore assez forte pour résister à l'atteinte de toutes ces causes réunies, on les verra passer leurs longues et tristes journées dans une complète nullité, ou dans un état habituel de torpeur, d'engourdissement et de somnolence.

nauté, pour les pauvres et pour l'exercice de l'hospitalité; sérénité, gaieté, joie, contentement, activité, force, santé, longévité, progrès, paix et bonheur.

Donc le travail est pour les religieux une nécessité physiologique et hygiénique, et aujourd'hui surtout cette salutaire pratique est la principale puissance conservatrice de leur existence et la plus forte garantie de leur avenir religieux et social (1).

(1) Sans doute dans quelques cas rares et exceptionnels, on pourra accorder des dispenses, soit en faveur de l'étude, soit pour d'autres travaux de cabinet, mais toujours dans l'intérêt spirituel, moral ou matériel du monastère; et alors ces occupations, en apparence excentriques, mais sous l'égide de l'obéissance, constitueront un véritable travail et une pratique régulière. Il faut se rappeler ici les immenses travaux des anciens bénédictins. On sait que ces moines célèbres, aussi savants que laborieux, tout en défrichant le sol ingrat et stérile de la France, ont aussi défriché le champ non moins sec et aride des sciences et des lettres. Qu'on n'oublie donc pas que ce sont les prêtres et les religieux (pour lesquels certaines gens affectent un mépris aussi injuste que stupide) qui ont sauvé la société française de la misère, de l'ignorance et de la barbarie. Aujourd'hui encore, ce sont de simples religieux qui font faire à l'agriculture les progrès les plus positifs et les plus réels, comme on le voit en France et en Afrique, et par la raison toute simple que les religieux forment des familles très-nombreuses qui ne meurent pas, et dont le patrimoine et les intérêts ne se divisent jamais; c'est chose assez connue, je n'y insiste pas. Mais ce qui est beaucoup moins connu, ce sont les colonies agricoles qu'ils viennent de créer. C'est là certes une œuvre éminemment régénératrice et de la plus haute importance sociale, si l'on considère que ces colonies agricoles et industrielles se composent d'enfants abandonnés, orphelins, vagabonds, ou détenus pour délits de mendicité. Le gouvernement donne volontiers la main à ces institutions agricoles : il en comprend toute l'importance et toute la portée politique.

Et, en effet, à quoi doit tendre aujourd'hui l'action gouvernementale si ce n'est à détruire complètement et radicalement le socialisme, à faire respecter la famille et la propriété, et à faire réhabiliter tous les devoirs sociaux? Atteindre ce triple but, n'est-ce pas arriver à la solution définitive du plus grand problème social qui agite le monde aujourd'hui?

Or cette solution, d'où dépend l'existence politique même de la société, ne peut recevoir sa pleine et entière réalisation que par l'éducation religieuse et morale de la jeunesse et particulièrement des jeunes enfants. Il faut régénérer la société dans et par ses éléments. L'espérance est dans la semence, *in semine spes.*

Pour former de bons citoyens d'un si grand nombre d'enfants déjà li-

§ II

Exercice actif et gymnastique.

L'exercice actif ou spontané est celui dans lequel l'homme n'a de mouvement que celui qu'il se donne lui-même par sa propre puissance musculaire, et dans lequel, comme dit Hallé, il est à la fois puissance, moteur et mobile.

Les diverses espèces d'exercices actifs ou spontanés, comme la progression ou la marche ordinaire, ascendante et descendante, la course, le saut, la natation, etc., ont déjà été l'objet de notre étude dans la première partie de la *Physiologie*; on y renvoie donc le lecteur. Nous nous contenterons de dire ici qu'en général tous les exercices actifs accélèrent plus ou moins, suivant leur intensité, la circulation et la respiration, augmentent en même temps la calorification et la transpiration, activent les mouvements organiques, excitent les sécrétions, provoquent l'appétit et favorisent les fonctions digestives, si toutefois l'exercice est modéré; car, s'il était trop violent, il troublerait plutôt cette importante fonction en détournant les forces vitales, c'est-à-dire l'influx nerveux et l'afflux sanguin des organes digestifs, et en les appelant tout entiers sur le système ou l'appareil musculaire. La digestion ne demande d'autre exercice qu'une légère promenade, quelque petit jeu non fatigant ou une douce et agréable conversation.

---

vrés au vice et à la paresse, deux choses sont nécessaires : la religion et le travail. La religion rendra les enfants vertueux et probes, et le travail en fera des hommes économes et laborieux. De là les premiers éléments de la famille et de la propriété, et par conséquent du bien-être des peuples. Voilà en deux mots, selon nous, la clef de voûte de tout l'édifice social et de la vraie politique.

— Les exercices un peu forts peuvent être fort utiles chez les personnes lymphatiques, molles, apathiques; et pris au grand air, ils conviennent éminemment aux sujets scrofuleux ou à ceux qui sont menacés de le devenir prochainement.

Rien de plus utile, dans un système d'éducation physique, que la pratique de la gymnastique. Des exercices gymnastiques convenablement dirigés, et appropriés aux besoins, aux tempéraments et aux caractères des enfants, leur procureront une grande puissance musculaire, leur donneront de l'agilité, de la souplesse dans tous les mouvements, et contribueront puissamment non-seulement à faire développer parfaitement le corps, mais encore à le rendre sain, robuste et vigoureux. De plus, ce qui est d'une très-haute importance, le système nerveux se fortifiera, la sensibilité et l'impressionnabilité diminueront à proportion, ou du moins la sensibilité ne se faussera et ne se dépravera pas. Tout ce qui affaiblit et énerve rend sensible et impressionnable à l'excès.

De ces deux premiers avantages en découlera un plus grand encore, savoir : la préservation probable de l'onanisme. D'abord il est certain qu'une sensibilité nerveuse, excessive et vicieuse est une très-forte prédisposition à la masturbation : l'agacement général des nerfs, comme on dit, produit par contre-coup une excitation, un agacement sur les organes délicats, irritables et sensibles des enfants, et quelquefois même, par ce seul fait, un vice fatal et cruel se découvre, se développe, se fortifie et empoisonne la vie ou l'attaque et la détruit dans sa source. En second lieu, les exercices variés et plus ou moins fatigants de la gymnastique, outre qu'ils remplissent les vides de la journée et préviennent l'oisiveté, font taire la sensibilité, étouffent les sentiments érotiques, tendres ou charnels, en faisant naître des sensations plus impérieuses encore, comme un besoin d'alimentation, c'est-à-dire une faim insatiable avec une propension irrésistible au repos physique et au sommeil. On comprend assez les avantages qui peuvent résulter ici d'un long et profond sommeil et d'un état de fatigue presque habituel (1).

Un autre exercice excellent pour la jeunesse en état de s'y livrer sera celui de la chasse. On sait que *Diane* et *Vénus* sont antipathiques et de mortelles et éternelles ennemies. D'ailleurs, la chasse étant un exercice varié, fatigant, distrayant et agréable, qui oblige, comme dit Ramazzini, de marcher beaucoup, de courir, de sauter, de se tenir debout, ou bien de se courber, de pousser des cris, etc., peut convenir à un grand nombre de sujets, surtout aux personnes lymphatiques ou aux hypocondriaques, aux mélancoliques, en un mot, à tous les névropathiques.

Un exercice qui convient beaucoup aux ecclésiastiques, c'est l'horticulture. Voici à l'appui de cette assertion un passage spirituel et agréable extrait de l'*Hygiène des hommes de lettres* : « Un exercice dont on a vu d'étonnants effets pour la santé des hommes affaiblis par les travaux de la pensée, c'est l'horticulture. Un médecin a soutenu, non sans raison, que la plus saine des professions était celle d'un jardinier sobre, et tout démontre cette vérité. L'air pur, l'exercice modéré et pourtant continuel, entretiennent et rétablissent les forces. C'est bien alors que la vie paraît pleine et entière, qu'on la possède, qu'on en jouit, qu'on la savoure. L'esprit participe à cet état de bien-être ; car les soins et le matériel obligés de la vie d'un horticulteur lettré animent l'âme sans la troubler ; ils la rendent calme, heureuse, au contraire des inquié-

---

(1) On devrait établir des gymnases dans tous les collèges et pensionnats, et même dans les pensionnats de demoiselles, comme il s'en trouve à Paris.

tudes de la vie sociale et urbaine, qui l'agitent, l'exaltent, l'asservissent en la pressant de toutes parts. Toutefois suffit-il d'avoir le goût du jardinage pour en obtenir de bons résultats? Non, sans doute, si l'on se contente du plaisir des yeux. Il faut mettre la main à l'œuvre, il faut avoir les bras travailleurs, planter, semer, greffer, en un mot, avoir le soin de son parterre, de son petit jardin, comme de sa bibliothèque. Homme d'État qui venez de méditer sur un projet d'où dépend le bonheur ou l'infortune de plusieurs millions d'individus ; vous, illustre savant qui avez mesuré la distance des astres, analysé jusqu'aux éléments des corps, quittez vos pénibles travaux ; et vous surtout, noble enfant des muses, qu'une ardente imagination a transporté dans les sphères célestes, maintenant détendez les ressorts de votre esprit comme ceux de votre lyre ; d'autres préoccupations vous attendent. Revêtu de la veste et du chapeau rustiques, allons, armez votre main du rateau ou de la serpe ; il vous faut émonder un espalier, sarcler une allée, butter des céleris, etc. : voilà votre besogne, votre nouvelle tâche. Ou bien encore hâtez-vous de cueillir ces fruits vermeils, d'arroser ces fleurs desséchées, d'abriter ces tendres plantes que l'aquilon menace, etc.; votre récompense est prête, et vous ne l'attendrez pas longtemps. L'appétit vif, la digestion facile, l'esprit gai, le cœur content, puis un sommeil franc et profond, que voulez-vous de plus pour embellir l'existence? »

Un autre exercice encore fort utile, surtout pendant l'hiver, c'est le travail du *tour*, particulièrement pour ceux qui y prennent goût et qui sont doués de l'adresse des mains. Nous avons vu dernièrement un respectable vieillard de quatre-vingt-onze ans, qui passe par goût et par principe de santé la plus grande partie de la journée à cet agréable et utile exercice. Rien de plus utile aux vieillards pour prolonger et rendre moins amers leurs derniers jours que l'exercice corporel et surtout le travail des mains. « Quand je suis à la ville, dit Adisson, comme je ne puis monter à cheval, je m'exerce une heure tous les matins à tirer une cloche sans battant pendue dans l'un des coins de ma chambre, et qui me plaît d'autant plus qu'elle m'obéit dans le plus profond silence. » « M***, célèbre diplomate, fatigué des travaux du cabinet, bêchait son jardin dans l'été; mais l'hiver, les mains garnies de mauvais gants, il fendait du bois gaillardement. L'appétit, le sommeil, les forces et la joie ne tardèrent pas à revenir. » (*Réveillé-Parise*.)

Mais un point essentiel à observer c'est de ne rien brusquer : il faut s'exercer doucement d'abord, et augmenter progressivement la mesure de son travail ou de son exercice. Celui qui précipite imprudemment sa marche n'arrive souvent que plus tard au terme de sa course. Quand on demande à un paysan de la vallée de Campan combien il faut de temps pour monter au *pic du Midi* : « Quatre heures, répond-il, si vous allez doucement, et six si vous allez vite. »

Les différents jeux (comme moyen d'exercice actif) auxquels se livrent communément les enfants et les écoliers, comme les *barres*, le *cerf-volant*, etc., ne produisent en général d'autres effets physiques que ceux de la marche et de la course.

Il est important de surveiller les jeux des enfants pour la manière dont ils s'y livrent, c'est-à-dire qu'il faut leur faire éviter avec soin l'exercice exclusif d'un seul bras au préjudice de l'autre. Il en résulterait une prédominance de force et de nutrition qui pourrait déterminer une déviation de la taille, une attitude ou une démarche vicieuse, ou même une espèce de gibbosité par le trop grand développement de l'épaule droite. Dès qu'on s'aperçoit d'un pareil défaut, on doit aussitôt condamner le bras droit à l'inaction et faire exercer le gauche jusqu'à ce que l'équilibre de force et de nutrition soit rétabli dans les deux membres. Ces inconvénients graves sont à craindre dans les jeux du volant, du cerceau et de la paume. Le jeu de la corde est sans contredit le meilleur de tous pour les enfants des deux sexes. Il donne à tout le corps un exercice régulier, uniforme, et à tous les membres, surtout aux bras, une activité et une force égales : cet exercice a encore l'avantage de contribuer au développement de la poitrine, en faisant porter les épaules en arrière.

Les jeux de *balle*, de *paume* et de *ballon*, outre qu'ils donnent beaucoup d'exercice, demandent une certaine attention ou application de la tête et des yeux.

Les jeux du *palet*, des *quilles*, de la *boule*, ne dépensent pas beaucoup de forces musculaires, n'obligent point à courir, mais seulement à marcher. Ils conviennent plus particulièrement aux personnes faibles et aux convalescents.

Le *billard* (domestique). Ce jeu aussi noble qu'attachant doit être placé à la tête de tous ceux qui demandent de l'exercice, et qui en même temps charment agréablement les loisirs, ou procurent à l'esprit tout le repos dont il a besoin et au corps l'excitation modérée qui lui est nécessaire pour l'entretien de toutes les fonctions de la vie organique ou nutritive. L'exercice que demande le billard, consistant en marches incessantes ou en allées et venues continuelles, peut tenir lieu de promenade, et sous ce rapport il est utile et bienfaisant à tout le monde, même aux malades.

Exercices des organes vocaux. — La déclamation, la lecture à haute voix, le chant, etc., étaient regardés autrefois comme partie essentielle de la gymnastique. Ces exercices, en faisant développer l'appareil vocal ou le larynx, donnent à la voix plus de force, plus d'étendue et une mâle vigueur. Ils peuvent aussi fortifier plus ou moins le système pulmonaire et donner aux poumons plus de force et d'ampliation. On conseillait jadis ces sortes d'exercices dans le but de fortifier la poitrine et de prévenir par là la phthisie pulmonaire. Si l'on y a recours comme à un moyen hygiénique, prophylactique ou médicinal, il faut que cet exercice soit de courte durée à chaque fois et répété plus ou moins souvent.

En général, les personnes qui par état sont obligées de parler souvent et longtemps en public doivent mener une vie sobre et éviter de parler immédiatement après les repas. On doit surtout avoir soin de ne pas boire frais immédiatement après s'être livré à un exercice vif et prolongé des organes de la voix. Le meilleur moyen d'apaiser sa soif, d'humecter et de *rafraîchir* les organes fatigués, ce serait de prendre une boisson très-chaude, comme de l'eau sucrée, par exemple, ce qui désaltère parfaitement et n'expose jamais à aucun danger. Si, au contraire, on boit froid, ou si on se laisse refroidir trop vite, on s'expose à être pris subitement d'une aphonie ou extinction de voix, d'une angine ou esquinancie aiguë ou d'une inflammation aiguë de la poitrine, ou pour le moins d'un rhume ou d'un catarrhe pulmonaire.

§ III

Exercice passif ou gestation.

Dans cet exercice, le mouvement n'est plus spontané; il est imprimé et passif, comme dans l'exercice du cheval, de la voiture, etc. La gestation produit des effets analogues à ceux de l'exercice actif, mais à un moindre degré d'intensité; aussi convient-elle davantage aux personnes faibles, valétudinaires, convalescentes, aux femmes, et en général à tous ceux que la faiblesse du système musculaire ou locomoteur empêche de se livrer aux exercices spontanés.

Les principaux exercices gestatifs sont ceux de l'*équitation* et de la *voiture*. L'équitation comprend également l'exercice du mulet et de l'âne. L'équitation est la gestation la plus active de toutes, c'est-à-dire qu'elle imprime au corps un mouvement plus vif et des succussions plus fortes que tous les autres agents de gestation. Les secousses et les ébranlements répétés de l'équitation communiquent au corps un mouvement tonique, corroborent toute l'économie et surtout fortifient singulièrement le système nerveux, dont ils diminuent ordinairement la sensibilité et la mobilité. L'équitation exerce aussi une grande et salutaire influence sur la vie nutritive, et en favorise toutes les fonctions, comme la circulation, la digestion, l'assimilation, etc. L'exercice du cheval est très-utile aux personnes atteintes de catarrhe chronique ou de phthisie commençante ; mais il serait nuisible aux individus sujets aux inflammations du bas-ventre, aux affections rénales et vésicales, à la gravelle, au calcul, aux hémorroïdes, etc. Les personnes qui par état ou autrement montent très-souvent à cheval feraient bien de porter un suspensoir pour soutenir et protéger les testicules, et d'user en même temps d'une large ceinture abdominale, qui s'opposerait au développement des hernies, assez fréquentes chez les cavaliers. Disons à cette occasion que les hernies sont en général plus communes chez les personnes qui restent souvent à genoux, et qu'elles se développent facilement dans les circonstances où la maigreur succède rapidement à l'embonpoint, comme chez les convalescents.

La gestation par voiture convient à toutes les personnes qui ne peuvent supporter l'exercice du cheval. Les voitures, dans l'ordre de leur *dureté*, sont à peu près les suivantes : celles qui ne sont pas suspendues, comme le chariot, la charrette, la patache, le char-à-bancs, etc.; celles qui sont suspendues, comme les diligences, les voitures ou chaises de poste, les cabriolets, les carrosses, les berlines, les calèches ; les voitures à vapeur (chemins de fer), qui n'impriment au corps qu'un doux et léger frémissement ; la litière, plus douce encore que les voitures suspendues : c'est une espèce de voiture sans roues, mais portée sur le dos de deux chevaux ou de deux mulets ; la chaise à porteurs est une espèce de caisse portée par deux hommes.

On a imaginé diverses machines destinées à faire des gestations sédentaires, à faire de l'équitation ou à voyager en poste dans sa chambre : tels sont le *fauteuil de poste*, de l'abbé de Saint-Pierre ; le *siège d'équitation*, qui simule les allures du cheval ; le *trémoussoir*, le *lit à deux pieds inégaux*, le *lit suspendu*, etc.

Le plus doux de tous les exercices gestatifs c'est la promenade en bateau ordinaire ou le voyage sur les bateaux à vapeur (sur les rivières ou les lacs, tranquilles seulement). Comme ces sortes de gestations ne produisent ni choc ni secousse, il faut attribuer le bien-être général qu'elles procurent à la respiration d'un air frais, vif et sans cesse renouvelé.

Les voyages sur mer exercent aussi une salutaire influence sur toute l'économie humaine, et modifient et améliorent notablement une foule de maladies nerveuses. L'atmosphère maritime, d'après de grands et célèbres observateurs, paraît également fort salutaire aux personnes atteintes d'affection de poitrine chroniques, de catarrhes, de phthisie, etc. — On sait que, chez la plupart des individus qui ne sont pas habitués à la navigation maritime, le roulis et le tangage du vaisseau déterminent et provoquent même irrésistiblement une sorte de révolution générale, connue sous le nom *de mal de mer*.

Voici sur ce point un extrait d'un travail très-important, par le docteur Keraudren, médecin en chef de la marine française :

« Les eaux de la mer ne sont jamais dans un repos absolu; les vents, les courants, le flux et le reflux, l'attraction planétaire enfin, entretiennent leur mobilité et leur fluctuation. Un vaisseau sous voile est diversement agité par les vents et les flots, il est rare qu'il glisse à la surface des ondes en conservant sa rectitude. Si, dans sa marche, il reste penché sur le côté, on dit qu'il donne la bande. Cette situation n'est pas incommode en elle-même; le vaisseau est alors comme appuyé et n'éprouve presque aucun balancement. Lorsque, au contraire, il incline alternativement sur un côté et sur l'autre, c'est ce qu'on appelle roulis; l'élévation et l'abaissement successifs de la proue et de la poupe constituent le mouvement de tangage.

« Ces deux états, surtout le dernier, sont extrêmement pénibles pour ceux qui n'ont pas encore été sur mer; ils ne tardent pas à ressentir des vertiges, des éblouissements, la cardialgie, des nausées, et enfin des vomissements répétés et douloureux. Le ventre est habituellement fermé, et pourtant les déjections alvines sont quelquefois assez fréquentes pour donner à cette affection toute l'apparence d'un choléra. L'abattement et l'anxiété des malades sont bientôt au comble; ils frissonnent, ils chancellent, ils s'accroupissent; ils n'ont ni la volonté, ni la faculté de se mouvoir; la menace, les mauvais traitements ne peuvent les y déterminer. Dans cet état d'anéantissement physique et moral, l'homme le plus délicat, comme l'animal le plus immonde, reste au milieu des ordures répandues autour de lui; il ne prend plus aucun soin de son existence, il refuse les aliments qui lui sont offerts ; il verrait avec indifférence qu'on voulût le délivrer de la vie.

. . . .

« Est-il une situation dans laquelle l'homme soit plus désagréablement remué jusque dans ses organes les plus intérieurs ? Le corps est obligé de céder et de s'accommoder aux mouvements variés du vaisseau ; mais cela est impossible à celui qui n'a pas encore navigué : ses jambes le soutiennent à peine ; il ne peut faire un pas, et, pour éviter de tomber, il faut qu'il s'appuie sur tout ce qui l'environne. Soit que le vaisseau incline de l'un ou l'autre côté, soit qu'il s'élève ou qu'il s'abaisse, il en ressent tous les mouvements, toutes les secousses ; il est, comme lui, sans cesse agité et ballotté. Combien sont déchirantes les sensations produites par le tangage ! le vaisseau plonge, et tout à coup il est soulevé par une lame énorme : quelle impulsion ne reçoivent pas alors les parties flottantes du bas-ventre et les viscères abdominaux ! De là proviennent aussi ces tiraillements de l'épigastre, l'un des symptômes les plus pénibles du mal de mer. . . . . .

. . . .

« L'indication la plus directe, et qui doit surtout contribuer au soulagement des malades, consiste à rendre le vomissement aussi doux et aussi facile que possible. Pour cela il ne faut pas laisser l'estomac dans un état de vacuité complète ; mais on doit chercher à y introduire en petite quantité des substances soit solides, soit fluides. Lorsque cette affection est récente et modérée, les malades peuvent encore prendre quelques matières solides, telles que du biscuit ou autre substance sèche et absorbante. Lorsqu'au contraire les vomissements sont violents et les douleurs épigastriques insupportables, il faut se borner à l'administration des boissons légèrement toniques et antispasmodiques, telles que les infusions de thé, de tilleul, de camomille, et soutenir les forces du malade à l'aide de bouillons, de gelées et de quelques cuillerées d'un vin généreux.

« Le vomissement n'est pas, en général, le phénomène le plus pénible dans le mal de mer ; lorsqu'il s'opère avec facilité, il soulage ordinairement le malade. Les nausées, le ptyalisme, l'anxiété, qui le précèdent, rendent au contraire son état très-douloureux : on cherche donc quelquefois à provoquer le vomissement lorsqu'il n'a pas lieu de lui-même... Pour déterminer, dans ce cas, le vomissement qui peut soulager le malade, on lui conseille de contempler le mouvement des ondes, et particulièrement d'arrêter ses regards sur les flots qui fuient le long du vaisseau, comme pour se rendre raison de sa vitesse ou pour en mesurer le sillage.....

« Cependant, lorsque le malade a déjà vomi et que l'estomac est vide, on ne ferait qu'aggraver les accidents et les porter à leur comble en lui conseillant de fixer ses regards sur la mer, car avant de solliciter le vomissement il faut être certain que l'estomac renferme encore quelques matières susceptibles d'être rejetées ; autrement les efforts du malade seraient vains, et l'on ne ferait qu'augmenter la cardialgie et les angoisses. C'est alors qu'il convient de lui faire prendre quelque substance solide ou fluide, suivant ses dispositions, parce que si le vomissement doit ensuite avoir lieu il sera plus facilement supporté.

. . . .

« Si le malade se couche, il éprouve bientôt un grand soulagement ; les mouvements du vaisseau n'agissent presque plus sur lui, le lit restant toujours placé horizontalement par l'effet de sa suspension. Mais à son lever qu'aura-t-il gagné ? Il n'en sera pas moins sensible à l'action des causes auxquelles il a voulu se soustraire, et avec lesquelles il faut qu'il se familiarise. Il pourrait ainsi passer bien du temps en mer sans être encore en état de supporter, hors de son hamac, l'agitation des flots, comme on l'a souvent observé. Ne vaut-il pas mieux, puisque ce mal est inévitable, s'y soumettre pleinement, et le laisser épuiser toute son énergie, pour être dispensé de l'éprouver, au moins à un certain degré, en d'autres circonstances ? De cette manière la somme des douleurs serait certainement moindre que lorsqu'il faut les ressentir plusieurs fois, à des intervalles plus ou moins rapprochés. Il est donc préférable de rester, autant que possible, au grand air et sur le pont, en évitant d'abord d'arrêter ses regards sur les flots.

« Je publiai, en 1812, un essai sur le mal de mer, qui fut imprimé dans le *Journal de médecine, chirurgie et pharmacie* : j'ai eu la satisfaction de le voir ensuite traduit en allemand dans l'excellent *Journal de médecine pratique* rédigé par M. Hufeland, premier médecin de Sa Majesté le roi de Prusse. La Société académique de Toulon, dont j'ai l'honneur d'être membre correspondant, me fit aussi parvenir à ce sujet une médaille en or, comme un témoignage de son approbation. Ce fut à cette époque que M. Vasse, inspecteur de l'Académie d'Aix, lut à la Société académique de Toulon un Mémoire sur le mal de mer, dans lequel, en s'étayant des causes que je lui avais assignées, il proposa de comprimer l'abdomen au moyen d'une ceinture. Cette idée ingénieuse ne tarda pas à être mise en pratique. M. le docteur Legrand, chirurgien-major des vaisseaux du roi, habituellement malade à la mer, essaya sur lui-même les effets de la compression abdominale, et il en éprouva beaucoup de soulagement. Dans sa thèse inaugurale sur le mal de mer, soutenue à la Faculté de Montpellier le 7 décembre 1814, ce médecin adopta la théorie que j'avais proposée, et la compression, qui en est une conséquence ; il confirma par des expériences faites sur d'autres marins les résultats avantageux qu'il avait obtenus sur lui-même, en soutenant les viscères flottants du bas-ventre à l'aide d'une ceinture appropriée, que d'après ses conseils on doit appliquer même avant l'apparition des symptômes. La compression abdominale paraît donc le moyen le plus sûr de modérer les accidents du mal de mer : si elle ne peut prévenir le vertige, les nausées, elle diminue au moins l'état spasmodique, la violence du mouvement et la gastralgie si insupportable aux malades. Je rappellerai à ce sujet que la précaution de serrer le ventre au moyen d'une ceinture était autrefois beaucoup plus usité par les marins. Cette coutume n'était peut-être pas raisonnée ; mais elle avait pu être suggérée par l'expérience pour prévenir les lumbago et les hernies si communes parmi les hommes de cette profession, peut-être même pour diminuer la violence et la durée du mal de mer.

« D'après ce qui précède, la compression abdominale serait une des principales ressources qu'on pourrait employer pour modérer les effets de ce mal, et habituer graduellement l'homme à l'ondulation des flots et au balancement du navire. . . . .
. . . .

« L'habitude seule peut nous rendre insensibles à l'ondulation, à l'agitation des flots de l'Océan. Voyez le matelot pendant la tempête ; il conserve son attitude, son agilité : il monte, il descend, il exécute les travaux les plus difficiles ; les vents et les flots conspirent à le renverser, il reste inébranlable, il ne cède ni aux vents ni aux flots, il ne suit que sa volonté. C'est en vain que le navire est ballotté dans tous les sens, son corps se plie à ses mouvements répétés et conserve son équilibre : si l'un des côtés du vaisseau s'élève, la jambe de ce côté se fléchit comme d'elle-même, tandis que l'autre reste tendue ; si la poupe ou la proue s'enfonce, le tronc se porte insensiblement en avant ou en arrière. Tous ces mouvements s'opèrent sans préméditation, presque automatiquement et par le seul effet de l'habitude. L'homme n'est plus alors séparé du vaisseau, il fait, pour ainsi dire, corps avec lui, il n'en reçoit plus aucune percussion, et par conséquent ses organes ne sont plus ébranlés. Voilà ce que l'on appelle être amariné, avoir le pied marin. On n'a pas à craindre alors les attaques du mal de mer; mais cette stabilité ne s'acquiert que par degrés, et par la force de l'habitude, qui modifie la nature de l'homme et peut même lui donner de nouvelles facultés. »

En résumé, nous pensons que les meilleurs moyens d'atténuer les effets du roulis et du tangage seraient de porter une ceinture abdominale et de se coucher en se plaçant le plus près possible du centre du navire, mais plutôt en plein air que dans l'intérieur; ou enfin de se coucher dans son hamac.

Dans notre voyage d'Afrique fait en 1845, nous avons fait un heureux essai de la compression abdominale, et nous sommes resté tranquille au milieu de la tourmente générale. Nous nous sommes contenté de comprimer les hypocondres et l'épigastre, c'est-à-dire toute la région supérieure du ventre. Cette compression que nous avons employée préventivement peut se faire tout simplement à l'aide d'un foulard ou d'un mouchoir fortement noué sur l'épigastre : on l'augmente encore par la pression des mains exercée sur l'épigastre et sur les hypocondres. C'est ainsi que nous l'avons pratiquée avec succès.

Qu'on nous pardonne cette espèce de digression en faveur des hommes qu'une abnégation, un dévouement et un courage surhumains déterminent à porter la *bonne nouvelle* et la civilisation européenne par delà les mers et les îles (1).

---

(1) Ce sont pourtant de tels hommes que, contre le droit des gens et toutes les règles de la justice, on laisse égorger impunément par de lâches et stupides sicaires de la Corée, du Tong-King et de la Cochin-

chine ! Et ces hommes, ce sont nos frères, ce sont des citoyens français, des hommes paisibles et inoffensifs, dont tout le crime est de porter dans les contrées barbares les lumières de la civilisation chrétienne et française.

On venge un pavillon insulté, on venge des intérêts matériels lésés, et l'on ne pense pas à demander satisfaction du sang français le plus pur et le plus innocent, répandu comme l'eau sur une terre idolâtre et coupable. *Effuderunt sanguinem tanqunm aquam.* (Ps. LXXVIII.)

Il faut pourtant rendre ici justice au courage et au caractère ferme d'un brave marin, M. Lévêque, commandant de la corvette *l'Héroïne*. Cet homme généreux, tout récemment, par une démonstration énergique et vraiment française, a fait rendre à la liberté, c'est-à-dire a sauvé d'une mort à peu près certaine, cinq missionnaires français de la Cochinchine. Si aux beaux jours de l'ancienne Rome on décernait une couronne civique à un homme qui avait sauvé la vie au citoyen romain le plus obscur, quelle couronne ne mérite pas l'homme courageux qui a sauvé la vie à cinq *citoyens français*? Ne devrait-on pas ouvrir une souscription pour récompenser une conduite si belle, si généreuse, et en même temps si éminemment propre à faire respecter le nom français? Qu'il serait beau de voir NN. SS. les évêques, ou l'*Association de la propagation de la foi*, donner une médaille d'honneur au commandant de l'*Héroïne*, pour avoir sauvé la vie à cinq misssionnaires français!..... (*Note de la première édition.*)

Encore un mot sur les missionnaires de l'Orient. Nous pensons qu'ils feraient bien d'emporter dans ces contrées, qui n'ont encore reçu qu'une demie ou une fausse civilisation, l'immense bienfait de la vaccine, et surtout le quinquina, c'est-à-dire le sulfate de quinine, pour se guérir de ces nombreuses et dangereuses fièvres intermittentes et rémittentes (fièvres d'accès avec froid) qui se développent si souvent et causent tant de ravages dans ces pays couverts de rivières et de plages marécageuses. Ordinairement un missionnaire, à l'aide de ce précieux médicament, peut se guérir lui-même sans avoir recours aux médecins ignorants du pays. Pour cela il n'a qu'à prendre, immédiatement après chaque accès de fièvre, 40, 50 à 60 centigrammes de sulfate de quinine, et davantage si la fièvre est très-grave ou qu'elle résiste aux doses ordinaires. Il est certain que faute de ce remède héroïque des missionnaires ont succombé au Tong-King, à la Cochinchine, etc., et que très-probablement ils ne seraient pas morts s'ils avaient pu s'administrer du sulfate de quinine.

Un missionnaire nous a raconté, il y a quelques années, que, dans le fond de l'Asie, chez une peuplade sauvage, où jamais aucun Européen n'avait encore pénétré, il avait guéri, à l'aide du sulfate de quinine, tous les fiévreux du pays. On venait trouver de cinquante lieues de loin cet homme extraordinaire, ce nouveau thaumaturge. A toutes les questions que la curiosité des habitants et l'étrangeté du personnage firent naître, il répondait qu'il était le ministre du Maître du ciel, de l'Être souverain, qu'il était venu de fort loin, qu'il voyageait beaucoup dans le but d'être utile à ses semblables et de leur faire tout le bien possible, et qu'à cette fin il désirait se fixer parmi eux. Sa mission, appuyée de l'éclat de ses *miracles*, a produit le plus heureux résultat.

CHAPITRE VI

PERCEPTA. Ce sont toutes les choses qui regardent le moral de l'homme, c'est-à-dire les fonctions sensoriales, intellectuelles, morales et affectives ou les passions, auxquelles nous avons ajouté le sommeil et la veille (1).

Comme nous avons déjà touché toutes ces matières dans la première partie de la *Physiologie*, à laquelle nous renvoyons le lecteur, nous ne parlerons dans ce chapitre que des choses qui sont strictement du domaine de l'hygiène.

§ 1

Fonctions sensoriales, intellectuelles, morales et sociales.

Pour maintenir les sens et l'entendement à leur type normal, et surtout pour en augmenter l'activité, il est nécessaire de donner à ces fonctions une mesure d'exer-

---

(1) C'est pour nous conformer à notre cadre physiologique que nous avons placé ici le sommeil et la veille, c'est-à-dire qu'à l'exemple des physiologistes nous avons rangé le sommeil et la veille dans le chapitre des fonctions cérébrales. Nous ne pouvons donc admettre ici la classification de l'illustre professeur Hallé, qui a mis le sommeil et la veille dans les *gesta*. Les savantes leçons de cet homme célèbre ne nous ont pas moins été d'un grand secours pour la composition de ce petit traité d'hygiène pratique.

cice proportionnée à leur intensité physiologique, et qui n'amène jamais la souffrance ni la fatigue des organes; car toute excitation violente et démesurée est suivie d'une faiblesse et d'un *collapsus* consécutifs; de la même manière que tout travail modéré, sans souffrance ni fatigue notable, laisse dans les organes une impression tonique, un ton de vitalité et un caractère d'énergie et de vigueur nouvelles; c'est une conséquence de cette grande loi physiologique : que tout système organique se développe et se fortifie par l'exercice, et s'engourdit et s'affaiblit par l'inaction. Au moral donc, comme au physique, tout ce qui n'est point excité ou exercé tombe dans la torpeur et la stérilité. L'intelligence humaine ressemble à un champ : si elle n'est point cultivée, elle demeure stérile et ne produit rien; si elle est trop cultivée, elle s'épuisera, s'usera et sera également frappée de stérilité, comme une terre qui produit toujours, et ne se repose jamais.

L'ordre à suivre dans l'éducation sensoriale, intellectuelle, morale et sociale de l'homme, n'est tout simplement que l'ordre physiologique ou naturel, c'est-à-dire celui des développements successifs et progressifs des facultés de l'âme.

C'est d'après ce principe qu'il faut commencer l'éducation morale ou l'éducation proprement dite, dès la première enfance, avec l'éducation de la parole. L'une et l'autre sont *nécessaires* à l'homme ; elles sont dans sa nature et dans son essence, c'est-à-dire qu'elles sont d'une nécessité physiologique. Les facultés qui se développent les premières chez l'enfant sont les fonctions sensoriales et la mémoire. Parlez donc à l'enfant, et par images, comme aux peuplades dites sauvages, et par les mots du langage ordinaire, que peu à peu, à l'aide de sa mémoire naissante, il répètera, apprendra et comprendra. Dès que la raison de l'enfant jettera ses premières lueurs, montrez-lui le vrai et le beau, et déposez insensiblement dans sa faculté principale, la mémoire, les notions du langage et des premiers et plus simples enseignements du Catéchisme, c'est-à-dire la connaissance et l'amour de Dieu et du prochain; car tout est là, c'est là tout l'homme : *Hoc est omnis homo* (Eccl.); c'est le *porro unum necessarium*; c'est l'homme intellectuel, moral et social. Ainsi la parole, la connaissance et l'amour de Dieu et du prochain, sont les trois attributs *nécessaires* de l'humanité, sans lesquels l'homme ne peut exister, ou du moins n'existerait que comme être humain purement physique (vrai sauvage), comme les sourds-muets sans aucune éducation, comme les petits enfants (1), doué comme eux de la capacité de devenir, par l'éducation morale, un homme normal et physiologique, c'est-à-dire un être intellectuel, moral et social.

Maintenant, quant à l'instruction naturelle ou purement humaine, qui est une nécessité du second ordre, établie pour le parfait développement et l'utilité de la société, il faut la faire progressivement, suivant l'évolution successive des facultés intellectuelles de l'enfant. Il faut le dire ici, généralement l'on commence cette instruction beaucoup trop tôt, à un âge trop tendre. Tout aujourd'hui est avancé et prématuré, non-seulement dans l'ordre intellectuel, mais encore dans presque toutes les choses naturelles et usuelles de la vie. On appelle à son aide la science; on tourmente les arts pour hâter et multiplier les jouissances ou les voluptés matérielles; on se hâte de vivre et de jouir, car le temps presse et fuit; on ne travaille plus pour l'avenir, on ne travaille que pour le présent et pour soi. On remarque même ce besoin effréné de jouir jusque dans l'architecture ou la manière de construire les maisons d'aujourd'hui : on les bâtit généralement avec

---

(1) *Infans,* non parlant.

une célérité et une légèreté absolument incompatibles avec la solidité et la durée. Si nous passons de l'architecture à l'agriculture, nous verrons une autre grande aberration qui consiste à abattre partout les bois de construction, sans songer à les remplacer par des plantations nouvelles : à la vue d'une telle imprévoyance, la marine commence à concevoir les plus justes et les plus sérieuses alarmes (1); on devrait se souvenir de la vieille prédiction de Sully : *La France finira par périr faute de bois.* En second lieu, ce déboisement, surtout dans le midi de la France, est une des causes de ces terribles inondations qui y causent maintenant, presque tous les ans, les plus grands et les plus déplorables désastres (1840 et 1843).

A voir ainsi les pauvres humains s'agiter et se ruer sur les choses matérielles et présentes, il semble qu'un vif pressentiment de la fin de toutes choses les pousse fatalement dans la carrière difficile de la vie. On veut jouir à tout prix, à temps et à contre-temps, *per fas et nefas*, dût-on même abréger ses jours. Et, en effet, tous les jours on

---

(1) En vertu d'une loi spéciale, on devrait ordonner des plantations d'arbres, d'arbrisseaux, de haies, etc., sur les bords de la plupart des grandes routes, surtout dans les pays de montagnes. Cette mesure produirait trois grands avantages, savoir : 1º de faire venir beaucoup de bois sans aucune dépense de terrain; 2º de soutenir les bords des chemins et d'en empêcher les éboulements; 3º de servir de parapet aux routes, particulièrement dans les montagnes, et de prévenir d'affreux malheurs. Ces plantations n'empêcheraient pas l'aération et le desséchement des routes, au moins de celles pratiquées sur les montagnes, où elles ne seraient faites que d'un seul côté, et où d'ailleurs les eaux ne peuvent s'arrêter. Il est impossible de n'être pas saisi de frayeur, quand, en voyageant dans les Pyrénées et dans les Alpes, on se voit suspendu au-dessus des précipices et des abîmes effroyables, dans des chemins étroits, mal entretenus, et le plus souvent sans parapets... Un accident ordinaire, qui serait sans grande conséquence dans la plaine, peut faire rouler une voiture dans des profondeurs qu'on ose à peine mesurer des yeux. Et malheureusement de pareils sinistres arrivent encore tous les ans en France, malgré toutes les inventions et tous les progrès matériels de notre siècle.

le fait. Le mot de Sénèque est aujourd'hui bien véritable : *Non accepimus vitam brevem, sed facimus.*

Il en est à peu près de même dans l'instruction des enfants. Les parents, bien mal avisés, veulent jouir aussi de la précocité intellectuelle de leurs enfants; ils veulent avoir de petits savants à dix ans, et ils auront des hommes imbéciles ou stupides à vingt-cinq.

Il faut donc laisser l'organisme se développer, le physique se fortifier ; en un mot, il ne faut point user les organes et surtout le cerveau avant leur évolution normale, ou du moins leur développement suffisant. Le moral suit le physique. Si vous comprimez le dernier, si vous en empêchez intempestivement le développement, le premier pourra bien donner quelques belles et précieuses espérances; mais elles ne seront que séduisantes et vaines, c'est-à-dire qu'elles seront sans réalisation et sans avenir.

Travaux intellectuels chez l'homme adulte. — Nous n'avons ici à considérer que la mesure des exercices de l'esprit et non l'âge des sujets. Il est certain que tous les accidents déterminés par les excès dans les études ou les travaux intellectuels procèdent du cerveau, qui est l'*atrium mortis*, comme dit M. Réveillé-Parise. *A capite fluit omne malum.* (Fernel.) Nous ne pouvons entrer dans le détail de toutes les variétés et nuances des accidents qui peuvent avoir leur source dans le système cérébral ; nous nous bornerons à un seul, mais il est terrible et formidable, et malheureusement assez ordinaire aux grands penseurs : c'est l'apoplexie. Pétrarque, la Bruyère, Daubenton, Spallanzani, Monge, Cabanis, Corvisart et une foule d'autres savants ou d'hommes célèbres, ont été enlevés par cette terrible et fréquente maladie. M. Réveillé-Parise rapporte que Napoléon, qui craignait l'apoplexie, demanda un jour à Corvisart, son premier médecin, quelques idées positives sur cette maladie. « Sire, lui répondit

Corvisart, l'apoplexie est toujours dangereuse, mais elle a des symptômes avant-coureurs. Il est bien rare que la nature frappe sans avertir d'avance. Une première attaque, presque toujours légère, est une *sommation sans frais;* une seconde, beaucoup plus forte, est une *sommation avec frais;* mais une troisième est une *prise de corps.* »

Quels sont donc maintenant ces symptômes avant-coureurs qui viennent nous avertir que, dans le silence du cabinet, on médite, contre la tête des penseurs, une sommation *avec* ou *sans frais*, ou peut-être même une *prise de corps*.

Généralement, après de longues et fortes contentions d'esprit, on éprouve à la région frontale un sentiment de gêne, de pesanteur ou de douleur quelquefois même assez vive, et différents autres symptômes qui annoncent que le cerveau est devenu le centre d'une fluxion, d'un *raptus* sanguin, ou un foyer d'irritation nerveuse; on ressent des bouffées de chaleur à la figure, des battements artériels, des élancements dans la tête, étourdissements, vertiges, éblouissements, diminution ou trouble dans la vue; on est fatigué de longues et opiniâtres insomnies, etc. Mais ce que l'on éprouve le plus ordinairement, c'est la gêne ou la douleur profonde et sourde à la région frontale. Or c'est précisément ce que nous sentons actuellement nous-même, tout en écrivant *nunc et hic* sur la matière. Mais, comme nous n'avons nulle envie de nous laisser faire une *sommation* quelconque, même *sans frais*, nous allons nous hâter d'y mettre fin en terminant tout cet ouvrage. Encore quelques pages donc, et tout sera fini.

Pour faire cesser cet éréthisme cérébral, cette lassitude de l'esprit, et prévenir peut-être une attaque d'apoplexie chez les sujets sanguins, ou une fièvre nerveuse grave, une affection cérébrale chez les sujets nerveux, rien de mieux assurément, indépendamment de la suspension de l'action de la cause, que d'exercer fortement le système musculaire et de réveiller la contractilité engourdie. Ainsi, êtes-vous tombé dans une intempérance intellectuelle notable? faites faire à votre esprit quelques jours de diète, administrez à votre corps une bonne dose d'exercice, et purgez-le, s'il le faut, avec une mesure convenable de lassitude et de fatigue, c'est-à-dire qu'il faut, par l'exercice corporel actif, la marche, etc., appeler, comme nous l'avons déjà dit ailleurs, l'afflux sanguin et l'influx nerveux dans les membres, ou rétablir l'équilibre entre les forces nerveuses sensitives et les forces motrices agissantes, ou, en d'autres termes, entre la sensibilité et la contractilité, entre sentir et agir, penser et travailler. L'une de ces deux choses ne s'accroît qu'aux dépens de l'autre, ou le superflu de l'une est le nécessaire de l'autre (1). Aucun physiologiste, selon nous, n'a mieux développé ces grands principes que M. le docteur Réveillé-Parise.

La sobriété, la tempérance, je dirais presque le jeûne, qui élève l'esprit, *mentem elevat*, sont des vertus ou des qualités essentielles aux hommes qui exercent fortement leur intelligence. Les plus profonds penseurs, les plus puissants génies, ont presque toujours pratiqué ces tutélaires vertus. On connaît la philosophie de Pythagore; Newton, dit-on, dans ses grands et admirables travaux, ne se nourrissait que de pain trempé dans un peu de vin.

C'est dans ces sources pures et vives que nos âmes, amollies par le plaisir, et nos intelligences, offusquées par les vapeurs de la sensualité et de l'intempérance,

---

(1) On trouvera dans notre *Thérapeutique appliquée*, à l'article *Paralysie*, des moyens plus directs pour se préserver des récidives des attaques apoplectiques.

vont se retremper pour y ressaisir toute leur vigueur et toute leur activité premières. C'est souvent dans le jeûne, l'abstinence et le silence des passions que naissent les plus hautes pensées et mûrissent les plus mâles conceptions.

L'état de vacuité gastrique que produit le jeûne laisse à l'esprit toute sa liberté, excite les facultés intellectuelles et leur imprime une force et une vivacité toutes nouvelles; tandis que la plénitude des copieux repas les enchaîne, les stupéfie et les paralyse en quelque sorte. J'en appelle ici à l'expérience de chacun : nulle aptitude aux travaux intellectuels après une ample réfection. Alors le système digestif devient un centre de fluxion et un foyer d'innervation; l'estomac appelle à lui de toutes parts les forces vitales pour l'accomplissement d'une fonction très-importante à l'économie animale. Cette centralisation est déterminée par la présence des aliments dans l'estomac, toujours d'après ce principe : *ubi stimulus, ibi fluxus*. Nous l'avons déjà dit quelque part, nous le répétons ici : on ne peut bien remplir en même temps deux fonctions importantes sans préjudicier à l'une des deux : on ne peut à la fois bien digérer et bien penser. De là le danger pour la santé de se livrer aux travaux de l'esprit immédiatement après le repas. C'est pourquoi aussi on est plus apte à l'étude et à la méditation le matin à jeun, parce que, outre que l'esprit s'est reposé, l'estomac se trouve dans un état de vacuité à peu près complet.

Pythagore avait institué l'abstinence de la viande pour faciliter davantage les opérations intellectuelles; car des esprits affaissés sous le poids de la chair et du sang sont naturellement lourds et rampants; ils ne sauraient s'élever à la région pure des vérités intellectuelles; ils ne saisissent guère que les choses matérielles, visibles et tangibles : leur obésité, comme dit M. Réveillé-Parise, « obscurcit l'âme en rendant plus épais les murs de sa prison. » Manger, boire, dormir et engendrer : voilà à peu près toute leur philosophie. Voyez tous ces Apicius, ces gastronomes rubiconds, ces épais Vitellius, qui s'emplissent de viandes et de vins plusieurs fois chaque jour, engloutissent sans cesse, vomissent et mangent encore. Leur cervelle, encroûtée par un sang épais, noir et stagnant, ne leur permet pas de lier deux idées ensemble ; ils sont d'une nullité complète. Nous le répétons, manger, boire, dormir, digérer et engendrer à la manière des brutes : voilà leur noble destinée, voilà leur dernière fin !

Voilà pourtant l'homme, ce roi de la création, cette haute intelligence faite à l'image de Dieu, ce dominateur du globe, ce maître des animaux, qui se dégrade, se ravale et se vautre avec eux dans la fange et dans la boue ! « O la vile créature que l'homme, et abjecte, s'il ne se sent pas soulever par quelque chose de céleste ! » (Montaigne.)

§ 11

Traitement hygiénique des passions.

Nous avons déjà indiqué dans un autre ouvrage les moyens de combattre les passions. Nous ne dirons donc ici que quelques mots qui se rattachent plus directement à notre sujet.

Il est certain que l'exacte observation des règles de l'hygiène contribue puissamment à la destruction de plusieurs passions, surtout de celles qui ont pour objet les voluptés charnelles ou les plaisirs des sens. Eh bien ! cela étant, faites-leur une salutaire diversion par l'exercice corporel, le travail, la fatigue, la gymnastique, la chasse, etc. Ces stimulations physiques appelleront dans le système musculaire l'influx nerveux et l'afflux sanguin ; et outre qu'elles tueront net la mère de tous les vices, l'oisiveté, elles préviendront les congestions sanguines dans les viscères, et les concentrations et les surexcitations nerveuses dans les foyers vitaux (centres nerveux), c'est-à-dire qu'elles tendront à éloigner du cerveau le sang, la chaleur, l'éréthisme nerveux, et ainsi elles s'opposeront à l'exaltation de la sensibilité et à toutes ses aberrations et perversions. De plus, par là on imprimera une nouvelle direction aux idées, on changera les goûts et les affections, et on leur donnera un caractère plus doux et plus moral. D'un autre côté la sensibilité érotique s'émousse par la fatigue et le travail, de la gymnastique ou de la chasse; nous l'avons déjà dit, Diane est l'ennemie de Vénus ; et d'ailleurs le sentiment vif et irréfrénable de la faim qu'excite la fatigue corporelle fait taire le cri de la volupté charnelle, et porte plutôt à la frugalité qu'à une alimentation recherchée et luxuriante.

Il est certain que les *sociétés de tempérance* établies en Amérique et en Écosse ont déjà produit de fort beaux résultats. Il vaudrait mieux sans doute qu'on devînt sobre et tempérant par des principes plus relevés, par des motifs religieux et moraux ; mais c'est toujours un grand avantage, qu'il faut accepter comme un bienfait que nous offre l'hygiène, et qu'il faut faire tourner au profit de la morale publique. Dès 1829 on a remarqué aux États-Unis une diminution notable de la mortalité. Les crimes, dit-on, sont devenus moins fréquents, et le goût et l'amour du travail ont succédé aux passions abrutissantes.

Les vertus morales ou même hygiéniques, si l'on veut,

ont le grand avantage de détacher l'homme des plaisirs de la chair et des sens, et on sait que les hommes sont d'autant plus propres et plus disposés à la pratique de la vertu qu'ils sont moins sous l'empire des sens. Plus on est privé des satisfactions extérieures et sensorielles, plus on se replie en soi-même; et plus on pénètre dans le sanctuaire de son intérieur, plus on approche du chemin de la vérité.

La privation du sens de la vue a rendu quelques individus plus moraux et plus religieux. Et c'est d'après ces principes, au moins en partie, joints à la considération des effets salutaires produits par la vie frugale, qu'on a établi aux États-Unis le nouveau régime pénitentiaire qu'on regarde comme une institution modèle en ce genre. L'isolement des prisonniers, d'après ce nouveau système, les met non-seulement à l'abri de la contagion du crime ou du mauvais exemple, mais les place encore dans la situation morale la plus propre à les faire rentrer en eux-mêmes et à leur faire rappeler, en présence de leur inexorable juge, leur conscience, un long et triste passé à réparer. A ce moyen tout moral on en ajoute un autre pris dans l'hygiène physique, un régime purement végétal. C'est un moyen de moralisation qui abat la fougue impétueuse des passions, paralyse la fureur frénétique et dompte enfin les caractères les plus fiers et les plus farouches. Larochefoucauld-Liancourt avait déjà remarqué depuis longtemps qu'une nourriture frugale, composée de seigle et de miel, contribuait pour beaucoup à la moralisation des prisonniers d'Amérique.

Si un régime stimulant rend fougueux, irascible et violent (1), une diète contraire et toute végétale doit

---

(1) Achille, comme dit la Fable, nourri par le centaure Chiron de moelle de lions et de tigres, veut tout emporter par la violence des armes, et s'arroger brutalement et insolemment tous les droits.

adoucir les caractères âpres et durs, et contribuer puissamment à cette douceur et à cette innocence de mœurs qu'on admire tant chez les brahmanes de l'Inde, et qu'on a trouvées bien plus ravissantes encore chez les anciens solitaires de la Thébaïde. Combien n'a-t-on pas vu d'hommes colères, emportés par un paroxysme de fureur, ou d'animaux furieux, adoucis sur-le-champ par de copieuses saignées? Voltaire rapporte que l'intrépide Charles XII perdit son audace et son indomptable témérité dans la fièvre qui accompagna la suppuration de sa plaie. *Il faut mettre de l'eau dans son vin*, dit-on d'un homme irascible et fougueux. Les anciens Péruviens, au rapport de Virey, supposaient qu'une herbe qu'ils appelaient *calancaptl* possédait la vertu de faire tomber sur-le-champ la colère quand on en mâchait; elle était douce, et montrait par là qu'on ne guérit la fureur qu'avec le remède de la modération. « C'est encore ainsi, ajoute le même auteur, qu'un verre d'eau fraîche bue dans la colère la calme bientôt en arrêtant l'émotion nerveuse des plexus qui environnent l'estomac : et, en effet, on devient irascible par la faim ou étant à jeun, ou en prenant des substances âcres, parce que l'estomac est plus agacé alors; ce que les anciens ont bien connu, puisqu'ils disaient *stomachari*, se courroucer.

Il faut convenir cependant que les ressources matérielles de l'hygiène, toutes bonnes et utiles qu'elles sont pour combattre certaines passions, sont peu de chose, ont peu de puissance si on les compare à celles que nous offrent la philosophie morale, et par-dessus tout la pratique exacte de la religion catholique. Nous en avons parlé dans un autre ouvrage. Voyez encore dans celui-ci : *Influence du physique sur le moral*, p. 371.

§ III

Sommeil et veille.

Le sommeil et la veille sont des fonctions qui impriment à l'économie une des plus puissantes et des plus durables modifications. « Quiconque, dit M. le docteur Réveillé-Parise, exerce ces fonctions régulièrement, assure et affermit sa santé. » Se coucher régulièrement de bonne heure et en tout temps, se lever de grand matin est une des plus importantes lois de l'hygiène; c'est une des principales conditions de santé et de longévité, non-seulement sous le rapport purement physique et matériel, mais encore sous le rapport intellectuel et moral. C'est avec raison que Hufeland dit : « L'homme ne jouit jamais du sentiment de son existence avec autant de pureté et de perfection que par une belle matinée; celui qui ne profite pas de ce beau moment perd la jeunesse de sa vie. » Un autre auteur, J. Westley, s'exprime ainsi : « Se coucher de bonne heure, se lever de bonne heure, donnent à l'homme *santé*, *richesse* et *sagesse*. »

Le sommeil normal et physiologique est sans contredit le plus puissant moyen de restauration et de conservation de la vie de l'homme. « S'il est vrai, dit le docteur Réveillé-Parise, que le sommeil est une sorte de mort intermittente pour les facultés de l'intelligence, il s'en faut bien qu'il en soit ainsi pour les fonctions intérieures. Loin de ressembler à la mort, il donne, au contraire, à la vie une impulsion nouvelle. Que de fonctions s'exercent pendant ce repos vivifiant! La réparation nerveuse, la perfection de la digestion, le complément des nutritions, l'activité des absorptions, l'égale répartition du sang, l'abaissement de la température de ce fluide et de l'économie, abaissement si propre à calmer cet état d'agitation de la journée, qu'on appelle la *fièvre du soir*, etc. Comptez, pesez ces avantages du sommeil, et vous apprécierez sa bienfaisante influence sur l'économie. *Somnus, labor visceribus,* dit Hippocrate; vérité physiologique incontestable. »

Si le sommeil est trop prolongé, il énerve et paralyse à la fois le physique et le moral de l'homme. Le corps se charge d'un embonpoint inutile. Tissot parle d'une femme de quatre-vingt-treize ans dont les rides se remplirent par un séjour continuel au lit, joint à un bon régime. La contractilité musculaire s'engourdit; on devient mou, lâche et paresseux. L'esprit, étouffé par la chair, tombe dans la torpeur et l'hébétude; la mémoire s'affaiblit, l'imagination se refroidit et s'éteint; en un mot, toute l'activité intellectuelle faiblit, s'émousse et s'efface.

Le défaut du sommeil ou un sommeil insuffisant est encore plus nuisible à la santé. On connaît tous les dangers des veilles indéfiniment prolongées. Elles font maigrir, pâlir, paralysent plus ou moins les fonctions digestives, troublent la nutrition et portent une atteinte profonde au système nerveux et à toute l'économie.

En général, les personnes faibles et délicates, les femmes et les enfants ont plus besoin de sommeil que les hommes adultes, forts et robustes. Mais la plupart des femmes qui en abusent (et le nombre de ces dernières n'est pas minime) deviennent sujettes aux maux de nerfs, aux hémorragies utérines, aux hémorroïdes, aux flueurs blanches, etc. Les hommes bilieux et mélancoliques dorment généralement peu : cinq à six heures leur suffisent ordinairement. Au reste, l'habitude, qui est une si grande puissance modificatrice de l'économie humaine, est souvent en ce point la suprême loi. On voit des individus qui se portent parfaitement, et qui pourtant ne dorment que quatre à cinq heures par jour.

Un mot sur les chambres à coucher et sur les lits. Rien de plus funeste à la santé que de placer un trop grand nombre de lits dans le même appartement ou dans un dortoir commun. On conçoit aisément que par les exhalaisons de tout genre qui s'y dégagent, la masse d'air contenue dans un lieu exactement fermé est nécessairement viciée au bout de quelques heures; et s'il se développe chez un individu quelque principe contagieux, il pourra peut-être atteindre les voisins avant qu'on ait pu reconnaître les dangers de l'infection. « On a calculé, dit Percy, que la sphère d'activité des miasmes étant à peu près de deux pieds de rayon autour du lit, l'espace qui les sépare doit être de quatre pieds. » On ne laisse pourtant ordinairement qu'un mètre ou un mètre dix-sept centimètres d'intervalle. « Caqueau, ajoute Percy (*Mémoire sur les hôpitaux*), veut que dans un hôpital chaque lit réponde à un cube d'air de huit à neuf toises. » Pour éviter les insectes, les lits ou couchettes seront en fer s'il se peut, ou du moins en bois vernissé. Autant que possible on proscrira la plume et l'édredon, à moins que ces accessoires ne soient jugés nécessaires pour réchauffer les convalescents ou quelques vieillards desséchés et glacés par les ans.

Quant à la couchette des petits enfants, tous les médecins recommandent de la placer de manière que l'enfant reçoive le jour en face, et qu'il ne soit pas exposé à devenir louche en dirigeant obliquement ses yeux vers le lieu d'où vient la lumière.

FIN

TABLE DES MATIÈRES

Avant-Propos. v
Prolégomènes. 1

Ire PARTIE

DE LA VIE DE RELATION

Chapitre I. Des fonctions sensoriales ou des sens, c'est-à-
   dire des sensations. 15
— De la vue. 19
— De l'ouïe. 26
— De l'odorat. 28
— Du goût. 34
— Du tact et du toucher. 36
Chap. II. De l'entendement humain. Psychologie ou idéo-
   logie physiologique. 41
— Du système nerveux. . . . . *ibid.*
— Des fonctions intellectuelles. 43
— De l'éclectisme et du panthéisme modernes. 46
— De l'idée, de l'attention, de la comparaison, du juge-
   ment, etc. 48
— De la volonté humaine. Affections et passions. . . . 50
— Du système phrénologique. 55

— Examen critique du système phrénologique. 74
— Méthode phrénométrique. 85
— Sommeil et veille. Songes ou rêves, et somnambulisme naturel et artificiel ou magnétique. 87
Chap. III. Tables tournantes et parlantes, et magnétisme animal. 95
Chap. IV. Des fonctions vocales. 140
— De la voix. Appareil vocal. . . . . *ibid.*
— De la parole. 142
— Du chant. 143
— Du bégaiement et du grasseyement. 147
— De la mutité ou du mutisme. 148
— De l'engastrimysme ou ventriloquie. 149
— De la parole considérée au point de vue philosophique et métaphysique. 153
Chap. V. Des fonctions motrices et locomotrices. . . . 165
— Des mouvements volontaires et de l'appareil osseux. . *ibid.*
— De la station. 169
— Du *cubitus* ou *decubitus*. 171
— De la progression ou de la marche. 172
— De la course et du saut. 173
— De la natation ou de la nage. 175
— De la reptation, etc. 177
— Des mouvements partiels des membres supérieurs, et du geste. . . . . *ibid.*

IIe PARTIE

DE LA VIE DE NUTRITION

Chap. I. De la digestion. 180
— De l'appareil digestif. 181
— De l'appétit, de la faim et de la soif. 183
— De la préhension, de la mastication, de l'insalivation et de la déglutition. 190
— De la chymification. 192

TABLE DES MATIÈRES

— De l'éructation, des rapports, de la régurgitation, de la rumination et du mérycisme. 196
— De la chylification. . . . . *ibid.*
— De la stercorification et de la défécation. 200
Chap. II. De l'absorption. 202
— De l'appareil ou du système lymphatique. 203
— De l'absorption du chyle. . . . . *ibid.*
— De l'absorption des liquides (boissons). 205
— Des absorptions cutanée et pulmonaire. 210
— De l'absorption dans les cavités closes. 213
— De la lymphe. 215
Chap. III. De la circulation. 217
— De l'appareil circulatoire. . . . . *ibid.*
— Du sang. 221
— Du mécanisme de la circulation. 226
— De l'action des veines. 232
Chap. IV. De la respiration et de la calorification. . . 234
— De l'appareil respiratoire et de l'air. 235
— Du mécanisme de la respiration. Phénomènes mécaniques, ou l'inspiration et l'expiration. 241
— Succion. Soupir. Bâillement. Pandiculation. Éternument. 242
— Toux. Rire. 243
— Hoquet. Sanglot. 245
— Des phénomènes chimiques de la respiration. . . 246
— De la calorification, ou de la chaleur animale. . . 248
— Asphyxie. Secours à donner aux noyés. 253
Chap. V. Des sécrétions. 256
— Des sécrétions, des larmes, de la salive, de la bile, etc. *ibid.*
— De la sécrétion et de l'excrétion des urines. . . . 258
— Des exhalations cutanées. 263
Chap. V. De l'humeur sébacée, de la transpiration insensible et de la sueur. . . . . *ibid.*
— Des exhalations muqueuses. De la transpiration pulmonaire. 268
— Des sécrétions séreuses et synoviales. 270
— Des sécrétions adipeuse et médullaire. 271

Chap. VI. De la nutrition. 274
— Appareil nutritif. . . . . *ibid.*
— Mouvement de composition organique. 275
— Mouvement de décomposition organique. 277
— Aberrations nutritives. 281

IIIᵉ PARTIE

DE LA VIE DE GÉNÉRATION

Chap. I. Génération. Différence des sexes. Hermaphrodisme. 285
— Des germes femelle et mâle. 289
— Divers systèmes sur la génération. 291
Chap. II. De la gestation ou de la grossesse. 302
— Formation et accroissement de l'embryon et du fœtus. 306
— Du terme de la grossesse, et de la parturition. . . . 308
— Des monstres. 310
— Des grossesses multiples et des superfétations. . . . 312
— De la lactation, ou de l'allaitement. 314
— De l'enfance. 318
— De la puberté. 319
— De l'âge viril. 325

IVᵉ PARTIE

Chap. I. Des tempéraments. 326
— Du tempérament sanguin. 327
— Du tempérament bilieux. 333
— Du tempérament lymphatique. 338
— Du tempérament mélancolique. 343
— Du tempérament nerveux. 348
— Du tempérament érotique, ou génital. 356
Chap. II. Innervation. Idiosyncrasies. Antipathies. Sympathies. Influence du physique sur le moral, et *vice versâ*. 363

— Des idiosyncrasies. 364
— Des antipathies. 365
— Des sympathies. 369
— De l'influence du physique sur le moral. 371
— De l'influence du moral sur le physique. 374
— Chap. III. Des races humaines. Géants et nains. . . 380
— De la longévité. 386
— Des probabilités de la vie humaine. 405
— Décroissement de l'homme. Age de retour. Vieillesse et décrépitude. 414
— De la mort. 415
— De la putréfaction. 420

CODE ABRÉGÉ

D'HYGIÈNE PRATIQUE

Chap. I. *Circumfusa*. Choses environnantes. L'air. . . . 428
— De l'influence du fluide électrique sur le système nerveux. 434
— Des orages et du tonnerre. . . . . *ibid.*
— Positions topographiques, cimetières, habitations, latrines, etc. 438
Chap. II. *Applicata*. Choses appliquées. Vêtements. Bains. Lotions, etc. 446
Chap. III. *Ingesta*. Choses ingérées. Aliments et boissons 460
— Des boissons. 479

Chap. IV. *Excreta*. Choses expulsées du corps. Excrétions, etc. 514
Chap. V. *Gesta*. Exercice corporel. Exercice actif, exercice passif ou Gestation. 533
Chap. VI. *Percepta*. Toutes les choses qui regardent le moral de l'homme. 558

FIN DE LA TABLE DES MATIÈRES

1562. — TOURS, IMPR. MAME

www.ingramcontent.com/pod-product-compliance
Lightning Source LLC
Chambersburg PA
CBHW050419240426
43661CB00055B/2211